在这里，看见新世界

# DIAMONDS, GOLD AND WAR:

The British, the Boers and the Making of South Africa

# 钻石、黄金与战争

[英]马丁·梅雷迪斯 著

李珂 译

## 英国人、布尔人和南非的诞生

浙江人民出版社

图书在版编目（CIP）数据

钻石、黄金与战争：英国人、布尔人和南非的诞生 /（英）马丁·梅雷迪斯著；李珂译. — 杭州：浙江人民出版社，2022.4（2023.6 重印）

ISBN 978-7-213-10474-9

Ⅰ.①钻… Ⅱ.①马… ②李… Ⅲ.①英布战争（1899-1902） Ⅳ.①K478.4

中国版本图书馆 CIP 数据核字（2022）第 012428 号

浙江省版权局
著作权合同登记章
图字：11-2020-351 号

Diamonds, Gold and War: The British, the Boers, and the Making of South Africa
by Martin Meredith
Copyright © 2007 by Martin Meredith
This edition arranged with Felicity Bryan Associates Ltd.
through Andrew Nurnberg Associates International Limited

地图审图号：GS（2022）1251 号

## 钻石、黄金与战争：英国人、布尔人和南非的诞生

[英] 马丁·梅雷迪斯 著　李珂 译

| 出版发行：浙江人民出版社（杭州市体育场路 347 号　邮编 310006） | |
| --- | --- |
| 市场部电话：(0571) 85061682　85176516 | |
| 丛书策划：王利波 | 营销编辑：陈雯怡　陈芊如 |
| 责任编辑：金将将　汪　芳 | 责任校对：陈　春　杨　帆 |
| 责任印务：程　琳 | 封面设计：张庆锋 |
| 电脑制版：杭州大漠照排印刷有限公司 | |
| 印　　刷：杭州富春印务有限公司 | |
| 开　　本：880 毫米×1230 毫米　1/32 | 印　张：18.375 |
| 字　　数：420.5 千字 | 插　页：6 |
| 版　　次：2022 年 4 月第 1 版 | 印　次：2023 年 6 月第 3 次印刷 |
| 书　　号：ISBN 978-7-213-10474-9 | |
| 定　　价：118.00 元 | |

如发现印装质量问题，影响阅读，请与市场部联系调换。

# 出版者言

当今的世界与中国正在经历巨大的转型与变迁，她们过去经历了什么、正在面对什么、将会走向哪里，是每一个活在当下的思考者都需要追问的问题，也是我们作为出版者应该努力回应、解答的问题。出版者应该成为文明的瞭望者和传播者，面对生活，应该永远在场，永远开放，永远创新。出版"好望角"书系，正是我们回应时代之问、历史之问，解答读者灵魂之惑、精神之惑、道路之惑的尝试和努力。

本书系所选书目经专家团队和出版者反复商讨、比较后确定。作者来自不同的文化背景，拥有不同的思维方式，我们希望通过"好望角"，让读者看见一个新的世界，打开新的视野，突破一隅之见。当然，书中的局限和偏见在所难免，相信读者自有判断。

非洲南部"好望角"本名"风暴角"，海浪汹涌，风暴不断。1488年2月，当葡萄牙航海家迪亚士的船队抵达这片海域时，恰风和日丽，船员们惊异地凝望着这个隐藏了许多个世纪的壮美岬角，随船历史学家巴若斯记录了这一时刻：

"我们看见的不仅是一个海角，而且是一个新的世界！"

浙江人民出版社

# 佳评推荐

《钻石、黄金与战争》是一位深谙非洲历史的作家的作品。梅雷迪斯筛选了一个世纪以来关于英国人和布尔人之间战争的背景与原因的争论,最终呈现出这些引人入胜的叙述。他还对故事的主要参与者给予了足够的关注,并捕捉这其中难以磨灭的细节。本书将目光聚焦于1871—1910年南非的发展。紧张的局势、疯狂的经济变化、派系忠诚的转变、操纵性的帝国野心以及一系列的阴谋人物,使得梅雷迪斯关于南非的最新著作听起来比他对整个非洲大陆的调查要复杂得多。

——《纽约时报》

在出版了一本广受好评的《非洲的命运》一年后,梅雷迪斯将注意力转向了南非复杂的历史。对于任何想要了解从19世纪中叶到20世纪初南非强权政治的人来说,这本书都是必读的。

——泛非通讯社

本书所讲述的南非的这段历史始于1866年在奥兰治河沿岸发现钻石,并以南非联盟的成立结束。梅雷迪斯的笔触跟随着英国金融家塞西尔·罗德斯的崛起,经历了南非钻石和黄金的繁荣,描述了英国政府与阿非利卡人之间关系的变化。面对自然资源带来的巨大财富的诱惑,英国政府在其自身的沙文主义以及南非亲英商界的怂恿下,制造了一系列政治危机,最终导致1899年第二次布尔战争爆发。梅雷迪斯很好地讲述了这个故事,在简短的章节中,加入了相关的个人和事件的小插曲。

——《外交事务》

在《钻石、黄金与战争》一书中,梅雷迪斯将视野转向 19 世纪末,探索了南非联邦诞生的历史。梅雷迪斯提供了一个引人入胜的叙述,这无疑将满足大多数对这个主题知之甚少或根本没有该方面知识背景的读者。本书提供了对于该时期历史的基本概述,非常值得一读。读者也许会被鼓励进一步阅读这个主题的其他相关书籍。

——斯蒂芬·米勒(美国缅因大学历史学系主任)

通俗易懂、生动的关于种族隔离前南非诞生的历史。

——《华盛顿邮报》

梅雷迪斯熟练地展示了钻石(然后是淘金)热潮是如何为种族隔离奠定基础的。

——《纽约客》

原始的权力、腐败、种族主义和第二次布尔战争(1899—1902),在这本杰出的著作中得到了很好的叙述。梅雷迪斯将所有的这些元素交织在一起,呈现了钻石巨头塞西尔·罗德斯和布尔人领袖保罗·克鲁格在南非诞生前的历史中所扮演的角色。梅雷迪斯彻底地让我们卷入了这段扣人心弦的历史。

——《图书馆杂志》

有关钻石和黄金的发现如何改变南非的故事,以前已经被讲述过很多次了,但从来没有谁能比梅雷迪斯更生动、更清晰、更引人入胜。

——《洛杉矶时报》

# 中文版序言

现代的南非联邦是如何诞生在非洲大陆的？现当代南非的财富增长缘何而来？它的种族问题如何形成，其演变的后果又如何影响20世纪甚至当前的历史？无疑，19世纪后期南非经济和政治的剧变影响持续100多年，现代南非的许多其他方面都受到当时事件的影响，尤其是钻石和黄金的发现以及对非洲土地的持续剥夺，既是南非经济起飞的契机，也是南非不均等发展的由来，更是南非登峰造极的种族隔离制度的源头。

《钻石、黄金与战争：英国人、布尔人和南非的诞生》（*Diamonds, Gold, and War: The British, the Boers, and the Making of South Africa*）是英国著名的记者、作家、历史学家马丁·梅雷迪斯（Martin Meredith）继《非洲国：五十年独立史》（*The State of Africa: A History of Fifty Years of Independence*）之后的又一力作。本书以1870年左右开始的"钻石热"作为开篇，以1910年南非联邦成立为结尾，跨越40年，呈现了奠定现当代南非格局的那段波澜壮阔的历史。

本书作者马丁·梅雷迪斯的职业生涯开始于21岁，在英国的

《观察家报》和《星期日泰晤士报》担任驻非洲记者。他一到非洲就被这里的风土人情感动,自此持续写作50余年,后来又到牛津大学圣安东尼学院担任研究员。他在作品中从多个维度描述了非洲的历史:非洲的财富、非洲的国家、非洲的战争,等等。在他的写作中,非洲的历史是多线索并行的,当代非洲的很多问题都与对资源的利用有关。本书作为他中后期代表性的作品,较好地体现了他的主要思想:很多非洲的历史现象都可以追溯到19世纪所谓的"黄金时代"。

19世纪之前,南部非洲曾经被认为是"杂乱无章的":它既是英国殖民地,又有布尔共和国,还有不少的非洲酋长领地,外界对此似乎也不感兴趣。但在19世纪70年代之后的10余年,这里连续发现了世界上最丰富的钻石矿床和黄金矿脉。于是,一切都改变了:南部非洲忽然变成了一个金光闪闪的奖章,所有投机者的内心充满了致富的希望,财富的潘多拉魔盒逐次打开:英国人意识到,只有掌控整个南部非洲,才可以确立排他的霸权;刚尝到民族独立甜头的布尔人为维护其政权独立,与英国人进行了激烈的斗争。最终,在这场持续两年半的艰苦战役中,英国投入了50万军队,布尔共和国最终遭到毁灭性打击。

此外,南非钻石领域的黑白竞争拉开了南部非洲工业革命的序幕,一方面,钻石热潮吸引了来自南部非洲源源不断的黑人移民,另一方面,英国人和布尔人开始相互认知、产生矛盾。英布权力竞争,甚至引发了大英帝国"最昂贵、最血腥、最屈辱的战争"——第二次布尔战争。在时代的洪流中,英国人、布尔人、本土非洲人也在南部非洲不停的追寻和抗争中结下了各种恩怨情仇。其中,大帝国主义者塞西尔·罗德斯(Cecil Rhodes)和他的布尔对手保罗·

克鲁格（Paul Kruger）围绕着钻石与黄金的斗争，与当时所有纷繁复杂的因素结合在一起，形成了一个惊人连贯又引人入胜的历史叙述。

本书中有大量的历史细节：恩德贝莱国王洛本古拉与白人之间的往来、南非三个首都的由来、詹森远征电报线路的情况、中国劳工如何被引入南非矿场、甘地在南非的经历与收获，等等。这些在其他传统史料中较难见到的细节，在本书中都有栩栩如生的描述。这与作者记者出身，擅长使用当时的新闻、电报、日记、小册子等史料密不可分。

同时，本书不乏充满趣味的人物描写，为当时的历史场景塑造锦上添花。作者擅长使用当时的日记等史料，用第一视角白描人物。比如英国上层认为克鲁格代表的布尔人是"没受过教育、没有礼貌的穷乡僻壤的农民，十分偏执"，克鲁格表现出的形象与当时的绅士形象大相径庭，作者借用当时法律顾问的日记转述道："他那稀疏的头发是那样的油腻，以至于变成一缕一缕的，每一根头发末端都积满了发臭的椰子油……"——油腻中年男的形象跃然纸上，让人忍俊不禁。但这似乎只是克鲁格人物形象的一面，因为"他只是装作老实巴交，不谙世事，实际上他具有非凡的口才和很强的说服力"。类似的多面描绘，让克鲁格的人物形象变得立体起来。

又比如1881年，27岁的罗德斯参加西巴克利选区竞选时"丝毫不考虑时尚"，引发了保守党议员的惊愕，其言行举止又被与会记者认为是"孩子气似的紧张和粗鲁的举止"，让人对于罗德斯在历史中一贯的"年少有为"的评价有了新的见解，尤其是罗德斯公开对其他成员发言表达不耐烦时："在冗长的讨论中，他变得坐立不安，反应冷淡，让其他成员也心烦意乱。"罗德斯在这一场景中"孩子气"

的表现与其作为"金钱王朝的第一代王"的高大上形象形成鲜明对比,在当时的开普敦,罗德斯"以轻松自由的方式成了一个有头有脸的人物"。正是这样的鲜明对比,充分展现了当时已然金钱至上的社会现实。

我通过我的学生认识了本书译者李珂,惊异于她丰富的学术经历:1997年出生,史学硕士,本科毕业于河南大学新闻专业,硕士毕业于白俄罗斯国立大学历史系民族学、人类学与人种志专业,曾在东欧参加考古活动。她所翻译的乔舒亚·B. 弗里曼(Joshua B. Freeman)的《巨兽:工厂与现代世界的形成》被《21世纪经济报道》评为"21世纪年度好书(2020)",被社科文献出版社列为2020年度十大好书。虽然专业研究方向是俄罗斯对外关系史、边疆民族史,但她一直对非洲历史葆有兴趣,高中时期读了梅雷迪斯的《非洲国》之后,为作者行云流水般的通俗历史写作风格所吸引,坚定了与作者"神交"的心愿,希望通过翻译该作者的其他作品,实现中文译著中"非洲历史演义"的再现。为此,她查阅了梅雷迪斯所有的著作,将本书推荐给了浙江人民出版社。开始翻译本书时,她还在白俄罗斯国立大学历史系学习,现在已经入职新疆社会科学院。本书翻译历时一年,2020年岁末交稿,但是它的源头却可以追溯到2013年那个她阅读非洲历史的夏天。

翻译不易,是理解,是文字,也是认知。翻译面对的不仅是作者、读者,还有文化的碰撞。世界很大,非洲是绝对不可或缺的重要部分。随着中非关系的不断深入,非洲研究也迎来了最好的时代。

近年来,越来越多的有关非洲的翻译作品不断涌现,中非之间历史和文化的互识也被越来越多地关注到。作为非洲研究的高校从业人员,我欣喜于非洲研习者的不断加入,并乐意推荐李珂翻译的这部《钻石、黄金与战争：英国人、布尔人和南非的诞生》，作为理解南非、理解非洲的读物。我相信读者们在阅读本书时，不仅可以看到那些栩栩如生的历史人物，理解他们对当今南非的影响，也可以更好地理解19世纪的非洲和世界，思考与财富相关的人性，以及那些历史的偶然与必然。

张　瑾

上海师范大学非洲研究中心

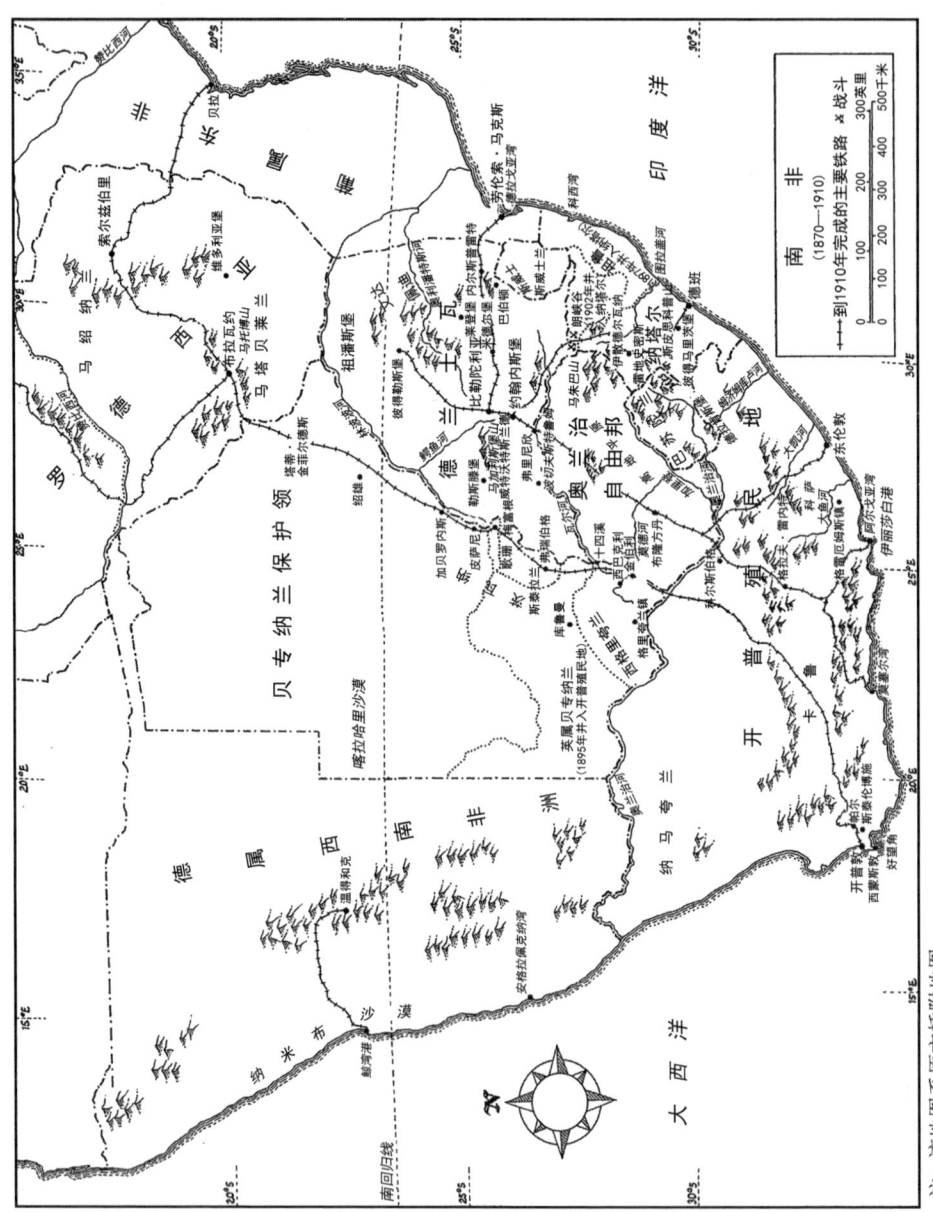

注：该地图系原文插附地图

# 目　录

序言 / 001

## 第一部分 ▶

第一章　钻石狂热 / 014

第二章　深色地层 / 024

第三章　金伯利公司 / 036

第四章　挖掘者起义 / 045

第五章　变身大亨 / 055

## 第二部分 ▶

第六章　帝国大业 / 068

第七章　"保罗大叔" / 080

第八章　鲜血洗矛 / 092

第九章　马朱巴之战 / 103

## 第三部分

第十章　钻石泡沫 / 114

第十一章　剥削条款 / 120

第十二章　梦想与幻想 / 132

第十三章　通往北方之路 / 140

第十四章　日耳曼的幽灵 / 151

第十五章　世界上最强大的公司 / 163

## 第四部分

第十六章　天命之人 / 176

第十七章　约翰内斯堡 / 185

第十八章　街角之屋 / 195

第十九章　逢场作戏的联姻 / 204

## 第五部分

第二十章　杀戮之地 / 218

第二十一章　非洲的平衡 / 226

第二十二章　前往俄斐 / 243

第二十三章　克鲁格的保护领 / 253

## 第六部分

第二十四章　"大谷仓"别墅 / 262

第二十五章　非洲的账单 / 275

第二十六章　此非久留之地 / 287

第二十七章　战利品委员会 / 296

## 第七部分

第二十八章　双城记 / 308

第二十九章　兰德金矿的老爷们 / 319

第三十章　罗德斯的阴谋 / 329

第三十一章　詹森远征 / 341

第三十二章　消失的电报 / 353

第三十三章　以征服之名 / 372

## 第八部分

第三十四章　地球上最富饶的地方 / 382

第三十五章　复仇女神 / 395

第三十六章　大博弈 / 403

第三十七章　战鼓敲响 / 421

第三十八章　最后通牒 / 435

## 第九部分

第三十九章　战事多险变 / 444

第四十章　向比勒陀利亚进军 / 453

第四十一章　焦土政策 / 467

第四十二章　痛苦的结局 / 481

第四十三章　和平使者 / 489

## 第十部分

第四十四章　阳光边疆战略 / 500

第四十五章　"起来，班图人！" / 514

第四十六章　"黑人法令" / 524

第四十七章　斯芬克斯之谜 / 531

**尾声** / 540

**注释** / 547

**参考文献** / 557

# 序言

拿破仑战争期间，英国于 1806 年占领了开普殖民地。当时，它只是一个奴隶主的前哨站，距离伦敦有三个月的航程，过去一直由一家荷兰的商业公司①来运营，而这家公司已经在破产边缘摇摇欲坠多年了。英国对开普的唯一兴趣，是将其用作途经非洲的欧亚重要贸易路线中途的海军基地——一个垫脚石，这也是英国政府决心不让法国染指的缘由，谁也没有想到，英国人在战时对它进行的占领会是长期的。

当地的白人殖民者人数很少，包括荷兰、德国和法国胡格诺派（Huguenot）的定居者在内，总共不超过 2.5 万，散布在 10 万平方英里的领土上。大部分人住在开普敦，或者博兰（Boland）周边的农业区。那里土壤肥沃，属于地中海气候，降雨稳定，以葡萄园和优雅的生活方式而闻名。殖民地的繁荣很大程度上依赖于从非洲本土和亚洲其他地区的飞地进口的外国奴隶的劳作。在西开普地区，几乎所有的欧洲裔家庭都拥有奴隶。开普敦一共有 1.6 万人，其中就包括大约 1 万名奴隶。白人市民也是原住民科伊科伊人（Khoikhoi）

---

① 即荷兰东印度公司，于 1652 年占领好望角。——译者注

的领主,他们通常被白人称为霍屯督人(Hottentots)。在白人长达150年的侵略后,科伊科伊人失去了大部分土地。如今,他们作为劳工阶层为白人群体服务,待遇并不比奴隶好多少。开普殖民地的总人数不超过7.5万。

在开普半岛肥沃的山谷和山脉之外,是一望无垠的内陆腹地,有丛林,也有半沙漠化的荒原,科伊科伊人称这片荒原为"卡鲁"(Karoo),意思是"干旱之乡"。荷兰的游牧农民已经遍布这片内陆地区,他们被称为"游牧布尔人"。他们放牧牛羊,住在牛车里,或住在他们圈占的农场的简陋住所里,买卖象牙和兽皮,并经常与土著牧民和猎人发生冲突。在北部,游牧布尔人到达了奥兰治河畔,此地距开普半岛有400英里(1英里≈1.6千米),即使坐上马车,从他们的边境农场出发,往返开普敦也需要三个月的时间。在东部,他们与说班图语的科萨酋长国直接冲突,因为向西扩张的科萨人已经越过大鱼河进入祖尔维尔德(Zuurveld)草原,此地离开普敦有450英里。边境的许多地方,每每盗匪肆虐,冲突不断,沦为法外之地。

作为殖民地的新统治者,英国试图在动荡的东部边境建立法治,稳定秩序。1811年,英国当局派遣正规军即"突击队"(Kommandos)帮助布尔民兵,将科萨人驱逐出祖尔维尔德。殖民地总督约翰·克拉多克爵士(Sir John Cradock)向伦敦报告,宣称他们已大获全胜:"我想愉快地补充一点,在执行任务的过程中,最好的办法是把卡菲尔(Kaffir)[①]们杀个血流成河。这能恰到好处地震慑住这些野蛮人,

---

[①] 出自阿拉伯语"卡菲勒",原意指没有宗教信仰的人,后来成为南非殖民者对土著居民的蔑称,与美国种族主义者使用的"黑鬼"(nigga)一词类似。——译者注

管教他们对你尊敬有加。"1819年，为了拼命夺回被侵占的土地，1万名科萨战士攻入格雷厄姆斯镇（Graham's Town）的边境村庄，打算赶走白人。但是，他们又一次被打败，进而失去了更多的土地。

为了实现东部边境的长治久安，英国政府制订了一项计划，即在该地区部署来自英国的移民定居。该计划作为一项"经济措施"被提交至伦敦议会，目的是减少和缓解拿破仑战争结束后普遍存在的失业与社会动荡问题。伦敦议会通过了此项计划并及时下拨5万英镑，将自愿移民的人送到祖尔维尔德，在那里，这些移民将成为农民，每人会被分配大约100英亩土地。最终，政府从8万名申请者中选出了约4000名英国人，包括男人、妇女和孩子。大多数男人都是没有务农经验的城市工匠。而且，在他们于1820年到达阿尔戈亚湾（Algoa Bay）之前，没有人告诉他们，分配给他们的土地位于争夺激烈的地区，曾经发生过五次边境战争。新定居者们还发现，祖尔维尔德的农场土壤贫瘠，杂草丛生，不宜耕种。短短几年之内，就有超过一半的人放弃了土地，退居到乡村。

在赞助英国人于1820年来此定居之后，英国政府自然有义务在这个高度动荡的地区保护他们的安全。令殖民地部感到震惊的是，随着与科萨人的边境战争的持续进行，这成为一项代价越来越高的行动。前殖民地大臣格雷伯爵（Earl Grey）在1853年对英国的开普政策的历史进行回顾和评论时提出，英国政府在1819年向这些英国移民们所做出的承诺，被证明是大英帝国有史以来最昂贵的承诺。英国官员发现，除了在半岛上的海军设施外，英国在开普半岛几乎无利可图，这一点尤其令人恼火。"绝大多数人都认同这一观点，那就是如果英国在南非的领土仅限制在开普敦和西蒙湾（Simon's Bay），那会好得多。"格雷伯爵说。长期在殖民地部任职的高级官员詹姆斯·斯蒂芬（James Stephen）形容开普殖民地的内陆地区是"整个帝国最贫瘠、最没有价值的地方"，在商业上毫无意义。

尽管缺乏掌管殖民地的热情，英国政府还是进行了一系列实质性的改革，旨在使开普与英国其他地方的惯例保持一致。尽管英国当局的主要任务是尽量减少殖民开支，但仍感到有义务建立一个更强有力的行政管理框架，以更多地考虑土著居民的利益。英国传教士也纷纷来到开普，为科伊科伊人大声疾呼，争取民权，讲述科伊科伊人在讲荷兰语的游牧布尔人手下备受虐待的悲惨经历。1828年，开普殖民地当局颁布了第50号法令，规定"霍屯督人和其他有色人种的自由民"在法律面前与白人一律平等，并取消对其行动的法律限制。1834年，和帝国的其他地区一样，开普的奴隶制也被废除，大约3.8万名奴隶被释放，尽管他们仍然被要求作为"学徒"再服役四年。一个使用英语的新的法律系统在这里建立起来，英语代替荷兰语成为唯一的官方语言。此后，殖民地部试图把开普变成一个讲英语的殖民地。

这些变化引起了各国殖民者们的强烈不满，尤其是边境地区的布尔人，他们长期习惯于按照自己的方式生活，政府的权威对他们鞭长莫及。许多殖民者认为，如果科伊科伊人和奴隶可以与白人基督徒平起平坐，就"违反了上帝的律法，也违反了种族与宗教的自然差别"。虽然奴隶主有权要求补偿所谓的"财产"损失，但他们发现，得到的那些补偿远远低于那些奴隶以前的市场价值。令他们愈加不满的是，这些变化不仅导致劳动力短缺，而且导致偷窃频发，盗匪横行。他们要求制定新的法律来应对这一切，但他们所提出的法律却被英国当局一口回绝，这使得他们更加愤怒。

边境的布尔人还有更多的不满。过去,他们习惯于随意向东扩张,以满足土地需求,现在却遭到了科萨人的顽强抵抗,不得不止步于大鱼河边。这也使得边境地区仍然饱受战火摧残。1834年底,科萨战士入侵了殖民地,摧毁了白人的农场,掠走了大量的牲畜,试图重新夺回他们在早年的战争中失去的土地。他们又一次被打退了。曾参加过拿破仑战争的老兵、开普敦的英国总督本杰明·达尔班(Sir Benjamin D'Urban)爵士谴责科萨人是"奸诈和无可救药的野蛮人",并亲自领兵吞并了更多科萨人的土地作为报复,打算把这些地方变成白人的定居点。但令殖民者们大为光火的是,在激进传教士的强烈抗议下,伦敦的英国政府拒绝吞并这些领土,并指责白人的侵占才是冲突的起因。殖民地大臣格莱内尔格勋爵总结说:"卡菲尔们有充分的理由发动战争。"

布尔人的领袖们决心摆脱英国的统治,他们组织大批家庭跨越奥兰治河进入高原地区,打算建立自己的国家,重建游牧布尔人的社会,恢复英国入侵之前的面貌。侦察队报告说,北部的两个地区有适合定居的土地:瓦尔河周围广阔的草原地区;德拉肯斯堡(Drakensberg)山脉悬崖之下的沿海丘陵地区,该地区后来被称为纳塔尔(Natal)。移民领袖彼得·雷蒂夫(Piet Retief)在一份发给《格雷厄姆斯镇报》(Graham's Town Journal)的"宣言"中,列举了布尔人对英国政府的种种不满,包括奴隶解放所造成的"严重损失",以及"在宗教(传教士)的掩护下,满口谎言之人对我们进行无端指责,而英国却对他们的一面之词深信不疑"。他说,希望英国政府"允许我们实行自治,在日后不要横加干涉"。为了打消英国人的顾虑,他公开否定一切奴隶活动,但补充说:"我们决心维持那些防止犯罪的法规,维护主人与仆人之间的适当关系。"

1836年，第一批"移民"——他们那样称呼自己，跨过奥兰治河向前迁徙。到1840年，约占开普殖民地白人总数十分之一的6000名男女老幼，带上他们的仆人、牛、羊和其他一切能移动的财产，乘着马车向北迁徙。他们大部分来自东部边境地区。他们的离开没有得到其他布尔人的赞扬。荷兰教会对移民持批评态度，并且拒绝为他们指派一个"牧师"。英国当局也反对这次迁徙，他们担心这会在内部招致更多的战争而需要他们进行干涉。但他们已经没有办法阻止了。

这些移民首先与姆齐利卡齐（Mzilikazi）的恩德贝莱（Ndebele）王国在高原上发生冲突，然后又与丁冈（Dingane）的祖鲁（Zulu）王国发生了冲突。1839年，他们在祖鲁领地附近的沿海地带建立了共和国的雏形①，夺取了图盖拉河和姆齐姆库卢河之间所有肥沃的土地，还占领了海岸上的一个小贸易站，这个贸易站最初由英国贸易者于1824年建立。起初，他们将这个贸易站命名为纳塔尔港，后来，为了纪念开普殖民地的总督，他们又将它改名为德班（Durban），希望这种示好举动有助于他们赢得英国的认可。

纳塔利亚共和国只存在了三年多。当游牧布尔人的领袖袭击了南部相邻的非洲酋长国，以掠夺所谓的"学徒"，并将自己的疆土扩展到那里时，英国政府感到有义务介入，随即便吞并了纳塔利亚，从而在南部非洲获得了第二个殖民地——纳塔尔殖民地——尽管相当不情不愿。殖民地部官员詹姆斯·斯蒂芬认为，纳塔尔和开普一样

---

① 即纳塔利亚共和国。——译者注

毫无价值。英国在纳塔尔的唯一战略利益是防止德班落入欧洲的敌对势力手中。大多数游牧布尔人并没有再次屈服于英国的权威之下,而是穿越德拉肯斯堡山脉,与其他那些留在高原上的布尔人会合。

高原上的布尔人移民试图建立他们自己的国家,这也造成他们与当地的非洲土著——巴苏陀人(Basotho)、格里夸人(Griqua)、茨瓦纳人(Tswana)和恩德贝莱人——频繁发生冲突。英国认为有责任保护殖民边界以外的土著部落,希望维持该地区的和平,于是出面干预,与巴苏陀人和格里夸人签订了条约,但是,他们很快就对此感到厌烦。因为英国当局已经为与科萨人的边界冲突付出了巨大的代价:1846—1847年的科萨战争使英国财政部损失了近200万英镑,1851—1852年的科萨战争又花费了300万英镑。1852年,被任命为财政大臣前夕,威廉·格莱斯顿(William Gladstone)向下议院表示:

> 我们在开普殖民地的边境政策惹出来的麻烦事,以及这些政策给我国带来的损失,当向后世讲述时,将会显得异常可笑。它会揭示出这个国家有多么富有,以至于跑到地球的另一端想方设法地去挥霍财富,让臣民去送死,而实施这一政策却没有任何令人信服的理由和目的。

英国决心阻止帝国的财政收入白白流入南部非洲,因此放弃了干预的想法;廉价的人道主义,似乎只会导致频繁的战争和与日俱增的开销;人们不再认为横加干预是一项可行的政策。1852年在桑德河举行的一次会议上,英国官员承认瓦尔河以北地区的"移居农民"的独立性,即德兰士瓦(Transvaal)共和国,或者按照布尔人的叫法,是"南非共和国"。布尔人承诺,德兰士瓦共和国不会有奴隶制度,作为交换,英国也不会与德兰士瓦共和国里所有的"有色人种"结盟。在 1854 年签署的《布隆方丹公约》(*Bloem-fontein Convention*)里,英国同样承认了奥兰治自由邦的独立。

然而,这两个小共和国只不过是徒有虚名的国家。在这里,小型移民群体圈占了大片的土地,但是他们的人数远远少于占据大部分土地的土著黑人。他们建立的政府软弱无能,组织混乱,无法收缴税款,经常出现财政短缺。德兰士瓦共和国有 2 万白人,几乎完全靠自给自足的农业为生。官员们的薪酬,往往是以土地而不是以现金的形式支付。对更多土地的追求是永无止境的。非洲酋长们经常被连哄带骗地割让领土,在没有意识到全部后果的情况下就稀里糊涂地签署了文件,一些人认为他们只是加入了"联盟"。多年以来,茨瓦纳的酋长国饱受骚扰和袭击。1852 年,布尔突击队袭击了茨瓦纳的一个乡村,袭击了戴维·利文斯通(David Livingstone)在科洛本(Kolobeng)的传教站,存放在这里的《圣经》和药品都被毁掉了。在奥兰治自由邦,经过旷日持久的战斗后,布尔突击队从巴苏陀人那里夺走了肥沃的加里登河谷。

为了满足白人对劳动力的需求,突击队经常绑架非洲儿童,并将他们称为"学徒",以避免因公开奴役而受到指责。在德兰士瓦,政权主体人民议会通过《学徒法》批准了此种做法。在 19 世纪 60 年代,传教士们认为"学徒"是德兰士瓦东部劳动力的主要来源。在马卡潘斯波特(Makapanspoort),一位德国传教士报告说,经常有一车车的儿童被拉到殖民据点。

在遥远的北方,在祖潘斯堡(Zoutpansberg)地区,奴隶贸易被称为"黑象牙",一旦那里的象群灭绝,白象牙贸易很快就会被"黑象牙"贸易取代。

但两个共和国仍然不稳定。德兰士瓦共和国面临着许多困难,敌对的布尔人派系之间持续不断的争议与攻讦加剧了德兰士瓦共和国的困境,共和国因派系斗争而面临着四分五裂的威胁。在文达人(Venda)的攻击下,祖潘斯堡的布尔人移民不得不撤离据点,随后这一据点被废弃。在奥兰治自由邦,第一任总统约西亚斯·霍夫曼(Josias Hoffman)被一群暴徒赶下了台,因为他给了巴苏陀国王莫舒舒(Moshoeshoe)一小桶火药作为外交礼物。共和国成立12年后,布隆方丹的杂志《时间》(De Tijd)详尽描述了奥兰治自由邦2.5万名白人岌岌可危的境况:这些普通人发现自己生活在一片宽广的土地上,四面八方都被敌人包围。没有法官,没有士兵,没有金钱,因为愚昧无知而四分五裂,还被一个邻近的殖民地(开普殖民地)嘲笑。

此时的开普殖民地也深陷水深火热之中。19世纪60年代,这里饱受干旱、蝗虫、葡萄酒出口锐减、羊毛价格下跌和银行业危机的困扰。由于资金短缺,铁路只修到离开普敦70英里远的地方就烂尾了。在纳塔尔,少数白人一直生活得提心吊胆,他们不仅担心当地的恩古尼人(Nguni)可能会起义,还担心图盖拉河对岸的祖鲁兰(Zululand)土著可能会大举入侵。总的来说,这两个南部非洲殖民地被认为是大英帝国麻烦最多、花费最多和最无利可图的财产。

然而,1871年,在开普殖民地边界之外的格里夸兰(Griqualand)的一处人迹罕至之地,探矿者在被太阳晒焦的灌木丛中发现了世界上最丰富的钻石矿藏。英国立即从奥兰治自由邦手中夺取了这块领土。15年后,一名四处游荡的名叫乔治·哈里森的英国挖矿工在一座被德兰士瓦农民叫作"威特沃特斯兰德"(Witwatersrand)的山脉上,偶然发现一块在山脊上露头的金矿石,矿石下面蕴藏着有史以来人类所发现的最丰富的金矿。淘金热把德兰士瓦从一个贫穷的农业共和国变成了一个闪闪发光的奖品。

一场巨大的斗争随之而来,英国为赢得整个南部非洲的霸权而战,而布尔人为捍卫共和国的独立而战。这是英国近一个世纪以来最昂贵、最血腥、最耻辱的战争。英国主动挑起战争,本以为战争会在几个月内结束,但它却变成了一场历时两年半的无比艰难的征战,英国不得不调动50万帝国军队来完成任务。而两个布尔共和国最终被彻底摧毁。

英国人被布尔人的游击战术打了个猝不及防,为了对付游击队,英军指挥官采用焦土战术,摧毁了数千个农场,把村庄夷为平地,将牲畜屠戮殆尽。妇女儿童统统被逮捕起来,被安置到英国所谓的"集中营"里。那里的条件极其恶劣,有2.6万人死于疾病和营养不良,其中大多数死者不到16岁。所有的这一切催生出了仇恨和痛苦的记忆,并在阿非利卡人(Afrikaner)[①]中世代相传。

这场斗争的双方有两个典型代表:塞西尔·罗德斯(Cecil Rhodes)和保罗·克鲁格(Paul Kruger)。罗德斯,一个英国牧师的儿子,利用钻石和黄金获得的巨额财富推动了大英帝国的扩张,同时也为他自己获取了商业利益。他是一个无情的企业家,手握私兵。去世时,他被一位英国编辑描述为"金钱之王"王朝的创始者,"世界的真正统治者"。保罗·克鲁格是布尔人的领袖,也是一个地主,他唯一接受的教育来自《圣经》,而且他坚信地球是平的。他与英国首相和将军们对抗了将近25年。英国政客们总是低估他。英国殖民地大臣、伯明翰的螺丝制造商、1899—1902年盎格鲁-布尔战争的主

---

[①] 即布尔人,17世纪至19世纪移居南非的荷兰人、比利时人、德国人和法国胡格诺派的后裔。他们说的语言被称为阿非利卡语,是从荷兰语中发展出来的一种独立语言。——译者注

要策划者之一，约瑟夫·张伯伦（Joseph Chamberlain）把克鲁格描述为"一个愚昧、肮脏、固执，只知道中饱私囊的人"。英国漫画家们喜欢把克鲁格画成一个膀大腰圆、表情呆滞、穿着不合身的工装外套的偏执狂农民。这场战争的主谋、英国驻南部非洲高级专员阿尔弗雷德·米尔纳爵士（Sir Alfred Milner）预言："只要经过一场战斗，克鲁格和布尔人就会'低头认错'。"但是，正如后来英国的帝国诗人鲁德亚德·吉卜林（Rudyard Kipling）所言，这场战争给了英国人"无穷的教训"。

为了镇压布尔人的反抗，英国政府失去了2.2万名士兵。在此之后，英国政府得出结论，认为对于两个布尔人殖民地来说，自治可能是一个更好的选择。1907年，德兰士瓦共和国和奥兰治自由邦再次实现自治，交由一些被英军打败的布尔将军掌管，这些将军们已经在五年前签署了投降条约。接下来，英国决定将其治下的四个殖民地合并为南非联盟，希望能和布尔人找到解决分歧之道，并且最终合并成一个统一的南非国家。

在这种安排下，黑人生活得痛苦不堪。在经过与英国人和布尔人的百年战争及冲突之后，南非境内所有的非洲酋长都屈服于白人的统治，他们的大部分土地都因白人的征服和殖民而丧失。现在，在关于南非联盟成立的谈判桌上，非洲人被排除在外，宪法草案下的政治权利也被剥夺。一个非洲代表团前往伦敦进行交涉，他们认为英国损害了他们的利益，并为此而抗议，但毫无结果。黑人对政治权利的追求，将持续到下一个80年。

本书涵盖了从1871年发现钻石主矿场到1910年南非现代国家建立这段动荡不安的时代。这是一个发生在英帝国的鼎盛时期，关于巨大的财富、原始的权力、欺骗和腐败的故事。无论是在伦敦还是在南部非洲，政客和记者都被塞西尔·罗德斯的金钱迷得眼花缭乱，争相为帝国和企业家献身。这就是阿尔弗雷德·米尔纳爵士所说的"赢得这场伟大的争夺南非统治权的游戏"。米尔纳策划的这场战争正是为了实现英国的统治，正如他所说的，"要把不可一世的阿非利卡民族永远打入深渊，阿门"，而这带来了持续近一个世纪的影响。在这场动荡之中，一种不共戴天的阿非利卡民族主义产生了，这种民族主义最终控制了南非，并引发了另一场巨大的斗争——这一次是白人与黑人之间的斗争。

# 第一部分

# 第一章
# 钻石狂热


随着对钻石的狂热蔓延到整个南部非洲和更远的地方,人们争先恐后、不顾一切地奔赴格里夸兰的钻石矿场,开普敦的一家报纸把它形容成"一场危险的狂潮"。成千上万的小店主、贸易商、办事员和农民,被一夜暴富的梦想所刺激,纷纷赶着牛车和骡车前往格里夸兰,因为在那荒凉而又烈日灼人的灌木丛地里发现了钻石。有些人从遥远的开普敦出发,徒步而来,穿越卡鲁干旱地区,走过700英里的旅程。

加入他们的还有一群外国冒险家:来自澳大利亚金矿的经验丰富的挖掘者,来自加利福尼亚的"四十九"[①],来自伦敦后街的英国商人,爱尔兰异见者,德国投机者,休假的军官,船上的逃兵,冒牌贵族,讼棍和江湖郎中。一位钻石商在回忆录中写道:"每一辆邮车和牛车都带来了一群肮脏的、一钱不值的地痞流氓。"

关于惊人财富的故事是千真万确的。在早期,钻石在靠近地表的地方,挖掘者使用铁锹就能挖到。运气好的人,干一天可以挖到10—20颗钻石。有些人不费吹灰之力就发了财。一个身无分文的英

---

① 1849年淘金热时期旧金山淘金者的绰号,因年份得名。——译者注

国人发现了一块175克拉的原石,价值3.3万英镑。一次次的重大发现点燃了人们对冒险的热情。许多人一夜暴富,决定衣锦还乡,他们鸣枪庆祝自己的离去,向外界炫耀着他们的财富。

但不久之后,格里夸兰的采矿定居点就以绝望、疫病和死亡而闻名,如同那里的财富闻名于世一样。这里的恶臭与肮脏使新来的人感到震惊。道路两旁随处可见驮畜的尸体,它们因疲惫不堪而倒地死去,但人们视而不见,任其腐烂。挖掘者就地住宿,搭建起杂乱无章的帐篷,再在四周挖一些露天的壕沟当作公共厕所,蝇虫到处肆虐。曾于1871年11月到过这里的英国旅行家弗雷德里克·博伊尔(Frederick Boyle)写道:"装食物的盘子和饮料里都是蝇虫。"空气中充满了细小的灰尘,因为人们在这里从早到晚片刻不停地挖掘、筛选和分类矿石。水源严重短缺,这意味着大多数挖掘者很少能洗漱;离这里最近的能洗澡的河流,在20英里开外。在夏天,尘土飞扬、四处晦暗的格里夸兰平原就像烤炉一样灼热;而在冬天,夜晚的营地则变得异常寒冷。下雨的时候,"营地热"——主要是痢疾,就会大行其道,使挖掘者们受尽折磨。沙尘暴也经常会突然暴发,将帐篷从固定着的地面上扯下来,将固定建筑物屋顶的瓦楞带向空中。"在暂时寂静的空气中,人们可以看到,远处平原上升起了一堵墙,"一名曾居住在那里的人回忆道,"再过几分钟,我们的耳朵里就会充斥着风暴的轰鸣,眼前一片天昏地暗,眼睛、鼻子和耳朵里充斥着尘土,脸上刺痛,不得不背过身去。"然后,一层厚厚的灰尘覆盖了一切。

1871年11月,《钻石新闻》(*Diamond News*)的一名记者抱怨说:"矿区的沙尘问题之严重,几与鼠患、瘟疫和饥荒不相上下,如果还有更糟的,也不会比它坏到哪里去。"

此外，对大多数挖掘者来说，收益也很少。有些人连续几个星期带着铁镐和铲子东翻西找，但一无所获。每个月都有数百份许可证失效，因为挖掘者们没有足够的钱继续支付开采许可证的费用。正如每天都有许多新到的人满载着希望和期待前来一样，在相反的方向，许多衣衫褴褛的穷人垂头丧气地离开"荒野"，他们负担不起回家的路费，只能步行。一切都取决于运气。

17 岁的塞西尔·约翰·罗德斯热切地听着有关钻石财富的故事，他从英格兰来到纳塔尔，与他的兄弟赫伯特（Herbert）一起在殖民地经营棉花种植业。1870 年 9 月，罗德斯抵达纳塔尔首府彼得马里茨堡（Pietermaritzburg）后不久，就遇到了英国军官洛夫特斯·罗莱斯顿（Loftus Rolleston）上尉，他最近刚从瓦尔河两岸的钻石矿场回来。罗莱斯顿是最早到达这里的探险队成员之一，该探险队在 1870 年 1 月发现了一个砾石床，里面有"一大堆"钻石。

1870 年 9 月，罗德斯在给母亲的信中写道："听了罗莱斯顿的一番话，任何人都会对他的钻石垂涎欲滴。"他接着讲述了挖掘者发现的"三个惊天大钻石"，一个价值 8000 英镑，另一个价值 9000 英镑，还有一个价值 1 万英镑。"发现价值 1 万英镑钻石的人曾想要以 15 先令出卖他的许可证，但（挖出钻石的）前一天晚上，没有人愿意买！"他写道："大量的钻石被发现，数目之大闻所未闻。"他还在信中描述道，罗莱斯顿告诉他，自己从一个非洲人那里用一管烟草换了一颗钻石，这颗钻石后来卖了 800 英镑。在另一封信中，他又提到了这样一个故事："一个荷兰人徒步来到这里，连牛都没牵，却发现了一颗价值 1.4 万英镑的钻石，他在一天之内就赚回了之前长途跋涉的辛苦钱。"

一开始，席卷纳塔尔的钻石热并没有把罗德斯迷惑住。

他在给家里的信中写道:"当然,有些人可能因为钻石而发财,但我并没有对它们指望太多。因为这完全是碰运气。"他补充说,棉花更"符合实际"。

然而,他的哥哥赫伯特却是一个不安分的冒险家,总喜欢赌一把,不久就放弃了棉花种植,奔向了格里夸兰的钻石矿。一年后,罗德斯跟随他哥哥的足迹前往那里。1871年10月,他骑马出发,把几样家什装上牛车,沿着德拉肯斯堡山脉的险峻山坡蜿蜒而上。400英里的旅程花了他一个多月的时间。在路上,他的马死了,所以他只好步行。

到达矿区之后不久,他在写给母亲的信中描述了他对这里的第一印象:"我看到一片巨大的平原,中间有大量白色帐篷和铁皮仓库,在营地的另一边,堆满了像蚁丘一样的石灰。四周都是平地,但是荆棘遍布。你应该对杜托伊茨潘(Dutoitspan)有一些了解,这里是最先开始挖掘钻石的地方。"

这里,是一次产业革命开始的标志之地。也正是在这里,塞西尔·罗德斯成了全世界顶尖的富豪之一。

第一颗钻石是偶然发现的。1866年,在开普殖民地霍普镇(Hopetown)的一个名叫德卡克(De Kalk)的农场附近,一个布尔农民的儿子在奥兰治河畔拾起了它,并用它和其他孩子玩起了"五块石头"的游戏。几周后,邻居修克·范·尼凯克(Schalk van Niekerk)发现了这块石头,认为它可能有一定价值,就提出要买下它。农夫的妻子对他出钱买石头的想法感到好笑,并告诉他,如果他看中了这块石头,就免费送给他。范·尼凯克告诉她,如果证明是钻石,他将与她分享收益。后来,这块石头在伦敦被估价为500英镑。

德卡克钻石被认为是一个偶然出现的事物,并没有引起持久的关注。尽管人们偶尔还会在该地区发现较小的钻石,但地质学家自信地宣称,在非洲南部的那个地区,地形并不是"钻石层"。1867 年,伦敦实用地质学博物馆的罗德里克·麦奇生爵士(Sir Roderick Murchison)说,他将以自己的名誉来担保此事。伦敦商人派了一位著名的专家詹姆斯·格雷戈里(James Gregory)去调查霍普镇地区。这位专家认为,发现钻石的说法纯粹是一个骗局——这完全是土地投机者为了抬高地价而捏造的"泡沫计划"。他说,如果真的发现了钻石,那么这些钻石一定是由从遥远的北方地区迁徙过来的鸵鸟留下的。

接着,在1869年3月,修克·范·尼凯克第二次交了好运。格里夸人农场的一位雇员给他带来了一块在德卡克农场附近的奥兰治河岸边发现的大石头。范·尼凯克立刻用500头羊、10头牛和1匹马换来了它,然后以1.12万英镑的价格把它卖给了霍普镇的一个钻石商人。后来,这颗83克拉的钻石在伦敦以2.5万英镑的价格售出。

随后,挖掘者们一窝蜂地跑到奥兰治河以北的瓦尔河岸边去挖钻石。80英里长的瓦尔河两边很快就挤满了挖掘者和投机者,他们从一个矿场跑到另一个矿场,建立了许多临时定居点:德尔波特的希望,卡伍德的希望,最后的希望,绝望中的希望,傻瓜冲刺,午夜冲刺,冬季冲刺,穷人之杯[①]。挖掘工作在很大程度上是一群外行在瞎打瞎撞,大多数人认为钻石是从远处山区的原始河床冲到下游的,因此他们只挖了几英尺深的沙子和砾石。如果一无所获,他们

---

[①] 原文是 kopje,在荷兰语和阿非利卡语中有"杯子""驽马"的意思。——译者注

就会迅速转移到另一个挖掘点，寻找更好的运气，或者加入最新发现地点的"抢购"中去。但很少有人能成功。

1869 年，其他的钻石发现地所引起的关注远不如河流附近那么多。在瓦尔河以南 20 英里处的一个自然形成的盆地里，布尔人发现了钻石，这些钻石位于阿德里安·范·威克（Adriaan van Wyk）所有的 6000 英亩农场，这个农场名叫多斯特方丹（Dorstfontein），农场以前的主人亚伯拉罕·杜·托伊特（Abraham du Toit）把它叫作"杜·托伊特的平底锅（杜托伊茨潘）"（Du Toit's Pan）。范·威克要求挖掘者们每挖 30 平方英尺便支付 7 先令 6 便士的费用。在附近一个 14434 英亩的布尔特方丹（Bultfontein）农场，人们发现了更多的钻石。该农场归科奈利斯·杜·普罗伊（Cornelis du Plooy）所有。但这些"非冲积矿床"项目，被普遍认为收益不佳。当时的普遍看法是，钻石是冲积矿床，正如印度和巴西的钻石开采所显示的那样，所以大多数挖掘者很快又回到了河流。阿德里安·范·威克以 2600 英镑的价格将杜托伊茨潘农场卖给了投机商，科奈利斯·杜·普罗伊则以 2000 英镑的价格出售了布尔特方丹农场。

然而，在农场下面，埋着两根钻石"输送管"，那是沉寂多年的死火山矿脉，里面蕴藏着难以想象的惊人财富。在北边 2 英里外的一个农场，约翰尼斯·戴比尔（Johannes de Beer）和他兄弟拥有的沃鲁齐格特（Vooruitzigt）农场地下还有另外未被发现的两根钻石"输送管"，这里有更多的储藏量。这三个占地共约 58 平方英里的农场是世界上最有价值的一块地产。

直到 1870 年底，人们才再次涌向杜托伊茨潘和布尔特方丹农场。几个星期内，杜托伊茨潘农场就变成了一个充斥着庞大的帐篷、马车、泥堆和矿渣的地方。1871 年 5 月，挖掘者们在离戴比尔兄弟原来的农舍不远的沃鲁齐格特农场对两条钻石"输送管"中的一条进行挖掘。不到两个月,就有1万人跑到那里挖钻石。7月,一群来自科尔斯伯格(Colesberg)的挖掘者在沃鲁齐格特农场的一个小山丘上发现了一块钻石,并将这个小山丘命名为"科尔斯伯格之杯"(Colesberg Kopje)。来自四面八方的人一窝蜂地涌向那里。沃鲁齐格特农场、布尔特方丹农场和河流边的挖掘者也纷纷赶来,加入了混乱的采矿权争夺战。

目前,还没有人了解这些矿井的地质情况。挖掘者们仍然认为他们所有的发现都会在地表附近,就像在河边挖掘时的情况一样,只需要用铁镐和铁锹即可挖掘。然而,在一层石灰岩下面,他们发现了"黄色岩层"——一种黄色的已分解的角砾岩,质地类似于干泥,这证明,这里的矿床所蕴藏的钻石储备比地表更丰富。

在科尔斯伯格之杯矿场,黄色岩层一直延伸到地表下60英尺(1英尺≈0.3米)。虽然在那里发现的钻石质量很差,但是量非常大。到8月,平均每周能够产出价值5万英镑的钻石。有了这些丰厚的收入,科尔斯伯格之杯矿场挖掘许可证的价格开始暴涨,很快就涨到了每人100英镑,然后涨到了1000英镑,最后涨到了4000英镑。但是,挖掘工作是如此的疯狂,以至于仅仅到1871年11月,黄色岩层就已经被采掘一空了。在它下面的是一块坚硬、紧实、深色的岩层,人们都认为这里面没有钻石。对许多挖掘者来说,"聚会结束了"。约翰尼斯·戴比尔接受了伊丽莎白港商人集团的报价,以6000英镑的价格出售了他16400英亩的沃鲁齐格特农场。

1871年11月,罗德斯抵达杜托伊茨潘农场,而后前往科尔斯伯格之杯矿场,他的兄弟赫伯特已在那里获得了三个许可证,并在离矿场西端几百码的地方搭起了帐篷。赫伯特与一群单身汉挖掘者一起"搭伙过日子",这个群体被称为"西区",由德鲁里(Drury)少校管理,他以前是开普殖民地步枪队的一名军官。罗德斯兄弟暂时同住在一个大帐篷里,但哥哥赫伯特还是像往常一样三心二意,两个星期后就动身去了英国,把他弟弟塞西尔一个人撇下了。

罗德斯那年才18岁,但他很快就适应了在科尔斯伯格之杯矿场的采矿生活——后来,这个钻石矿脉被称为金伯利"大洞"。矿场所占的面积相对较小,呈椭圆形,当时的尺寸不超过220码×180码。作为被发现的四座矿场中的最后一座,科尔斯伯格之杯矿场的布设方式比以前的矿场更为有序:它被划分为470块采矿区,每个区31平方英尺见方,有14条平行道路贯穿整个矿场。由于采矿许可证的价格很高,许多人把采矿区一分为二或一分为四进行出售,后来又一分为八甚至一分十六。成千上万的人——白种人和他们的黑人劳工——在那里工作,挤在迷宫般的坑里,无休止地往桶和麻袋里装破碎的矿石,然后利用梯子或滑轮拖到地面上。地面的道路永远被车和骡子堵得水泄不通,他们把"东西"放到矿井旁的筛子和拣选的桌子上。每天都有人失足掉进下面的坑里。

罗德斯在1872年1月4日给母亲的信中写道:"我真想让您现在站在我的帐篷门口,好好看一眼这个矿区。它的地面上就像有无数的蚂蚁堆,上面覆盖着熙熙攘攘的黑色蚂蚁,这些蚂蚁就是人类。"他还说,在以哥哥留下的许可证进行开采时,他平均每周可以发现30克拉的钻石,收入约为100英镑。"当我说,在一个好的采矿区,平均每一车待分类的矿石里都能发现一颗钻石时,您就会明白这是多么巨大的财富——每一车大约有50桶矿石。"

一周后,钻石行业突然陷入危机。这些矿场的巨大产量导致伦敦的毛坯钻石价格暴跌,进而使矿场里的钻石收购商们关门大吉。

弗雷德里克·博伊尔在1月13日的日记中写道：

> 成功之路上的灾星，今天已经追上了我们。英国国内的钻石市场一片恐慌，而这种恐慌情绪对我们打击很大。钻石买家在帐篷里无所事事。许多人已经关门大吉。挖掘者们又生气又沮丧。他们互相鼓励，认为既然市场已经收购了这么多钻石，那么需求一定是无穷无尽的。明智的人知道灾难一定会发生，但他们并没有做好准备应对这种灾难。我认识的熟人曾预料到钻石价格会大幅下跌，尽管如此，他们还是处于恐慌之中，把钻石低价抛售。

他描述道，那天晚些时候，当两个英国挖掘工走近时，他正在帐篷外和一个钻石买家交谈。

> 他们身上穿着灯芯绒衣裤，脸被晒成棕色，胡子拉碴。他们的手，从昨天开始就没洗过——看样子，脏得就像一个星期都没洗过——他们身上布满了陈旧的伤疤，还有色块，那是由于有毒的石灰把一些轻微的刮擦伤弄得溃烂了。他们因为长期拣选矿石而眼睑肿胀，眼睛充血。

其中一人拿出用破布包着的一个锡盒，里面有四颗钻石：一颗晶莹剔透，重达15克拉；三颗白色碎钻，重达10克拉。这也许是几个星期艰苦劳动的成果。他要价50英镑，但买主一口回绝。

"如果我汗流浃背、牺牲健康都赚不到50英镑，我就把这些石头扔到瓦尔河里去！"挖掘者说着，闷闷不乐地离开了。

在经历了一系列不幸之后，博伊尔决定离开。1871年12月，他在科尔斯伯格之杯矿场对十几个采矿区进行了调查，以365英镑的价格买下了四分之一的矿场，还有一辆年久失修的两轮车，两头骡子和一套驮具。他找到了三个合伙人一起挖掘，所有的收获都要平分。工作的第一天，邻近的一条巷道坍塌了，他的矿坑中掉进了大量的表层土壤。1872年1月，他的一头骡子掉进了坑里，他不得不再买两头。五天后，他的一头骡车被一辆牛车撞得粉碎。又五天后，他的两头新骡子逃跑了，再也不见踪影，他的黑人工人领了钱后就离开了，转而投靠了一个薪水更高的雇主。经过两个月的努力，博伊尔和他的合伙人仅仅挖掘了价值42英镑的钻石。算账之后，博伊尔发现他只赚到了5英镑的利润；由于他的采矿区收益寥寥，他的投资也打了水漂。他离开了采矿场，再一次确信挖掘钻石就像买彩票一样，中奖者寥寥无几。

## 第二章
## 深色地层

在格里夸兰发现的钻石引发了英国、奥兰治自由邦和德兰士瓦共和国为争夺领土控制权而产生的一系列争斗。直到发现钻石时,关于这片地区的边界和地位仍然是一团乱麻,对于任何邻国来说,都激不起兴趣的涟漪。19世纪初,该地区曾被一群来自开普殖民地的混血移民殖民,他们洋洋得意地称自己为巴斯塔尔德人(Bastaards)①,并试图在奥兰治河以北建立独立小国,建立对当地土著科伊科伊人和讲茨瓦纳语的提埃尔黑平人(Tlhaping)的统治。为了保持他们作为一个基督教群体的资格,他们邀请英国传教士到他们的首府克拉沃特建一个传教站。正是在传教士的授意下,他们同意将他们的名字改为格里夸人,并将他们的首府命名为格里夸镇(Griquatown)。

在1834年签署的一项条约中,开普殖民地对格里夸人的独立首领安德里斯·沃特布尔(Andries Waterboer)给予了应有的承认,并同意每年向他支付100英镑的薪水,用于保护殖民地边境,向当局报告可能发生的袭击,抓捕逃犯。1843年,开普殖民地与另一位

---

① 在阿非利卡语里有"混蛋"的意思。——译者注

格里夸人的首领亚当·科克（Adam Kok）签署了类似的条约。科克在菲利普波利斯（Philippolis）传教站的基础上，在沃特布尔领土以东，建立了一个独立小国。

但是，格里夸兰很快就受到来自开普殖民地的数百名布尔人移民的威胁。菲利普波利斯地区位于布尔人大迁徙的必经之路，很快就落入布尔人手中，成为奥兰治自由邦的一部分；而那里的格里夸人向东迁移，在纳塔尔附近开拓了一块新的领土，将其称为东格里夸兰。在西格里夸兰，布尔农民在沃特布尔的土地上也开始获得农场租约，在奥兰治自由邦登记他们的农场所有权。沃特布尔的权威逐渐减弱。他的儿子尼古拉·沃特布尔（Nicholas Waterboer）与奥兰治自由邦政府陷入了一场复杂的土地纠纷。自由邦政府声称拥有西格里夸兰的一大片土地，并将其称为坎贝尔（Campbell）。19世纪60年代，英属开普殖民地的官员被牵扯进来，被邀请担任仲裁者。

1869年，当瓦尔河的冲积矿床钻石挖掘热兴起时，许多人就对该地区的所有权提出了主张。在瓦尔河南岸，位于普尼尔的柏林传教站的传教士坚称，他们从科伊科伊人的科拉（Kora）部落手中买下了该地区，并试图向钻石挖掘者收取许可费。其他对南岸的主张由沃特布尔和提埃尔黑平酋长马胡拉（Mahura）提出。而奥兰治自由邦也宣称拥有主权，包括瓦尔河矿床和整个坎贝尔地区的大片领土。为了践行这一主张，自由邦总统若阿内斯·布兰德（Johannes Brand）派遣了奥洛夫·特鲁特（Olof Truter）作为地方长官管理普尼尔地区。奥洛夫·特鲁特是一个瑞典人，在澳大利亚和加利福尼亚的金矿积累了丰富的工作经验，曾当过警察，这些经历表明他能够很好地处理"群体中那些麻烦事儿"。他在普尼尔修建了学校、法院和监狱。奥兰治自由邦的人民议会通过了一套法律，用以规范挖掘者的活动。当杜托伊茨潘农场的非冲积矿床开放后，特鲁特又转移到那里，组织了一个监督挖掘者的委员会，并收取部分许可证费。

尽管围绕瓦尔河的挖掘工作完全在德兰士瓦共和国的公认边界之外，总统马蒂纳斯·威塞尔·比勒陀利乌斯（Marthinus Wessels Pretorius）还是向那里提出了主权主张，并向北岸派出了骑警和一名地方法官。挖掘者们则分为两派，一派是德兰士瓦的支持者，一派是那些主张自治的人。但比勒陀利乌斯是一个无能又冲动的人，因为通过钻石获得了巨大的利益，他想强行解决这个问题。1870年，他试图将钻石挖掘场的独家特许权授予他的三个朋友，这引起了轩然大波。瓦尔河北岸克里普德里夫特采矿定居点的挖掘者们宣布成立一个独立共和国，并选举斯塔福德·帕克（Stafford Parker）为总统。帕克曾是一名精明干练的海员，也是当地歌舞厅的老板。他仪表堂堂，留着招摇的胡子，穿戴讲究，戴着深色眼镜。为维持秩序，他执行了一套奇怪的惩罚措施：偷盗钻石的窃贼会被鞭打；妓女和醉汉的脑袋将被戴上手足枷；伪造许可证的骗子会被扔进河里；罪行更严重的罪犯将被绑在木桩上，任由烈日炙烤，蚊虫叮咬。税收往往在枪口的威胁下才能征收上来。

英国对钻石领域有着同样浓厚的兴趣。开普敦的官员对钻石贸易表示欢迎，因为它会给贫穷的开普殖民地带来新的财政收入和经济繁荣。但是，他们也对钻石发现所激发的奥兰治自由邦和德兰士瓦共和国的领土野心感到担忧。格里夸兰，特别是坎贝尔，位于两个布尔共和国唯一的"北方道路"上，殖民猎人和商人都从这里取道进入非洲内陆。沿海与内地的贸易量很大。为了换取象牙、鸵鸟羽毛和兽皮，商人们每年把价值7.5万英镑的枪支和弹药卖给部落的土著。如果自由邦获得了坎贝尔的土地，英国通往北方的道路和贸易就都有可能丧失。此外，英国的霸权也将受到这两个邻国不断增长的实力的威胁。

开普当时的殖民总督理查德·索西（Richard Southey）是英国扩张政策的狂热拥护者。他在孩提时代就和他的父母以及1820年那一代的其他移民一起来到了开普殖民地，并逐渐成为开普政府中最有影响力的人物之一。众所周知，索西非常厌恶布尔人，因此他决心让英国掌握所有的钻石矿场，不容布尔人染指。索西与沃特布尔的代理人大卫·阿诺特（David Arnot）串通一气，后者是一位雄心勃勃的开普有色人种（混血）律师，拥有大量地产。索西怂恿沃特布尔向开普政府请求"保护"。开普政府随即做出回应，同意接手他的案子，并发表声明支持英国臣民在钻石领域的权益，还派遣一名治安法官到克里普德里夫特，从斯塔福德·帕克手中接管了控制权。

基于过去的经验，伦敦的殖民地部官员们认为争端的一部分原因是布尔人死性不改，以牺牲当地居民为代价扩大自己的领土。1870年11月，殖民地大臣金伯利伯爵写信给开普敦的官员，信中说："看到这些布尔人对格里夸人领土的侵犯，政府感到非常痛心，因为这将为布尔人的奴隶交易开辟一片庞大的猎场。"金伯利认为，应该由开普殖民地而不是英国政府吞并格里夸兰及其钻石矿场，这样，开普殖民地就应承担起管理该矿场的责任和费用。

在1871年2月参观钻石矿场时，英国新任高级专员兼开普殖民地总督亨利·巴克利爵士（Sir Henry Barkly）很快意识到，眼下的利害关系不仅是围绕土地所有权的边界争端问题，也是关系到整个南部非洲政治主导权的问题。他决定，为确保英国至高无上的利益，无论如何必须支持沃特布尔对钻石矿场的主张。他在3月向金伯利伯爵报告说："很明显，如果我表现得犹豫不决，只会助长奥兰治自由邦和德兰士瓦共和国的气焰，这些布尔人会自行其是。"

为了解决所有权的问题，巴克利提议由纳塔尔省省长罗伯特·基特（Robert Keate）进行仲裁。经过长时间的争论，比勒陀利乌斯接受了这个建议，但布兰德坚持要求得到独立的外国仲裁，否则就拒绝参加。德兰士瓦共和国明显处于弱势且表现不佳。9月，基特做出了有利于沃特布尔主张的裁决，沃特布尔立即要求巴克利接管该地区。在没有等到伦敦的批准前，巴克利于1871年10月27日宣布以英国王室而不是开普殖民地的名义吞并西格里夸兰。格里夸兰与奥兰治自由邦的东部边界被重新划定，以确保整个钻石矿场都被囊括在其管辖范围内。

在伦敦，金伯利伯爵非常愤怒，因为巴克利没有听从安排将西格里夸兰并入开普殖民地，而是直接作为英国殖民地吞并。"我从不怀疑，"金伯利写道，"亨利·巴克利爵士在开普议会通过该法案之前吞并钻石矿区是个错误。他违背了命令，偏离了我认为会成功的政策路线，这个路线需要的耐心，超过了他的限度。然而，我们别无选择，只能批准他的做法。"

在钻石矿场，挖掘者们听到英国宣布统治的消息后的反应是复杂的。当地一家报纸报道说，在采矿营地里，人们"欢欣鼓舞"，但许多人似乎无动于衷；一些人则担心英国的统治可能会给他们的活动带来新的限制。被奥兰治自由邦警察拘留的一名囚犯要求新主子英国当局提供保护，最终开普敦警察带走了他，自由邦法官奥洛夫·特鲁特在法官席上庄严地起身强烈抗议这种干涉，并宣布休庭。

对英国吞并格里夸兰的不满情绪持续了多年。在德兰士瓦共和国，人民议会谴责比勒陀利乌斯的软弱无能，迫使他辞职，并且拒不接受基特裁决的约束。在布隆方丹，布兰德总统提出反诉，并年复一年地抗议，坚持认为那些领土属于奥兰治自由邦。为了安抚奥兰治自由邦，英国政府最终在1876年同意为格里夸兰支付9万英镑，但问题仍然没有解决。

在英国的统治下，挖掘者们的境遇依旧如同坐着过山车一般。最初，人们担心深色的地层预示着采矿的结束，但后来发现它并不坚硬，反而很易碎，一旦暴露在空气中就会迅速分解。此外，这一地层的钻石密度甚至比黄土层还要高。但是，在没有支撑的情况下，在地面80英尺以下的深坑里进行开采，变得越来越危险。将矿坑与矿井边缘连接起来的巷道经常倒塌，使得矿藏埋在成吨的土壤下。

然而，塞西尔·罗德斯坚持了下来，他表现出了顽强的毅力，把自己的矿场打理得井井有条，并因此赢得了声誉。1872年，他的哥哥赫伯特带着另一个兄弟法兰克（Frank）短暂地回到科尔斯伯格之杯矿场，他回忆道："我们发现塞西尔趴在他的矿场上，和他的律师一起测量土地，然后对另一个侵占了他土地的人大发雷霆。"

根据罗德斯的朋友和熟人后来的描述，在科尔斯伯格之杯矿场的罗德斯是一个腼腆、笨拙的年轻人，偶尔也健谈——他会突然发言，用短促而断断续续的声音说个不停。但是在其他时候，他是个爱做梦的人，经常沉浸在自己的世界里，在监视黑人工人干活时，常坐在木桶上低着头读书，对周围的喧嚣充耳不闻。他被认为有些古怪，而且对自己的着装毫不上心。

在决定成为一名艺术家之前，诺曼·加斯丁（Norman Garstin）在钻石矿场待了一年。1872年，他来到科尔斯伯格之杯矿场，在乱糟糟的帐篷、马车和瓦砾堆的迷宫中寻找朋友时遇到了罗德斯：

走了不少弯路之后，我在一棵老而粗糙的合欢树周围发现了一小堆帐篷和小屋：一个祖鲁人在劈柴，一个印度厨师正拿着一堆盘子从乱糟糟的帐篷里走出来。在这里，我找到了我的朋友。

他旁边站着一个高个子的漂亮男孩，蓝眼睛，有点鹰钩鼻，穿着学生在操场上穿的法兰绒衣服①。这身衣服像是曾经被用力洗过，所以皱巴巴的，但是还没洗干净，仍然残留着发红的灰土。

加斯丁在罗德斯的地盘搭起了帐篷，在接下来的几个月里，罗德斯跟他抬头不见低头见。多年以后，他努力回忆起自己对罗德斯的第一印象：

> 当我搜寻关于19世纪70年代初的罗德斯的记忆时，我仿佛看到一个平凡的年轻人，他经常陷入沉思，他的手插在裤子口袋里，双腿交叉，有时候还会扭在一起，不跟别人说话，不合群；他一言不发地起床，带着既定的目的出门，从来不把时间浪费在扯闲话上……他这人喜怒无常，又沉默寡言，又冲动好斗。他有时很热情甚至很暴躁，但在朝自己的目标努力时，他又总会小心翼翼地制订计划……他的性格是二元的，既是沉思者又是执行者，他的声音里充满了好奇，当他兴奋时，这种声音就变得反常而矫揉造作。他的笑声也是假声。

在科尔斯伯格之杯矿场——或者叫"纽拉什"（New Rush），这也是这个地方广为人知的名字——罗德斯的另一位同伴是威廉·斯卡利（William Scully），他在1871年16岁时就来到了这里，不久之

---

① 在19世纪，这是英国中学生里的一种常见运动服。——译者注

后科尔斯伯格矿藏就被发现了。他的工作之一是放牛,他经常带它们去科尔斯伯格矿藏上层的一个积水盆地的牧场吃草。"在这个牧场,有一片起伏和缓的长方形高地。高地上长满了长长的草,在高地东端有一丛特别茂盛的金合欢树。"他注意到,高地的坡上坑坑洼洼,到处都是食蚁兽和胡狼挖的洞。

斯卡利最终在科尔斯伯格之杯矿场加入了德鲁里少校的"西区"营地,并与罗德斯兄弟同住了好几个月。他发现罗德斯是一个冷漠疏离的人,总是喜欢自己拿主意,喜欢独来独往。斯卡利写道:

> 我可以清楚地用塞西尔·罗德斯的一种典型表现来描绘他。晚餐后,他会保持身体向前倾斜,双肘放在桌子上,嘴巴微微张开。考虑问题时,他习惯于用食指轻轻揉下巴。很多时候,他会以这种姿势坐很长时间,而不加入任何正在进行的对话。他的举止和表情表明他的思绪已经飘远了,但他会偶尔插话,一定程度上又表明他了解当前的话题。

尽管天性孤独,罗德斯还是在纽拉什结下了几段持久的友谊。他与查尔斯·鲁德(Charles Rudd)建立了紧密的商业伙伴关系。查尔斯·鲁德是一个来自英国的挖掘者,曾在哈罗公学和剑桥大学三一学院接受过教育,他于1870年到达瓦尔河矿区,在那里开始最初的挖掘,但是进展并不顺利。他住在一个破烂的帐篷里,花了很长时间拖着沉重的砾石在300码长的河岸边清洗和筛分"东西",但是只发现了很少的钻石,最终因伤寒而倒下。他去开普敦治病,康复之后又回来了。他在非冲积矿床碰运气,既做挖掘者又收购钻石,并向矿场贩卖补给品。他比罗德斯大9岁,曾是网球冠军。后人对鲁德的描述是高大挺拔,苗条,"有一双漂亮的黑眼睛,一头浓密的金发,下巴上黑色的胡须修剪得整整齐齐,嘴上还有一撇小胡子",穿着鼹鼠皮长裤、法兰绒衬衫,戴着一顶皱巴巴的帽子。

罗德斯和鲁德都不喜欢挖矿这一行当。几年后,鲁德向一个朋友抱怨他和罗德斯的艰苦工作,当缺少廉价的黑人劳动力时,他们用袋子、盒子和水桶日复一日地把"花钱买的石头"搬到分拣台上。他说,在此期间,罗德斯还不慎把右手的小指弄骨折了,导致再也无法把手握紧。

除了挖矿,他们还尝试了许多生意行当。其中之一是从英国买了一台制冰机。在炎热的夏天,他们在钻石交易市场的一个角落,做着轻松的冰激凌生意。罗德斯转动冰激凌机的把手,鲁德则负责打包出售。一杯冰激凌卖 6 便士,一块蛋糕也是 6 便士。鲁德回忆说:"这台机器在三个月内就让我们收回了成本,而且在夏季即将结束时,我们以超出进价的价格出售了它。"

罗德斯另一个忠实的朋友是约翰·哈维尔·梅里曼(John Xavier Merriman),他是英国国教会主教的儿子,也是开普议会的现任议员,这个职位虽然光鲜却没有薪水,使得他不得不另谋生计。梅里曼身材高大,贵族派头十足,比罗德斯大 12 岁,他讨厌钻石矿场,讨厌粗俗的营地生活,尽管那里有很多机会,但他们赚不到多少钱。他喜欢跟罗德斯做伴,热情地称赞罗德斯的商业技能。罗德斯的兄弟法兰克在 1872 年 4 月写给家里的一封信中,提到了梅里曼对塞西尔的高度评价:"他说塞西尔在商业上非同凡响,他在赫伯特缺席的情况下很好地管理了所有业务,而且大家都非常喜欢他……梅里曼说,大多数到矿场来的年轻人,一旦发了财就会变得狂妄自大,但塞西尔正好相反。"罗德斯曾骑着一匹名叫布兰达斯奈基的锈棕色小马,和梅里曼一起穿越广阔的草原,一起讨论矿场事务、古典著作和世界历史。

许多罗德斯的同时代人还提到了罗德斯对追求女孩兴趣寥寥。于 1872 年到达钻石矿场的路易斯·科恩（Louis Cohen）说："他对风流韵事毫不在乎。我曾多次在大街上看到他穿着白色法兰绒衣服，双手插在口袋里，情绪低落地靠在街边的墙上……他几乎从没有一个伴侣，除了自己的想法外，他似乎对其他什么都没有兴趣，即使一群最可爱的姑娘走过这条街，我也不认为他会去搭理她们……说老实话，我们从未见过罗德斯对哪个女招待青眼有加，无论她们多么性感美丽。"

偶尔，罗德斯也会陪朋友们去参加当地的舞会。但人们注意到，他倾向于挑选周围最普通的女孩，也许是因为她们和他一样害羞。当他的朋友取笑他对女人的品位时，他的脸一下子就红了，然后反驳道："我只是来凑凑热闹……只是来凑凑热闹。"

当时，罗德斯最感兴趣的东西，绝不是女孩，甚至不是钻石，而是获得资格证，成为专业人士。中学时期，他的志向是成为一名律师，如果失败的话，那就像他的父亲一样成为一名牧师。他的父亲弗朗西斯·罗德斯（Francis Rhodes）是英国赫特福德郡（Hertfordshire）毕晓普斯托夫德（Bishop's Stortford）的国教牧师，他是一个严厉而孤僻的人，曾打算让他的七个儿子都追随他成为牧师。但是他的第五个儿子塞西尔在 16 岁的时候就离开了中学，更没有取得进入大学接受专业教育的资格。根据罗德斯的朋友、银行家刘易斯·米歇尔（Lewis Michell）的说法，罗德斯的父亲"意识到自己的小儿子不适合待在英国按部就班地生活，因此决定像其他成千上万的家长一样，把小儿子送到殖民地去碰运气"。于是，罗德斯前往南非的纳塔尔，投奔他哥哥赫伯特。在正式出发之前，他的姑妈索菲亚借给他整整

2000 英镑。

尽管从钻石行当里赚了不少钱,但罗德斯仍然渴望接受大学教育。他的朋友诺曼·加斯丁回忆说:

> 许多年轻人会乐于过顺风顺水的日子,但塞西尔·罗德斯却并非如此。
>
> 我记得他告诉我,他已经下定决心要去上大学,这将对他的职业有所帮助;如果他想要得到更多,大律师的职位"总是有用的",也是明智的。然后他出乎意料地对我说道:"我敢说,你以为我是个财迷。但是我跟你打赌,如果明天我就变成一个穷光蛋,我也毫不在乎,因为这只是一个我喜欢的游戏。"

然而,在 19 岁生日后不久,罗德斯就遭受了所谓的"轻度心脏病发作",据说这是"过度劳累"造成的。在后来的生活中,罗德斯确实受到了心脏病的困扰,但是他早年是个身体很棒的小伙子,并不体弱多病。他一恢复足够的精力,便乘牛车向北走了很长一段路。陪伴在他身边的,是热衷于搜寻德兰士瓦北部金矿的哥哥赫伯特。一路走来,罗德斯最终决定在德兰士瓦购置一个 3000 英亩的农场,尽管不久之后,他就将农场描述为"什么东西都长不出来,只是白费钱"。

大约四个月后,他们返回钻石矿场。没过多久,赫伯特就出售了他在纽拉什的采矿许可证,并再次启程前往北方。从此,两兄弟再也没相见。在之后的三年里,赫伯特在德兰士瓦东部探寻金矿,并在莫桑比克因为走私军火而被监禁了一段时间。1879 年,赫伯特在马拉维南部的希雷河岸边不幸丧命。当他从一个大玻璃细口瓶里倒出自酿杜松子酒时,他正在抽着烟斗,烟斗的火星把烈酒点燃了,随即引燃了他的衣服。为了扑灭火势，他冲到河边，一个猛子扎了进去，但是，不久之后，他还是因伤重身亡。与此同时，塞西尔·罗德斯仍继续着自己的人生计划。1873年7月，他将生意交到他的搭档查尔斯·鲁德手中，然后启程前往英格兰，打算报考牛津大学。

# 第三章
# 金伯利公司

英国首任格里夸兰总督理查德·索西爵士，穿着气派十足的皇家服装，于1873年1月抵达钻石矿区，并受到了热烈的欢迎。根据当地传统，人们或骑马，或乘坐马车赶来，到离采矿定居点几英里的路上欢迎他。人们欢呼雀跃，护送他进入城镇。铜管乐队奏起音乐，总督戴着一顶羽毛帽子，身穿绣花的丘尼卡袍子①，带着他的夫人，骑马通过了特地为他们架起的凯旋门。傍晚，居民们又用烟花表演和宴会招待他。

随着英国开始统治这片殖民地，这里的地名也要更改。殖民地大臣金伯利伯爵抱怨说，他既不会拼写"沃鲁齐格特"（意为展望未来）——这是之前储藏量最丰富的两个钻石矿，即纽拉什（科尔斯伯格之杯）和"老戴比尔斯"所在的戴比尔斯农场的名字——也不认为纽拉什是什么好词，不能给维多利亚女王的帝国增光添彩，这里需要的是"体面的英语地名"。因此，他发布了一项公告，宣布"从此以后，曾被称为'戴比尔斯的纽拉什'的营地和城镇，还有科尔斯伯格之杯二号或沃鲁齐格特农场，将被统一称为金伯利镇"。自

---

① 丘尼卡（tunica）是一种宽大的罗马式长袍，一般用白色毛织物做成。——译者注

此，纽拉什开始被称为金伯利矿；而它独有的含钻石的深色地层，则有了一个专业术语，称作"金伯利岩"①。

到 1873 年，金伯利已经迅速成长为南部非洲的第二大城镇，拥有约 1.3 万名白人和 3 万名黑人，而 2 英里以外的杜托伊茨潘也增加了 6000 人。在市中心，一堆混乱的帐篷和挂满帆布的支架帐篷之间，矗立着集市广场，这是一个宽敞的公共场所，白天挤满了马车和开普车②。挖掘者、他们的家人、钻石收购商、零售商和贸易商齐聚一堂。成堆的商品被出售，人们彼此交换八卦和谣言。每天早晨，布尔农民都会将大量的农畜产品运到广场上出售——一只跳羚卖 1 先令，一只羚羊或者牛羚卖半英镑，还有许多蔬菜和木柴。从开普敦和其他沿海港口开来的货车堆满了采矿设备、建筑材料、家用器具、粮食与烈酒，这些都是经过数百英里崎岖不平的旅程、历经千辛万苦才被运到这里的。

广场的一侧是"格里夸兰股份和采矿许可证交易所"，人们在那里进行采矿许可证交易活动。周六，集市广场的拍卖吸引了大批群众，他们既希望找点乐子，又希望买到商品。二手采矿设备交易十分活跃，挖掘者们在准备离开时出售物品，有些人欣喜若狂，另一些人则垂头丧气。

毗邻集市广场的大街是商业街，大街两旁遍布商店、饭馆、酒吧和挂着"库珀"招牌的支架帐篷。对金伯利来说，交易钻石与开

---

① 金伯利岩是一种火成岩，通常蕴藏着钻石。在现代科技发明的探测器出现之前，找到金伯利岩矿脉的理想方法是搜索"深色地层"，即一层深黄褐色的氧化金伯利岩层。——译者注

② 一种两轮四座马车，由两匹马拉着，配备有弓形帆布或皮革车盖，在铁路开通之前被用来运送乘客和邮件，是南非最快的交通工具之一。开普车因开普敦而得名，是在第一次布尔战争期间发明的，乘坐开普车是穿越崎岖地带的安全方式。——译者注

采钻石一样重要，而且前者往往赚得更多。最高端的交易商是欧洲顶尖钻石公司的代理商们，这些公司拥有大量资金，代理商很少离开他们的办公室。作为钻石市场的贵族，他们中的许多人都穿着华丽的天鹅绒礼服，修身而紧绷的白色灯芯绒或鹿皮马裤，皮靴锃亮，马刺闪闪发光，派头十足。其他钻石交易商则以办事处为中心或冒险前往采矿营地、附近的酒吧和食堂，去寻找有价值的钻石。这一行业的最底层是那些"穷光蛋"，他们穷得连自己的办公室都没有，每天都在矿场寻找可以出售的廉价小钻石，然后当场购买。"他们中的许多人都是不愿从事体力劳动的年轻人，但他们的商业嗅觉却是敏锐的。"威廉·斯卡利写道，"穷光蛋们的装备包括一本支票簿、一个被称为'穷光袋'的钱包、一杆秤、一个放大镜和一张能说会道的好嘴。在早晨的时候，一个人的分拣台可能会有十几个人围观。"

金伯利周围散布着许多简陋的旅馆、大通铺、台球厅和赌场。在这个镇，饮酒、赌博和嫖娼是主要消遣。大约每一百顶帐篷就有两到三个酒吧，每天早晚都有一群老顾客光顾。约翰·梅里曼抱怨说："这个鬼地方真让人讨厌，还没到晚上十点，酒吧里就已经横七竖八地醉倒了一群人。"大量的香槟被用来庆祝成功。最受欢迎的饮料是"好望角之烟"，这是一种烈性白兰地，怎么存放都不会过期，而且经常被肆无忌惮的小饭馆老板和非法酒商掺假。1872年，苏格兰医生约西亚·马修斯（Josiah Matthews）在金伯利开设了一家诊所，他估计他的病例中至少有三分之二是因为过度饮酒。

从会员制的奢华俱乐部到脏污不堪的棚屋，赌场比比皆是。1873年初，年轻的马修斯医生去南非探险，他走进了一座用瓦楞铁搭成的房子，房间里的装修十分简陋，传出喧闹的音乐和许多"嗡嗡"的声音。桌子周围挤满了心急如焚的赌徒。"有些人穿着体面的衣服，但大多数穿着寒酸，衬衫袖口都磨破了，就好像刚从矿上下来一样，他们手里拿着许多钞票，而他们的口袋里更是露出了一捆捆的更多的钞票。"

正当马修斯看热闹的时候，一个新来的人走到了赌台前。

他被周围的朋友们称为"H 队长"，我们饶有兴趣地观看了他的赌局，尽管他表面看起来波澜不惊，但他对胜利的渴望显然是最强烈的。赌局继续进行了一段时间，他时有收获，但他的筹码越来越少，最后只剩下 10 英镑。他带着绝望的表情把目光投向了赌局里"红色"的一方，并以痛苦的表情等待着不忍直视的赌局揭晓结果。"红色"本来可以让他翻盘，可惜！"黑色"的一方再次获胜，而 H 队长被"淘汰出局"。他喃喃自语，但没有哪个人能听懂他的话，他离开赌局，飞一般地逃到户外。那些沉迷于赌局的人仅仅是嘲笑他的突然离开。

赌场外面一声枪响响彻午夜的空气。然后，一个过路人激动地冲进来，告诉大家，H 队长已经自杀身亡，躺在路上的血泊之中。

自杀是司空见惯的事。在赌场里，往往只有经营者赚钱，尽管偶尔也有一些玩家发财。一个来自伦敦北部的 19 岁的小伙子大卫·哈里斯（David Harris），在一个朋友的引诱下不情愿地进入了多德饭馆，在轮盘赌上赌了 1 英镑，最后竟然赚了 1400 英镑。这些钱是他赚的第一桶金。哈里斯回到伦敦短暂地待了一段时间，对金伯利大吹特吹，说它是一个拥有无限机会的地方，然后又返回了金伯利。

同样的金钱诱惑吸引了许多妓女——白人、混血人种和黑人。一开始，白人妇女初来乍到，无所适从，只是静静地待在寄宿公寓里，扮出体面的样子。在混迹于酒吧和沙龙之前，她们往往编造出令人难以信服的借口，来解释她们为什么在这里。后来的妓女就没那么谨慎了。路易斯·科恩在他的《金伯利回忆录》（*Reminiscences of Kimberley*）中，描述了一名著名的交际花的到来。自她从开普敦的邮车上下来的那一刻起，她就没有丝毫的惺惺作态，而是希望自己艳名远播：

> 她跟周围的矿工们肆意地开玩笑，喝了一两杯白兰地和苏打水后，就跳上了正在等着她的一辆开普马车，边赶路边喊："今晚我就到格雷比特餐厅去。"她在格雷比特餐厅工作，男人们都期待已久。他们中的一些人专门为这一场合而特意打扮。那位女士一踏进门，人群就骚动起来。安静的人变得急躁不安，急躁不安的人变得饥渴难耐；虚荣的人摆出架势，好斗的人开始打架——而这个风情万种的女人却跟所有人都喝了酒。她觉得那些安静的、急躁的、好色的、虚荣的、好斗的男人都是一样的。她跟很多男人都打情骂俏。

她站在一个香槟酒柜上拍卖自己。拍卖起价为 5 英镑和 1 箱香槟，最后，一个荷兰钻石商出价 25 英镑和 3 箱香槟拍下了她。他把她带到马路对面的帐篷里。"可是半小时以后，好事者们围在帐篷边，把整个帐篷都抬走了，使得这对男女被迫暴露。"

然而，到了 1873 年底，金伯利开始面临巨大的危机。西格里夸兰发生了严重的旱灾，这使得粮食价格一路走高。与此同时，伦敦的毛坯钻石价格下降了三分之一，部分原因是欧洲经济衰退，但也很大程度上受到金伯利钻石产量的影响。金伯利的钻石产量越多，价格就越低。1869 年，钻石矿场出口了价值 2.48 万英镑的钻石；1872 年，科尔斯伯格之杯矿场全年都在生产钻石，钻石出口产值增加到161.8万英镑；1873年，增加到了164.945英镑。如果每克拉钻石的价格是30先令，挖掘者就能赚取合理的利润；当价格跌到每克拉20先令时，许多人就无法生存。在随后的经济萧条中，饭馆和酒吧老板的损失最为惨重。拍卖商们成天忙着甩卖从家具到商店物品在内的一切东西。

在金伯利采矿的困难也加剧了。到1873年，矿井的所有坑道都坍塌了。所有的运输都搁浅了。为了解决这个问题，挖掘者们建造了一个复杂的运输系统，在矿坑边缘架设了一个个庞大的木制塔台。每条矿道都有两三个平台，一个平台在另一个之上，通过固定的绳索与矿井联结在一起，最初，绳索用的是大麻或皮革，后来使用了铁丝。起降机上安装有拖绳，用来从矿井中吊起装矿石的桶。到达平台后，将桶通过滑槽排空，将矿石装满袋子，然后再运至分拣台，筛选后进行分拣。到1874年，有1000个起降机在矿区工作。电缆系统给游客带来了令人惊叹的印象。

> 这些线条密密麻麻地排列在一起，整个坑面仿佛被一张巨大的蜘蛛网覆盖着，在月光下闪闪发光，仿佛每一根细丝都是一条银链……
>
> 皮袋像梭子一样在"织布机"上来回地飞着，像不和谐的竖琴弦一样，发出震耳欲聋的响声，齿轮嘎嘎作响，泥土落下来……

但是，传输系统刚设计好，就出现了严重的问题。随着挖掘的深入，主要由黑色页岩组成的向下延伸300多英尺的矿井外壁开始解体。夏季的暴风雨经常引起岩壁崩塌。通常，如果岩壁崩塌，都会有及时的警告。当岩壁顶部出现巨大的裂缝时，挖掘者们会仔细测量这些裂缝，以估算何时会崩塌。正如伦敦人莱昂内尔·菲利普斯（Lionel Phillips）所描述的那样，岩层的坍塌是一幅壮观的景象：

> 在接下来大约一个小时的时间里，高耸的岩壁上的裂缝开始变大，细小的岩石开始往下掉，数量越来越多，体积越来越大。人们看到，坚实的岩层变得不再稳固，碎成一片片，然后巨大的岩层倾覆下来，盖住了一切，就像巨大的浪潮卷走了它所经之处的一切。

偶尔，大块的黑色页岩会在毫无预兆的情况下崩落，一位挖掘者回忆道：

> 一天早上，我骑马来到我们矿场的西边，看见所有的缆线都松了。我飞快地跑到那里，意识到可能出事了。数百吨的土石崩落到矿坑里。下面的情况令人震惊。所幸大部分人都跳到了离地面60英尺深的平台上，我们花了几个小时才把死伤者救上来。

矿井崩塌除了造成死伤外，也会导致采矿工作不得不中断好几个月，以清理土石。在开采金伯利矿的头五年里，每七个矿井就会出现一次坍塌。

洪水给挖掘者们带来了更多的麻烦。1874年1月，暴雨肆虐，许多地方都无法继续采矿；六个月后，大约40%的金伯利矿仍泡在水中。为了清除积水，金伯利矿业委员会发布了抽水项目。

这个项目吸引了塞西尔·罗德斯和他的合伙人查尔斯·鲁德。

罗德斯在牛津大学的首次逗留非常短暂。1873年10月，他被奥里尔学院（Oriel College）录取。11月，他在伊斯伊斯（Isis）湖上划船时，忽然感到全身发冷。大学校医对此非常重视，并向伦敦的胸喉科专家莫雷尔·麦肯齐（Morell Mackenzie）医生请教，医生发现"他的心脏和肺部"都受到了感染，并建议罗德斯立即回到炎热干燥的金伯利去，麦肯齐在他的病例中写道："这个人活不过六个月。"罗德斯当时正因为母亲的去世而感到沮丧。12月，他启航前往开普敦。

在金伯利，罗德斯和鲁德虽然没有任何抽水设备，但还是努力争取金伯利矿的抽水项目。由于未能成功，他们把注意力转向了较小的杜托伊茨潘矿，鲁德与矿业委员会主席在这里有业务关系。尽管当地媒体一再指控其中存在着营私舞弊，罗德斯和鲁德还是赢得了每月500英镑的抽水合同。问题是，他们仍然没有抽水设备，而委员会希望立即开始抽水工作。

接下来发生的事情成为关于罗德斯的众多传奇之一，这些传奇被视为他早期就是商业天才的证据。他听说西维多利亚的一个农民有一台抽水机正适合他的需要，于是，罗德斯雇了一个布尔人车夫，坐了八天的车赶到农场。然而，农民却不愿意把抽水机卖掉，因为他还想用它来灌溉农田。但是，罗德斯志在必得，他在农夫家门口露营了好几天，对他软磨硬泡，对他的妻子说尽花言巧语，逐渐提高报价，最终让农夫同意以1000英镑的价格将抽水机卖给他。罗德斯声称他已经了解到："人各有价。"他获胜而归，名声大振。"我们是一股力量，鲁德，我们是一股不可小觑的力量！"据说他这样告诉他的搭档。

让人困惑的是，这位农场主曾经在金伯利打广告，想要以1000英镑的价格出售抽水机，但未能成功。罗德斯所做的，也许只是把它买了下来。尽管如此，罗德斯还是成功地管理了杜托伊茨潘的抽水项目，从中赚取了可观的利润，这为他开展进一步的采矿活动提供了充足的周转资金。

1875年,正当罗德斯忙着在杜托伊茨潘给矿坑抽水的时候,持不同政见的挖掘者们已经开始反抗金伯利镇的理查德·索西爵士政府。

# 第四章
## 挖掘者起义

早在1873年理查德·索西爵士到达钻石矿区之前,当地的白人就已经以大声喧哗的方式发泄他们的不满,有时甚至会演变成暴力和骚乱。从一开始,他们就成立了"挖掘者委员会"来管理自己的事务,从而免于受到国家权威的限制,并享受免税的自由。"挖掘者当家做主"的观念深入人心。挖掘者委员会的成员由普选产生,很快就维护起群体的利益。在与地主的冲突中,挖掘者们坚持认为,在支付适当的许可证费后,他们有权在发现钻石和贵金属的任何地方进行开采。他们还对每个挖掘者加以限制,禁止他们获得两个以上的采矿许可证,以保护小型采矿者,防止采矿权落入大公司手中。最重要的是,他们决心在钻石领域牢牢地控制住黑人:他们想要黑人给他们干活,但又担心黑人参与竞争会削弱他们的势力。"这两个种族之间,从一般需求、性格到地位都有不可逾越的鸿沟。"因此,只有白人才有资格采矿。

索西总督初来金伯利之时受到了热烈欢迎,但他很快就与挖掘者们发生了争执。他为人独断专横,总是将自己的意志强加给采矿业,并限制挖掘者们的独立性。1873年,西格里夸兰的新宪法规定,设立一个由8名成员组成的立法委员会,其中4名成员将由选举产生,但是索西拥有决定票,还有否决立法的权利。挖掘者委员会否决了宪法,但决定参加1873年11月的选举,并提出了设立"人民候选人",企图破坏立法会的工作。但他们的候选人未能赢得两个金伯利席位。尽管在选举中失败了,挖掘者委员会仍在争取更大的控制权,要求将他们的职权范围从采矿扩大到市政事务。

挖掘者们的好战使西格里夸兰殖民地总督约翰·布莱德斯·库雷(John Blades Currey)感到十分震惊,他担心"只要受到足够的煽动,他们就会完全控制局面并组成一个共和政府"。库雷的解决办法是颁布一项法令,成立新的矿业委员会,其权力仅限于采矿事务。他回忆说:"这是我控制或摆脱挖掘者委员会的最好办法。"挖掘者们在矿业委员会中得到了代表席位,但是地位却下降了,他们因此感到不满。

另一个引起分歧的原因是非洲人在钻石领域的作用。虽然索西同意矿场应继续掌握在小型独立挖掘者手中,使他们的利益高于土地所有者和大公司的诉求,但他也坚决认为黑人和有色人种应获得与白人挖掘者平等的机会,并且应该允许黑人在同等基础上买卖采矿许可证。他说:"直到不久之前,该省几乎所有的土地都属于有色人种,试图剥夺他们的土地是非常不公平的。"

但是,白人挖掘者们强烈反对这种想法。1874年11月,《钻石场报》(Diamond Field)怒斥道:"毁灭,白人的经济毁灭,土著人的道德毁灭,这些都是企图在一天之内把仆人提升到与主人平起平坐的地位上的结果。唯有通过等级立法、限制性法律和教育来管控土著民族,直到他们适合与我们平起平坐,这才是唯一能在这里得到赞同的政策。"

这场钻石领域的黑人白人之争始于南部非洲的工业革命之初,

并将产生持久的影响。

钻石热潮吸引了来自整个南部非洲源源不断的黑人移民。许多人长途跋涉几个星期才到达钻石矿，精疲力竭，骨瘦如柴。人数最多的是佩迪人（Pedi），他们在国王塞库库尼（Sekhukhune）的鼓励下，从 500 英里以外的德兰士瓦地区来到矿区。国王鼓励他们去矿上打工赚钱购买枪支。聪加人（Tsonga，又称尚加纳）从近 1000 英里外的林波波河以北的加赞地区一路走过来。祖鲁人从纳塔尔地区赶来，莫舒舒人从巴苏陀兰（Basutoland）赶来。在 19 世纪 70 年代初，这些矿每年吸引 5 万多名非洲人来到这里。

大多数人会在那里停留 3—6 个月，为白人挖掘者充当劳工或在集中营中寻找其他工作。他们通常每周能攒下大约 10 先令，另外 10 先令用来购买食物，一旦他们存够了去买牛、犁或枪的钱，他们就会回家。英国军队淘汰的一支老式的装填式恩菲尔德步枪可以用 3 英镑买到，一个旧的装弹式斯奈德步枪则需要 12 英镑。1873 年 4 月至 1874 年 6 月，金伯利共售出约 7.5 万支枪。枪支销售的场面十分热闹，引人注目。"每到下班的时候，"一位挖掘者写道，"那些卡菲尔们就会成群结队地走在街上，街道两旁是白人商人用帐篷搭设的商店，黑人销售员把枪支高举过头顶，不停地挥舞着。他们大声叫卖，声音响彻云霄：'买，买，枪。'吵闹声震耳欲聋。那景象让我印象深刻，难以忘记。"

白人挖掘者经常抱怨黑人劳工，对他们施以虐待和暴力。《钻石新闻》在 1872 年指出，黑人劳工既是"世界上最昂贵的劳工"，也是"最难以管理的劳工"。由于有 5000 名独立挖掘者为他们彼此竞争，竞相出价，黑人劳工能够从一个雇主转投另一个工资更高或待遇更好的雇主。如果没有劳动力，挖掘者就完蛋了。一次又一次地，他们谴责黑人劳工"开小差",将其与盗窃钻石联系在一起,并要求采取更严密的控制手段。

从1872年起,盗取钻石的问题变得越来越普遍。马修斯医生写道,这就是"矿区的诅咒"。大量被盗钻石被偷运出营地,在沿海城镇或外国市场上出售。白人和黑人都参与了这一贸易。钻石通常是由黑人工人从矿区或者存放场所偷走,然后卖给"白色销赃者"——非法钻石买家的外号,他们在金伯利周围无数肮脏的饭馆和酒吧里干这个勾当。一些酒吧,比如"红灯"酒吧,成为臭名昭著的黑市。

无论白人还是黑人,如果被指控或涉嫌参与其中,都将会受到粗暴的审判。在处理白人时,通常采取的做法是一群矿工武装团体与罪犯对质前,先放火焚烧罪犯的帐篷、商店或食堂,摧毁其所有财产,然后将其赶出矿区。在对待黑人时,通常的惩罚是鞭打。

除了对钻石盗窃的愤怒之外,挖掘者们还对一些来自开普的黑人和有色人种因成功地确立了采矿主的地位,或者是作为股东管理采矿许可证以换取一定比例的利润而感到愤怒。他们主要集中在布尔特方丹,也就是所谓的"穷人挖掘场"。白人挖掘者坚持认为,拥有钻石销售权的黑人挖掘者为钻石非法贩运开启了方便之门。

1872年3月,金伯利的白人居民要求制定全新的法律,使他们能够控制和管理黑人与有色人种工人。他们希望雇员遵守在政府机关登记的书面合同,随时接受搜查,并受到夜间宵禁的限制。他们还希望禁止黑人和有色人种持有采矿许可证,除非有50名白人采矿许可证持有者的支持。在随后的几个月里,他们越来越多地采取零星的暴力抗议，焚烧黑人采矿者的帐篷，并企图对涉嫌偷窃钻石的黑人处以私刑。

英国官员在几乎没有警察帮助的情况下，竭力履行自己的职责。1872年7月，一名白人矿工鞭打两名黑人工人，指控他们偷窃钻石，在冬天的夜晚把他们全身扒个精光，绑在户外，最终造成其中一人死亡。此事被提交至治安法庭。陪审团判他普通伤害罪，因为这是在"极大的挑衅"下发生的。令金伯利居民感到震惊的是，地方法官仅判处他6个月的苦役，且没有处以罚款。在19世纪的南部非洲，针对黑人的暴力犯罪很少受到法律惩罚，甚至那时的判决也仅限于小额罚款。《钻石场报》认为，这一判决与其说是为了维护法律的尊严，不如说是为了毁掉正义。

然而，面对日益混乱的局面，英国官员还是向大多数挖掘者的诉求屈服了。1872年8月发布的第14号公告里，使用了"主人"和"仆人"的字眼，确立了新的劳动合同制度，将其与过去几十年控制整个南部非洲黑人劳工主要手段的通行证制度联系起来。抵达金伯利后，黑人移民（"仆人"）必须在一个仓库登记，每天领取通行证，直到他们找到工作。他们的劳动合同上写着黑人劳工的名字、工资、服务期限和他主人的名字。一旦被雇用，仆人必须携带由主人签字的通行证。任何在营地内游荡或闲逛的人，如果没有通行证，也不能对自己的行为做出令人满意的解释，就将被处以5英镑的罚款或3个月以下的监禁或鞭笞。主人有权在没有搜查证的情况下随时搜查仆人本人、其住所或财产。从理论上讲，这样的法律应毫无种族之偏见，适用于所有的仆人或雇员。但是，实际上它只适用于黑人。

然而，并不是所有的黑人都受到通行证制度的约束。殖民地官员认为有必要区分文明的和不文明的黑人：

> 有许多土著、混血，和来自其他殖民地的人，他们是诚实、聪明和值得尊敬的人，对他们当然必须与白人一视同仁，但是，大量的有色人种劳工是原始卡菲尔们，他们来自内陆深处，充满着野蛮的气息，没有接触过文明。事实上，必须将他们视为没有自理能力的孩子。

因此，那些自己做主人，持有采矿许可证或执照，或作为独立贸易商的黑人，获得了"保护通行证"，以证明自己不受通行证法的约束——以一个通行证来免除另一个通行证。

尽管做出了这些让步，挖掘者们仍然保持着强烈的抵触情绪，他们抱怨当局征收高额税收和黑人所造成的持续混乱。他们还对索西政府下令解散挖掘者委员会大为光火，因为这使他们失去了影响力。更火上浇油的是，拥有金伯利矿场土地所有权的私人公司打算提高租金，这更加引起了各方不满。

1874年8月，500名白人聚集在集市广场，选举公共安全委员会（Committee of Public Safety）的成员。公共安全委员会是一个象征着革命意图的名号。索西政府认为这个委员会的成员已经构建了一个潜在的替代当局的政府。委员会买下了《钻石场报》，并任命艾尔弗雷德·艾尔瓦德（Alfred Aylward）为编辑。他是一个留着胡子的爱尔兰共和党，以前还跟芬尼亚运动（Fenian movement）[1] 有些瓜葛。他还是个多才多艺的人，能说一口流利的荷兰语，在成为挖掘工之前，曾在杜托伊茨潘当过医院护工。1872年，他在戴比尔斯

---

[1] 芬尼亚兄弟会于1858年创立，其目的是结束英国在爱尔兰的统治，然后建立爱尔兰共和国。1866年和1867年曾两度发动起义，均被镇压。——译者注

矿场购买了 5 份采矿许可证，雇用了 75 名工人，并成为戴比尔斯挖掘者委员会主席，但在 1872 年 11 月因殴打工人而被判处 18 个月苦役后，他失去了采矿许可证和主席的位子。1873 年 12 月获释后，他先是在戴比尔斯矿工作，后来又到金伯利矿区工作。

艾尔瓦德意志顽强，誓要贯彻共和议程。1874 年 10 月，他前往奥兰治自由邦的布隆方丹，与布兰德总统和人民议会的其他 5 名成员见面，探讨将格里夸兰与奥兰治自由邦联系起来的可能性。奥兰治自由邦实行的黑人待遇标准，比原先的更符合挖掘者的喜好。布兰德告诉艾尔瓦德，自己赞同公共安全委员会的工作。在返回金伯利后，艾尔瓦德利用这一背书来为发起一个共和政府推波助澜。然而，艾尔瓦德对共和事业的热情过于高涨，使得他与委员会的其他成员产生分歧，其他人想要的是改革而不是革命。最终，他将精力投入组建国防联盟和保护协会中，该协会承诺不纳税。

租金的上涨，是引发怨愤和异议的导火索。1875 年 2 月，经过长时间的争论，法院裁定沃鲁齐格特农场的所有者，即伊丽莎白港商人集团有权按照自己的意愿提高租金。3 月 3 日，在金伯利大厅举行的 800 人大会上，艾尔瓦德敦促挖掘者们拿起武器。他说："如果我在英国的军旗下面竖起一面黑旗，我希望看到你们带着步枪和左轮手枪赶来。以上天和祖国的名义，捍卫自我，反抗不公。"

10 天后，持不同政见的各团体联合起来，组成了一个"挖掘者保护协会"（Diggers' Protection Association），这是一个准军事组织，由 7 个武装连队组成，其中 5 个在金伯利，1 个在杜托伊茨潘，1 个在戴比尔斯。保护协会的首脑机构是"军事法庭"，或称战争委员会。它的成员包括：艾尔弗雷德·艾尔瓦德"上尉"，负责指挥一个步兵连；亨利·塔克（Henry Tucker）"上尉"，前开普敦议会议员，采矿许可证持有者和仓库管理员；威廉·林（William Ling）"上尉"，一位负债累累的著名采矿许可证持有者；康拉德·冯·施立克曼（Conrad von Schlickmann），前普鲁士军官，被任命为"德国连"的负责人。塔克和林签署的一份宣言宣称，由于"挖掘者的权利、财产和自由"受到大量非洲人的威胁，这些非洲人"不是靠诚实的劳动谋生"，警察也没有对他们进行适当的管控，因此，该协会的成员今后将负起责任，保护欧洲人在钻石矿场上的安全。叛军民兵聚集起了大约800人的武装，开始在集市广场和板球场进行公开操练。路易斯·科恩目击了所有这些事件，他记录道："有时，当接到'向右转'的口令时，他们会以一种威胁和嘲弄的方式把步枪指向政府办公室。"

索西发布公告，警告所有人不得"进行非法宣誓或武装集会"，并下令用沙袋保护公共建筑。但他只有一支规模很小的治安部队——9名警官，24名白人警察和数量不定的黑人协警——这是他唯一能依靠的力量。尽管他的处境岌岌可危，但他还是决定先发制人。

4月，持不同政见的旅馆老板威廉·考伊（William Cowie）被指控在没有许可证的情况下向艾尔弗雷德·艾尔瓦德供应枪支。在考伊受审当天，一群示威者聚集在法院要求释放考伊。地方法官表现出了相当大的勇气，他坚持判考伊有罪，罚款50英镑，并拒绝让他保释，除非他对判决心服口服。

判决结果一经宣布，艾尔瓦德就立即骑马赶往金伯利矿场，在那里升起黑色旗帜，宣告起义。在路上，他与路易斯·科恩擦肩而过，后者用华丽的散文语调记录下这一事件：

> 我永远不会忘记，在那个值得纪念的革命时刻，我在主街上所目睹的一切。突然之间，我看到一个撒旦的信徒骑着马从

大街上飞奔而来，一只手挥舞着一面黑旗，勇敢地呐喊着，好像他正在率领一支英勇的骑兵部队。而他的另一只手挥舞着一把巨大的制式军刀……这个荒诞版的缪拉①是个身材匀称的人，有着浓密的黑色的卷发、胡须和小胡子，这使他那厚厚的性感红唇和明亮的、虽然已经散发着堕落气息的、布满血丝的眼睛显得格外突出。这个马背上的"红与黑"，正是无与伦比的爱尔兰芬尼亚兄弟会成员——阿尔弗雷德·艾尔瓦德……

那天下午，艾尔瓦德的一个同伴一时兴起，在被称为阿拉拉特山的渣土堆上升起了那面黑旗，发出了叛乱的信号。于是，大约300名武装人员冲进治安法庭。那里的几名带着左轮手枪的警察设法控制住了他们。

在警察的押送下，考伊被带出法院，步行250码到达监狱。但是，此时的监狱入口已被大约150名武装人员堵住了。增援的警察也来了。在随后的紧张对峙中，数千人在监狱外徘徊，叛军领导人和殖民地官员通过谈判达成了妥协。塔克签署了一张50英镑的支票，考伊得以被保释，该支票只有在判决被确认的情况下才能兑现。

第二天，索西宣布"某些应被惩罚的罪大恶极之人"掀起了叛乱，要求英国从开普殖民地派来军队，并呼吁志愿者报名成为特别警员，以保护政府财产。其中一个站出来的志愿者就是塞西尔·罗德斯。在接下来的10个星期，一支远征军在开普集结。而在金伯利，叛军领导人掌控着采矿营地的道路，但在是否用武力推翻政府的问题上举棋不定。1875年6月30日，在经过了700英里的旅程

---

① 若阿尚·缪拉，法兰西第一帝国的元帅，作为杰出的骑兵指挥官和勇武绝伦的战士而为人所知。——译者注

后，身穿红色制服的英国军队终于抵达金伯利，一路上畅通无阻。路易斯·科恩见证了他们的到来：

> 我清楚地记得，我看到那些人沿着杜托伊茨潘的道路行进，疲惫而风尘仆仆，毫无疑问，他们的眼睛只盯着成堆的钻石。他们被领进了小镇的中心……第二天早上，5名带头的反叛者被逮捕了，英军抓他们就像抓山羊一样简单。他们不过是叫了一两声，然后一切都结束了。

随着政府权力的恢复，7名叛军领导人受到了审判。其中3人——艾尔瓦德、林和施立克曼——面临着煽动叛乱、阴谋暴动的指控。经过3天的听证，当地陪审团用了23分钟就做出了无罪的判决。其他4名被告也被无罪释放。

然而，索西的处境却不太好。他对危机的处理受到了严厉的批评。军事干预使伦敦帝国政府损失了2万英镑。在写给伦敦殖民地大臣卡纳封（Carnarvon）的一封信中，开普总督亨利·巴克利爵士明确表示，他认为道德和正义不值得付出这么大的代价。8月，索西被免职。

这就是所谓的"黑旗起义"（Black Flag Revolt），它标志着一个重要的分水岭，代表着白人利益高于一切的压倒性胜利。但是，这也导致了独立采掘者时代的终结以及金伯利钻石巨头的崛起。

# 第五章
## 变身大亨

叛乱之后，英国政府在金伯利建立了一个新政府，决心确保格里夸兰及其动荡的矿业社区局势稳定，不再带来更多的麻烦，也不再浪费钱财。新上任的总督是欧文·兰尼恩（Owen Lanyon）上校，他是一位身材高大、皮肤黝黑、严格执行纪律的爱尔兰人，毫不掩饰自己对蛮荒生活的厌恶和对当地政要的不耐烦。为了解决土地争端，英国政府以10万英镑的价格购买了沃鲁齐格特农场，其中包括金伯利矿、戴比尔斯矿和金伯利镇，英国政府变成了实至名归的"业主"。

金伯利很快就形成了一种更加稳重的风气。妓院被关闭，黑人妓女被驱逐，她们曾使金伯利的星期六夜晚成为传奇。现在，这个镇上拥有许多礼拜堂、犹太会堂、学校、戒酒会和公共图书馆。街道上会定期洒水，以防止尘土飞扬。在大街上，克雷文俱乐部里设有阅览室、棋牌室和台球室，这为富裕的挖掘者们提供了一个便利的聚会场所。附近的综艺剧院提供了环境优雅的娱乐。1874年11月剧院开业时，《钻石新闻》报道说："它看上去非常整洁舒适。墙壁都是用漂亮的图画来装饰的。舞台是以最新的样式搭建起来的，这样每个人都能看到演员们的全貌。舞台两侧各有一面七英尺高的华丽镜子，上面挂着的幕布还是红色的锦缎。"

1875年，一个名为贝尔格莱维亚（Belgravia）的市郊住宅区落成，吸引了"商界名流，风雅人士"。他们建造了许多砖房，充满着维多利亚时代的资产阶级生活方式所应有的装饰和舒适感。1876年，金伯利开设了一家电报局，电报线直连开普敦。1877年的人口普查数据显示，金伯利已经是南部非洲第二大城市，人口为1.35万。如果把杜托伊茨潘和布尔特方丹也算进去，钻石矿场有8000到1.8万名白人和约1万名非白人。

为了消解导致黑旗起义的不满情绪，英国皇家专员威廉·克罗斯曼（William Crossman）上校受命调查采矿业的运作和财政状况。克罗斯曼在1876年得出结论，他认为限制采矿许可证者可持有的许可证数量的制度已不再可行，这一制度旨在保护个体挖掘者的利益，防止矿业公司获得控制权。他认为，钻石开采的未来属于资本家和公司。他建议，不应对采矿许可证的持有数量加以限制。兰尼恩对此表示同意。他心心念念的事，也是最重要的事，是确保格里夸兰的财政不再亏空且拥有清偿能力。

一批新型的矿业企业家出现了。有些企业家是原来那些挖掘者里的佼佼者，有些企业家是金伯利的商人，靠进口设备和供给品发了财，最活跃的群体是收购钻石的商人。这些人都严重依赖国际联系。1876年钻石价格的暴跌使许多小采矿场的工作陷于停顿，给了资本雄厚之人以可乘之机，让他们得以用低廉的价格收购采矿许可证。在四年的时间里，金伯利矿的采矿许可证持有者人数减少了一半。

在1877年的头四个月里，巴黎的钻石商人朱尔斯·波吉斯（Jules Porges）花了9万英镑买下了一批廉价的采矿许可证，这使他拥有了金伯利矿10%的权益。后来，波吉斯又与两名金伯利的商人展开合作，其中一人名叫萨米·马克斯（Sammy Marks），另一人则是波吉斯的姐夫艾萨克·刘易斯（Isaac Lewis），后者把他们的小生意变成了一家大型矿业公司。1880年，他们合并了采矿场，成立了一个股份公司，取名"好望角钻石矿山法国公司"（Compaginie Francaise des Mines des Diamants du Cap du Bon Espérance），也被称为法国公司。该公司控制了四分之一的金伯利矿，是钻石领域迄今为止最大的采矿作业机构。

另一位举足轻重的企业家是约瑟夫·B. 罗宾逊（Joseph B. Robinson），他是一个冷酷、脾气暴躁的老板，以坏脾气、卑鄙和勾引别人的妻子与女儿而臭名昭著。他是1820年那一代移民的儿子，在移居科尔斯伯格之前，他是瓦尔河的第一批挖掘者之一。当英国人控制了格里夸兰时，他已经成为金伯利的头面人物。他拥有当时全城唯一的砖砌住宅，还为索西总督提供马车，使这位总督在1873年能够威风八面地进入该镇。为了提升自己的政治地位，他还买下了一份报纸——《独立报》（Independent）。他个子高挑，有着一双锐利的蓝眼睛，以其酸溜溜的故作高深的表情和戴白色头盔的习惯而闻名。作为一个独立经营者，罗宾逊很成功，他在几家矿业企业中都有股份，但他的主要营生是标准钻石矿业公司，该公司控制了金伯利矿的大部分地区。

最引人注目的新企业家是巴尼·巴纳托（Barney Barnato），他是一个犹太人，出生在伦敦东区。在金伯利，他是个鼎鼎有名的人物，这更多是因为他常常在音乐厅当场献艺，而不是因为在商业上禀赋过人。巴纳托是大卫·哈里斯的表弟，后者曾在金伯利的一家酒吧里玩轮盘赢了1400英镑。1873年，巴纳托带着一盒劣质雪茄来到钻石矿场，希望能在那里闯出一番名堂。

在饭馆里第一次与他见面之后,路易斯·科恩写道:"他是个体格健壮的年轻人。他那张满是晦气的脸上都是尘土,戴着一副眼镜,有着你能想象到的最丑的鼻子,但那双灰蓝色的大眼睛十分好看,隔着眼镜的玻璃片能闪出光彩来。"

然而,巴纳托发现,靠着挖钻石或者收购钻石很难闯出什么名堂。他最终以演员的身份谋生,在皇家剧院出演了各种角色,皇家剧院是一座单层的波纹铁建筑物,建筑物的一侧围着围栏。

由于生活困窘,他搬进了一个肮脏的酒店里的一个后间,那是他哥哥哈利拥有的一个臭名昭著的非法钻石商聚会地点。1876年,他们冒着血本无归的风险,倾其所有,多方筹借,才买下了金伯利的四个采矿许可证。尽管一开始充满风险,但巴纳托兄弟的采矿事业逐渐繁荣,虽然他们的财富来路不明,让人难免生疑。到1878年,他们的矿场收益大约为每周1800英镑。到了1880年,他们已成为钻石贸易界的头面人物,还在伦敦设有办事处。

在这个群雄逐鹿的战场上,塞西尔·罗德斯只不过是一个微不足道的竞争者。他与合伙人鲁德一起买下了戴比尔斯矿场一个叫作百特沟的地方。戴比尔斯被认为是较贫乏的矿山之一,那里的采矿许可证比金伯利便宜得多。1877年,金伯利的采矿许可证官方总价超过100万英镑,而戴比尔斯的价值仅为20万英镑,杜托伊茨潘的价值为7.6万英镑,布尔特方丹的价值是3万英镑。尽管如此,但戴比尔斯矿脉的深度仅为金伯利的四分之一,开采成本更低,岩壁崩落的可能性也更小。

此外,罗德斯的个人声誉在矿业界也处于低谷。由于对抽水项目处置不当,他的声誉受到了严重损害。除了在杜托伊茨潘的合同之外,罗德斯还在1874年底赢得了在两个月内清除金伯利矿井积水的竞标，他被要求在随后的两个月内完成抽水并保持矿井干燥。抽水是件危险的差事，水泵经常出故障，供蒸汽机使用的木材供应不足，引进新设备的工作不断推迟。有一次，在罗德斯匆匆离去之后，一个锅炉突然爆炸，因为他走之前忘记添水了。到 1875 年 5 月，戴比尔斯的部分矿区仍然被水淹没，这让采矿者们感到十分不满。但是，由于承诺从英国订购新泵，罗德斯又获得了一份新的合同，一旦水泵到达，金伯利就开始抽水。

与此同时，戴比尔斯的矿业委员会聘请了一名 35 岁的毛里求斯工程师胡陶（E. Huteau）来监督矿场的抽水作业。1875 年底雨季开始时，胡陶不仅成功地使矿井保持干燥，而且将运营成本控制在罗德斯每月 400 英镑的合同价格之下，几乎将罗德斯淘汰出局。然而，12 月 26 日，胡陶的抽水作业突然失败，矿井再次被淹。经过检查，人们发现一台发动机遭到了破坏。随后谣言四起，据说有一名男子曾向胡陶行贿 300 英镑，让他破坏抽水设备。那些矿井被淹的挖掘者们怒不可遏，坚持要求胡陶揪出罪犯。

因为一个偶然的机会，皇家专员克罗斯曼上校被委派去调查挖掘者们的不满情绪。他于 1876 年 1 月 5 日在金伯利大厅召开了一次会议，却被迅速地卷入了愤怒的浪潮之中。克罗斯曼派人把胡陶叫来，胡陶在宣誓后承认确实有人贿赂他，但他拒绝说出罪犯的名字。在法律诉讼的威胁之下，胡陶提出了一个折中方案：他把名字写在一张纸上，交给皇家专员。克罗斯曼看了一眼纸条，然后立刻喊道："让塞西尔·罗德斯先生来见我！"因为找不到罗德斯——他在杜托伊茨潘——事情被耽搁了。

两天后，罗德斯告诉克罗斯曼，这件事"纯属捏造"，并且宣称，他一定会诉诸法律，请首席检察官西德尼·希普德（Sidney

Shippard）出面，起诉胡陶作伪证，这阻止了克罗斯曼继续进行调查，并且使得公众对罗德斯的种种非议就此偃旗息鼓。希普德是一名受过教育的律师，毕业于牛津大学，是罗德斯朋友圈中的一员。虽然六天后举行了初步听讯，但是希普德在随后的听讯中宣布他将不进行起诉。在没有给出任何解释的情况下，罗德斯就摆脱了这门官司。他也没有试图在日后为自己洗刷罪名。

1876年3月，罗德斯离开金伯利前往牛津。"我的人格在钻石矿场受到重创，"他在牛津写道，"而我仍想保留一些残渣。"

1877年，英国小说家、旅行作家安东尼·特罗勒普（Anthony Trollope）访问了金伯利市，他对那里产出的财富印象深刻，但他也抱怨那里气候炎热、尘土飞扬、蚊虫乱飞、食物粗劣、生活条件恶劣、物价高昂，而景观却荒凉贫瘠。"人们被发家致富的欲望吸引着来到某地，但这里是如此的令人厌恶，以至于多少财富都不能弥补这种居住环境所带来的痛苦。"

他写道，金伯利最著名的场所是集市广场，当地居民引以为傲，但他们吹嘘的不过是一栋高于一层的建筑物。"这栋楼是该镇唯一的宏伟之处。这里没有人行道。巷道上尘土飞扬，坑坑洼洼。在这个镇的中间有一个市场，它绝对称不上排场体面，四周都是波纹铁皮搭建的商店，商人们平庸乏味，毫不起眼。我实在无法想象有什么地方能比金伯利更丑陋。"

无论穷人还是富人，都住在一看就很简陋的波纹铁皮房子里，住在这里一点也不舒适。运输费用的高昂，使许多建材贵得令人望而却步。特罗勒普继续说：

> 很难想象这样一座城市能够存在，在这座城市里，每一块木板都要用牛从500英里外拖过来；但在金伯利，情况就是这

样。这里也无法制作经得起风雨的砖，因为砖需要烧制，没有燃料就不能进行烧制。在金伯利，燃料是如此昂贵的奢侈品，以至于人们甚至不舍得把水烧开。天花板几乎很少甚至没有板条和灰泥。而帆布天花板并不能保持长时间的干净，甚至不能保持紧绷，最终上面总是不可避免地落满了尘埃，把它压得陷下去。木质地板对于舒适和清洁是绝对必要的，但在金伯利，把一个中等大小的房间铺上木地板需要40英镑。因此，即使是那些靠钻石发了大财的人也住在不舒适的房子里，并不把这里当作久居之地，时刻准备着在今年、明年或后年打包离开这里。但是如果他们的钻石生意做不下去，他们就会继续留在这里直到生意有起色；如果生意做得好，他们也会出于"对黄金的饥渴"而留在这里。当3万英镑如此容易地赚到手时，为什么不赚到6万英镑？而当赚到6万英镑时，为什么不赚10万英镑？那么，为什么把大把的钱花到这种牢狱里呢？在这种鬼地方，人们一天都不想多待——在这里待了一年又一年，还不是为了赚更多的钱吗？为什么要在这里享受生活呢，这悲惨的生活，很快就会到头，既然有一种无限美好的生活在远处招手，为什么要费神去改变现状呢？

他发现周围的乡村同样沉闷，所有的木材都被砍伐了。"我不认为在小镇方圆5英里范围内能找得到一棵树。干旱已经持续一段时间了，使景观变成了一片褐色。当我站在那里时，我怀疑20英里之内都找不到一片草……所有的东西都是棕色的，干燥的灰尘覆盖着丑陋贫瘠的地面，仿佛从来不曾被绿色祝福过一样。"

特罗勒普被带到克里普德里夫特，也就是巴克利（Barkly），因为它以开普总督的名字被重新命名了。当他在瓦尔河上"野餐"时，他看到了岸边一个孤独的勘探者正在艰难地谋生：

> 当我们划船沿河而下时，我们看到河滩上有一个白人带着两个卡菲尔在干活。河滩上支着一个小帐篷，在帐篷底下，这个白人正在一张摇摇欲坠的选矿桌子上翻拣石头和砾石。他是一个仍然坚持在"河"里淘矿的挖掘者，一个正在碰运气的法国人。几天前也就是上周一，我们听说他发现了一块13克拉的白色钻石，没有一点瑕疵。这也许足以使他坚持下去，几乎可以使他在一个月里心满意足。如果他错过了那块石头，他可能会在一个星期后离开这个地方。现在，他一天又一天地干下去，却再也找不到新的钻石了。我想象不出世上还有比这更沉闷的工作了——几乎没有什么比这更令人沮丧的了，不停地翻找一块奇怪的小石头，这块石头可能每周出现一次，也可能永远不会出现。

然而，尽管特罗勒普不喜欢钻石矿场，他对于促进钻石业发展的热情还是远远超过传教士或慈善家，他说，因为这给黑人带来了"文明"。"由简单的慈善事业或宗教所进行的文明教化工作极其缓慢。人们总想说，宗教什么都没有做，慈善活动也没有起到多大作用。但是，对金钱的热爱很快就会起到立竿见影的作用。"

特罗勒普说，虽然宗教教育从来没有让大量黑人接受欧洲的生活方式，但他相信欧洲人的习惯会带来宗教。"当我俯视金伯利矿场时，看到三四千名矿工在干活，我觉得我看到的是三四千名潜在的基督徒。"

正是因为这个原因，特罗勒普说，他把金伯利看作是"地球上最有趣的地方之一"。

罗德斯于 1876 年回到牛津时，仍然怀有成为一名大律师的野心。22 岁的时候，他已经很富有了，身家约 4 万英镑，但他相信一个专业资格会带给他更高的地位，并让他的事业更上一层楼。1876 年，他从奥里尔学院写信给鲁德："冷静地回顾了过去的一年之后，我发现，由于我不够专业，我们损失了 3000 英镑。我曾经有三次感到灰心泄气，因为我担心稍有不慎就会全盘皆输，我没有什么可依靠的，除非有一技之长能够傍身。"

他特别提到他在杜托伊茨潘和戴比尔斯失去的机会。他说："如果我没有崩溃，这些失败都不会发生。如果我花两年的时间来从事一项职业的话，你会发现我是一个最完美的投机者。我现在有点过于谨慎了。"

从 1876 年至 1878 年，罗德斯在牛津度过了 7 个学期，在这期间，他几乎没有给人留下什么印象。奥里尔学院的院长，后来成为罗德斯的朋友和顾问的阿瑟·格雷·巴特勒（Arthur Gray Butler），称罗德斯在牛津大学的学业生涯"平淡无奇"，并回忆说："他属于像他一样的一群人，他们不关心学校的好坏，不会为它费心，但是品位很高雅，他们一起吃饭一起生活，总是以极大的兴趣和素养去讨论人生和政治中发生的事件。"

罗德斯很少听讲座和辅导课，因为他似乎很容易分心。一个同学回忆说，罗德斯的背心口袋里有一个小盒子，里面装着许多钻石。"当他勉为其难去听一个对他来说并不有趣的讲座时，他就拿出他的盒子，把钻石展示给他的朋友看。然后盒子被不小心弄翻了，钻石洒落一地。讲师抬头问是什么原因引起了骚乱，有人回答说：'还不就是罗德斯和他的钻石。'"他经常缺席讲座，这让他陷入了与奥里尔学院的老师们的"巨大冲突"中。

在一群有钱的享乐分子里，罗德斯是一个崭露头角的人物。他既参加狩猎又玩马球，还加入了布灵顿俱乐部，每逢佳节，在夜幕的笼罩下，这个俱乐部的成员们喜欢成群结队地来到大街上，一面挥舞着马鞭，一面发出狩猎般的吼叫声。他另一个最喜欢的消遣是参加赛马。

在法律职业方面，罗德斯也没有付出多大努力。他在伦敦的内殿律师学院（Inner Temple in London）付了学费注册，并参加了许多晚宴，但从未在这里寻求任何法律方面的指导。他在1877年写道："我的法律经验，到现在为止，只有吃大餐和看戏。"

实际上，他的注意力更多地集中在金伯利的事务上，而不是获得律师专业资格。他满怀兴趣地关注着钻石贸易的涨跌起落，与鲁德保持着密切的联系，给他提供建议和鼓励。在1876年的一次钻石价格暴跌中，他写道："如果糟糕的日子把你弄得一团糟，不要惊慌。它们是暂时的。钻石本身比以往任何时候都更受人喜爱，现在所有时髦的人比起任何珠宝来都更喜欢戴钻石，但是那些受到外国贷款冲击的人，你应该理解，他们卖掉了房子和钻石，把马车和马扔到了城里。"尽管如此，他对购置更多的采矿许可证或财产仍持谨慎态度。"不要在矿场再投入太多了。我们在戴比尔斯有足够多的矿坑，如果钻石生意能维持下去，我们就能在金伯利大赚一笔。如果我们想赚更多的钱，我宁愿借出去，或者将这些钱当作储备金放在国内。"

在1876年和1877年之交的长假期间，罗德斯返回了金伯利，1878年，他再次返回牛津，在牛津大学完成最后一个学期的学业前，他只打算在金伯利待6个月。而在金伯利，他很快就投入紧张的采矿活动之中。蒸汽机的使用，使采矿工作得以应对金伯利矿坑不断增加的深度，为矿产业创造了繁荣的条件。1877年，《钻石新闻》报道说:"时至今日,蒸汽机的使用已十分普遍,蒸汽机是当今的热门投资品。"钻石产量和劳动生产率迅速提高。尽管钻石的价格仅为19世纪70年代初的三分之二,但利润却一路飙升。到1879年,金伯利地区私营公司的平均利润率达到30%。利润的激增引发了对采矿许可证的争夺。到1879年,仅仅12家私营公司或合营公司便控制了金伯利四分之三的土地。戴比尔斯矿场的公司也出现了同样的整合过程。

罗德斯、鲁德与其他几个采矿许可证持有者联合起来,建立了辛迪加垄断集团,这是戴比尔斯矿的第二大控股公司,他们的目标是控制整个矿场。1880年4月1日,在法国金伯利矿业公司的引导下,他们成立了一家股份公司,命名为"戴比尔斯矿业公司"(De Beers Mining Company)。

一天深夜,罗德斯走过德国钻石商人阿尔弗雷德·拜特(Alfred Beit)的办公室时,发现他还在工作,就决定去看看他。

"嗨,"罗德斯说,"你从不休息吗,拜特先生?"

"不经常休息。"拜特回答。

"嗯,那你图个什么?"罗德斯问。

拜特说:"在老到干不动之前,我要统治整个钻石业。"

罗德斯说:"真有趣,我也打算要这样做了。"

# 第二部分

# 第六章
## 帝国大业

当金伯利的巨头们在为自己谋取利益时，英国的帝国主义野心也在发展。1874 年，由本杰明·迪斯雷利（Benjamin Disraeli）领导的新保守党政府上台执政，新政府决心扩大大英帝国的疆土，扭转前格莱斯顿（Gladstone）政府多年来在海外推行的清廉和节俭的财政政策。迪斯雷利自豪地称自己为"帝国主义者"，并且任命了新的殖民地大臣，一个志同道合的扩张主义者——卡纳封伯爵（Earl of Carnarvon）。卡纳封主要关注的是国防。他认为，开普殖民地及其在西蒙湾的海军设施是英国本土之外的帝国网络中最重要的一环，有一天整个帝国的安全可能有赖于此。用卡纳封主持的皇家殖民防御委员会（Royal Commission on Colonial Defence）的话说，开普航线"对于英国维持在印度、毛里求斯、锡兰、新加坡、中国乃至于澳大利亚的领土至关重要"，需要"不惜一切代价，不计一切成本"地维护。战略上的考虑压倒了财务上的考量。此外，开普还提供了一条重要的商路。尽管苏伊士运河已经在 1869 年开通，但英国每年仍有七分之一的贸易要经过好望角。如果爆发了影响地中海和苏伊士运河的战争，开普航线将变得更加重要。

卡纳封还密切关注南部非洲内陆的混乱状态，因为这为其他欧洲大国插手并破坏英国在该地区的霸权提供了可乘之机。总的来说，南部非洲由三个独立的英国殖民地、两个布尔共和国和各个棘手的非洲酋长领地组成，尤其是科萨、祖鲁、斯威士兰、佩迪、茨瓦纳和索托（Sotho）等土著领地。这是一个边界模糊不清的地区，武装冲突层出不穷。德兰士瓦决心向东扩张，进入德拉戈亚湾入海口，这将使它得以摆脱对开普殖民地港口的商业依赖，进而摆脱英国的统治，这让卡纳封感到警惕。他坚持认为，除非英国牢牢掌控内陆，否则开普的安全就无法得到保障。

为了阻止德兰士瓦的扩张，英国主张对德拉戈亚湾的所有权。但当此事提交仲裁时，英国败给了葡萄牙。同时，德兰士瓦还试图让其他欧洲大国参与进来。1875年，德兰士瓦总统托马斯·伯格斯（Thomas Burgers）在欧洲进行巡回演讲，寻求德国和荷兰的援助，以便修建一条连接比勒陀利亚（Pretoria）和德拉戈亚湾的铁路。卡纳封由此认为，越早把德兰士瓦纳入大英帝国的版图越好。

作为英国前任内阁的殖民地大臣（1866.7—1867.3），卡纳封曾通过合并七个独立省份建立了加拿大自治领，这些省份居住着遵循不同传统和互不信任的分别讲法语与讲英语的殖民者，这使他赢得了声誉，他认为在南部非洲也可以取得相似的成就。卡纳封计划在南部非洲建立一个由不同民族组成的邦联，它将作为大英帝国的堡垒，保护其战略和商业利益。

卡纳封告诉内阁，邦联的优势"非常明显"。它将鼓励欧洲移民和资本的流动，以更少的费用提供更有效的管理，并且减少殖民地对金钱或军事援助的依赖。此外，它还将有助于开展"一种统一的、明智而有力的'解决土著问题'的政策"。总之，邦联将确保英国在南部非洲的统治实现一个大跃进。

然而，卡纳封在该地区几乎找不到愿意合作的伙伴。因为这其中有太多的旧怨，太多的不信任。对布尔共和国来说，与英国的合作只意味着"英国的枷锁"。1876年8月，卡纳封在伦敦组织了一次会议，来自南部非洲的代表们出席了会议，但没有取得任何进展。

就在邦联事业似乎无望之时，在德兰士瓦发生的戏剧性变故突然带来了新的希望。伯格斯总统在德兰士瓦东部对佩迪族首领塞库库尼发动的战争失败了。1876年9月14日，殖民地部收到了英国驻开普敦高级专员亨利·巴克利爵士的电报，警告他们德兰士瓦即将崩溃：

> 总统的军队彻底溃败。残兵败将涌入比勒陀利亚。塞库库尼武装正在追击。双方在莱登堡的兰德罗斯特官署举行会面，同意英国政府接管德兰士瓦。9月4日布尔人人民议会召开。我是否应该接受这一接管提议？

伯格斯攻击塞库库尼的决定具有很大的风险。德兰士瓦是一个已经无法运转的国家，政府实际上已经破产；市民拒绝纳税；银行拒绝批准任何更多的贷款；政府官员拿不到薪水，公共和私人债务抵押的土地卖不出去。德兰士瓦也没有军队。它的安全依赖于一个突击队系统，该系统要求广泛分布的农业定居点提供志愿者、武器和弹药。白人劳动力的储备十分有限；总数大约4万的白人分散在一大片广袤的土地上，任何一个部族的非洲土著都在数量上超过他们，而且他们总是担心黑人可能会联合起来与他们对抗。白人最多只有大约8000人可以服兵役，其中大多数是农民。

伯格斯总统于1872年就职，他立志把德兰士瓦建设成一个现代国家。他是来自开普的一名自由派新教牧师，曾在荷兰的乌得勒支

(Utrecht)接受教育，娶了一个苏格兰姑娘。他发起了一些雄心勃勃的计划，但缺乏实施这些计划的手段。他颁布了新的法典，但几乎没有地方法官或法院来执行这些法典。他以极高的利率大量借款，希望建设一条通往德拉戈亚湾的铁路线，以至于把国家财政搞得崩溃。此外，伯格斯很快就与保守派发生冲突。他试图建立一个世俗教育体系，却因为"把《圣经》带出学校"而遭到攻击。1873年，德兰士瓦东部的莱登堡地区发现了冲积金矿，伯格斯鼓励外国人，主要是那些讲英语的探矿者们在那里定居，还给了他们两个人民议会的席位。塞西尔的兄弟赫伯特·罗德斯就得到了其中一个席位。为了利用这些黄金矿藏，伯格斯下令铸造印有自己形象的金币，这让保守派更加愤怒。

此外，与德兰士瓦地区最强大的佩迪人酋长塞库库尼就土地、劳工和税收问题发生的一系列旷日持久的争端，也使得他的改革努力蒙上了阴影。塞库库尼的军队装备齐全，佩迪劳工用从格里夸兰钻石矿场赚来的收入购买枪支。佩迪人的首府设置在特萨特（Tsate），该地位于利奥鲁（Leolu）的群山之中，易守难攻，戒备森严。然而，德兰士瓦东部的定居者要求对塞库库尼采取行动的呼声愈来愈高，作为回应，人民议会通过投票赞成战争。由于意识到其中的风险，伯格斯组织了德兰士瓦有史以来最大规模的远征部队——2000名市民、2400名斯威士战士和600名德兰士瓦的非洲仆从军——并亲自戴着高帽，束着总统腰带，威风凛凛地上了战场。

伯格斯的军事行动很快就一败涂地。从一开始，市民的士气就很低落。大部分来自德兰士瓦东部以外的突击队——来自比勒陀利亚、波切夫斯特鲁姆（Potchefstroom）和鲁斯滕贝格——面临着自己的问题。几天后，斯威士部队离开了，他们抱怨市民战士们的支援不力。最初对佩迪首府的攻击迅速瓦解，而市民战士们拒绝进一步推进。他们在请愿书中宣称："我们都不愿意冲进塞库库尼的山里去，因为我们认为没有机会保住性命，更不要说征服卡菲尔了。"随着突击队员们接连不断地打道回府，伯格斯被迫将战斗交由雇佣兵——莱登堡志愿者——从钻石矿场和黄金矿场招募来的"一群非常粗野的家伙"，承诺向他们提供报酬、战利品和土地。它的第一任指挥官是德国军官康拉德·冯·施立克曼，他参加过金伯利的黑旗起义；在他死后，爱尔兰共和党人、金伯利的名人，阿尔弗雷德·艾尔瓦德被选为指挥官。莱登堡志愿者很快就因对黑人平民的暴行而臭名昭著。

布尔人撤退的消息，尽管并不像巴克利电报中描述的那样具有戏剧性，却刺激了卡纳封采取行动。他立即潦草地写了一张便条给迪斯雷利，要求获得许可，把德兰士瓦纳入囊中。他写道："我希望，通过立即采取行动，我们可以避免（对南部非洲的）战争并一举拿下整个德兰士瓦共和国，而奥兰治自由邦随后也必定会唾手可得，我们苦心经营，必定将整个南部非洲收入囊中。"

随着迪斯雷利的批准——"做你认为最明智的事"——卡纳封任命西奥菲勒斯·谢普斯通爵士（Sir Theophilus Shepstone）担任驻德兰士瓦的特别专员。表面上，谢普斯通的职责是报告那里的情况，并评估当地的战争对英国在南部非洲的领土所构成的威胁。但在暗中，他得到的是吞并德兰士瓦的指示：如果"足够数量"的居民愿意，或即使他们不愿意，也要设法让他们就范，并且让自己当上德兰士瓦的第一个英国总督。

30年来，谢普斯通一直担任纳塔尔的行政长官，他先是担任对土著部落的外交代表，后又担任土著事务秘书，对纳塔尔的恩古尼族人行使一种类似于大家长的权力。他是一个严肃、神秘的人，是一位卫斯理（Wesleyan）传教士的儿子，随同1820年的定居者一起来到开普地区，被认为是研究祖鲁人的最高权威，也是公认的非洲问题的专家，精通几种恩古尼方言。他被祖鲁人尊称为"索姆特塞"（Somtseu），意思是"民族之父"。尽管他在处理德兰士瓦的布尔人方面经验不足，但据迪斯雷利说，卡纳封认为他是"为当前的目标而生的天选之人"。他是一个坚定的帝国主义者，热衷于将英国的统治提升到新的高度，并且认定卡纳封的邦联计划意义非凡。了解谢普斯通的观点后，卡纳封邀请他来伦敦参加会议，希望他的参与有助于促进邦联的成立，并安排谢普斯通在伦敦接受爵士称号。谢普斯通于1876年9月23日匆忙离开伦敦返回南部非洲，甚至没有时间"向任何人告别"。为了支持谢普斯通完成任务，卡纳封承诺将从英国派遣一个营的部队，以接替驻扎在开普殖民地的一个团为幌子，随他前往德兰士瓦。

为了支持整个行动，卡纳封说服帝国的一位老政治家巴特尔·弗里尔爵士（Sir Bartle Frere）担任高级专员和开普总督，从而进一步扩大了他的权力。弗里尔杰出的职业生涯包括在印度任职的41年，他还对桑给巴尔（Zanzibar）进行过一次访问，并成功劝说苏丹禁止奴隶贸易。他是王室的私人朋友、枢密院委员、皇家地理学会（Royal Geographical Society）前会长和狂热的福音派基督徒。虽然他对南部非洲一无所知，也没有与好斗的白人殖民者打交道的经验，但他与卡纳封有着推进帝国疆域的共同愿景，钦佩卡纳封将加拿大各州统一为一个国家的壮举，并坚信在英国控制下建立一个南部非洲邦联的目标能够实现。

卡纳封对弗里尔鼎力支持。他提议，弗里尔应该到开普去，"以总督的名义，但实际上是作为一个政治家，在我看来，他是最有能力实施我的邦联计划的人"。弗里尔得到的奖励是被任命为新的英国自治领的第一任总督。

但卡纳封的野心并没有就此止步。他开始有了"从开普到开罗"政策的想法，设想把更多的非洲地区纳入英国的控制，而不是受其他欧洲国家的控制。1876 年 12 月 12 日，他在给弗里尔的信中写道：

> 我不希望任何人太靠近我们，无论是在南方的德兰士瓦——这必须是我们的，还是在北方太靠近埃及与从属于埃及的地域。
>
> 事实上，当我谈到地域限制时，我并没有表达我真正的意见。我们不能接受在东部非洲甚至中部非洲有竞争对手；当我看到当前在热带地区英国人的生活时，我不明白为什么我们不考虑将赞比西河纳入殖民范围。

1876 年 12 月 15 日，西奥菲勒斯·谢普斯通爵士在 25 名纳塔尔骑警、一小队官员、一批非洲马夫和仆人的护送下，从纳塔尔省首府彼得马里茨堡出发，前往德兰士瓦高地。他的下属包括梅尔摩斯·奥斯本（Melmoth Osborn）、马歇尔·克拉克（Marshal Clarke）上尉和 20 岁的下级官员莱特·哈葛德（Rider Haggard）。哈葛德在非洲内陆的冒险为他的小说《所罗门王的宝藏》（*King Solomon's Mines*）、《她与艾伦》（*She and Allan*）和《艾伦·夸特梅因》（*Allan Quatermain*）提供了丰富的素材。

他们的比勒陀利亚之行很悠闲。在哈葛德的自传《我的人生》（*My Life*）中，他回忆了那些"坐在营地篝火旁度过的洒满月光的夜晚"，聆听着"蛮荒的非洲"的故事，其中许多故事都是由谢普斯通讲述的。虽然谢普斯通以谦卑、沉默寡言和自立而闻名，但哈葛德觉得他更平易近人。"他有寂静无声的力量,但他观察一切,几乎从不会忘记。不过,对我来说,只要他心情好,他就会说很多话。"

仆人中有一个人名叫乌姆斯洛加斯,他不仅是谢普斯通的首席仆人,还是斯威士国王的儿子,多次出现在哈葛德的小说中。哈葛德在《我人生的日日夜夜》(*The Days of My Life*)一书中这样描述他:"他身材高大、瘦削,面露凶相,左侧太阳穴上方有一个大洞,皮肤在那里突突跳动,这是他在战斗中受的伤。他说他一次就杀了十个人……都是用战斧砍死的!"

1877年1月27日,谢普斯通一行抵达比勒陀利亚。这个布尔人的首都于1854年建立,一直作为教堂广场存在,在那里,四处云游的牧师每隔一段时间就会被叫去主持婚礼和洗礼仪式。但它仍然只是一个村镇,只有2000名白人,以其简单朴素的村舍而闻名,房屋周围的花园种着玫瑰、柳树和成排的蔬菜。一条蓝桉树成行的林荫大道从南面通到镇上。镇中心是教堂广场,周围矗立着荷兰归正教堂和其他公共建筑。每隔三个月,就有大批农民和当地居民拖家带口地聚集在这里参加圣餐礼。圣餐礼是一个宗教和社会活动,婴儿们接受洗礼,大人们举行婚礼,广场上摆满了摊位,扎满了帐篷,停满了马车。广场的南面矗立着大会堂,这是一座朴素的单层茅草屋,国会就设在这里。

安东尼·特罗勒普在1877年访问比勒陀利亚时记录下了它的魅力,但也注意到这里"有些不整洁的味道":

> 白兰地酒瓶和沙丁鱼罐头随处可见。腌好的东西装在罐头里,被运送到这里,然后都在角落堆积起来。运送葡萄酒的稻草容器,就像纸质衬衫的领子、吊牌、旧靴子和木箱碎片一样,不断地吸引着人们的目光。这里没有土坑,也没有食腐动物,

死于饥饿或者干渴的拓荒者的所有不体面的遗物随处散落,俯拾皆是。

尽管到处都是泥泞、白兰地酒瓶和破烂的衣服,比勒陀利亚还是风景如画,未来可期。

让谢普斯通宽慰的是,他受到了热情的接待。英国人的到来被认为是一种受欢迎的防御手段,因为塞库库尼的军队随时会发动突袭。此外,英国宣称他们打算尊重德兰士瓦的独立地位。然而,在双方的讨论中,很明显谢普斯通一心想吞并德兰士瓦。尽管居住在比勒陀利亚等城镇的大约5000名英国公民对英国统治的前景表示欢迎,但在布尔人群体中反对英国统治的呼声也开始增长起来了。

当比勒陀利亚的人们收到报告,称塞库库尼已于2月16日与布尔人签署了一项和平条约,从而消除了英国干预的主要理由,即战争威胁时,事情变得更为复杂。比勒陀利亚的谈判代表称,塞库库尼同意其治下领土成为德兰士瓦的一部分并服从其法律,并为此签署了一份文件。然而,第二周,参与和平谈判的德国传教士亚历山大·梅伦斯基致函谢普斯通,否认双方已签署和平条约,并坚称仍有一些争议存在。他说,塞库库尼断然拒绝成为德兰士瓦的一员。与梅伦斯基的信一起到来的还有一张便条,是塞库库尼写给谢普斯通的:"求你了,长官,快来帮我,布尔人在追杀我,我不知道他们为什么要生我的气。"

为了查明事实真相,伯格斯和谢普斯通一致决定派遣一个委员会去塞库库尼的领土调查,该委员会由德兰士瓦政府的两名代表和谢普斯通随行的两名工作人员组成。奥斯本和克拉克被选中,而哈葛德被选为秘书。

在炎热的夏季,哈葛德的小团体穿过德兰士瓦东部的"狂热之国",于 3 月 27 日抵达塞库库尼在特萨特的山区要塞。哈葛德写道："那是一个神秘的地方。如果你晚上起床,无论你走到任何地方,都会意识到有几十或几百只眼睛在盯着你。"经过一个不安的夜晚,他们被带去见了塞库库尼,"一个中年男人,长着黑亮的眼睛和扁平的鼻子,看起来令人厌恶"。哈葛德坐在圆木上记笔记,塞库库尼认为条约是个骗局,对它嗤之以鼻。"我不会遵循这个法律。我不愿意缴税。我必须依靠我的人民,作为他们的酋长,他们缴的税都应该归我所有。"

与此同时,在比勒陀利亚,谢普斯通正在策划发动政变。人民议会已愤怒地拒绝吞并,但他对此置之不理。谢普斯通还在 3 月致卡纳封的信中声称,他已收到了 2500 名支持吞并的居民的请愿书。"此外,还有许多人也想签名,但是被某些地区,特别是比勒陀利亚的恐怖分子百般阻挠。"他还进一步表示,上百万非洲土著"像一个黑暗的边缘,围绕在稀疏分布的白人群体周围",对布尔人的统治心怀怨恨。不仅塞库库尼仍然对德兰士瓦共和国构成威胁,祖鲁国王塞奇瓦约(Cetshwayo)也"对这个国家抱有极大的反感"。谢普斯通说,塞奇瓦约非常渴望用白人的鲜血来"清洗"他的短矛。① 在与伯格斯及他手下的政府官员的讨论中,谢普斯通不断煽动祖鲁人入侵的恐慌。

4 月 9 日,谢普斯通告知伯格斯,他打算吞并德兰士瓦,伯格斯随后告诉谢普斯通,他打算发表公开抗议。两天后的上午 11 点,8 名英国官员聚集在教堂广场上,在一大堆牛和牛车中间宣布这一决

---

① 根据祖鲁王国的习惯,每个祖鲁男孩都会根据出生年份而被编入不同批次的军团,对外作战,也就是所谓的"洗矛",征战归来才能被允许婚配。——译者注

定,他们对可能发生的反应感到紧张。哈葛德写道:"在这样一个充斥着亡命之徒和狂热憎恨所有英国人的国家里,很可能会有很多人认为他们用枪林弹雨迎接'吞并者'是在做一件正当的事情。"

特派团的梅尔摩斯·奥斯本戴上眼镜,宣读了谢普斯通的公告,列举了一系列吞并的理由:国家破产,商业遭到破坏,白人居民四分五裂,政府陷入瘫痪,"临近的当地势力"试图进行干预。

如果不是收到最诚挚和最痛苦的请求,好战的野蛮部落对毗邻友好国家的蹂躏一刻也得不到英国政府的关怀……

奥斯本的声音颤抖着,双手也抖似筛糠,哈葛德只好从他手里接过印刷好的文本,把那份宣言继续读下去。

我感到很欣慰,已经有无数的演说、仪式以及信件……这表示居住在德兰士瓦的绝大部分居民都看到了……国家毁灭的状况……因此无限真诚地希望女王陛下的权威和法律能够莅临此地,庇佑一方……

一小群人——大多数是英国人——欢呼了几声,官员们松了一口气离开了,没有举行升旗仪式来纪念大英帝国最新攫取的"猎物"。谢普斯通谨慎地认为,最好还是等到英国军队从纳塔尔赶来再这样做。

紧接着,行政会议的一名成员在教堂广场宣读了伯格斯的公告。伯格斯宣称,为了避免暴力,德兰士瓦政府已经在抗议下同意服从英国的统治。他劝公民们保持冷静。他对人民议会的官员说:"我们只会向更强大的力量低头。我们之所以屈服,是因为我们无法成功地与这个强大的国家抗衡,这样做只会使国家陷入更深的苦难困厄之中。"

谢普斯顿答应给伯格斯一笔养老金，于是伯格斯搭着一辆牛车离开了德兰士瓦。伯格斯走的时候抱怨说，在当总统的这几年，"几乎被背叛和腐败弄得绝望了，我的私人财产和健康都毁了"。

# 第七章
## "保罗大叔"[①]

虽然德兰士瓦的布尔人在 1877 年不加抵抗地接受了英国的统治,但是布尔人对自己的共和国被肆意吞并甚为不满。德兰士瓦是由那些决心摆脱英国控制、自己当家作主的人建立的。在开普殖民地,他们最主要的不满之一就是所谓的"平等声明",即白人和黑人之间的社会等级平等,他们声称这是英国支持的。布尔人曾在 1858 年起草的宪法中宣称:"不管是在教会还是在国家,人民都不准备允许非白人与白人居民有任何平等。"现在,英国的统治又一次强加在他们身上,这种不请自来和不受欢迎的统治,又带来了同样的改革议程。

组织抵抗运动的关键人物是保罗·克鲁格。克鲁格是一个传奇的突击队队长,他身材高大,肩宽背厚,是顽强、坚韧、足智多谋的游牧布尔人的典型代表。克鲁格于 1825 年出生于开普殖民地北部边境布勒霍克(Bulhoek)的一个农场,他虽学完了《圣经》,但除此之外,他的正规教育只限于一个为期三个月的课程,由一位巡回讲师在用草和芦苇建造的教室里提供。然而,他却成了边境技艺的

---

[①] 指继任的德兰士瓦总统保罗·克鲁格。——译者注

大师，成了猎手、骑兵和游击战士。10岁时，他随家人北上，加入了一个由亨德里克·波兹特（Hendrik Potgieter）领导的移民团体。波兹特是一个富裕的边境农民，公然敌视英国统治。6个月后，克鲁格目睹了维格科普战役（battle of Vegkop），4000名恩德贝莱战士冲进了波兹特的营地，这是一个由50辆车组成的方形堡垒，车与车被皮带连接在一起。他和他的家人跟随波兹特的团队来到纳塔利亚，经历了1838年的大恐慌，当时彼得·雷蒂夫被祖鲁国王丁冈谋杀，随后祖鲁人又在维嫩血洗了布尔人定居点。回到高地后，克鲁格参加了波兹特在西德兰士瓦的马加利斯堡地区对恩德贝莱酋长姆齐利卡齐的远征。最后，克鲁格和他的父亲卡斯帕（Caspar）决定在马加利斯堡山脚下定居。

按照布尔人的传统，到16岁时，克鲁格有权选择两个各6000英亩的农场，一个用于放牧，一个用于种植庄稼。他在勒斯滕堡（Rustenburg）附近的瓦特克卢夫（Waterkloof）的主要住所成了他的农场，但他也花了很多时间狩猎，经历了无数次九死一生。在20岁的时候，当他在塞库库尼首都附近的斯蒂尔珀特河沿岸狩猎犀牛时，他那沉重的四磅重的象枪在手里爆炸了，使他血流如注。他用松节油治疗伤口，并用一把折刀切去拇指的残余部分。当坏疽发作时，他尝试了一种古老的布尔疗法，把手伸进一只山羊温暖的肚子里。他的伤口花了6个月时间才愈合。

他的第一任妻子和他们的孩子死于发烧。1847年他与第二任妻子盖济娜（Gezina）结婚，两人生育了9个儿子和7个女儿。20年间，他又务农又打仗，参加了9次攻打非洲酋长领地的大战役，并最终晋升为德兰士瓦的总司令。1852年，他参与了突袭科洛本的克韦纳人（Kwena）据点的突击队，这次袭击致使戴维·利文斯通的房子被毁，他的医疗设备和图书馆也悉遭破坏。利文斯通指责马加利斯堡的布尔人的暴行，布尔人则指责他向克韦纳人提供武器和弹药。

克鲁格还越来越多地参与德兰士瓦的政治事务。1852年，当英国政府承认德兰士瓦的独立时，他出席了签署《桑德河公约》（Sand River Convention）的活动，并作为德兰士瓦制宪委员会的成员参加了会议。他帮助解决了德兰士瓦和奥兰治自由邦之间的派系争端，并帮助巴苏陀国王、莫舒舒国王和自由邦之间达成和解。1873年，他以总司令的身份退休，彼时，他是一位受人尊敬的长者，常常被称作"保罗大叔"，退休后住在位于布肯霍特方丹（Boekenhoutfontein）农场的一座新宅里。

他说，他一生的向导是上帝和《圣经》。除了《圣经》之外，他从不读别的书，因为他用心来理解《圣经》，从中得到了很多。他深信《圣经》经文是真理，并经常在决策时和日常生活里提到它们。对克鲁格来说，地球是平的，因为《圣经》里就是这么说的，所以当一个美国旅行者向他介绍说自己正在环球航行时，克鲁格反驳说："你不是说'环'球航行吧……这是不可能的！你的意思肯定是在世界航行。"在许多方面，他更像是17世纪的狂热分子，而不是19世纪的政治家。

克鲁格属于多普（Dopper）教会，即南非荷兰归正教会（Gereformeerde Kerk van Suid-Afrika），这是在南部非洲的荷兰归正教会里最小和最保守的一支，其成员认为他们比其他团体更接近上帝，并认为他们对上帝的旨意具备一种特殊的理解能力。据说他们被称为"多普"，是因为他们相信应该熄灭启蒙运动之光，而荷兰语里的"多姆普"（domper）就是"灭火器"的意思。

克鲁格在多普教会摆脱德兰士瓦的主要教会——非洲荷兰归正教会（Nederduits Hervormde Kerk），并自立门户的过程中发挥了领导作用。他与几位志同道合之人一起，从荷兰的基督教分离归正教会（Christelike Afgescheiden Gerformeerde Kerk）招募了一位新牧师。这个分裂的组织于1834年脱离了国家教会，拒不接受后者的解放神学和对个人奉献与体验的福音派式的强调。1858年牧师抵达德兰士瓦之后不久，克鲁格就与其他异见人士一起谴责非洲荷兰归正教会是一个"愚弄世人"和"假心假意"的教会，然后脱离了这个教会。

多普神学的核心，几乎完全基于《旧约》，即在生活的方方面面接受加尔文主义对上帝的概念，并将《圣经》作为信仰和实践的唯一来源。它的追随者宣扬了一个全能的上帝的福音，祂直接干预个人和群体的生活；他们坚持宿命论；他们相信选民的观念，即由上帝所选定的人；他们对其成员的道德行为实行严格的控制；使上帝失败就会让自己和自己的国家受到惩罚。为了确保只听到上帝纯净的话语，他们禁止唱赞美诗；《圣经》的《诗篇》被认为是尽善尽美的文本，而其他文学作品则是"凡人创造的"。他们还拒绝装饰教堂，拒绝轻浮的事物，如跳舞。他们的着装方式是独特的：他们拒绝穿长外套，男人穿短夹克和松松垮垮的宽裤子，戴着宽边帽子；女人总是戴头罩或帽子，头发梳到耳朵后面。而在他们的圈子之外，"多普"这个词是极端保守主义和粗俗举止的同义词。

1872年，当来自开普的自由派荷兰新教牧师托马斯·伯格斯当选德兰士瓦总统时，多普教徒们感到非常震惊，他们不能接受一个"无神论者"成为国家元首，于是他们决定移民，并选择了非洲西南部的达马拉兰和奥万博兰作为合适的目的地。克鲁格被请求领导这次迁徙，但他拒绝了。许多人后来在试图穿越喀拉哈里沙漠的过程中丧生，克鲁格的继母也是其中之一，这次迁徙后来被称为"渴望之旅"。

1876年，当伯格斯决定与塞库库尼开战时，他要求克鲁格重新服役，加入远征。但克鲁格拒绝了。"如果你来了，我就无法领导突击队了，"克鲁格在回忆录里做出了答复，"因为你会夜夜都在营地里寻欢作乐，在星期天的舞会上，敌人甚至会躲在墙后朝我开枪，上帝不会保佑你远征的。"

克鲁格将佩迪战役的失败和其他所有影响德兰士瓦的弊病都归咎于伯格斯的领导，并引用了《圣经》中的例子：

> 如何解释这种倒退？神的话语给了我们关键信息。请看以色列的例子：如果人民有一位虔诚的君王，一切都会繁荣；但在一个对上帝不虔敬的统治者的统治下，土地会退化，所有人都会因此而受苦。仔细阅读《利未记》第26章，看看其中的话语是如何应验的。在开拓者的时代，几个人就能把成千上万的卡菲尔们撵得无影无踪……你看，当伯格斯成为总统的时候——他不知道安息日，他只会在星期天骑马走遍全国各地，但他对教会和信仰一无所知（《利未记》26：17）。

克鲁格以同样的狂热抨击了英国人的到来，并告诉谢普斯通，他永远不会同意德兰士瓦被英国吞并。"我誓要维护共和国的独立。"

从与克鲁格打交道开始，英国人就低估了他。他们认为他是一个没有受过教育、没有礼貌的穷乡僻壤的农民，十分偏执——用阿非利卡语说，是一个犟头。他们对他的丑陋印象深刻，并且频繁提及,以至于这种印象成了他整个人格和他的目标的缩写。到了中年,他的脸变得粗糙,眼睛下方出现眼袋,鼻子变大了,嘴也变大了,他的头发在左侧梳开,整齐地披散下来,发色变得灰白,宽厚的肩膀有点下垂。他的多普套装——黑色短上衣,肥大的裤子和黑色的帽子——让他的外表变得相当古怪。他全身都散发着马加利斯堡烟草的气味,这种杂草的效力是如此之大,以至于他把袋子递给那些年轻人的时候,他们的手都会发白。此外,他还经常随地吐痰,这是他的个人习惯,而这在英国人看来是很讨厌的。

1877年2月,谢普斯通的法律顾问莫科姆(W. Morcom)在比勒陀利亚首次与克鲁格见面,他在描述中写道:"保罗·克鲁格是一个年迈的男人,非常丑陋,他的脸上总是带有一种极端固执和异常残酷的表情。"他接着说:

> 在周二的公开午宴上,他的表现正如比利时领事所说的那样,"极其可怕"。他那脏兮兮的木烟斗从胸口口袋里露了出来,他那稀疏的头发是那样的油腻,以至于变成一缕一缕的,每一根头发末端都积满了发臭的椰子油,因此吃午饭时必须用小梳子梳理一番。午饭时的餐巾派上了奇怪的用场。

南部非洲新任高级专员巴特尔·弗里尔爵士做出了一个更有见地的评价:"那些非常了解他的人向我保证,他是一个非常精明的人,他只是装作老实巴交,不谙世事,他还具有非凡的口才和很强的说服力。"弗里尔总结道:"一个陌生人绝对看不出来他可能会在德兰士瓦掌握大权。"

克鲁格的第一个策略是试图说服英国政府举行全民公投,以检验谢普斯通所谓大多数白人赞成吞并的说法。1877年5月,他率领一个三人代表团出发前往英国。他先坐长途汽车去布隆方丹，接着去了金伯利，然后又到了伍斯特，在那里他平生第一次登上火车，踏上了前往开普敦的旅程。从开普敦到普利茅斯的海上航行花了26 天。

他在殖民地部与卡纳封进行了亲切的会面，但毫无结果。在 7 月第一次见面时，卡纳封就对他说："如果我让你抱有一丝期望，以为既有政策现在可以改变，或者对德兰士瓦的吞并可以取消，那我只是在误导你。"

在他们第二次见面时，克鲁格要求举行全民公投，卡纳封答复说，这是"不可能的"，"西奥菲勒斯·谢普斯通爵士在女王的批准下和以她的名义采取的行动"同样不容置疑。在他们第三次相遇的时候，双方再次进行了同样毫无结果的谈话。在他们的正式会议之外，卡纳封邀请克鲁格和他的同事在纽伯里附近的海克莱尔的家中共进午餐。克鲁格神情郁郁，只有在看到马和马厩时才高兴起来。

当克鲁格于 11 月返回德兰士瓦时，布尔人反对英国统治的浪潮已经迅速地扩大了。英国吞并德兰士瓦的行动，使一群争吵不休的布尔人团体联合起来，原本他们只顾着教会和家庭的事，现在却同仇敌忾，发誓要打败英国。克鲁格本人由于"深入虎穴"几个月，最初被人怀疑已经被英国贿赂收买，因此他不得不小心操作，才获得了抵抗运动的领导权。1878 年 1 月，在全副武装的骑兵的护送下，克鲁格策马进入比勒陀利亚的市中心，在群众大会上发表演说。在场的布尔人群情激奋，誓要反抗英国。当克鲁格告诉他们，卡纳封亲口告诉他，他无意收回兼并的命令时，一个布尔人老战士亨宁·比勒陀利乌斯站起来高呼："与其向英国人屈服，我更愿意为这个国家献出热血。"

但是克鲁格呼吁大家保持耐心。他提议，代表们应该发起一项请愿，要求卡纳封"恢复我们的国家"，并警告说，这是"通过和平方式实现我们的目的的最后手段"。他在布肯霍特方丹农场写信给梅尔摩斯·奥斯本，并在信中承诺："我曾公开表示，如果大多数人同意合并，那么我将准备归顺，并服从英国女王的权威。"他表示希望得到一个和平的结果。尽管公众强烈要求采取行动，但他还是说，"我能够成功说服我国人民以和平的方式实现独立"。到 1878 年 4 月，克鲁格的支持者收集了 157 份请愿书和超过 7000 个签名，共有 587 人赞成兼并，6591 人反对。

带着这个结果，克鲁格在 1878 年 6 月第二次前往伦敦。然而，他与新殖民地大臣迈克尔·希克斯·比奇爵士（Sir Michael Hicks Beach）的讨论，却与同卡纳封的讨论一样毫无结果。英国人愿意提供给他的至多是一种类似于开普殖民地所享有的自治形式。克鲁格后来向他的支持者描述了这个提议："我将努力向你们解释这种自治在我看来是什么意思。他们对你说：'先把你的头轻轻放在绞索里，这样我就能把你吊起来，然后你就可以尽情地蹬腿了！'这就是他们所说的自治。"

克鲁格第二次访问伦敦的高潮是一位英国人送给他一枚刻有以下文字的金戒指："鼓起勇气，你的事业是正义的，最终必将取得胜利。"克鲁格在余生都戴着这枚戒指。

与此同时，对英国吞并德兰士瓦的愤怒浪潮进一步蔓延到奥兰治自由邦和殖民地的布尔人群体，激起了曾经的不满。在自由邦，人们对 1868 年英国人为了回应莫舒舒的求助而干预并吞并巴苏陀兰的做法一直心怀不满。当时，他们的突击队把莫舒舒打得大败，而就在即将占领巴苏陀兰之际，莫舒舒请求英国帮助，把自己的领地托庇在英国的保护之下；1871 年，英国人从布尔人手中夺取了格里夸兰的钻石矿场，这引起了更多的愤怒。这个自由的国家现在发现自己被英国控制的领土所包围，其独立地位已然受到威胁。人民议会的成员们踊跃发言，支持德兰士瓦重归布尔人统治。

在开普，这极大地推动了自称阿非利卡人的布尔知识分子领导的一场新兴的文化和政治运动。1875 年，在距离开普敦 35 英里的小镇帕尔（Paarl），荷兰归正教会牧师斯蒂芬努斯·杜·托伊特（Stephanus Du Toit）与几个志同道合的人一起成立了一个名为"真正的阿非利卡人联谊会"（Die Genootskap Van Regte Afrikaners）的组织，这个组织致力于推广阿非利卡语，一种在南部非洲的布尔人农耕群体中普遍使用的语言。多年来，这种语言一直与荷兰语有所不同，不仅元音发生变化，语法也变得简化，并结合了自 17 世纪以来开普省奴隶使用的外来词——马来语、葡萄牙克里奥尔语（Portuguese creole）和科伊科伊语。这是布尔人群体的主人和仆人之间，以及较贫穷阶层之间使用的语言。上层和中层的布尔人，尤其是生活在西开普省的人讲的是"高荷兰语"，这是教会和《圣经》的语言，他们轻蔑地把南部阿非利卡语视为一种"厨房语言"。他们还在相当程度上使用了英语，这是殖民地唯一的官方语言，因而也是商业、法律、行政语言——并越来越多地成为文化的语言。

杜·托伊特和他的同事们最害怕和最憎恨的是英国殖民政权不断增长的文化主导，而这种统治又是由布尔人自己支持和协助的。在 1876 年的一次演讲中，首席大法官亨利·德·维利尔斯爵士说，阿非利卡语"词汇量少，词形变化少，意义不准确，不能表达与更高层次的思想有关的意思"。他还说，殖民者的精力最好花在英语上，"那丰富而辉煌的语言"，最终会成为"南非的语言"。而杜·托伊特认为，母语是一个人最宝贵的财产："一个民族的语言表达了这个民族的性格。剥夺一个国家思想的载体，就是剥夺了它祖先的智慧。"他想把阿非利卡语发展成一种国家语言。

为了阐明这一信息，杜·托伊特在1876年发行了《阿非利卡爱国者报》（*Di Afrikaanse Patriot*），这是第一份使用早期阿非利卡语的报纸。次年，他又以主要作者的身份出版了《用我们人民的语言讲述我们土地的历史》（*Die Geskiedenis van Ons Land in Die Taal van Ons Volk*）一书。该书第一次将广泛分布在英国殖民地和独立共和国的阿非利卡人作为一个独立的民族看待，他们拥有明确的祖国，这也将他们共同连接到上帝赋予的一个共同命运：统治南部非洲，教化其异教徒居民。

这本书标志着一种新的历史学的诞生，它最终将以阿非利卡人为主要研究对象，把阿非利卡人描绘成一个被英国几十年的暴政所压迫的勇敢民族。书的第一页写道："通过这种方式，我们可以看到，英国人从一开始就是十足的无赖。"以1806年英国占领开普殖民地的那一刻为起点，这本书一个接一个地引用过去的插曲作为英国压迫的证据，这也成为对于这种历史的描述标准。19世纪30年代，大批移民农民从开普逃离，这就是现在所称的"大迁徙"，标志着布尔民族对大英帝国暴政的一次英勇抵抗。这些移民现在被称为"开拓者"，他们是具有英雄品质的先驱，意志坚定，以强烈的宗教使命感为指导，决心捍卫阿非利卡人的自由和团结，他们勇敢地进入未知的内陆地区，却发现英国人在身后穷追不舍。在追求霸权的过程中，英国吞并了第一个布尔人的国家——纳塔利亚共和国，然后又侵占了自由邦的钻石矿场。

这些思想虽然慷慨激昂，却影响有限。开普一位重要的阿非利卡人编辑扬·霍夫迈耶（Jan Hofmeyr）在1876年写道："爱国者们正在进行一场毫无希望的战斗。"但是，英国对德兰士瓦的吞并，对布尔人请求的无视，又似乎证实了这些思想存在的必要性，并给他们注入了新的动力。扬·霍夫迈耶写道："兼并德兰士瓦有好的一面，它告诉南非人民，血浓于水。它使非洲人民对他们在瓦尔河对岸的兄弟满怀同情，否则人们就只会在物质主义的泥沼中自甘堕落。整个民族都认为这是未来最有希望的迹象之一。"

但英国的所作所为刺激了布尔人的民族主义运动。

在德兰士瓦，因为政府的软弱无能，英国人的麻烦越来越多。谢普斯通没有多少手下，也没有多少资金来挽救破产的局面。1877年5月，卡纳封从伦敦发来急件，祝贺谢普斯通成功吞并德兰士瓦，并且提醒他有必要实行财政紧缩：

> 我知道你必须想办法支付薪水并维持政府。实际上，冒着暴政和新一轮混乱的风险的经济是不明智的。但是，不必我提醒，想必你也清楚，我们希望你在金钱方面不要依赖于帝国的援助。你的目标必须是统筹考虑这两个相对的问题——有效的政府和经济。

更糟糕的是，引用一份官方报告的话说，谢普斯通是一个"糟糕透顶的经理人"。他很快就用掉了10万英镑的补助，赔给那些向政府提出索赔的市民，其中许多索赔诉求根本是捏造的。在英国统治6个月后，德兰士瓦的财政陷入一片混乱，以至于多年以后，财政部官员仍然徒劳地试图查明谢普斯通是如何花掉大部分钱的。著名历史学家科内利斯·德·基维埃特（Cornelis de Kiewiet）写道："一个因为破产而被吞并的殖民地却被允许陷入更不可原谅的破产之中。"

与此同时，英国官员也承认，德兰士瓦"没有行之有效的政府"，也没有任何形式的代表。人民议会大厅变成了一个英国人的俱乐部。而 1878 年发起的迫使塞库库尼屈服的行动最终陷入僵局，也使谢普斯通面对的困难变得更加复杂。谢普斯通在德兰士瓦变得如此不受欢迎，以至于在 1878 年 8 月弗里尔要求召回他，而由另一名官员取代他。

因此，当 1878 年 12 月克鲁格在离开 6 个月后返回家乡时，他发现布尔人变得更加好战。1879 年 1 月 10 日，在波切夫斯特鲁姆地区的旺德方丹举行的一次会议上，数千名市民聚集在一起听克鲁格讲述了他的旅行经历。很多人赞成战争。"克鲁格先生，"一个市民说，"我们谈得够久了，你现在必须让我们向英国人开枪。"但克鲁格认为，时机尚未成熟，首先，武器和弹药就严重短缺。

12 天后，英国军队在邻国祖鲁兰遭受了灾难性的军事失败。

# 第八章
# 鲜血洗矛

　　1877年3月，英国新任高级专员巴尔特勒·弗里尔爵士抵达开普敦总督府时，审视了他在南非的领土，他相信自己即将建立一个新的英国自治领，这将是他辉煌事业的最高荣耀。前景似乎是乐观的。19世纪70年代的开普殖民地在很大程度上享受着由西格里夸兰的钻石工业所带来的持续繁荣，铁路、港口和公路的投资迅速增长。白人人口达到了25万。此外，开普的野心在很大程度上与大英帝国的目标不谋而合。开普殖民地的政治家主张扩大开普在南部非洲的影响力，以此作为确保法律、秩序和发展的手段。19世纪70年代，开普政府承担了位于开普和纳塔尔之间的巴苏陀兰与特兰斯凯（Transkei）大部分领土的行政管理责任。尽管在邦联制的优劣上存在分歧，但在英国争夺该地区的霸权过程中，开普被认为是一个可靠的盟友。

　　令弗里尔沮丧的是，他很快被一系列非洲人的起义搞得焦头烂额，这些起义大多因为白人统治及其诸多表现而发生，如治安法官、传教士、农民、劳工代理人、苛捐杂税和掠夺土地。弗里尔并没有如愿在该地区施加权威统治，相反，他发现他的领土外围正受到威胁。

1877年9月，格列卡科萨人袭击了开普警察局的一个哨所，这标志着第9次科萨战争的开始。后来，开普殖民地的恩吉卡科萨人也加入了他们。殖民军队和英国援军花了7个月的时间镇压叛乱，花费了175万英镑。1878年2月，西格里夸兰爆发叛乱并迅速蔓延，科伊科伊人、提埃尔黑平部族和科拉部族也都投身其中。这次叛乱影响到殖民地的大部分地区，以及殖民地北部和西部的领土。

弗里尔将这一浪潮解释为"异教徒领地全体不约而同地一起悍然反叛白人文明"的行动，它阻碍了邦联的建立，需要被彻底消灭。他和开普的官员认为，只要允许独立的非洲酋长领地存在，反对白人政权的"黑人阴谋"的危险就不会消失。在这些领地中，最强大的是祖鲁兰。在英国军队——使用新式马提尼-亨利步枪——镇压了科萨叛军之后，弗里尔的目标就转为迫使祖鲁兰屈服。在推进这项新战略的过程中，他得到了德兰士瓦执政官西奥菲勒斯·谢普斯通爵士的全力支持，后者是英国在祖鲁人问题上的权威。

在近50年的时间里，祖鲁兰一直是一个拥有强大军队的军事化国家。19世纪20年代，它对邻近的非洲酋长国造成了巨大的破坏，30年代，他们又与布尔人迁徙者发生了冲突。1838年，祖鲁人在尼科姆河大败，这次战斗被布尔人称为"血河之战"，即使如此，祖鲁军队仍然是一支令人生畏的力量。祖鲁人定期招募新的青年军团，训练近身作战，然后将他们派驻全国各地的兵营。每个年轻的祖鲁人都渴望用敌人的鲜血来"血洗短矛"，以此来证明自己的男子气概。在国内争端中，大规模屠杀和任意处决的现象也司空见惯。

87　　当英国于 1843 年建立纳塔尔殖民地时，祖鲁国王姆潘德（Mpande）同意了祖鲁兰和纳塔尔之间沿着图盖拉河和布法罗河划定的边界。由此，边界保持了相对平静。姆潘德竭力避免与白人的直接对抗，并与纳塔尔的土著事务秘书谢普斯通建立了友好的关系。然而，当布尔人定居者进入被英国当局视为祖鲁人领土的土地时，双方在祖鲁兰与德兰士瓦的西北边境不断发生摩擦。姆潘德没有发动战争，而是在 1854 年将布法罗河和血河之间的一块肥沃的土地割让给布尔人，这就是后来的乌得勒支地区。但是布尔农民继续向东渗透到西北边界的邻近地区，占领了更多祖鲁人的领土。姆潘德多次请求谢普斯通协助调解边境争端，1869 年，他甚至建议建立一个"中立"的英国缓冲区，以制止布尔人的侵犯。谢普斯通对祖鲁人的诉求表示支持，英国政府也反对布尔人扩张，然而随着战争威胁的不断升级，这场争端仍在继续。

　　1872 年，姆潘德去世，他 40 岁的儿子塞奇瓦约继位。塞奇瓦约身材高大，胸襟宽阔，举止高贵，有着祖鲁王室家族特有的粗壮的大腿。在内部竞争的困扰下，塞奇瓦约邀请谢普斯通参加他的"加冕礼"，希望凭借英国的支持增强实力。谢普斯通正式接受了这个邀请，热切地希望利用这个机会扩大英国对塞奇瓦约的影响。他后来解释说："我觉得有义务利用这个机会，努力改善一个在世界上最具压迫性的专制统治下的民族的生存状况，这是我代表一个文明种族的政府应做的。"

　　1873 年 8 月，在 110 名白人士兵和 300 名非洲辅警的护送下，谢普斯通进入祖鲁兰。在马哈拉巴蒂尼平原（Mahlabathini Plain）上的一个军事营地里，他与塞奇瓦约进行了两天的讨论，最终发现塞奇瓦约是一位娴熟的谈判者：

塞奇瓦约是个很有能力、很有魄力且举止稳重的人。和他谈话时，他都非常直率、诚恳，在我所遇见的所有土著首领中，他在各方面都是出类拔萃的。我并不认为他是好战的，即使如此，他的肥胖也会让他变得谨慎。他自然而然地为家族的军事传统感到自豪，特别是他的叔叔和先王沙卡的霸业宏图，他频频提到这一点。然而，他的睿智使他能够清楚地看到周边新环境的影响，以及调整他的政策使之适应时局的必要性。

塞奇瓦约坚持认为，无论布尔人是否在包括德拉肯斯堡在内的整个乌得勒支地区定居，这片土地都理所当然地属于祖鲁兰。为了防止布尔人的进一步蚕食，他提出把所有争议领土割让给英国人。但谢普斯通却无法接受，因为他知道此举会惹恼布尔人。

塞奇瓦约的加冕礼于9月1日举行。众多酋长和议员出席了这一集会，谢普斯通以完美的祖鲁语向各位酋长和顾问大臣致开幕辞，并将英国提供的支持一一阐明，其中包括停止滥杀和任意的处决。然后，谢普斯通把塞奇瓦约带到一个英国军队支起的大帐篷里，把一个华丽的王冠戴在他头上，而他身上披着长达75英尺的红金相间的斗篷，王冠和斗篷都是由英国使团提供的。在外面，军乐队奏起了乐曲，炮兵分队鸣放了17响礼炮。

四年后，当英国接管德兰士瓦时，根据英国先前的承诺，塞奇瓦约认为他将能够夺回失去的领土。此时边界争端已经恶化了16年。在此期间，布尔人占领了祖鲁人的土地和牛群，而谢普斯通却敦促祖鲁人保持节制和克制，他们也完全照办了。他们已经以书面形式提供了关于案件的完整陈述。现在，塞奇瓦约希望这件事得到解决。

现在德兰士瓦是英国领土，我想让"民族之父"（指谢普斯通）把布尔人从德兰士瓦的低地赶走，那里离我的国家很近。布尔人是一个骗子民族；他们是坏人，他们撒谎，他们霸占不属于他们的东西，还凌辱我的子民。

但事实证明，谢普斯通是个反复无常的朋友。他一被任命为德兰士瓦高地的霸主，就主张"更彻底地控制祖鲁人的国家"，不管是通过"兼并还是其他方式"。他更关心的是安抚不满的布尔人，而不是满足祖鲁人的领土主张。

塞奇瓦约对兼并的说法感到震惊，对谢普斯通的意图也越来越怀疑，他告诉传教士："我爱英国人。我不是姆潘德的儿子。我是维多利亚女王的孩子。但我也是这个国家的国王，必须得到相应的待遇。'民族之父'必须礼貌地对我说话。我不会听别人指手画脚……否则我就会立刻完蛋。"

1877 年 10 月，谢普斯通在血河附近与祖鲁代表团举行了一次气氛糟糕的会议，他建议祖鲁人在土地问题上与布尔人达成妥协，这激怒了祖鲁人。会议在混乱中结束了。谢普斯通对伦敦方面说，祖鲁代表团的"要求是苛刻和不合理的，这群人的语气非常自信，几乎是挑衅性的，在各方面都不能令人满意。整个会面似乎没有丝毫妥善解决问题的希望"。

现在，谢普斯通转而打算报复塞奇瓦约。他坚称自己掌握了"最无可辩驳、压倒性的、最清晰的证据"，而这些在此前从未被披露。他极力支持布尔人对争议领土的主张，并认为祖鲁人"擅长撒谎，背信弃义，让我简直不能相信他们是野蛮人"。

谢普斯通向伦敦发报时，对保留塞奇瓦约政权一事提出了谴责，说这一举措产生了破坏性的影响。他说："祖鲁政权是南非所有麻烦

和困难的根源与力量所在。"1877年12月,他告诉卡纳封:

> 只要塞奇瓦约还在,每个独立的小酋长都会秘密地把他当作希望,他们希望黑人能占上风,直到这个希望破灭,他们才会下定决心服从文明的统治。

他争辩说,在开普爆发的科萨战争受到祖鲁国王的鼓励。1878年1月,他对弗里尔说:"我百分之百确信,在祖鲁政权解体之前,不可能有永久的和平。"弗里尔已经摩拳擦掌,认为战争不可避免,于是欣然同意了他的观点。他认为,打倒塞奇瓦约,将会给所有的非洲酋长一个有益的教训。

英国政府自然不会反对在恰当的时候吞并祖鲁兰,但它仍然感到紧张,因为谢普斯通跃跃欲战,可能会在万事俱备之前就贸然采取行动,而英国希望尽量避免战争。为了争取时间,英国授权一个边界委员会去调查争端。鉴于谢普斯通保证给予争议领土合法所有权,弗里尔满怀期待地认为边界委员会会支持布尔人的主张,从而刺激祖鲁人发动叛乱。但在1878年7月,边界委员会宣布支持祖鲁人的主张。"有证据表明,"他们的报告说,"这片所谓的'有争议的领土'从来没有被布尔人占领过,但一直居住着诸多边境部落,他们从未转移过,布尔人利用这片土地的唯一目的就是为了放牧,这本身就证明不了什么。"德兰士瓦政府从未行使过任何民事或刑事管辖权,也从未管理过居住在这片土地上的任何土著居民。它从未从祖鲁居民那里获得过税收或地租,也从未在那里任命过任何政府官员。在收到这份报告后的5个月时间里,弗里尔一直拒绝宣布调查结果,还想出了另一种方式来挑起战争。

以纳塔尔受到祖鲁人入侵的威胁为借口,弗里尔从开普派遣英军增援部队前往纳塔尔。塞奇瓦约迅速向英国官员表达了关切：

> 我听说军队往纳塔尔去了，他们要攻击祖鲁人，并逮捕我；我做错了什么，以至于像一个"捣乱分子"一样被抓？英国人是我的父亲，我不想和他们争吵，我只想像以前那样跟他们和睦相处。

91　弗里尔对这些抗议置若罔闻，而是继续谈论祖鲁人入侵的危险，他在给殖民地部的报告中声称，塞奇瓦约麾下有 6 万名战士，随时准备穿越边境；他坚称，纳塔尔的人民是"在火山口上酣睡"。

英国政府对他的警告感到担忧，于是授权向纳塔尔再派遣两个营，但仍然希望能够避免战争。英国大臣们面临的困难是，他们无法即时指挥弗里尔。到现在为止，还没有直通开普或纳塔尔的电报线路。从伦敦来的电报电缆只能到达佛得角群岛；从那里坐船，至少要 16 天才能将消息传到开普敦；信件和电报从伦敦出发，送到弗里尔那里要花上一个月的时间。由于存在时间差，弗里尔能够争辩说，他需要对当地的事件做出即时反应，而不是等待政府批准他做出的每一个决定，这为他提供了一个可以完全无视政府指令的借口。

但无论如何，弗里尔和他的军队指挥官切尔姆斯福德（Lord Chelmsford）勋爵都没有料到会发生什么，他们以为进行一次短暂而猛烈的进攻，祖鲁人的抵抗力量就会崩溃。在不久之前痛击科萨人之后，切尔姆斯福德对此信心满满。他在 11 月写信给下属："我认为，一旦感受过马提尼-亨利的厉害，祖鲁人就会大吃一惊，以后再也不敢造次了。"

12 月，保罗·克鲁格在第二次访问伦敦后返回德兰士瓦，途中经过德班时，弗里尔问他是否愿意以顾问的身份投入战争，并建议他说出自己想要的奖赏。"我的国家和人民的独立。"克鲁格回答道，并拒绝了请求。不过克鲁格还是同意与切尔姆斯福德讨论对祖鲁人发动战争的最佳方式和方法。他警告说，每当英国军队建立营地时，应该像布尔人那样，把他们的马车围在一起，并派出侦察兵和间谍向他们通报祖鲁人的动向。然而这个忠告无人理会。

弗里尔用来挑起战争的伎俩是他在1878年12月11日向塞奇瓦约发出的最后通牒，其中包含了后者显然无法接受的条款。弗里尔告诉塞奇瓦约，他必须解散他的军队，废除他的军事制度，实际上就是要他消除权力来源，否则将面临相应的后果。他给了塞奇瓦约30天的时间。为了确保不受到伦敦的干涉，弗里尔推迟了向殖民地部报告他的最后通牒，直到为时已晚，无法撤销。他向祖鲁人提出的要求的全文，直到1879年1月2日才传到伦敦。那时，切尔姆斯福德已经在祖鲁兰边境集结了一支1.8万人的军队——有英国士兵、殖民志愿者和纳塔尔的非洲人士兵，准备入侵祖鲁兰。

1月11日，切尔姆斯福德在罗克渡口（Rorke's Drift）渡过布法罗河，这里曾是一个爱尔兰商人建立的老商栈，现在已经变成了一个传教站。他指挥着一支4700人的远征军，其中包括1900名白人士兵与2400名非洲协军。他原想沿着一条马车道前进，这条路从罗克渡口往东60英里，直通塞奇瓦约的首都翁迪尼（Ondini）。由于路况不佳，他决定在路边设立一个临时营地。在亲自侦察该地区后，他选择在伊散德尔瓦纳扎营，该地离罗克渡口12英里，他对几名下属的疑虑也不以为然。切尔姆斯福德没有在营地周围挖掘任何战壕或设置其他防御工事，因为他认为这需要花费太多时间。他也没有下令进行足够的侦察以排除全副武装的祖鲁人对英国士兵发动猛烈突袭的可能性，尽管祖鲁人以这种类型的作战而闻名。

1月22日，天刚亮不久，切尔姆斯福德就率领军队主力离开营地，径直向东南方挺进，他们在乡野里进行扫荡，无视祖鲁人的部队正向伊散德尔瓦纳移动的报告。上午9点30分，一名信差带着营地指挥官于8点写下的便条飞奔到切尔姆斯福德所在地，并警告说："祖鲁人正在营地的左前方集结。"一名参谋问切尔姆斯福德："我们应该如何应对？"切尔姆斯福德回答说："没有什么可做的。"尽管在接下来的几个小时里，切尔姆斯福德陆续接到情报，但他还是留在了战场上，没有往伊散德尔瓦纳增派援兵。

英国军队在那天遭受了历史上最严重的灾难之一。一支由2万名战士组成的祖鲁部队冲进伊散德尔瓦纳营地，歼灭了第24团的6个连。总共大约有1360人死亡——870名白人士兵与490名黑人协军和非战斗人员。在总共1700多名士兵中，只有55名白人和350名辅助士兵幸存。估计有1000名祖鲁人被杀。

当天下午晚些时候，另一支祖鲁部队袭击了位于罗克渡口的传教站，英国已将其改建为临时医院。由于已被预警了祖鲁人的到来，一支由100人组成的英国小分队用木制饼干盒和装有玉米芯的袋子做成的路障，设法抵挡住了持续12个小时的猛烈进攻。

英军败于长矛部落带来的冲击在南部非洲蔓延开来。在整个纳塔尔，白人群体陷入恐慌之中，担心祖鲁人入侵的浪潮很快会将他们统统淹没。在伦敦，迪斯雷利不仅对英国军事威望遭受的打击感到羞愧，而且对弗里尔在没有得到他允许的情况下发动战争感到愤怒。从没有人怀疑英国军队最终会在祖鲁兰大获全胜，但它却在伊散德尔瓦纳战败了，这使英国在面对敌对的欧洲列强时备受耻辱。唯一的一线光明是罗克渡口的英勇防御。在灾难时刻，英国想听到关于英雄的声音。捍卫罗克渡口的英军共被授予了11个维多利亚十字勋章。同时，切尔姆斯福德迅速地掩盖了他在伊散德尔瓦纳灾难性的指挥失败，而把责任归咎于下级军官。

为了恢复在南部非洲的权威，英国不仅要粉碎抵抗力量，还要摧毁祖鲁王国。塞奇瓦约陆续派了许多特使到弗里尔那里："我做了什么？我只想要和平。我只求得到和平。"但是弗里尔没有心情听。在增援部队的加持下，在装备了火箭、大炮和加特林机枪后，经过5个月的艰苦战斗，英国军队在乌伦迪战役中消灭了塞奇瓦约的最后一支突击队。1500多名祖鲁战士战死，而英军仅损失13人。

新任英国总督嘉内德·沃尔斯利爵士（Sir Garnet Wolseley）被派去处理非洲东南部这个麻烦的地区，他在纳塔尔、祖鲁兰以及德兰士瓦拥有"最高民事和军事权威"的权力。英国内阁想要的是由一个"独裁者"来解决混乱。沃尔斯利是当时最著名的英国将军，有着不计后果的大胆记录和天才般的组织能力。他曾在克里米亚、缅甸、印度和中国服役。不久之前，他在西非领导英军镇压了阿散蒂人（Ashanti）的叛乱，并短暂地担任了纳塔尔省省长。他也贪慕虚荣，口无遮拦，常常蔑视他人。

很快，沃尔斯利就把塞奇瓦约关进了开普敦的监狱，把他的王国分裂成了13个"小王国"，剥夺了塞奇瓦约所属的乌苏图（Usuthu）部族的地位、土地和牲畜，并奖励了那些曾经站在英国一边或早早投降的祖鲁人，无情地展示了分而治之的策略。祖鲁兰南部相当大的一块土地被送给了一位白人冒险家约翰·邓恩（John Dunn），他曾经是塞奇瓦约的盟友，却在战争一开始时就背叛了他，加入了英国的阵营。全部"争议领土"都被割让给了德兰士瓦的布尔人。沃尔斯利声称，他的"解决方案"为和平、幸福和繁荣奠定了持久的基础，但这只导致了祖鲁人各派之间长久且激烈的冲突。

接下来，沃尔斯利将注意力转向摧毁德兰士瓦东部塞库库尼统治的王国。1879年11月，他召集了一支由英国军队、殖民志愿者、德兰士瓦的非洲协军和8000名斯威士战士组成的杂牌军队，摧毁了塞库库尼在特萨特的首都。沃尔斯利率领纵队沿山谷向该镇进发，斯威士军团则从其背后的高地下来。战斗在几个小时内就结束了。塞库库尼被囚禁在比勒陀利亚，他的追随者纷纷被流放到新的定居点，失去了他们的大部分土地。

沃尔斯利认为，展示大英帝国的力量，会平息德兰士瓦布尔人的不安情绪，产生有益的影响。但是，英国人摧毁塞奇瓦约和塞库库尼的力量，反而一举解除了德兰士瓦布尔人的两个心腹大患。现在，他们看到了一个摆脱英国的新机会。

# 第九章
# 马朱巴之战

沃尔斯利袭击塞库库尼首都两周后，愤怒的布尔人在旺德方丹举行了一次群众大会，商讨采取何种行动来使德兰士瓦摆脱英国的统治。自从1879年9月沃尔斯利作为德兰士瓦的新霸主来到这里，布尔人的情绪变得越来越叛逆。从一开始，无论是在私下还是公开场合，沃尔斯利都毫不掩饰他对布尔人及其独立运动的蔑视。他在10月18日的日记中记下了一些想法：

> 布尔人对生活的看法是，他不应该缴纳任何税款，他不应该受到任何他不喜欢的法律的约束，不应该有警察来维持秩序，应该允许他杀死或惩罚土著人，只要他认为这样是合适的，不应该试图走向文明，不应该让所有的外国人来到这个国家，他应该被一片荒芜的土地包围，他的农场通往外界的每一条路都应该有数英里长，事实上，他不应该有邻居，因为另一个人点火冒出来的烟对他来说是一种可憎的东西。在我所知道的所有白人种族里，这些德兰士瓦布尔人是唯一一个一直在稳步回归野蛮的种族。他们似乎受到某种野蛮的本能的影响，这种本能使他们避开文明……总之，我认为他们是白人中规模最小的，但却是我所知的或研究过的最有趣的人。

1879年10月，沃尔斯利在发给伦敦的急件中写道，布尔人"具备卡菲尔的狡猾和残酷，却没有他们的勇气和诚实……要是我们的军队打过来，他们连一个小时都坚持不了"。他说，他们"完全没有能力自治"。

沃尔斯利在公开场合对一切独立的概念大加嘲讽。在抵达比勒陀利亚后不久，他就发表公告宣称："英国政府的意愿和决心是，德兰士瓦的领土将永远是女王陛下在南非的领土的不可分割的一部分。"他在德兰士瓦巡视时使用了更多的象征式语言，他在斯坦德顿告诉听众："只要阳光依旧照耀，德兰士瓦就会是英国领土；要想让德兰士瓦再次独立，除非瓦尔河的水倒流。"

当沃尔斯利听说布尔异见者打算在旺德方丹举行一次群众集会时，他发布了一份公告，警告那些参加集会的人，称他们和他们的家人可能面临叛国罪的起诉。但是仍有2000名布尔人无视威胁，在旺德方丹聚集，举着德兰士瓦的四色旗游行到了保罗·克鲁格的帐篷前。克鲁格再次主张谨慎行事。他说："你们想要采取的行动事关生死。你们应该知道，英国是一股强大的力量，相比起它来，我们的力量是微不足道的，它可以给我们的土地带来灭顶之灾……在你们喊出'是的！是的！我们要战斗！'之前，要仔细考虑。"

1879年12月15日，经过五天的审议，会议一致通过了"人民决定"，宣布德兰士瓦市民不希望成为英国公民，他们只想要独立。"我们郑重宣布，我们准备为此献身，抛头颅洒热血。"当两位代表——其中一位是前总统马蒂纳斯·比勒陀利乌斯——打电话给沃尔斯利，通知他这一决议的时候，沃尔斯利立即以叛国罪逮捕了他们，然后又放了他们，认为他们不过是在虚张声势。

他在日记中写道："可怜的蠢东西，他们一个劲儿地对着士兵们大吼大叫，挑衅生事，但是他们心知肚明，一看到我们的龙骑兵开进来，他们就会拔腿开溜。"

然而，不少人开始对德兰士瓦人的独立事业表示同情。11月，格莱斯顿提出反对意见，称英国统治此地是愚蠢的行为。"我忍不住要大胆直言，德兰士瓦，一个对于我们来说非常不明智的选择，使得我们陷入了一种奇怪的困境之中，把君主制强加给一群热爱自由的共和国的自由民，强迫他们接受一种他们反感且拒绝的公民身份……"

1880年1月，伦敦《泰晤士报》报道称："在布尔人中弥漫着一种非常严重而顽固的不满情绪。"报纸说，很明显，大多数白人居民反对英国的统治。在3月的竞选活动中，格莱斯顿继续攻击现有政策，称吞并德兰士瓦是"对自由的人民的侵犯"。他说，德兰士瓦是"我们国家通过不光彩的手段"攫取的，如果他当选，他将否决这一吞并。

在开普和奥兰治自由邦的阿非利卡人群体中，对德兰士瓦人事业的支持力量也在不断增加。那里的阿非利卡新闻界发出了强烈的声援。为了调动反对邦联的舆论，克鲁格在4月前往南部，在帕尔、斯泰伦博施（Stellenbosch）、伍斯特（Worcester）和马姆斯伯里（Malmesbury）等地发表演讲。在开普敦，他游说国会议员，恳求道："不要用你兄弟的血来洗手。"阿非利卡议员随后帮助否决了支持邦联的提案，使这一提案遭受致命打击。开普议员约翰·梅里曼写道："在这个国家，几乎每个农舍都在谈论吞并德兰士瓦的事，闹得沸沸扬扬，人民对英国政府怨声载道。"现在，英国官员开始担心泛阿非利卡运动的出现会挑战英国的霸权。

尽管如此，英国还是一如既往地推行邦联政策。尽管在竞选过程中对邦联政策表达了强烈的反对意见，但格莱斯顿在赢得选举之后却决定不做任何的政策变更，并确信需要使用强硬手段在南部非洲维护帝国形象。格莱斯顿和殖民地大臣金伯利勋爵都受到沃尔斯利概述德兰士瓦前景的报告的影响。沃尔斯利指出，德兰士瓦地区已经发现了黄金，"毫无疑问，更大、更有价值的金矿迟早会被发现"。英国移民的数量是如此之多，很快就会远远超过布尔人。他说，只是为了节省驻军费用而放弃德兰士瓦，肯定是目光短浅的做法。

格莱斯顿在6月发给克鲁格的一封信中写道："考虑到德兰士瓦和南非其他地区的所有情况，以及防止混乱（祖鲁人起义）再度发生的必要性，毕竟这种混乱不仅可能给德兰士瓦，也可能给整个南非带来灾难性的后果，因此，我们认为，不能建议女王放弃对德兰士瓦的主权。"格莱斯顿准备提供的是一种"自治"的形式。

克鲁格总结说，在目前的情况下战争是不可避免的。他在回忆录中说："现在人们普遍相信，进一步的会晤和友善的抗议是无用的。最好的办法似乎是悄悄地开始工作，购买武器和弹药来为最坏的情况做准备。为了避免引起怀疑，必须非常谨慎，严格保密。"

沃尔斯利无视风雨满楼之势，坚信英国拥有绝对的优势，并且建议将德兰士瓦和纳塔尔的英国驻军从6个营裁撤为4个营。1880年4月，他对比勒陀利亚进行了一次短期访问，他在离开时写道，他唯一的遗憾就是布尔人似乎不愿意战斗，否则他可以把他们一举铲除，给他们的连篇废话画上句号。

与此同时，英国官员继续在德兰士瓦大施官威。德兰士瓦的行政官欧文·兰宁上校曾在西格里夸兰担任过行政官，他与沃尔斯利一样对布尔人充满蔑视，决心雷厉风行地执行征税措施，而这是布尔人迄今都极力逃避的。甚至在布尔人自治的年代，他们对纳税的抵制也是司空见惯的。现在，英国的征税要求成了全面叛乱的导火索。

1880年11月，波切夫斯特鲁姆的地方法官戈茨（A. M. Goetz）扣押了一辆属于彼得·贝祖登豪特（Piet Bezuidenhout）的农用车，并将其拍卖，作为对他拒绝支付农场税款的惩罚。税务机关要求他缴纳27.5英镑的税款。经过与戈茨的长期争吵后，贝祖登豪特提出支付13.5英镑，但条件是这些钱要存起来，作为未来布尔共和国的财政储备。治安法官随后将此事提交至比勒陀利亚，兰宁于是决定将贝祖登豪特抓做典型，下令对他提起诉讼。

11月11日，也就是拍卖当天，著名的布尔人活动家皮特·克罗涅（Piet Cronjé），带着100名全副武装的支持者，骑马闯入了波切夫斯特鲁姆的拍卖现场，他们不仅把马车拖走，还挑衅般地在镇子郊外安营扎寨。兰宁派遣一支英军特遣队到波切夫斯特鲁姆，下令逮捕他们，但这已经没什么用了。抗税暴动开始四处蔓延。当布尔人聚集在克罗涅的农场时，克罗涅给克鲁格发了一条电报，当时克鲁格正在勒斯滕堡附近的布肯霍特方丹农场。克罗涅告诉他，他们现在已经准备好进行独立战争。克鲁格急忙赶到波切夫斯特鲁姆，在那里他遇到了当地的英国指挥官温斯洛上校。温斯洛对克鲁格说，克罗涅的行动等于公开叛乱。

"如果我们承认吞并，我就同意你的意见，"克鲁格回答，"但事实并非如此。我们并不认为自己是英国人，税收问题不是贝祖登豪特的私人问题，而是关系到整个国家的原则问题。"

和沃尔斯利一样，兰宁也相信布尔人永远不会真正采取行动。在寄给驻纳塔尔的新任高级专员乔治·科利爵士的信中，他写道："我认为，我们不需要做更多的事情，只要准备周全，安静地等待就可以了。"他说，布尔人不过是"鼓着腮帮子的蟾蜍"，只会装相生气，他们也"没有能力进行任何联合行动……是一群平庸的懦夫，所以他们做任何事都不过是昙花一现。"兰宁没有进一步部署军队，也没有要求增援，直到为时已晚。德兰士瓦的英军不超过1750人，且分散在7个孤立的要塞中。

布尔人注意到英国人在波切夫斯特鲁姆触了霉头，意识到自己起事的时候到了。12月8日，大约5000名市民聚集在今天的克鲁格斯多普（Krugersdorp）附近一个名为帕尔德克劳（Paardekraal）的农场。经过3天的审议和安息日的短暂休息之后，他们于12月13日决定宣布德兰士瓦独立，重建人民议会，并建立一个共和政府。它的首脑是行政三巨头，其中包括克鲁格和总司令皮埃特·朱伯特（Piet Joubert）。在离开之前，为纪念全体人民的又一次团结，市民们还建造了一座纪念碑。每个人都从山坡上捡起一块石头，一个个、一排排地走过，把石头放在一根柱子周围，而柱子上挂着昔日的共和国国旗——四色旗，石头最终形成一个巨大的石堆，每一块石头都是市民们向彼此宣誓的象征，他们发誓为了保卫共和国而英勇战斗，不畏牺牲。

布尔人宣布共和国成立的公告副本与一封带有外交辞令的信件一同被送往兰宁处。

> 我们以最庄严的方式宣布，我们无意血溅三尺，我们不希望战争。一切都取决于贵方，倘若咄咄相逼，也许连上帝也不会容忍，我们将被迫拿起武器进行自卫。如果事情发展到这般田地，我们将怀着对英国女王陛下和她的旗帜的最崇高的敬意去做这件事。如果事情发展到这般田地，我们会进行自卫，因为我们是在为女王陛下的荣誉而战，因为我们是在为她宣誓的条约的神圣性而战，而这一条约被她的官员们破坏了……

布尔人计划在比勒陀利亚以南 60 英里的小镇海德堡（Heidelberg）建立一个新的临时首都，守卫德兰士瓦和纳塔尔的边境，并对横穿德兰士瓦的英国驻军进行包抄。布尔指挥官估计，他们可以征募 7000 名市民。克鲁格希望奥兰治自由邦的志愿者也能应征入伍，他还写信给布隆方丹的布兰德总统和人民议会，呼吁他们伸出援手。"无论我们是胜利还是死亡，自由一定会在非洲降临，就像太阳从明天的云层中升起一样，就像自由已经统治美国一样。到那时，从赞比西河到西蒙湾的阿非利卡人也将迎来自由。"

布尔人所谓的独立战争只不过是一次伏击和三次小规模战斗。但这却使英国军队再次蒙羞，结束了英国的"推进"政策，极大地促进了民族主义运动在阿非利卡人中迅速崛起。

第一次行动发生在 12 月 20 日，当时第 94 团的一个纵队正从莱登堡赶来帮助首都比勒陀利亚的英军加强防御，刚走到一条名为布朗霍斯普鲁特的小河附近，此时他们距离比勒陀利亚还有 38 英里。这支队伍自 12 月 5 日出发以来，陆续经过德兰士瓦东部崎岖不平的道路，穿过涨水的河流，行进缓慢。虽然指挥官菲利普·安斯特拉瑟上校已被事先警告可能会遇到麻烦，但他那一长列马车队伍却稀稀拉拉地蔓延了半英里，弹药箱也被盖得紧紧的，250 名身穿红蓝相间制服的人慢悠悠地在路上走着，啃着桃子，时不时地受到乐队演奏的流行小调的鼓舞。

当英军在布朗霍斯普鲁特河附近看到一个布尔骑兵时，乐队突然停止了演奏。这是一个布尔人信差，他策马上前，警告安斯特拉瑟，让他下令停止前进。安斯特拉瑟回答说，他不希望发生敌对冲突，但他仍打算前往比勒陀利亚。在随后的战斗中，该纵队共有 56 人死亡，92 人受伤。安斯特拉瑟身负重伤，他意识到他们已毫无希望，于是命令手下的人把帽子扔向空中，挥动手绢，以示投降。

科利将军决心为布朗霍斯普鲁特河事件报仇，以铁腕镇压叛乱，他从纳塔尔集结了一支野战部队，将其派往与德兰士瓦交界的北部边境，并在纽卡斯尔附近的阿米尔堡建立了指挥部。科利是一位杰出的学者，曾在桑德赫斯特皇家军事学院任教，但他的服役经历极其有限，这也使得他对纳塔尔野战部队的指挥造成了灾难性的后果。他的首要任务是越过边界，解救被围困在德兰士瓦的英国驻军。英国军队出了名的傲慢自大使得科利于1881年1月23日向布尔军总司令皮埃特·朱伯特发出一条电报，呼吁他解散军队，否则就得面对整个大英帝国的力量，电报里还指出，尽管朱伯特可能明白后果，但他背后的追随者肯定不会：

> 那些追随你的人，有许多是愚昧无知之徒，对自己乡村以外的任何事物都一无所知。但是，你们这些受过良好教育和曾经旅行过的人，不可能没有意识到你们所从事的斗争是多么的无望，任何偶然的成功都不会影响最终的结果。

科利没有等待对方的回复，而是带领他的纳塔尔野战部队——由1400名陆军士兵、80名海军士兵，还有带着加特林炮的炮兵组成——前往纳塔尔-德兰士瓦边界的山地，一个名叫"朗峡谷"（Laing's Nek）的战略性关口。科利对朗峡谷阵地上的布尔人的攻击于1月28日在混乱中结束，英军伤亡惨重。科利本人虽承认"失败"，但声称情况"并不严重"。2月8日，为了保护他的补给线，他在纳塔尔边界内的因戈戈指挥了一次战斗，这次战斗造成了更多的伤亡，而科利却趁着黑夜撤退，以避免失败。他抛下了许多伤员，将其暴露在旷野中，致使他们死去。在十天之内，他失去了四分之一的野战军力,不是死就是伤。"再来一次或两次像这样得不偿失的胜利,我们就全军覆没了。"珀西瓦尔·马林(Percival Marling)中尉在当时写道。

为了挽回名声,科利无视休战的机会,决定夺取一座叫作马朱巴(Majuba)的巨大平顶山的山顶,从这里可以俯瞰朗峡谷,掌控方圆数英里的土地。他秘密地制订了大致计划,只通知了两名军官,却没有对该地区进行适当的侦察。在增援部队的支持下,他召集了一支600人的临时部队,其中包括来自第92高地兵团的三个连和一个海军旅,并于1881年2月26日夜间带领他们前往马朱巴山的根据地,而没有带火炮或加特林炮。

科利的部队需要爬上马朱巴山南坡,山坡十分陡峭,但他们毫不费力地在黎明前顺利到达山顶。科利兴高采烈,因为他把守的这个位置似乎是坚不可摧的。在北面很低的地方,可以看到三个布尔人的营地,他们并不知道英国人的存在。科利部署了一支部队保卫山顶外围,并且留下了其他部队,却还是没有对该地区进行适当的侦察,也没有发现任何需要加固的地方。英国军队的心情轻松了许多。在黎明的曙光里,一群人站在高地上,几乎高入云霄,挥舞着拳头,朝下面的布尔人大喊大叫,耀武扬威。布尔人大吃一惊,开始惊慌失措,以为会遭到炮火轰击,但什么都没发生。因为科利没有带来大炮。

布尔人开始攀登马朱巴山北部的斜坡,大部分人没有被英国人发现。中午时分,一些人到达了山顶的边缘,从那里向高地兵团的阵地开火。一个高地兵团的中尉两次冒着生命危险亲自去向科利报告布尔人袭击造成的危害愈来愈严重,但科利并没有放在心上。第三次,中尉被告知,将军已经睡着了。英军的防线开始瓦解,然后全盘崩溃。士兵们惊慌失措,惊恐万状,向后方退去,然后沿着山坡逃跑。当科利试图召集部下时，他的头部中了致命的一枪。不到30分钟，英国人就从山顶上被一扫而空。

在海德堡总部，克鲁格将布尔人在马朱巴的胜利看作是上帝支持他们争取自由的象征。他在一份议事日程中写道："我们并不以人类的力量为荣。是主帮助了我们——他是我们父辈的神，是我们这五年来祷告祈求的神明。"

对英国人来说，马朱巴之战的失败甚至比在伊散德尔瓦纳战败还要更加屈辱。第92高地兵团的精锐部队被布尔人的非正规部队打得溃不成军，这一次再也没有像坚守罗克渡口的英雄主义那样令人振奋的故事了。近百人死亡，132人受伤，56人向穿着便服、灯芯绒裤子和软帽的人投降。布尔人仅有1人死亡，6人受伤。

这一灾难的消息震惊了英国。陆军部准备派遣增援部队。人们开始叫嚣要为马朱巴战败报仇。维多利亚女王和保守党反对派要求英国重振雄风。但格莱斯顿不想引发更多的冲突。此外，他还担心，英国进一步的军事行动，可能会使整个南部非洲的阿非利卡人揭竿而起。3月，他与克鲁格达成初步协议，英国承认德兰士瓦独立，但是留下了一个含糊而模棱两可的"女王陛下的宗主权"。1881年8月3日，在比勒陀利亚教堂广场举行的仪式上，英国新任高级专员夏乔士·罗便臣爵士（Sir Hercules Robinson）公开宣布了最终协议，他站在一个匆忙搭建的平台上，平台上铺着木板和成捆的稻草，罗便臣穿着全套的领事礼服，头戴羽毛帽。尽管威风凛凛，但这一切不过是让英国摆脱德兰士瓦泥沼的权宜之计。

在击败大英帝国的鼓舞下，德兰士瓦的布尔人开始将他们的国家边界向东部和西部扩展，并将他们的意志强加给周边的非洲酋长国。

# 第三部分

# 第十章
# 钻石泡沫

1881年，随着独立挖掘者时代的结束，钻石开采领域出现了许多股份制公司，从而在南部非洲引发了新一轮的钻石热潮。对股份制公司的投资热潮，就像19世纪70年代最初的钻石热一样狂热。投机者聚集在位于金伯利的埃布登街（Ebden Street）主要的钻石市场，一个新的证券交易所在那里建立了起来，以适应大幅增长的业务。马修斯医生写道：

> 埃布登街从早到晚挤满了混乱疯狂的人群。那些草创期的公司的各个办事处都被围得水泄不通，那些由于人群的压力而进不了门的人，把他们的股票申请（附有支票和银行票据）从窗户扔了进去，相信他们有可能被选中……
> 
> 令人惊讶的是，在金伯利，从最高等到最低等的各个阶层，每个人，无论是医生还是律师，主人还是仆人，商店老板还是工人，作家还是武人，地方法官还是私贩子（非法购买钻石的人），英国人还是外国人，统统都疯狂地投入这场轰轰烈烈的投机游戏中。

自从1880年4月戴比尔斯矿业公司成立后，一年内有70多家股份公司上市。一群采矿许可证拥有者们组成股份公司，对自己的资产进行估值，确定新企业的资本，取得相当于其持有价值的股份后，再将剩余的股份公开发行。开普敦和伊丽莎白港的商人与银行家争先恐后地加入抢购狂潮中，对股票的竞争变得如此激烈，以至于1881年的股票交易溢价高达300%。

在戴比尔斯的案例中，矿主对他们拥有的90份采矿许可证估价20万英镑，以20万英镑的账面资本将公司上市，以每股100英镑的价格将公司股份分为2000股，他们对其中的1900股自行分配，然后将剩余的100股公开发售。罗德斯和鲁德各自得到了280股。1881年3月，当巴纳托公司在钻石热潮的鼎盛时期上市时，该公司的4个采矿许可证每个价值2.5万英镑；不到一小时，就有价值7.5万英镑公开发售的股份两次被认购，两天后，它们以25%的溢价出售。

一些采矿许可证拥有者发了大财。一位名叫威廉·奈特的挖掘者以12万英镑的价格售出采矿许可证后回了英国，而他的采矿许可证在1880年的实际价值不过只有1.2万英镑。1881年3月，罗宾逊出售了913股股票，每股价值100英镑，售价为194640英镑，比票面价值还要高出一倍多。金伯利的一个金融代理人参与了5家公司的上市，这些公司的资本额仅为49.6万英镑，但最终却在三周的时间里吸纳了123万英镑。

除了有生存能力的公司得到发展之外，一些拥有毫无价值或贫瘠的土地的采矿许可证持有者还利用人们对钻石采矿许可证的渴求开办新企业，因为他们知道，如果老老实实挖矿，自己几乎没有或根本没有成功的机会。实际上，股票交易量最大的是那些可疑的新公司而不是知名公司。马修斯医生写道："很明显，不管是什么公司，债权的价值是多少，或者在什么地方，对一般公众或大多数人来说都无关紧要，只要它是一家钻石开采公司，人们就会青睐它。"

拥有金伯利和戴比尔斯这两个矿产最丰富的矿场的采矿许可证持有者，倾向于保留他们在那里最有价值的采矿区，又利用从有限的销售中筹集的现金收购了另外两个较贫瘠的矿区——杜托伊茨潘和布尔特方丹，然后以虚高的价格卖给殖民投资者。到1880年底，杜托伊茨潘和布尔特方丹的采矿许可证价格分别上涨了50%和75%。一些拥有资本的采矿许可证持有者经常倾其所有投资在一家公司里，哄抬股价，迅速获得盈利，然后再投资一家新公司。

另一个骗局涉及采矿许可证持有者相互勾结，迫使价格上涨。1881年3月，《钻石新闻》报道：

> 这里似乎有一个"圈子"，圈子里面的每个人都从每个公司获得了一定的股份，而公众的资本则被接收并礼貌地返还。这些股票立即以溢价向公众进行报价，局外人很乐意出钱购买，这显然是件好事，但仅仅在发起人及其支持者的欺诈下才会出现。

金伯利的一些头面人物进行了可疑的交易。该镇镇长罗宾逊试图利用一家名为"水晶钻石矿业公司"（Crystal Diamond Mining Company）的新公司上市，将他在金伯利矿场拥有的一些贫瘠的土地抛售，抛售额为16万英镑，是其实际评估价值的3倍。1880年9月，《杜托伊茨潘先驱报》（*Dutoitspan Herald*）指出，水晶钻石矿业公司的一些证券"连废纸都不如"。

塞西尔·罗德斯也大量参与公司的推广活动。他不仅成了7家钻石开采公司的董事，而且还担任水务、煤炭、电车、贷款、蒸汽洗衣和剧院公司的董事。与罗宾逊一样，他协助建立新的风险投资公司，这些公司以高溢价出售股票，而它们原本的价值微乎其微。戴比尔斯公司的低价值许可证被投入国际公司（International），每份价值 3700 英镑，该公司总资本为 13.17 万英镑。然而国际公司因陷入债务危机，未能支付股息，惨遭清盘，最后又以 18974 英镑的低价卖给了戴比尔斯公司。罗德斯推广的另一家公司是伦敦和南非公司，这家公司全权控制了戴比尔斯矿西部的贫瘠矿区。它的 96 份许可证每份价值 1500 英镑，但是，这就是个大骗局。该公司从未投入生产，而是以固定利率将资金借给了另一家矿业公司。戴比尔斯随后以便宜的价格买下了这家公司三分之一的股份，然后又将整个公司完全吞并。

罗德斯旗下最臭名昭著的企业是比肯斯菲尔德钻石开采公司（Beaconsfield Diamond Mining Company）。它由朱尔斯·波吉斯的法国公司所放弃的 12 个钻石矿区组成。根据标准银行随后于 1881 年 11 月发布的监察报告，比肯斯菲尔德的许可证的总估价为 40395 英镑。但发起人对许可证的估价是每份 1 万英镑，在 13.2 万英镑的总资本里，他们只得到了自己估价的四分之三。标准银行的监察员雷尼（Rennie）说："应该尽快整顿这些公司，给到处乱窜的发起人一个杀鸡儆猴的警告。"

然而，繁荣只是昙花一现。金伯利矿业公司的股价飙升，远远超出了它们的生产能力。到 1881 年中期，账面上的资本总额为 700 万英镑，是 1880 年官方评估价值的两倍多。采矿许可证持有者以过高的价值将公司上市，然后将收益用于对其他公司的进一步投机，或支付股息给要求快速得到回报的急不可耐的投资者。上市公司资本总额只有不超过 10% 被留作投资用途。没有一家公司拥有储备基金。

此外，繁荣主要是由信贷推动的。最初，所有的股票交易都是现金交易，但价格的大幅上涨鼓励了投机者，他们纷纷开始以贷款购买。一开始，银行愿意为投机者垫款，但随后也开始担忧起来。1881年4月，标准银行表示，它认为有必要在投机狂潮进一步扩大之前对其进行控制，并拒绝接受公司债券作为贷款抵押品。随着泡沫的破裂，金伯利的矿业巨头们开始向英国和欧洲的其他外国投资者求救，因为他们是剩余的唯一的资金来源，金伯利和开普殖民地的本地资本早已耗尽。但是，外国投资者对这种情况非常清楚。

这场崩溃来得太突然，毁掉了数百名投资者。1881年3月，股价一度从每股400英镑跌至25英镑。其中一个受害者是安德鲁·麦肯齐，他是开普敦著名的码头代理和建筑承包商，从1881年初就开始"大规模"地投机钻石股票。他的清算人写道：

> 他的第一次投机旗开得胜，这似乎是他的不幸……他被误导了，或者是出于一种天生的投机爱好，他疯狂地投身于股票投机之中。他似乎买进了每家公司的股票……在许多情况下，超过了市场最高价——他甚至用股权来购买股票——总额达30万英镑。

麦肯齐在1881年12月破产，引爆了开普殖民地持续几年的商业危机。

罗德斯、鲁德和其他大多数金伯利的大亨都成功渡过了这场风暴。1881年3月，戴比尔斯公司与弗雷德里克·菲利普森·斯托（Frederic Philipson Stow）领导的更大的矿主集团合并，从而对金伯利矿拥有了绝对的控制权，能够更轻易地承受市场崩溃的影响。

但是，金伯利在全球的声誉遭到破坏。马修斯医生写道："可以肯定地说，在轻率鲁莽的投机行为中，金伯利几乎犯下了金融自杀的罪行，因为这不仅对这个地方的支柱行业造成了致命打击，而且在相当一段时间里，摧毁了英国本国和其他殖民国家的投资大众对金伯利矿产的信心。"

标准银行的总经理对此说法表示赞同，他在 1881 年 11 月写道："不能指望这种情况能够立即得到改善，因为现在钻石股票市场已经完全失去了信誉。"1881 年底，《西格里夸兰投资者卫报》（*Griqualand West Investors Guardian*）发表的一篇社论评论道："在很大程度上，否认我们搞砸了自己的事情是完全没用的。"

采矿业陷入的困境还伴随着其他一系列问题。在同一矿场里，独立公司和小采矿主面临着同样的困难，只是规模要大得多。在不同的深度作业时，他们会妨碍彼此的业务。露天采矿也变得越来越危险。1881 年，由于岩石倒塌，金伯利矿区只有三分之一的矿场可以开采。两家公司和金伯利矿业委员会都无法筹集到足够的资金来清除乱石。然后，又迎来了钻石价格暴跌。1882 年，由于金伯利生产过剩，欧洲钻石市场陷入萧条，每克拉钻石的价格几乎减半，这又使金伯利三分之一的公司倒闭。

大玩家们又一次幸存了下来，他们从更弱小的竞争者们的灭亡中获利。他们还渴望采取政治行动来提升自己的利益。

# 第十一章
# 剥削条款

在成为英国殖民地9年后,西格里夸兰于1880年被并入开普殖民地,成为它的一个新省。英国官员不再直接负责其行政管理。作为地方议会,选民有权在开普议会占有四个名额,两名代表金伯利选区,两名代表西巴克利(Barkly West)选区。

1881年3月,在泡沫经济最繁荣的时候,矿业巨头罗宾逊作为金伯利选区的候选人参加竞选。罗宾逊呼吁更严格地执行法律,约束黑人劳工——这是一个在白人群体中十分普遍的问题。他说:"首先要灌输给他们的一课是,每时每刻都要尊重法律。"

27岁的塞西尔·罗德斯选择在西巴克利选区参加竞选,这里以前叫作克利普德里夫特。这是一个原始的农村选区,大多数选民都是布尔农民,他们与罗德斯在采矿业的需求上没有多少共同兴趣。罗德斯的目的是让开普政府修建一条连接金伯利和港口的铁路线,以降低采矿成本。西巴克利选区使他有机会在议会中获得一个席位,而不必与金伯利的罗宾逊或另一位受欢迎的人物约西亚·马修斯医生竞争。只有一位候选人表示有兴趣代表西巴克利竞选,所以罗德斯自动当选为两名代表之一。

1881年4月,罗德斯出席议会,他一下子就让所有人感到惊奇,因为他穿得"丝毫不考虑时尚",引起了保守党议员的惊愕。"我现在还穿着牛津的粗花呢,"他挑衅地说,"我想我可以穿着它来立法,这跟穿貂皮大衣没什么两样。"他还受到议长的训斥,因为他指名道姓地称呼其他代表,而不是以他们的选区代称。一位与会记者形容罗德斯的处女演讲"虚张声势,毫无章法,缺少演讲应有的优雅",并且指出,罗德斯有着"孩子气似的紧张和粗鲁的举止"。他坐立不安,让其他成员也心烦意乱。一位观察者说:"无论是坐在座位上还是站着,他都一直处于焦躁不安的状态,从进入国会到离开议会,他一刻都没有消停。"

当时议会反对党领袖之一的托马斯·富勒记得,1881年的罗德斯是个"身材高大、肩膀宽厚的人,面部表情吊儿郎当,身形有些松垮"。

> 他的头发是赤褐色的,漫不经心地披在前额上,他的眼睛是蓝灰色的、梦幻的,但十分亲切。但他的嘴——是的,那是他脸上"不守规矩的成员"。嘴边的胡子勾勒出了它深深的线条,展示出了一种坚定、熟练,有时是轻蔑的表情。当然,男人不能用嘴来思考或感觉,但塞西尔·罗德斯的思想和感觉很快就影响了他脸上的那个器官。在最好的时候,它表现了顽强的决心——在最糟糕的时候,我看到了激情的风暴聚集在它周围,把它扭曲成讨人嫌的形状。

罗德斯公开对其他成员的发言表示不耐烦。在冗长的讨论中,他坐立不安,反应冷淡,在其他成员尴尬时上蹿下跳。当他发言的时候,他直奔主题,用教条式的语言发表自己的观点,而不去费神进行介绍,他的声音时而中断,然后又突然拔高。富勒指出,他很少用手势：

> 他经常把手放在身后，或者把一只手向前伸向某个人，有时是他正在对话的人，或者把手放在额头上停一停。当他认为自己的论点特别有说服力时，他就会像一个地痞流氓一样一屁股坐在座位上，那副样子就好像是在说："你能说得上来就尽管说吧！"

为了确保他的演讲能很好地得到媒体的报道，以及影响公众舆论，罗德斯买下了殖民地的重要报纸《开普艾格斯》（*Cape Argus*）的控股权。这笔交易花了他 6000 英镑，而且是在极其秘密的情况下达成的。罗德斯希望《开普艾格斯》支持他，但仍要保留独立报纸的表象。在与编辑弗朗西斯·多默（Francis Dormer）的谈判中，罗德斯明确表达了自己对编辑政策的看法。多年后，多默透露："这笔交易已经谈成了，我也已经下定了决心，但我担心，我那年轻而热情的朋友心里还有什么事藏着掖着。"

在开普敦，罗德斯以自由轻松的方式成了一个有头有脸的人物，他混迹于公务员俱乐部或普尔餐厅的午餐会，结交名流政客，参与谈话和辩论。他与新任总督兼高级专员夏乔士·罗便臣爵士交上了朋友。罗便臣爵士选择了比前任巴尔特勒·弗里尔爵士更稳妥的政策，罗德斯将他作为自己的潜在盟友。他还与港务长彭福尔德上尉建立了亲密的友谊，在阿德利街与他同住。在彭福尔德上尉的指导下，他成了桌湾一名兴趣盎然的游艇驾驶员。

1881 年 7 月议会休会后，罗德斯返回金伯利，但他没有待多久。随着钻石经济泡沫的破裂，他趁机前往牛津大学完成最后一个学期的学业，并获得学位——尽管现在，他已经对获得职业资格失去了所有的兴趣。商业交易、赚钱,以及最近展开的政治阴谋,都刺激他产生了多样的野心。但罗德斯仍然渴望获得牛津大学的学位。牛津的学位带来的是一种与精英团体建立有利联系的归属感,这也是罗德斯一直在寻求的,而不是牛津教育带来的广泛的好处。"你有没有想过,牛津的男性在公共生活的所有部门中都占据着非常重要的位置?"他曾经这样说。"牛津的教育体系看起来很不实用,然而,无论你把目光转向哪里——科学除外——牛津的学生都高踞在树的顶端。"经过七个星期的艰苦努力,他通过了普通学士学位考试,然后又回到了开普。

回到开普敦的议会之后,罗德斯和罗宾逊一起敦促制定新的法律,以满足矿主们的需求。除了为一条连接金伯利和开普的铁路奔走外,他们还设法采取措施确保为矿场不断供应黑人劳工,并在黑人工人被招募后对他们加强控制。他们还要求对非法钻石交易处以严刑峻法,声称所有钻石中有三分之一到一半都是被钻石私贩子窃取并偷运出矿场的。罗宾逊警告说,除非这种罪恶被摧毁,否则采矿业将被彻底摧毁。1882年4月,罗德斯被任命为一个议会委员会的主席,负责调查钻石私贩子问题。

调查结果催生了1882年的《钻石贸易法》,其中严格规定:嫌疑犯在被证明无罪之前即被推定有罪;设立一个特别法庭,可在没有陪审团体系的情况下审判罪犯;加重了惩罚,包括最高15年的监禁;警察被授权在没有搜查令的情况下进行搜查,并利用煽动者从事"诱捕"行动。罗德斯承认,诱捕行动是"令人讨厌的",但认为它们是对付钻石盗窃的必要武器。他还极力争取额外的鞭笞惩罚,但被包括马修斯医生在内的其他代表竭力制止。在金伯利,罗德斯被认为是英雄,而马修斯则最终被赶下台。

金伯利的矿主们也获得了政府的批准,建立了一套全新的搜捕系统，这套系统对黑人和白人工人都产生了影响。在进入矿场和离开矿场时，所有经理级以下的工人都必须经过搜查所。他们为黑人和白人工人设立了不同的搜查所。黑人被勒令脱光衣服，并接受有辱人格的搜身检查。白人不必脱光衣服，只需进行简单的目视检查。不过，白人们还是认为，新条例是对其职业尊严和人格尊严的侵犯。许多人以前是小采矿主或股份工人，只是现在由于情况的变化被迫从事领取薪水的工作，担任监工或技术工匠。检查他们，就是把他们与黑人劳工归为一类。当矿主们决定执行一项额外规定，即要求白人在搜查房换衣服和穿制服时，他们感到更加不满。起初，只有黑人被要求穿制服——他们的待遇很差，穿的是粮食袋改制的"制服"。这项新规定受到谴责，被认为是对白人的"剥削条款"。1883年10月，白人监工举行罢工，矿山生产陷入停顿。一周后，矿主们屈服了。

六个月后，矿主们又一次试图对白人工人实施工业纪律，重新启动了"剥削"令，指示搜查员检查所有白人工人的嘴巴和靴子。五名雇员——金伯利矿的两名监工、一名矿工、一名拖拉机司机和一名钳工——因拒绝张开嘴被搜查员用手指检查，或因拒绝脱掉靴子而被逮捕并送去审判。其他拒不服从的人则被开除。

随后发生了全面罢工。在28岁的监工弗雷德里克·霍姆斯（Frederick Holmes）的带领下，一群白人和黑人工人关闭抽水设备后，在金伯利矿区游行。他们遇到了一支武装警察队和特遣队，后者用翻倒的卡车堵住了道路。霍姆斯试图谈判，大声喊道："不要向我们开枪。我们不会造成任何伤害。请允许我发言。"但特警开了枪，杀死了霍姆斯和其他五名白人。罢工逐渐停止了。

在议会，罗德斯呼吁他的同事不要调查这起枪击事件。他认为，这场争论不是资本和劳工之间的较量，也不是白人之间的较量，而是"在土著与白人的斗争中,那些吃里爬外的白奸与白人的较量"。此外,这些白人还抵制阻止钻石盗窃的措施。换句话说,白人罢工者不仅是小偷,还是白人种族的背叛者。议会正式投票通过决议,不对枪击事件进行调查。

罗德斯不仅迫使工人们循规蹈矩,还利用自己的政治地位来为戴比尔斯等大型矿业公司谋利,削弱规模比他们小的竞争对手。1883年,他促成了有关矿业委员会的法律的修改,根据矿业公司持有的股份大小来决定他们在矿业委员会里委派代表的数量。这实际上使大型矿业公司能够控制委员会。而迄今为止,没有一家公司,不论其持有的股份大小,被允许在委员会中拥有一名以上的代表。现在,在委员会的控制下,大公司能够决定在哪些区域优先清除碎石,而他们总是决定优先清理自家矿区,从而排挤弱小的竞争者,让他们日益消亡。在戴比尔斯公司所在的矿区,戴比尔斯公司利用在委员会中的地位,将抽水和碎石清除作业限制在自己的所有范围内,迫使几家竞争对手破产,然后以低价收购他们的地产。

金伯利在这些年也陷入了困境。从1882年就开始的大萧条,一直持续到1885年。在此期间,伦敦毛坯市场上的钻石价格下跌了42%。1882年价值400万英镑的产出在1885年只值250万英镑,矿场资本总额从960万英镑减至780万英镑。矿业利润几乎不到总资本的4%。只有10家公司赚取了大部分的利润。为了维持开销,矿业公司解雇了数以千计的工人,包括白人和黑人。白人就业人数下降了61%,降低到了1210人;黑人就业人数减少了47%,降低到了9000人。失业的白人一样面临着贫困,那些仍在工作的人面临的则是公司试图压低他们的工资。由于无法向其成员收取会费,矿业委员会垮台了。

在大萧条下，该镇发生了一连串自杀事件。当地媒体几乎每星期都会报道一位著名商人的死讯。自杀事件屡见不鲜，以至于报纸编辑在报道时都对死者失去了所有同情。《钻石时报》(Diamond Times)抱怨说："这种自杀狂热玷污了整个道德氛围。而用温柔的笔触把它记录下来，是否对社会的安全和道德有好处，这一点是值得怀疑的。"1883年4月，罗德斯在给开普敦的约翰·梅里曼的信中哀叹道："自杀的狂热正在席卷这里的社区……医生们说这几乎就像一场流行病。"

两次天花疫情使境况雪上加霜。1882年，第一次疫情从开普敦向北传播，最终被一名年轻而又精力充沛的阿非利卡人医生汉斯·索尔（Hans Sauer）控制住了，那时他刚刚从爱丁堡大学毕业。他在距开普殖民地主干道向南30英里的莫德河上一个重要的过境点建立了一个隔离营，坚持对旅行者进行检查、接种疫苗、熏蒸，并在必要时进行隔离。有时，索尔的营地里容纳的滞留者多达1800名。

索尔受雇为金伯利的卫生稽查员，金伯利方面还派了一支警察分遣队帮助他，但正如他承认的那样，他没有得到任何法律的授权来强迫旅行者遵从。他在回忆录中写道：

> 当然有许多人对此表示强烈反对，但我们总是用武力迫使他们屈服。有一次，我在女王大道上发起了多达19次的拘捕、殴打和干扰他人的行动，但不知怎的，这些行动都没有产生任何影响，这些事都不了了之。

索尔后来发现，在每一个事件闹到对簿公堂之前，罗德斯都在幕后"摆平"了：

这是只有罗德斯才会干的事，是他独自一人提出的计划，他还说服了各个领域的所有头面人物来支持这次行动。和往常一样，罗德斯展示了他在暗处牵线搭桥的非凡能力。

1883年10月，第二次疫病暴发了，并很快变成了灾难。但是，金伯利的矿主和其他头面商人非但没有公开处理这一流行病，反而沆瀣一气地否认其存在，他们担心疫情的消息会导致黑人劳动力大规模出逃，导致他们在事后需要花费大笔钱财来重新招募工人和培训。

一些来自北方德拉戈亚湾的黑人劳工被怀疑携带天花。他们立即被隔离在距离金伯利9英里的一个农场中的隔离站。一个由6名医生组成的小组来到检疫站，其中3名医生报告说，这种疾病不是天花，而是一种严重的水痘。一位在爱丁堡受过训练的医生，埃德蒙·辛克莱·史蒂文森（Edmond Sinclair Stevenson），从开普敦被请来提供意见。辛克莱·史蒂文森在回忆录中写道："如果是天花，人们就会被隔离，结果是相对多的人会被解雇，其中大部分是黑人。不用说，我们只能把它叫作水痘，否则可能会引起严重的麻烦。"该镇居民收到了医生们签名的粉红色纸条，上面称这种疾病不是天花，而是"一种伴生疱疮的鳞状皮肤病"——一种极为罕见的皮肤病。

但是，从德兰士瓦长途狩猎归来的汉斯·索尔却确信这种疾病是天花，并声称疫情正在被掩盖。他受到来自各方的严厉指责。索尔在回忆录中写道："不仅是钻石大亨对我怀有敌意，而且绝大多数人都和大亨站在一起。因为，如果矿场因为这种疾病而关闭，他们就会挨饿，就像大亨们肯定会失去他们的利润一样。"

在人们争吵不休的同时，疾病开始大肆流行。一开始，索尔想要检查矿区，但是被拒绝了，他不得不向开普敦议会寻求支持。议会最终通过了一项新的《公共卫生法》，以使索尔能够证明他的诊断是正确的，但他仍然因这些行动而备受诋毁。他写道："新法律使我成为钻石矿场上最不受欢迎的人。上流社会对我不理不睬，人民也对我议论纷纷，我一经过，他们就吐口水。"

然而，对许多金伯利钻石矿的居民来说，关于疫病的证据来得太晚了。在大规模的疫苗接种和检疫措施最终将疫情根除之前，它持续了两年之久。据官方统计，约有 700 人死亡，其中包括 51 名白人；约 2300 人被感染。但是，真实的数字要高得多，因为官员们故意隐瞒了疫情的全貌。

罗德斯在金伯利的生活也受到了新的友谊关系的影响。虽然罗德斯乐于参加社交活动并结识了很多人，但他从不轻易交朋友，常常很冷漠，也不喜欢亲密，更喜欢与人保持距离。他与鲁德的合作关系，首先是一种商业安排。在 19 世纪 70 年代后期，他与一群被称为"十二使徒"的单身汉"搅在一起"，但他只是把他们视为酒肉朋友而不是心腹之交。他也没有任何女性朋友，甚至公开表示厌恶婚姻。1876 年，他写信给一位从牛津来的金伯利熟人："我希望你不要结婚。我讨厌别人结婚，结婚以后那些人就像一下子变成了机器，除了操心他们的老婆孩子之外，什么想法都没了。"

1878 年，年轻的苏格兰医生林德·斯塔尔·詹森（Leander Starr Jameson）来到金伯利。罗德斯与他建立了友谊，即使在詹森给他带来巨大的个人灾难时，他们的友谊也保持了下去。根据詹森的传记作者伊恩·科尔文（Ian Colvin）所说，这是一种推心置腹的友谊，"如同婚姻关系一般牢固"。詹森比罗德斯大五个月，身材矮小，瘦削，有着孩子气的英俊外表，他曾在伦敦大学接受教育，似乎注定要成为一名在伦敦出人头地的外科医生。但他性情暴躁，于是他放弃了一切，前往金伯利投身医疗。他很快就成了那里的风流人物，他医术高超，富有魅力，热爱打扑克和赌博，这让人们对他钦佩不已。虽然他从未结过婚，但他很喜欢和女人在一起。

路易斯·科恩用他那特有的讽刺意味十足的散文记录道："在钻石矿场上，几乎没有谁比聪明老派的詹森医生更受欢迎了。不管发生了什么事，不管是护士长、女仆还是寡妇的麻烦事，聪明的医生都会来访，然后把事情解决。"科恩讲述了这样一个故事，他建议一个抱怨自己没有孩子的人去向詹森医生咨询，"结果，嘿，变戏法了！一年还没过完，到了愚人节那天，他就成了一对活蹦乱跳的双胞胎的父亲。医生真是个生命赐予者"。

詹森在其他方面也不太谨慎。在天花流行期间，他也按照矿主和商人的愿望，轻易地断言这种疾病只是水痘的一种。詹森和罗德斯的哥哥赫伯特一样，也一心想要冒险发大财。而罗德斯对自己的所谓"大计划"的高谈阔论，往往使他着迷不已。多年后，他回忆道："我很快就承认，我从来没有遇到过一个能像我一样接近塞西尔·罗德斯的人，这完全是天生投契的结果。"

罗德斯与阿尔弗雷德·拜特也建立了友谊。在金伯利，拜特是钻石领域的顶尖专家之一，还是一位金融策划人。他身材矮小，腼腆，不讨人喜欢，长着球茎状的棕色眼睛，下巴后缩。拜特于1875年被派往金伯利，担任一家钻石商行的代表。他在1853年出生于汉堡，比罗德斯大六个月，来自一个背景复杂的德裔犹太人家庭，在学校表现很差的他曾在阿姆斯特丹的一家钻石经纪公司当学徒，正是在那里，他具备了检验矿石的才能。

"当我到达金伯利时，"拜特对记者弗兰克·哈里斯（Frank Harris）说，"我发现很少有人了解钻石：他们随意买卖钻石，很多人真的认为开普的钻石质量非常低劣。当然,我一眼就看出,这里的一些钻石和世界上任何一块钻石都一样好;我还看到,买主为了不当冤大头,把每块钻石的价值压低到在欧洲的价格的十分之一。很明显,只要一个人有一点钱,就能在这里发一笔财。"

然而,拜特的第一笔财富并非来自钻石,而是来自房地产投机。为了满足对经营场所的需求,他买了一块地,搭建了十几个波纹铁皮棚子作为办公室,除留了一个自用外,其余的均以每月 1800 英镑的租金出租。12 年后,他以 26 万英镑的价格出售了这块土地。

在金伯利,拜特是一群德国单身汉里的一员,他们建立了自己的"德国帮",类似于罗德斯的"英国帮"。成员中有朱利叶斯·沃尔德赫(Julius Wernher),他是一个年轻的德国贵族,1873 年被朱尔斯·波吉斯派到金伯利负责掌管公司。拜特和沃尔德赫建立了持久的商业合作关系,但他们却是一对奇怪的搭档。沃尔德赫是个高大英俊的前龙骑兵,在 1870—1871 年的普法战争中服役于普鲁士骑兵队。拜特身材矮胖,相比身体,他的头显得过于大了,和陌生人打交道时他会浑身难受,似乎有一大堆神经质的举止,时而扯扯衣领,时而捻捻胡子,时而咬咬手帕角。

拜特的钻石利润集中在金伯利矿。尽管他也涉足了当地的其他几家公司,但他的主要注意力还是集中在金伯利中央公司(Kimberley Central Company),致力于将其打造成一个扩张工具。在金伯利中央公司崛起的过程中,拜特发挥了重要的作用,这给罗德斯留下了深刻的印象,于是他开始与拜特"拉关系"。和詹森一样,拜特也被罗德斯所说的"大计划"迷住了。拜特本人并没有什么特别的抱负,尽管他想要取得非凡的成就,但他的喜好很简单。罗德斯说,最能打动他的,是"足够富有,每年能给他母亲 1000 英镑"。

当拜特第一次回德国时，他带着他的母亲去兜风，询问她对他们坐的马车、使用的马和雇佣的车夫是否满意，然后把这些都留给了她。他说："妈妈，当我还是个孩子的时候，我总是希望有一天我能有足够的钱给你买一辆马车，再配上一匹马，现在我的梦想实现了。"拜特喜欢赌博，也喜欢赢钱，尽管他功成名就，但他仍然是一个温和谦逊的大亨，以许多善举而闻名。弗兰克·哈里斯写道："实际上，拜特是个多愁善感的人。这是他好的一面，也是罗德斯要利用的一面。"

罗德斯与他们交往的一般动机，是认为他们有用，能帮助自己实现计划。但在遇到无忧无虑且毫无野心的青年内维尔·皮克林（Neville Pickering）时，罗德斯与他形成了一种与众不同的关系。皮克林是伊丽莎白港一个牧师的儿子，比罗德斯小 4 岁。直到 1881 年罗德斯聘请他做戴比尔斯公司的秘书和首席办事员之前，皮克林一直在金伯利的一家房地产公司工作。他聪明能干，热爱交际，性格开朗，金伯利的年轻小姐们对他赞不绝口。

罗德斯对皮克林很满意。在皮克林接受戴比尔斯职位几个月之后，他与罗德斯一起搬进了一间面朝金伯利板球场的波纹铁皮小屋。尽管罗德斯拥有财富和地位，这间小屋的陈设却少得可怜：只有木椅、空桌子、铁床架和马鬃褥子，虽然并不舒适，但却很适合罗德斯。一个有色人种男仆负责照看他们，充当管家、厨师和贴身男仆。对罗德斯来说，这是一次充实的经历。用伊恩·科尔文的话说，罗德斯找到了一个"知心朋友"和"梦寐以求的知己"。科尔文写道："他们共用一间办公室，一起工作，一起玩耍，一起骑马，一起射击。"

但是，这段昙花一现般的友谊，注定要被残酷地缩短。

## 第十二章
## 梦想与幻想

除了在商业上赚得盆满钵满之外，罗德的政治视野也日益宽广。作为一个血气方刚的青年，他和许多年轻人一样，有着宏伟的梦想，渴望获得权力和荣耀。不寻常的是，他以坚韧不拔的毅力实现了它们。他成长于维多利亚时代，这一时期，英国自认为是文明的旗手，将殖民者、传教士、官员和工程师派遣到海外开拓新大陆，为工业产品开拓市场，传播基督的福音。帝国的扩张既被视为经济上的需要，也被视为对其他人类的道德责任。用戴维·利文斯通的话来说，有"两个文明的先驱：基督教和商业"。利文斯通是传教士和探险家，维多利亚时代英国的英雄典范之一。1873年，利文斯通在非洲中部孤独地死去，当时，他正在徒劳地寻找尼罗河的源头。利文斯通之死激起了一股帝国主义情怀，使世界大国的托管责任与强烈的经济投机主义杂糅在一起。

19世纪70年代，迪斯雷利急速推进的帝国主义活动——吞并塞浦路斯、斐济，占有大量苏伊士运河股份——赢得了普遍的支持。《每日电讯报》（*Daily Telegraph*）编辑埃德温·阿诺德（Edwin Arnold）在1876年写的小册子中这样说："从开普敦到开罗"，这展现了帝国野心的庞大规模。1877年，在维多利亚女王本人的建议下，议会授予她"印度女皇"的称号,她为此欣喜异常。

同样是在 1877 年,24 岁的罗德斯在牛津大学完成了他的第一个完整学年后,起草了后来被他称为"我的一些理想蓝图"的文章,并取名为《信仰的自白》(Confession of Faith)。这是一份奇怪而杂乱无章的文件,充满了幻想和怨气,以少年气的方式总结了他对于困扰人类的难题的看法,并给出了解决之道。1891 年,罗德斯认为,把这本书交给伦敦记者斯特德(W. T. Stead)是十分重要的,因为这样它才能最终出版。"你会发现,"他对斯特德说,"我从没忘记我的初心。"

在某种程度上,《自白》反映了他对所敬佩的作家们著作的浓厚兴趣:亚里士多德的《伦理学》(Ethics),马可·奥勒留(Marcus Aurelius)的《沉思录》,吉本的《罗马帝国衰亡史》(The Decline and Fall of the Roman Empire)。但是,罗德斯也受到了两本最近出版的著作的影响:一本是 1872 年出版的《人类的殉难》(The Martyrdom of Man),作者温伍德·里德(Winwood Reade)是一个没什么名气的达尔文主义者,他认为人类无法期盼来世,也不会在死后上天堂,唯一的回报就是人类的进步。里德写道:"要最大限度地把我们的才华和博爱发扬光大,这是唯一的也是真正的宗教。"罗德斯将《人类的殉难》描述为一本"令人毛骨悚然的书",但又神秘地补充道,它"让我变成了现在的我"。

另一份出版物来自约翰·罗斯金(John Ruskin)于 1870 年成为牛津大学的斯莱德教授(Slade Professor)[①] 时发表的就职演讲,其中充满了对帝国主义的热情:

---

[①] 斯莱德教授是牛津大学、剑桥大学和伦敦大学最古老的艺术教授头衔。——译者注

> 我们现在面临一种可能的命运，这是一个民族将要接受或拒绝的最崇高命运。我们在种族上一直没有退化，我们是融合了北方血统精华的种族。但我们并不放荡成性，仍然国泰民安，优雅文明……
>
> 英格兰的青年们，你们会让自己的国家再创辉煌，让它成为国王们的神圣宝座、帝王统御的岛屿，因为它是整个世界光明的源泉，和平的中心，学习和艺术的主宰，诸多经受时间考验的原则的忠实守护者……
>
> 英国必须去做这些事，否则还不如灭亡：她必须尽她所能地建立殖民地，这些殖民地将由她最有活力和最有价值的子民占有；占据她可以涉足的每一块肥沃的荒地，并且教导殖民者们明白，他们的主要美德是忠于自己的国家，他们的首要目标是让英国的势力进军陆地和海洋……
>
> 我对你们的要求就是，要为国家和你们自己树立一个毫不动摇的目标，不管这个目标受到多么严格的限制，它都应该是毫不动摇的、大公无私的。

1877年6月，罗德斯在自己的"理想蓝图"里大量引用了这样的劝告。他以亚里士多德式的方式开篇：

> 一个人常常会想，人生中最美好的东西是什么，有些人想到的是幸福的婚姻，有些人想到的是巨大的财富，还有些人想到的是旅行，等等，每个人都抓住这个想法不放，因为他的余生或多或少都是为了实现它而工作。对于思考着同样问题的我来说，是希望使自己成为对国家有用的人……
>
> 我认为我们是世界上最优秀的种族，我们占据的土地越多，

对全人类就越有利。我认为,每增加一英亩土地就意味着更多的英国人的诞生,否则这些人就不会存在。再加上世界上更多的地区被我们统治,也就意味着所有战争都会结束。

他承诺将致力于"大英帝国的扩张,使整个未开化的世界在英国的统治下得到长足发展,美国将会回归,盎格鲁撒克逊民族将成为一个统一的帝国"。他对"失去"美国尤其感到耿耿于怀,将其归咎于18世纪的"两三个无知的猪头政治家"。"你有没有觉得怒发冲冠,你有没有觉得杀气腾腾?我想,我对这些人就是这样。"

不管怎么说,非洲还在。"非洲仍在等待着我们。我们有责任把它拿下……占据更多的领土意味着更多的盎格鲁撒克逊人的诞生,我们是世界上最优秀、最具人性、最可敬的种族。"

为了完成这个帝国建设的壮举,罗德斯建议成立一个类似耶稣会的秘密组织,这个组织的成员在大英帝国的每一个部分工作,怀着同一个目标和同一种想法,实际上,它是一个"致力于大英帝国扩张的教会"。他描述了什么样的人适合被招募,并概述了他们将如何致力于"促进英国和她的殖民地更紧密的联合,粉碎所有不忠行为和分裂帝国的每一次阴谋活动"。他还提出,这个组织应该收购报纸,"因为新闻统治着人民的思想"。

这些想法被罗德斯写入了他于1877年9月在金伯利起草的遗嘱中——后来他还写了很多遗嘱,这是其中一个。殖民地大臣(当时是卡纳封勋爵)和西德尼·西帕德(当时是西格里夸兰的总检察长)被指定为他全部遗产的执行者,他还指示他们建立一个秘密社团,这个社团"真正的目的和目标是将英国的统治扩展到全世界,完善一整套英国臣民从英国移居国外和对所有土地进行殖民的体系……特别是对英国定居者占据整个非洲大陆,以及世界其他地区的大部分土地体系的完善"。这份遗嘱的副本在1891年被装在一个密封的信封里交给了斯特德,这封信只有在罗德斯死后才能打开。

罗德斯不仅在公开谈话中提出了以上的一些想法,甚至在与陌生人交谈时也不避讳。1877年,出生在爱尔兰的测量员、地方法官和政治家约瑟夫·奥尔彭(Joseph Orpen)访问了金伯利,他记录了罗德斯在他那两间波纹铁皮小屋举行的晚宴上发表的言论。罗德斯坐在首席的位置说道:"先生们,我请你们吃饭……是因为我想告诉你们,在我的余生里,我想做什么。"他说,他打算将余生献给捍卫和扩张大英帝国的事业。"我认为这个目标是有价值的,因为大英帝国主张保护一个国家所有居民的生命、自由、财产、公平和幸福。现在,我们周围一片祥和,(自从兼并以来)德兰士瓦更加幸福,也比以前富裕多了,人们在政府的统治下安静地生活。奥兰治自由邦是完全友好的,如果它愿意,也可以加入我们。在南非,我们的主要目标和展望是把帝国版图向北方扩张。"

1881年4月,当罗德斯在议会就职时,他主要关注的是采矿问题,特别是建造一条通往金伯利的铁路。但没过多久,他就第一次被卷入了非洲问题——一场发生在巴苏陀兰的危机,这里曾经由传奇国王莫舒舒统治。

莫舒舒国王对于奥兰治自由邦的殖民者不断侵入巴苏陀兰感到忧心忡忡,一再要求维多利亚女王的保护,就算把他的臣民当作"女王地毯上的跳蚤"也行。英国政府最终在1868年同意接管巴苏陀兰,但三年后,英国当局违背承诺,无视巴苏陀兰土著索托人的激烈抗议,决定将控制权转交给开普殖民地。

1877年和1878年,开普发生了一系列叛乱。当时的开普殖民地总理戈登·斯普里格(Gordon Sprigg),是一个虚荣且雄心勃勃的政治家，主张用激进的方式来处理棘手的非洲领土问题，推行解除黑人部落武装的政策。1879 年，巴苏陀兰的奎因（Quthing）地区发生小骚乱后，他决定在那里实行同样的政策。1879 年，他在索托的一个皮斯托（即公民议会）上发表演说时，在听众面前使用了侮辱性的语言。"政府认为，你们和南非的其他土著一样，就是小屁孩的脾气，我们知道，在任何时候，你们这帮小屁孩都靠不住。"他警告说，任何抵制缴械的图谋都会被粉碎。"你们知道，在殖民地，胆敢与政府对着干的部落都已经被毁灭了。格卡尔卡人和盖卡人（即科萨人）——他们现在在哪里？无论在什么情况下，只要是黑人攻击了白人，他都会比白人先死。"

然而，索托人拒绝交出火器，这些火器大部分是用在金伯利钻石矿场赚到的钱购买的，而且他们为了保住现有土地进行着不懈的斗争，也非常需要这些火器。

随后就发生了 1880 年的"枪之战"。这场战争持续了 8 个月，花费了开普殖民地 300 万英镑，却最终陷入僵局。索托人也分裂为"忠诚"和"反叛"两派，产生了严重分歧。在下一步该怎么做的问题上，开普殖民地的政客们意见不一。一些人主张彻底"退出"，让索托人自行其是；一些人希望英国能重新承担起对这片领土的责任。罗德斯则赞成帝国吞并。他对议会说："（如果退出）这就意味着白人殖民者不可以在这些地区定居，帝国政府的政策不会允许这种情况发生，议会也坚决不允许别的势力吞并巴苏陀兰；（如果退出）那就没有殖民者可以去那里，这片土地只会是土著部族居住的地方。软弱的殖民当局如何能保住这些领土呢？"他说，开普殖民地缺乏必要的资源，并且提醒他的同事们，开普的白人人口"跟一个英国三流城市的人口差不多，还分布在一片广袤的土地上"。

由于急于解决巴苏陀兰的困境，开普当局招募了维多利亚时代最鼎鼎大名的英雄之一查尔斯·戈登将军。他是曾参加克里米亚战争并且荣获勋章的老兵，也曾在中国指挥过军队，在1863—1864年镇压过太平天国运动。19世纪70年代，他曾担任苏丹南部的赤道省总督，在喀土穆待了6年。戈登认为自己是上帝的工具，并相信他拥有催眠原始人的力量。根据格莱斯顿的说法，英国政界认为戈登是"异想天开的疯子"。尽管他有令人敬畏的战绩，但在返回伦敦后，他还是被打发到毛里求斯，用戈登自己的话说，是监督那里的"兵营和排水渠"。因此，他渴望一次新的冒险。

在帮助开普殖民地重建军队后，戈登于1882年冒险前往巴苏陀兰，与索托的酋长们进行了一系列会晤。罗德斯也于1882年冒险前往巴苏陀兰。戈登欣然接受了旨在评估"忠诚"索托人的赔偿要求的官方任务。罗德斯在马塞卢北部特洛西高地的治安官总部见到了戈登将军，并与他建立了温暖的友谊，这是一段令人难忘的帝国历史。

他们经常一起散步。戈登比罗德斯大20岁，常常因为这个年轻人发表独立见解而责骂他。"你总是反驳我，"他有一次说，"我从来没有遇到过像你这样自以为是的人。你总是认为你的观点是对的，而其他人都是错的。"在另一个场合，戈登抱怨道："你是那种除非自己亲自组织，否则永远不会赞成任何事情的人。"

戈登告诉罗德斯，在他剿灭了太平天国起义后，中国政府给了他一屋子的黄金。

"你做了什么？"罗德斯问。

"当然是拒绝了，"戈登回答，"换作你会怎么做？"

罗德斯说："我肯定接受，只要他们愿意，给我装满多少房间的金子都可以。如果我们有很多理想,却没有钱去实现它们,那这些理想就没用了。"

戈登对罗德斯印象深刻,于是邀请他到巴苏陀兰和自己一起作战,但罗德斯拒绝了。"在这个世界上,我很少会给别人提供这样的机会。我可以告诉你,没几个人能这样走运,但你有你自己的路要走。我从来没有遇到过像你这样有主见的人,你总是认为你的观点是对的。"

戈登很快就与开普政府闹翻,并回到了英格兰。开普政府在"枪之战"中被削弱,再加上财政窘迫,很快就厌倦了对巴苏陀兰的责任,将其交还给了英国。然而,戈登并没有忘记罗德斯。当他在喀土穆接受新的任务时——这一次是指挥埃及军队撤退,使他们免受马赫迪①宗教军队的威胁——戈登邀请罗德斯加入他。罗德斯又一次拒绝了。1885年,罗德斯听闻戈登在喀土穆总督官邸的台阶上被杀,他梦想着自己死后的荣誉,说道:"我很遗憾我没有和他在一起。"

然而那时,罗德斯已经开始了一场新的非洲冒险,一场比巴苏陀兰更重要的冒险:一场保卫"通往北方之路"的战斗。

---

① "马赫迪"是伊斯兰教经典中记载的将于最后审判日之前降临世间的救世主。此处指1881—1899年发生在非洲苏丹的马赫迪起义,当时埃及已沦为英国殖民地,尼罗河上游的苏丹地区则遭受英国和埃及的双重奴役。起义领袖穆罕默德·艾哈迈德自称马赫迪,通过宗教宣讲号召民众反抗殖民统治,马赫迪义军于1885年攻陷喀土穆,杀死了英国总督戈登。——译者注

## 第十三章
## 通往北方之路

通往北方的道路是由英国传教士开辟的，他们不断向非洲内陆推进，远远超出了白人定居点的范围。伦敦传教士协会在格里夸镇设立传教站后，又派苏格兰传教士约翰·莫法特北上，在卡拉哈里沙漠边缘的库鲁曼（Kuruman），提埃尔黑平人的土地上建立了传教站。50年来，莫法特"教导贫穷的异教徒认识救世主"的努力只取得了有限的成功。然而，库鲁曼不仅成了传教士的前哨，也成了探险的基地和学习的中心。莫法特是第一个将茨瓦纳语简化为书面语的人；他随后又将《圣经》翻译成茨瓦纳语，并用自己的印刷机印制了许多副本。作为一个经过培训的市场果蔬业经营者，他在这里打理果园，种植柳树，教授土著们犁的使用方法，并引进了灌溉项目。

库鲁曼很快就以北方的"门户"而闻名。路过的猎人、商人和旅行者都受到莫法特一家的款待。詹姆斯·查普曼写道："库鲁曼散发着秋日温暖的恩惠。这是你可以带着石榴、南瓜、槲梓或卷心菜离开的地方；如果你要继续往北走，就在这里买公牛、母牛、小牛和山羊吧，这是最后一个你可以买到它们的地方。"

虽然鄙视诸如一夫多妻制的非洲习俗和传统，莫法特还是与茨瓦纳的酋长们成为朋友，并在克韦纳河北部的莫莱波洛莱

（Molepolole）开设了第二个传教站。他还与恩德贝莱族的缔造者和领袖姆齐利卡齐建立了友谊，姆齐利卡齐曾是前祖鲁军队的一名首领，后来在德兰士瓦的马加利斯堡山西部为自己开辟了一片新的领地。他们很少见面，第一次见面是在1829年，第二次是在1835年，但彼此却建立了影响持久的信任关系。在与布尔突击队发生冲突后，姆齐利卡齐于1837年向北迁移，并在林波波河对岸建立了一个新的首都，莫法特在1854年拜访了他，并于1857年再次拜访他，请求他允许建立一个传教站。虽然姆齐利卡齐从来没有皈依基督教，但还是同意了莫法特的请求。两年后，当莫法特从库鲁曼出发，带领一小队传教士前往马塔贝莱兰（Matabeleland）进行为期4个月的旅行时，姆齐利卡齐给他送来了致以欢迎的电报：

　　国王非常想再次与莫法特见面。

莫法特在恩克温克维齐河畔的伊尼亚蒂建立的传教站，是林波波河以北地区的第一个白人定居点，当时这个地区被称为赞比西亚（Zambesia）。[①]

在伦敦传教会派往库鲁曼的新人中，有一个人名叫戴维·利文斯通。1841年，28岁的他以新人医生的身份来到莫法特处当学徒，其间他曾被狮子袭击，康复后娶了莫法特的女儿玛丽为妻。作为一名传统的传教士，利文斯通是一个失败者。他来到克韦纳河边，但待了不到6年，在此期间，他只成功劝说一个人皈依，后来这个人还叛教了。然而，作为一个旅行者，他的影响力要大得多，他在书

---

[①] 与现在的非洲国家赞比亚不同，请读者注意区分。赞比西亚在林波波河以北，而赞比亚在赞比西河以北，林波波河的位置比赞比西河更靠南，如今是南非与博茨瓦纳和津巴布韦的国界。当初白人殖民的区域在今天的津巴布韦境内。——译者注

中描写了南部非洲奴隶贸易的暴行，并主张在那里建立欧洲定居点。然而，由于长期混迹在克韦纳人中间，他对布尔人产生了持久的厌恶。在他的著作中，他煽动反布尔情绪，称他们为"白贼"，抱怨他们的虚伪、贪婪和吝啬，从而加剧了英国传教士和布尔人之间的仇恨。他一再呼吁英国阻止布尔人想要关闭进入非洲腹地的"传教士之路"的企图。

自19世纪50年代以来，茨瓦纳酋长和入侵的布尔定居者之间频频爆发冲突。茨瓦纳酋长占据着布尔人所居住的德兰士瓦共和国和奥兰治自由邦以西500英里长的领土走廊，这里有着肥沃的土地和重要的水源，是布尔人梦寐以求的土地。茨瓦纳内斗不休，酋长们常常为争夺土地和水源而自相残杀，酋长之位的继承端也经常引发暴力冲突，从而导致酋长的地位被削弱。虽然传教士们试图保护和捍卫茨瓦纳的利益，但是布尔人很快就利用起了茨瓦纳人的内斗，他们支持一个集团反对另一个集团，而获胜者将会把土地送给他们作为回报。

但是，这里不仅只有土地激发了外界的兴趣。1867年，德国地质学家卡尔·毛奇（Carl Mauch）从林波波河以北旅行回来后，宣称他在马绍纳兰发现了两条含金的矿脉，其中一条长达80英里，另一条长达20英里。在1867年12月写给《德兰士瓦艾格斯》(*Transvaal Argus*)的信中，莫奇写道："这些金矿是如此的广袤美丽，使我牢牢站在原地，仿佛被钉住了，我被这片土地吸引住了，被眼前的奇景惊呆了。"

莫赫说他发现的是俄斐（Ophir）的土地，那是《圣经》中提到的一个城市，所罗门王的船只从那里运回黄金。他还确认了另一个含金矿脉——位于卡兰加人领地上的塔蒂（Tati），在茨瓦纳北部，酋长恩格瓦托的领地和姆齐利卡齐的恩德贝莱王国之间。凭借从塔蒂采集的黄金样本,《德兰士瓦艾格斯》在 1868 年 7 月自信地宣布:"现在,以编辑神圣的话语,我们庄严地宣布,上述要求的样本消除了最疑虑重重的人的最强烈的疑虑。这个关于黄金发现的'神话'已经变成了一个惊人的事实。"

随后的淘金热只产生了令人失望的结果,但人们仍旧坚定不移地相信林波波河以北有俄斐之地。莱特·哈葛德在德兰士瓦驻扎期间就有了这个想法,回到英国后,他以此为灵感,写了一部非常成功的小说——《所罗门王的宝藏》。

由于布尔人无休无止地侵占他们的土地,一些茨瓦纳酋长请求英国的保护,这受到英国传教士的鼓励。其中,呼声最高的是首府设在绍雄(Shoshong)的恩格瓦托族酋长卡加马(Kgama)。他向"维多利亚,伟大的英国女王"致以问候,请求她"保护我和我的国家,它将会归她所有"。

> 布尔人正在闯进来,而我不喜欢他们。他们对我们黑人非常残忍。对他们来说,我们就像钱一样,他们贩卖我们和我们的孩子……
>
> 我希望女王陛下接纳我、我的国家和我的子民,将我们置于她的保护之下。我厌倦了战斗。我不喜欢战争,我请求女王陛下赐予我和平。我的子民正在被战争摧毁,我对此感到非常悲痛,我希望他们获得和平……
>
> 有些东西使我非常苦恼——战争、人口贩卖、酗酒。我从布尔人身上能发现这一切,正是这些东西把我的子民毁掉了,使他们走向末路。布尔人的习惯一直都是这样,他们把别人卖为奴隶,现在他们还在卖……

当英国于 1877 年吞并德兰士瓦时，茨瓦纳的困境暂时得到缓解。但四年后，在布尔人的胜利令英国人蒙羞后，德兰士瓦的定居者——"自由迁徙者"——公然违反《比勒陀利亚公约》条款，成群结队地跨过 1881 年与英国约定的西部边界，因为他们知道英国不会干预。许多人被招募为雇佣兵——所谓的"志愿者"——参与茨瓦纳内战，他们帮助的土著集团承诺会分给他们土地作为回报。盖·范·皮蒂乌斯（Gey van Pittius）领导了一支由"自由迁徙者"组成的军队，帮助摩斯威特（Moswete）对抗一个亲英的酋长——罗隆（Rolong）的蒙西瓦（Montshiwa）；另一支军队在格里特·范·尼克尔克（Gerrit van Niekerk）的领导下，帮助摩斯威特对抗另一个亲英的酋长——提埃尔黑平的曼库尔万（Mankurwane）。

1882 年 5 月，曼库尔万向比勒陀利亚的一位英国高级官员报告说："我很荣幸地通知您，有一支来自奥兰治自由邦和德兰士瓦的突击队包围了我的陶格镇。我听说，组建这支突击队的人希望带领我的国家建立一个独立的共和国。"当他的信息传到开普敦时，围城已经结束，布尔人赢得了战斗。曼库尔万不得不眼睁睁地看着布尔人自由迁徙者瓜分他的土地，每人占有了 6000 英亩的农场。他还被迫签署了一项条约，同意将未来所有的争端提交德兰士瓦当局解决，而不是英国。他无法再得到英国的援助了。1882 年 8 月，曼库尔万写信给英国驻开普敦高级专员，抱怨道："既然我已经被英国政府遗弃了……我就做了我很久以前承诺要做的事，即与布尔人讲和……我不得不放弃了我的国家相当大的一部分领土。"

从 1881 年开始，越过曼库尔万的边界，向西移动了 100 多英里之后，范·尼克尔克和他手下的"自由迁徙者"——总共大约 400 户布尔人家庭——开始建立自己的小共和国，他们称其为"斯泰拉兰"（Stellaland），以纪念一颗彗星的经过，他们还在陶格附近的弗里堡建立了首都。首都是一个不大不小的城市，有几十座砖房，几家商店，一个台球室和一个槌球场。

在解决了曼库尔万的问题之后，"自由迁徙者"们转向了蒙西瓦。蒙西瓦坚持了3个月，但最终被迫放弃了三分之二的土地，失去了莫洛波河以南的一切。他也不得不向德兰士瓦宣誓效忠。在蒙西瓦的土地上，范·皮蒂乌斯和他手下的"自由迁徙者"们建立了歌珊（Goshen）共和国，这个名字取自《创世纪》——"埃及最好的土地给了约瑟。"歌珊的首府鲁瓦·格隆德只不过是个设有防御的农场，位于德兰士瓦边境以西一英里处的梅富根（Mafikeng）附近，由几十名冒险家占据着。

然而，这两个"共和国"都横亘在通往北方的道路上，阻碍了英国人向内陆扩张。弗里堡当局首先采取的行动之一，就是对所有路过斯泰拉兰的贸易商每两周征收3英镑的税。它们每年的征税额高达25万英镑。由此，斯泰拉兰共和国和歌珊共和国都对开普与非洲内陆之间的贸易构成了重大威胁。此外，它们还阻碍了从布尔共和国外部通往赞比西亚的唯一可行的铁路线，也阻挡了人们寻找传说中的财富。似乎不可避免的是，它们最终会合并成一个更大的德兰士瓦，而使开普处于危险之中。

但英国政府专注于更紧迫的问题，而不是卡拉哈里沙漠边缘一场隐蔽的冲突。英国政府对于布尔人向贝专纳兰（Bechuanaland）发动的突袭无动于衷。一位殖民地部官员在1882年12月写道："这是南部非洲历史上悲惨的一页，但是，既然我们不打算控制布尔人，那么，蒙索亚和曼科罗安就必须尽最大努力去面对匮乏。"

但塞西尔·罗德斯深受刺激，并开始采取行动。他对英国的援助感到绝望,对英国政策的"不断动摇"感到愤怒,他坚持不懈地要求由开普殖民地控制该地区,强调"开普殖民主义"的优势。1883年5月,他说服了开普殖民地总理托马斯·斯坎伦(Thomas Scanlen)派他去北方调查贝专纳兰的事态。在回到西巴克利后,他用一系列电报对斯坎伦进行狂轰滥炸:

"如果德兰士瓦得到它们(斯泰拉兰和歌珊),而我们被拒于内部贸易之外,通往金伯利的铁路就会变得毫无用处……不要把任何一寸领土让给德兰士瓦。他们在蠢蠢欲动。目前,内陆公路就在德兰士瓦的国境线边缘。如果把它拱手让人,你就只能到沙漠里赶车了……如果你与道路分离,你将与一切分离。"罗德斯敦促斯坎伦"立即行动",但斯坎伦没有被他说服。

1883年8月,在开普敦向议会发表演讲时,罗德斯进一步声称"这个殖民地的整个未来"危在旦夕:

> 我把这片贝专纳兰的领土看作是这个国家贸易的苏伊士运河,是通往内陆的必经之路。我们面临的问题实际上是:这个殖民地是要限制在目前的边界内,还是要成为南部非洲占主导地位的国家——是否要通过它在内陆地区传播文明……

他说,在德兰士瓦以北的北方,广阔天地,大有可为。"我认为非洲内陆的发展是这个殖民地与生俱来的权利。"如果开普失去了对非洲内陆的控制,那么"我们将从超级大国的位置上跌落下去"。

尽管发表了这样的言论,罗德斯还是未能赢得议会对殖民扩张的支持,巴苏陀兰的惨败像是一个警告,表明此类行动将有巨大的风险。但是,他发现英国的高级专员夏乔士·罗便臣爵士更赞成这个想法。罗便臣直言不讳地主张殖民地应当"自治"而不是由帝国统治，他认为殖民者比大都会里的官员更适合充当非洲殖民政府的代理人。他还很乐意利用自己在伦敦的影响力。

据罗德斯说，由于他的努力，罗便臣很快"认识到，如果我们失去了贝专纳兰，英国在非洲的发展就完蛋了"。罗便臣在1895年对《开普时报》(*Cape Times*) 的说法却并非如此："罗德斯确实曾给我讲了一个故事，关于他带我登上一座极高的山峰，向我讲述向北扩张的所有宏图大志。但事实是，我在见到罗德斯先生之前就已经预见到了向北扩张。"

传教士游说团体也在一旁添柴加火，促使英国政府对贝专纳兰的命运产生了更积极的兴趣。当罗德斯一心想要保卫一条通往北方的贸易走廊时，传教士们希望英国代表茨瓦纳人行使托管权，保护他们免受布尔人的掠夺。茨瓦纳事业的主要拥护者是约翰·麦肯齐 (John Mackenzie)，他是一位头发花白的苏格兰传教士，曾领导伦敦宣教会在绍雄的传教站长达14年，然后于1876年移居库鲁曼。在1882—1883年的回籍假期期间，麦肯齐访问了英格兰，引起了公众舆论对布尔自由迁徙者在这两个共和国的行为的声讨和抨击。

因此，当保罗·克鲁格作为德兰士瓦新当选的总统来到伦敦讨论1881年协议中一些未解决的问题时，贝专纳兰的问题就成了议程上的重要议题。在慷慨激昂的气氛中，克鲁格开始要求建立一个新的西部边界，将通往北方的整条道路纳入其中，这使得德兰士瓦的批评者们更加坚定了立场。在1884年2月最终达成的一项协议中，英国做出了许多让步：放弃了所有帝国"宗主权"的称谓，并减免了德兰士瓦未偿还的债务。作为回报，克鲁格同意与贝专纳兰划定新的边界线，德兰士瓦得到了一部分茨瓦纳领土，但使茨瓦纳的大部分领土得到保留。该协议赋予了英国全权管理混乱的贝专纳兰南半部的权力，包括斯泰拉兰和歌珊这两个共和国，从而确保了通往北方的道路的畅通。罗便臣称，他对于《伦敦协定》（London Convention）的达成发挥了至关重要的作用。他在1895年说："如果通往北方的道路不保持开放状态，北方扩张就不可能实现。1883—1884年冬天，我在伦敦打响了打通道路的战斗，并赢得了胜利。"相关记录证实了他的说法。

管理贝专纳兰南部的任务交给了一位英国专员。第一个人选该职位的人是茨瓦纳利益的热心捍卫者约翰·麦肯齐。在做出这一承诺时，英国已充分预见到，为了减轻负担和费用，贝专纳兰南部保护领将在适当的时候移交给开普殖民地。

麦肯齐的任务充满了危险。他被要求在一个因多年纷争和掠夺而变得四分五裂的地区建立秩序，并且要对付一群占据此地的侵略成性的"自由迁徙者"和地霸团伙，这些人无意向英国当局投降，尤其是向一个曾维护茨瓦纳利益和公开敌视自己的传教士投降。为了完成任务，麦肯齐被允许招募一支不超过25人的警察部队。罗便臣在开普敦与他告别时十分担忧。他对麦肯齐说："我只有一个顾虑，某个暴徒可能会'一枪崩了'你，其他的我并不担心。"

尽管如此，麦肯齐还是饶有兴趣地承担起了保护帝国领地的任务。他与曼库尔万签署了一项协议，承诺归还他的土地，并宣布歌珊的农场是英国王室的财产，以待对所有权进行适当调查。但他的行为不仅激怒了自由迁徙者，也激怒了罗德斯和罗便臣，他们希望贝专纳兰南部并入开普，而不是交由帝国托管。

1884年，罗德斯扩大开普殖民地边界的运动势头越来越大。他在7月的议会讲话时重申了前一年的警告：

这个议会是否准备允许这些小共和国在我们的贸易路线上筑起一道墙？我们是否允许德兰士瓦和它的盟友获得整个内陆地区？贝专纳兰是瓶颈，扼守着通往赞比西河的路线。我们必须保护它，除非我们准备坐视整个北境从我们的手中消失……我不想放弃通向内陆的钥匙，而蜗居在这个小半岛上。我希望开普殖民地能够作为占主导地位的邦，来处理南部非洲的邦联问题。

他说，如果开普殖民地不吞并贝专纳兰，英国政府就会在那里"干预"，并补充说，"我们绝不能让帝国的因素影响贝专纳兰"。这一次，罗德斯的观点得到了广泛的支持。现在，他开始挖空心思要把麦肯齐轰下台。

在没有意识到自己的地位岌岌可危的情况下，麦肯齐决定在斯泰拉兰首府弗里堡举行升旗仪式，这是一个适当的标志，象征了英国在这里的新身份。麦肯齐在给开普敦的罗便臣的电报中描绘了一幅美好的画面："当他们在热烈的欢呼声中升起旗帜时，我想，这是对最近在开普敦发表的所有不公正和愚蠢的言论的回应，这些言论要'消灭'贝专纳兰的帝国元素，尤其是要消灭我，把我当作麻烦制造者。"——这显然是对罗德斯的嘲讽。

然而，罗便臣并不觉得高兴。"你无权升起英国国旗，因为这意味着主权，贝专纳兰只是英国的一个保护国。"他回复道。他告诉麦肯齐，他的行为可能会引发冲突，并命令他"立即回来"。

罗便臣选择了罗德斯接替麦肯齐担任专员。罗德斯常常喜欢讲述他被任命的故事，这实际上只是一次电报交流，但是却被他添油加醋，美化一番：

总督说:"哦,你可以去(贝专纳兰),但我不能提供任何力量支持你。你必须自行其是。"

我回答说:"你会允许我做我想做的事吗?"

"是的,"总督说,"但如果你把事情弄糟了,我是不会支持你的。"

我说:"这对我来说已经足够了。"

得知这一任命后,殖民地部的一名官员问道:"我们对罗德斯先生有什么了解?"一位同事回答说,罗德斯是个"聪明人",尽管他在行政工作方面缺乏经验和训练。伦敦的普遍看法是,作为权宜之计,罗德斯将会"做得非常好"。

但是,就在罗德斯几乎还未开始他在贝专纳兰的使命时,一个新的威胁就出现了。

# 第十四章
# 日耳曼的幽灵

非洲西南部半沙漠化的海岸线对殖民者没有多少吸引力。英国认为它毫无价值。当巴特勒·弗雷里爵士建议将英国的势力扩张到那里时,卡纳封只同意他吞并鲸湾(Walfisch Bay),这是开普殖民地和葡属安哥拉之间唯一的重要港口。卡纳封坚持认为没有必要再占领额外的领土。"只要鲸湾港,不需要更多了。"他命令道。

除了少数传教士、猎人和商人外,很少有白人冒险进入非洲西南部。1883年,年轻的德国冒险家海因里希·沃格尔桑来到安格拉佩克纳湾(Angra Pequena),这是一个小港口,在开普敦以北150英里,他梦想着在这里建立一个德国殖民地。沃格尔桑代表阿道夫·吕德里茨(Adolf Lüderitz)行事,后者是不来梅(Bremen)的老汉萨同盟[①]港口的一名富商。沃格尔桑说服当地一位酋长将港口及周围215平方英里的一块领土割让出去,换取了价值100英镑的黄金和60支步枪。在1883年获得这块飞地后,吕德里茨向德国首相奥托·

---

[①] 汉萨(Hansa或Hanse)一词,德语意为"商会"或者"会馆",最早是指从须德海到芬兰、瑞典到挪威的一群商人与一群贸易船只。12世纪中期逐渐形成,14世纪晚期至15世纪早期达到鼎盛,加盟城市最多达到160个。15世纪中叶后,随着英、俄、尼德兰等国工商业的发展和新航路的开辟,转衰,1669年解体。——译者注

冯·俾斯麦（Prince Otto Von Bismarck）施压，要求获得该地区的贸易垄断权和德国国旗的"保护"。

俾斯麦当时对在非洲建立德国殖民地毫无兴趣。他向伦敦的英国政府询问，以确定德国商人在非洲西南部的地位，并暗示英国是否愿意对这些商人进行"保护"。英国政府回复称，虽然他们认为该地区是英国"利益范围"的一部分，但他们在那里没有正式的权利，因此不愿意提供保护。伦敦没有人认为这有什么可担心的。于是俾斯麦正式指示德国驻开普敦领事向吕德里茨提供一切"协助"，并向安格拉佩克纳湾提供领事"保护"。

然而，开普殖民地的贸易公司普遍认为德国的存在对他们的业务构成了潜在威胁。1883年8月，开普殖民地决定派遣炮艇前往该地区进行调查。那艘炮舰带着令人不安的消息回来了：那里的德国商人要求德国兼并安格拉佩克纳湾，或至少是将其置于帝国的"保护"之下。开普的政客们坚称，该地区传统上一直处于开普殖民地的控制之下，尽管他们几乎找不到证据来支持他们的主张。除了1866年吞并安格拉佩克纳湾附近的一些离岸岛屿以获取鸟粪沉积物外，开普殖民地在此地的活动一直仅限于贸易。然而，尽管开普殖民地的政客们热衷于维护他们在西南非洲的权利，但他们也想避免承担管理海岸的财政成本，并希望英国能替他们吞并它。1883年11月，开普殖民地总理托马斯·斯坎伦私下里说："由于我们人口稀少，因此不可能保持必要的力量来确保我们的命令得到服从和尊重，大片领土反而是软弱和羞辱的根源。现在，我们的财政负担很重，收入不多，无法承担严重的风险。如果帝国政府愿意提供援助，我们可能会有所作为。"

与此同时，在德国商业利益的驱使下，俾斯麦开始采取更大胆的做法。秋天，他向伦敦发出了一系列越来越强硬的电报，要求伦敦就英国或开普殖民地在安格拉佩克纳湾及其邻近领土的任何权利状况做出明确的声明。英国人的回答和以前一样含糊不清："虽然女王陛下的政府没有宣布女王对这一整片土地的主权，而只局限于一些地点，例如鲸湾港……但他们认为，任何在北纬18度和开普殖民地边界的主权或管辖权主张都会侵犯他们的合法权利。"

英国大臣们没有意识到，俾斯麦已经开始改变对"海外事业"的看法，他们仍然认为俾斯麦主要关心的不是殖民地，而是保护德国商人，他们认为，没有理由去反对在安格拉佩克纳湾开发一块德国的商业飞地。一位英国高级官员说："我不明白，我们为什么要反对德国占领海岸线的其他部分。这里离任何地方都很远。"

英国所希望的是开普殖民地吞并西南非洲，并承担所涉费用。1884年2月3日，殖民地大臣德比（Derby）致电开普政府，请它吞并鲸港湾附近的海岸，且多多益善。但他得到的唯一回答是："部长们要求，在内阁会议召开之前，这一问题将保持开放。开普殖民地总督不得擅作主张。"几个月过去了，德比没有收到其他答复。据说，在克拉多克时，斯坎伦看了这份官方电报，把它装进口袋，然后很快就忘了这回事。英国人在这个问题上太磨蹭了。直到5月7日，殖民地部才又一次重复了2月3日的电报，这一次还是没有得到回应，因为斯坎伦政府垮台了。

俾斯麦被几个月的敷衍和拖延激怒了，他确信英国正在准备挫败德国，并将安格拉佩克纳湾据为己有，决定单方面采取行动。他在1884年4月24日迈出了建立德国殖民地的第一步，宣布在安格拉佩克纳湾建立一个帝国保护领，授予吕德里茨的商业公司根据帝国宪章管理安格拉佩克纳湾的权利。

随着托马斯·阿平顿（Thomas Upington）领导的新政府成立，开普殖民地的行动也终于姗姗来迟。5月29日，高级专员罗便臣做出答复："关于您2月3日和5月7日的来电，开普殖民地的部长们决定建议议会控制从奥兰治河到鲸港湾的海岸线，并承担其开支。"英国政府对此很高兴。而德比仍然误解了俾斯麦的打算，反而愉快地告诉他："任何人，无论是德国人还是英国人，只要他已妥善获得特许权或在海岸上建设（工厂），英国都可以向他提供保护。"

欢腾是短暂的。6月，俾斯麦派他的儿子赫伯特去伦敦执行一项特殊任务，那就是，直截了当地告诉格莱斯顿首相，让他不要插手安格拉佩克纳湾。在向德国国会发表演讲时，俾斯麦堂而皇之地宣布，他已做出决定，德国应该在非洲建立帝国。俾斯麦还郑重地警告英国及其殖民政府，除非他们能够证明自己享有主权，否则他们不应阻碍德国的主张。英国政府并没有与德国大动干戈，因为这片海岸飞地荒芜而又毫无价值，而是在安格拉佩克纳湾问题上做出了让步。但是，英国的退让在开普殖民地引起了愤怒。7月17日，开普政府主动向伦敦发出电报，要求吞并整条海岸线，从奥兰治河向北直到安哥拉边境——包括安格拉佩克纳湾。然而，英国政府拒绝给予支持。

俾斯麦的下一步行动震惊了英国政府，也在开普殖民地引起轩然大波。1884年8月7日，德国宣布安格拉佩克纳湾为其主权领土。随后，德国又发布一份声明，宣布已经吞并了整个西南非洲，而不仅仅是鲸港湾。在6个月的时间里，一个小型的商业前哨"膨胀"成了一个巨大的半沙漠殖民地。鉴于1884年初英国已把林波波河以南的非洲视为自己理所当然的利益范围，现在，用格莱斯顿的话说，"日耳曼的幽灵"已经出现。

1884年8月,当罗德斯作为新任贝专纳兰专员北上时,陪同他的是当地行政官员弗兰克·汤普森,汤普森能讲茨瓦纳语,曾被聘为罗德斯的秘书和翻译。两人在汤普森位于西格里夸兰北部边境的农场短暂停留,稍事休息,更换马匹。汤普森由衷地崇拜罗德斯,他在自己的自传中记录了这样一件事:

> 罗德斯走进我妻子的起居室,拿了一个旅行袋,把能找到的她所有的书一扫而空。
>
> 他说:"如果我要在草原上耽搁很长时间,那是非常令人厌倦的。这样的话,在百无聊赖时,我至少能有点事做。"
>
> 我记得,我的妻子还规劝了他。他有一个习惯,读上几章,如果这本书使他高兴,他就撕下他已经看完的部分,交给我,而他读剩下的。他说这将使这本书更有趣,因为我们可以分享这个故事的乐趣,并且我们的讨论会更有智慧。那是一个未来的百万富翁的行为,但对我妻子的小图书馆却几乎毫无益处。

他们带着新换的坐骑出发,前往斯泰拉兰。汤普森写道:"看到罗德斯骑在马背上,我常常哈哈大笑。他从来没有学会骑马……他的缰绳拉得太松,坐得又不正,骑得松松垮垮,左支右绌,任何马对他来说都跑得不够快。"

罗德斯的计划是把土地所有权交给布尔人自由迁徙者,条件是他们接受开普殖民地的法律并废除斯泰拉兰共和国。当罗德斯在布尔人主要临时营地外的突击队营地的一个帐篷里等候时,汤普森和布尔人进行了初步的讨论。据汤普森说,经过两天的激烈争论,他们暂时同意归顺英国。

罗德斯后来在西巴克利向他的选民讲述这段经历时,他像惯常做的那样,把自己吹嘘成了一个英雄。他说,当他进入布尔人的营地时,他发现了阿德里安·德·拉·雷伊(Adriaan de la Rey)——一个德兰士瓦人,因为身材魁梧、力量过人而被称为"巨人阿德里安"——正忙着在明火上煎猪排。德·拉·雷伊什么也没说,罗德斯在他对面默默地坐了下来。最后,德·拉·雷伊从煎锅里抬起头,宣布:"血必须流!""不,"罗德斯说,"把我的早餐给我,然后我们可以谈谈血的问题。"据罗德斯说,他在布尔人突击队的营地里待了一个星期,成了德·拉·雷伊孙子的教父,并获得了一个契约。

不管怎样,1884 年 9 月 8 日,罗德斯和汤普森最终签署了一份协议,授予斯泰拉兰的布尔人对他们掠夺的土地的所有权。而茨瓦纳人的土地权利被忽略了。"对斯泰拉兰的占领已经到了无可挽回的地步了。"罗德斯随后解释说。

为免横生枝节,罗德斯和汤普森从斯泰拉兰出发,取道德兰士瓦来到了歌珊共和国。在克鲁格的支持和教唆下,歌珊的布尔人的敌意越来越重,他们无视《伦敦协议》,强烈反对英国或开普殖民地统治他们。就在罗德斯和汤普森接近歌珊共和国设在罗伊格朗德(Rooi Grond)的"首都"——一栋在德兰士瓦边境附近的泥屋时,布尔人还在梅富根附近与土著酋长蒙西瓦的军队激战。

汤普森再一次打头阵,他把罗德斯留在德兰士瓦边境,并在自己的帐篷里见到了歌珊的"总统"盖·范·皮蒂乌斯。汤普森告诉他,贝专纳兰地区专员罗德斯先生让他带来了一条消息。"罗德斯先生到底是谁?"一个布尔人问道。汤普森被布尔人扣押起来,然后又被释放,他们让汤普森给罗德斯带了一条消息,告诉他,他没有权利自封为专员,因为他们已经通过征服蒙西瓦赢得了歌珊地区,并要求英国承认他们是一个独立的国家。在又一次徒劳无功地传达消息之后，罗德斯让汤普森重新去找范·皮蒂乌斯，警告说现在将会对他使用武力。

当夜幕降临时，罗德斯和汤普森开始返回斯泰拉兰，然后骑马前往西巴克利。他们换了 7 次马，不到 10 小时就行进了 120 英里。一到西巴克利，罗德斯就直奔电报局，与开普敦的罗便臣在电报机上交流，从晚上 9 点一直坐到第二天早饭时分。

正当英国官员被俾斯麦进军非洲西南部所造成的后果搞得焦头烂额时，贝专纳兰的命运突然引起了英国的进一步警觉。1884 年 9 月 16 日，克鲁格无视《伦敦协定》，宣布将德兰士瓦共和国与歌珊共和国合并，并且将蒙西瓦酋长余下的领土也纳入囊中，称这是"为了人类的利益"。10 月 3 日，克鲁格聘请的德兰士瓦教育顾问，曾作为德兰士瓦的正式代表参加过伦敦会议的牧师斯蒂芬努斯·杜·托伊特来到罗伊格朗德，他发表了措辞激烈的演说，并把这个地方重新命名为赫利奥波利斯（Heliopolis）①，还升起了四色旗。这样一来，英国通往北方的道路似乎再次受到了威胁。

但是，德兰士瓦共和国的布尔人的扩张并不仅仅限于贝专纳兰。在德兰士瓦东部边境的北祖鲁兰，类似的殖民活动也正在进行。布尔雇佣军为祖鲁人提供服务，帮助他们消灭对手，而祖鲁人则将以前属于塞奇瓦约的大片领土赠予布尔人。1884 年 8 月 16 日，他们宣布建立另一个布尔人国家，"纳瓦利亚共和国"（Nieuwe Republiek），即新共和国，然后又对圣露西亚湾（St Lucia Bay）宣示主权，这个海湾是纳塔尔北部的印度洋入海口。纳塔尔省省长亨利·布尔沃爵

---

① 赫里奥波利斯（Heliopolis），又称"太阳城"，是古埃及最重要的圣地之一，即今天埃及的开罗。它是古代埃及除孟菲斯和底比斯之外最重要的城市，也是下埃及的首府。根据有关记载，它是古代埃及太阳神崇拜的中心，也被称为"众神之乡"。——译者注

士（Sir Henry Bulwer）警告说："布尔人的意图是要在（祖鲁）保护区的整个范围内，攫取大约四个农场大小①的狭长地带。"毫无疑问，德兰士瓦布尔人真正的目标是获得出海口，这一直是他们的执念之一。

现在，英国官员担心的是德兰士瓦与盘踞在非洲西南部的德国结成的联盟，因为这将危及英国在南部非洲的霸权。《泰晤士报》在9月20日报道说，德国希望"推进到德兰士瓦、贝专纳兰和祖鲁兰等国家"，以此作为"中部-非洲"战略的一部分。布尔沃爵士从德班发回报告说，一个德国探险队正在普鲁士军官的带领下公然穿过圣露西亚湾地区。

罗便臣从开普敦发来报告："一段时间以来，流言纷纷，说德国策划着有关祖鲁兰的圣露西亚湾的诡计。不用说，德国在那个地区建一个港口，会对我们很不利。"

英国陆军部发表了一份机密备忘录，警告说，由于布尔人和德国的行动，英国在南部非洲的全部战略利益都处于危险之中。

面对这一系列威胁，英国开始在南部非洲采取新的"推进"政策，尽管他们仍然对更深入地参与南部非洲事务所带来的风险和代价疑虑重重。很快，英国政府就告诉克鲁格，他对歌珊地区的吞并是不可接受的，并指示4000人的英国远征军进入该地区，驱逐布尔掠夺者；英国还派遣一艘军舰前往圣露西亚湾，在那里插上英国国旗。殖民地大臣德比勋爵说，如果有外国势力宣称占有这片海岸的话，纳塔尔和开普殖民地都将面临危险。

贝专纳兰远征队的指挥官是查尔斯·沃伦爵士（Sir Charles

---

① 一个布尔人农场的标准面积约为6000英亩。——译者注

Warren），他是一个脾气暴躁、刚愎自用的军官，以前曾在该地区待过，有一定的经验。除了担任军事职务外，沃伦还被任命为特别专员，负有制定新制度的政治责任。12月抵达开普敦后不久，罗便臣就在一次会面中向他强调，1883年9月罗德斯与布尔人曾在斯泰拉兰签署了一个协议，这个协议是至关重要的。罗便臣与罗德斯结盟，决心把贝专纳兰的白人定居者置于开普的统治之下。沃伦则另有打算。他对为茨瓦纳土著讨回公道更感兴趣，但前提是这些土著必须在帝国的控制之下。在不清楚内情的情况下，他同意向斯泰拉兰"总统"格里特·范·尼克尔克发去一份电报，表示将维护罗德斯在1883年签订的协议。在罗便臣的建议下，沃伦还同意带上罗德斯充当顾问，并要求罗德斯先行出发前往斯泰拉兰，在那里显示英国的力量，维持秩序。

罗德斯在助手哈里·卡瑞（Harry Currey）和两个仆人的陪同下从金伯利的铁路终点站乘着一辆马车出发了。卡瑞回忆说："清晨和傍晚那几个小时比较凉爽，我们就在那时候赶车。沿途有很多山鹑和红冠鸨，我们经常下车去打猎。"罗德斯一到弗里堡就租了一个波纹铁皮屋，将它命名为"政府大楼"。但它太小了，以至于到了晚上，为了给床垫腾地方，不得不把桌子搬到外面。卡瑞睡在屋里，罗德斯按照自己的习惯，睡在马车里。卡瑞回忆道："我们做的第一件事，就是去找一个可以洗澡的池子。我们找到了一个，又找了几个当地人把它挖得更大，早晚都在里面游泳放松，因为其余时间我们不得不听着那些家伙（一大群三教九流的恶棍）的聒噪，他们都主张自己在争议地区的权利。"罗德斯从金伯利订购了许多威士忌和黑啤，不光是自己喝，也拿来招待当地的布尔人。

罗德斯发现，范·尼克尔克只愿意交出斯泰拉兰，因为它一贫如洗，财政几乎崩溃。罗德斯则承诺，所有已登记的土地将被承认所有权。

在开普敦，沃伦花了一个月的时间才把他的远征军组织好。他带着这支部队，缓慢地向北移动到贝专纳兰，每隔十几英里就挖一口深井，建立了固若金汤的补给线和许多军事基地，并配备三个气球进行远距离观察——虽然它们从来没有看到过任何"敌人"。大多数布尔自由迁徙者不想跟沃伦硬碰硬，而是退到德兰士瓦，等待他的离开。胆子更大的人则南下到金伯利，充当英国军队的运输承包商，每天挣2英镑。

沃伦在西巴克利一座"精心建造的堡垒"里安顿了下来，他开始怀疑斯泰拉兰人提出的许多土地主张是"虚构的"，并建议进行一次准确的调查。他求助于罗德斯的老对手约翰·麦肯齐，后者曾在19世纪70年代后期在库鲁曼与他结识。他告诉罗便臣，麦肯齐将"能给我很多从其他渠道获得的消息"。罗便臣指出，麦肯齐的参与会引起布尔人的敌意。

麦肯齐于1月20日抵达西巴克利。第二天，罗德斯从斯泰拉兰来到这里，闷闷不乐，沉默寡言。他的出现并没有什么帮助。据英国情报官员拉尔夫·威廉姆斯说，罗德斯戴着一顶大大的帽檐耷拉下来的遮阳草帽，穿着一件破破烂烂的外套和一条肮脏不堪的白色法兰绒裤子，脚上穿着一双旧网球鞋。当问到他的姓名和职业时，他只简单地回答："罗德斯。"

两天后，沃伦出发去参加克鲁格要求在德兰士瓦边境的十四溪（Fourteen Streams）举行的一次会议，他带着一大批护卫，由侦察兵开道，因为有传言说某些头脑发热的布尔人打算把他"一枪崩了"。罗德斯和麦肯齐陪着他，同乘一辆马车。克鲁格告诉沃伦，他没有必要进行军事远征——兴师动众地用四千人赶走百来个不良分子。他说，发生在罗伊格朗德的"国旗事件"没有经过他的同意。他只想要法律和秩序。

会议没有什么成果，但是，罗德斯和克鲁格的第一次相遇却令人难忘。罗德斯当时30岁，而克鲁格快60岁了。克鲁格对一名助手说："如果那个年轻人不把政治抛在脑后，找点别的事去做的话，他会给我带来麻烦的。"克鲁格把罗德斯比作一匹赛马。"当然，马比牛跑得快，但是牛能拉更重的东西。让我们拭目以待。"

沃伦终于从十四溪来到弗里堡，他经常和罗德斯一起吃饭，但是，他俩很快就陷入了关于土地问题的激烈争论。沃伦明确表示，他打算否决罗德斯在1883年签订的协议，并把土地还给提埃尔黑平和罗隆的土著，尽管他对范·尼克尔克也有承诺。罗德斯则坚持，他主导的协议，即承认布尔人的主张并得到殖民地大臣批准的协议必须有效——"如果朝令夕改的话，女王陛下的圣旨就不再是金科玉律"。罗德斯辞了职，并告诉沃伦："自从你来到斯泰拉兰后，你所遵循的路线不仅对这个地区，对整个南非的和平也是极为不利的。"

沃伦的军队继续控制着贝专纳兰，并没有受到抵抗。大多数布尔自由迁徙者都从边境溜了回去，克鲁格及时警告说，他不会再支持他们。他说："不要再嚷嚷'打死英国佬'或'该死的英国佬'了。让德兰士瓦和歌珊的公民管好自己的舌头，约束自己的行为，否则他们会为自己的话付出沉重的代价。"

英国政府最终安排好了贝专纳兰的未来，决定实行有限的兼并。作为对茨瓦纳酋长示好的一种姿态，整个南贝专纳兰直到莫洛波河的广大区域，在1885年成了王室殖民地，被称为"英属贝专纳兰"（British Bechuanaland），建立它的目的是希望它的所有权能尽快被转移到开普殖民地。而贝专纳兰的北半部,包括卡加马的恩格瓦托酋长领地,则被宣布为英国的"保护地"。德国人和布尔人被拒之门外,英国通往北方的道路终于得到了保障。

# 第十五章
# 世界上最强大的公司

1885年，钻石开采进入了新阶段，而这将改变该行业的前景。多年来，采矿一直是在露天矿坑进行的，矿业公司一直在与具有破坏性的岩层崩塌搏斗，现在他们开始试验地下作业，修建竖井和隧道，以便进行深层挖掘。到1885年底，金伯利矿的三大公司——中央公司、法国公司和标准公司——都开始系统性地进行地下开采，在戴比尔斯矿，最大的矿主——戴比尔斯公司也采取了相同的做法。虽然地下作业的建设成本很高，但是产量和利润却迅猛增加。1884年，金伯利中央公司的日产出下降到每天600吨，在1887年却达到每天6000吨以上。此外，随着钻探深井，人们又发现了更丰富的钻石矿床。欧洲市场的复苏提振了钻石价格，进一步增加了利润。1887年，金伯利中央公司宣布他们的年度股息为35％。1885年，通往开普敦的铁路线开通了，又提供了一个巨大的推动力。

然而，地下采矿的成功再次引来了自19世纪70年代起就使该行业蒙上阴影的幽灵：产量的增加最终会导致价格下跌，盈利下降。当公司竞相提高产量以获得更高的利润时，它们也不约而同地提高了失去利润的风险。现在的风险是相当大的，金伯利中央公司的实缴资本为75万英镑，戴比尔斯公司的实缴资本为100万英镑。

解决方案早已被预见：由一家垄断公司控制整个行业。1871年，弗雷德里克·博伊尔造访钻石矿，他观察到：

> 如果你只把价值高昂的奢侈品大量投放市场，必定会引起价格崩落，引来灭顶之灾……只有通过皇家垄断，或强大的公司垄断，宝石挖掘才可以成为一个蓬勃发展的行业。所有这些公共领域都必须落入一家公司的手中，通过这种方式，它们可以造福国家的世世代代。

在这之后，钻石领域曾有过几次合并的尝试。1882年，罗德斯和他在戴比尔斯的合伙人与巴黎的银行家埃兰格男爵（Baron Erlanger）及他的公司接洽，商讨了一项合并戴比尔斯矿井控股的计划，但因未能就他们持有资产的估值达成一致，该计划以失败告终。1883年，欧洲商业银行家罗斯柴尔德国际投资银行（N. M. Rothschild&Sons）表示有兴趣合并杜托伊茨潘矿的股份，但没有采取行动。1885年，罗德斯的朋友约翰·梅里曼代表标准银行提议将杜托伊茨潘矿合并，以促进那里的矿业公司发展，也没有成功。1886年，富有的巴黎钻石切割厂老板查尔斯·鲁林纳（Charles Roulina）和总部位于伦敦的投资者查尔斯·波斯诺（Charles Posno）成立了一个由银行与钻石商人组成的财团，以推动成立一家新的大型公司——联合钻石矿业公司（Unified Diamond Mines），目的是整合所有大公司的利益，这一举措也失败了。

在联合倡议失败后，唯一的选择是让大公司彼此争夺控制权。到1885年，公司的总数已减少到约100家：19家在金伯利矿，10家在戴比尔斯矿，37家在杜托伊茨潘，32家在布尔特方丹。到1885年，仅两家公司最有可能成为钻石开采垄断的核心：金伯利中央公司和戴比尔斯公司。两家公司都开始通过生产尽可能多的钻石来粉碎规模较小的竞争对手。用标准银行的一份报告中的话来说,就是"用产量来淹没它们"。1886年,仅金伯利中央公司就生产了比杜托伊茨潘和布尔特方丹更多的钻石,几乎相当于整个戴比尔斯矿的产量,这增加了中央公司的收入,但却使每克拉钻石的价格保持在较低的水平。戴比尔斯公司也以惊人的速度发展了自己的业务,他们把挖掘的面积翻了一番,且不计后果,根据标准银行的说法,"视人命如草芥"。随着事故的增加和疾病的蔓延,钻石矿的死亡率达到了150人/千人。

1886年罗德斯被任命为戴比尔斯公司的董事长后,更是无情地追逐矿上最后幸存下来的那些独立公司。到1887年初,戴比尔斯矿只剩下一家独立公司:以弗朗西斯·奥茨(Francis Oats)为首的维多利亚公司。在商业银行家施罗德(J. H. Schroder)的支持下,奥茨拒绝妥协。于是,罗德斯向阿尔弗雷德·拜特求助,利用他与欧洲最大钻石进口商朱尔斯·波吉斯的关系,开始了秘密行动。罗德斯没有试图在金伯利收购奥兹公司,而是要求波吉斯在伦敦谨慎地购买维多利亚公司的股票。"我们认为,如果它们是在伦敦市场购买的,"罗德斯随后解释说,"将不会引起任何非议。"戴比尔斯以5.7万英镑的价格收购了3000股股票,拜特和波吉斯又收购了3000股。罗德斯等待着一个适当的时机,最终在1887年4月,他宣布,作为维多利亚公司的最大股东,他已决定,是时候与戴比尔斯合并了。

于是戴比尔斯矿就成了西格里夸兰第一个由单一公司控制的矿场。罗德斯在1887年5月举行的戴比尔斯年会上宣称,合并将使钻石业获得应有的地位,"这意味着,不是全凭买主赏饭吃,而是由生产商控制买家"。

维多利亚公司的交易,也标志着罗德斯和拜特之间高效合作的开始。罗德斯越来越依赖拜特的财务建议。任何有关钻石的问题都交由拜特解决。"去问小阿尔弗雷德"成了罗德斯朋友圈子里的流行语。拜特本人靠投机维多利亚公司的股票赚了10万英镑，使自己的财富翻了一番，发了大财。

当这些公司的行动正在进行时，汉斯·索尔经常看到罗德斯坐在戴比尔斯矿井边缘，专心致志地注视着深渊，沉浸在冥想之中。后来，索尔问他在想什么。

"我正在计算眼前深色地层的面积，以及控制这片土地的人将被赋予的力量。"他回答道。

在合并产业的步伐稳步推进的同时，地下采矿生产方式的引入，以及蒸汽机和其他机械使用的增加，给劳动力的组织带来了重大的变化。矿场需要的不再是当地的白人监工，而是熟练的矿工。他们从坎伯兰（Cumberland）的煤矿和康沃尔（Cornwall）的锡矿被招募过来，竖井下降机来自兰开夏郡（Lancashire），工匠来自苏格兰和英格兰的工厂。在矿场工作的殖民地的白人只占白人劳动力的10%。现在，金伯利见证了一个贫穷的白人群体的出现。一位英国国教牧师报告说，他所知道的有色人种中，没有一个家庭"比最堕落的白人更低贱"。

新的法律出台了，它在白人和黑人雇员之间设立了一个依法规定的边界。虽然以前的英国行政官员反对法律上的歧视，但是1883年的《采矿法》还是规定，"任何土著都不得被允许操纵爆炸物或为爆破和其他目的准备炸药"。爆破必须在"一个欧洲人"的监督下进行。随后的法律规定："除非由某个白人做他的老板，为他负责，否则任何土著都不得在任何矿场工作或被允许工作，无论是露天还是地下工作。"

为了确保更加可靠的黑人劳动力供应，矿业公司建立了自己的招聘系统。新聘人员必须同意接受为期6—12个月的合同，而不是3—6个月。他们的生活条件也发生了变化。最初，挖掘者们把黑人工人安置在住宿或露营地的帐篷或棚子里。随后，他们被安置在营房内。从1885年开始，矿业公司要求黑人工人在整个合同期内都住在有栅栏和守卫的房子里。封闭场地可以有效地防止钻石盗窃。他们还加强了对劳动力的控制。

金伯利开发的封闭复合体系的典范，是戴比尔斯公司出资建造的一个监狱，该公司以此作为雇用廉价罪犯的基地。作为给几百名罪犯提供食宿的回报，戴比尔斯公司被赋予免费使用这些罪犯进行义务劳动的权利，而只需向开普政府支付少量费用。政府的矿务监督员认为，"这些囚犯营房……是一个完美的复合体系"。戴比尔斯公司发现，雇用罪犯是如此有利可图，以至于一直使用他们将近50年。

到1889年，金伯利的1万名黑人矿工全部住进了封闭的大院。随后，进行了有关将白人雇员纳入复合系统的一些讨论。在1884年的年度报告中，矿务监督员建议将该制度用于所有矿工，但这一想法并未得到落实。白人被允许住在城镇里，黑人则被限制在封闭的院子里。

与此同时，金伯利俱乐部的开业使金伯利巨头的生活方式变得愈发讲究。和镇上的许多其他企业一样，这是一家由74位知名公民组成的股份公司创办的合资企业，每个人都分得1股，每股价值100英镑。股东包括罗德斯、鲁德、罗宾逊、詹森和马修斯医生。1882年，当这座双层建筑竣工时，它给人留下了深刻的印象，年轻的内维尔·皮克林写道："它把我曾经待过的任何建筑都比了下去。我们吃晚餐、跳舞——每晚都穿着晚礼服。这对于健康和口袋来说简直是灾难。我们的俱乐部真是一个安乐窝。任何你够得到的地方都有电铃。我们坐在天鹅绒坐垫上，走在土耳其地毯上，迷失在豪华的休息室里。这让我想起了我在家里看到的一则广告：'直言不讳地说，我们的天鹅绒休息室是极致的奢华和舒适。'"

罗德斯和拜特经常一起出现在俱乐部里，在新的一天开始时，他们总是会在一起喝点东西——他们最喜欢的是黑丝绒鸡尾酒，一种香槟和烈性黑啤酒的混合物。

罗德斯说："啊，它使你成为一个男子汉！"

他们在那里打扑克，虽然打得不好。有时，他们会参加光棍舞会，罗德斯和房间里最普通的女孩起劲跳舞，卖力旋转，而拜特则对高个子女孩情有独钟。

在争夺钻石业控制权的最后角逐中，他们的联盟最终发挥了决定性作用。拜特与波吉斯公司的合作，为罗德斯的公司提供了与外国银行的关系，这些银行可以为任何收购提供资金。但是他们面对的对手也相当强大。

1886年初，四家大公司控制了金伯利矿：中央、法国、标准和巴纳托。巴纳托是四个公司中最小的。巴尼·巴纳托的矿区曾一度被崩塌的碎石掩埋，他曾想过要出售它，但还是在1885年恢复了采矿业务，并在金伯利发起了一场激进的兼并行动，与罗德斯在戴比尔斯矿的收购相抗衡。巴纳托的第一个猎物是罗宾逊的标准公司，随后他又获得了中央公司的控制权并保留这个名字作为进一步收购的工具。现在，只有法国公司和几个小玩家挡着他的路。巴纳托意图获得对法国公司的控制权，扩大产量，将每克拉钻石的价格压低至任何其他公司都无法盈利的水平，从而迫使戴比尔斯、杜托伊茨潘和布尔特方丹矿关闭。

因此，钻石业的未来取决于法国公司的命运。罗德斯先下手为强。利用拜特的关系，他以戴比尔斯的大量股份作为交换，从一个由法国和德国金融家组成的财团获得了 75 万英镑的贷款。但是，投机者持续推高法国公司股票的价格，导致罗德斯需要更多的资金。通过拜特的穿针引线，他认识了撒尼尔·德·罗斯柴尔德（Nathaniel de Rothschild），后者是欧洲资本最雄厚的金融机构的负责人，也是活跃的钻石股票投机者。在巴纳托将中央和标准公司一一吞并时，1887 年 7 月，在罗斯柴尔德家族的老相识，美国矿业工程师加德纳·威廉姆斯（Gardner Williams）的陪同下，罗德斯启航前往英格兰。1887 年 5 月，罗德斯就已经聘请加纳德担任德比尔斯公司的新经理。在罗德斯的授意下，威廉姆斯编写了一份完整的钻石行业报告，强调了罗德斯推行兼并政策的优势。

在伦敦，罗德斯与罗斯柴尔德的会谈进展顺利。罗德斯请求罗斯柴尔德提供 100 万英镑的贷款，帮助他收购法国公司，而罗斯柴尔德承诺，如果自己能得到公司董事和股东的同意，将会对他鼎力支持。罗斯柴尔德希望在这笔交易中至少获得 10 万英镑的利润。罗德斯前往巴黎，得到了法国公司董事们的友好接待。拜特又一次为罗德斯铺路搭桥，他事先说服了朱尔斯·波吉斯，让他相信将这些矿场合并，是一个合理的财务目标，而罗德斯正是完成这一目标的人。双方商定了 140 万英镑的收购价格，并待 10 月举行的股东大会的批准。

罗德斯在后来常喜欢夸耀自己在完成这笔交易方面的天才："众所周知，我在开普敦登上轮船，然后打道回府，并在 24 小时内买下了法国公司。"他当然会这样说。但这桩交易真正的幕后操手是"小阿尔弗雷德"。

然而，巴纳托不是那么容易被挫败的。此前，他曾收购了法国公司五分之一的股份。在听到罗德斯的出价后，他提出了170万英镑的出价，希望能从标准银行筹集到足够的资金。9月，在法国公司举行的金伯利全体股东会议上，巴纳托敦促他们提出比罗德斯的公司更高的出价。随着各方投机者的加入，钻石股票的价格继续飙升。

虽然从股票投机中获得了巨大收益，但罗德斯和巴纳托都面临着严重的困难。罗斯柴尔德公司警告罗德斯，法国公司的股票价格已经涨得太高，他们不能指望通过购买足够的股票来阻止中央公司的收购。罗德斯担心，罗斯柴尔德可能会完全抛弃他，将代表戴比尔斯购买的股票卖给中央公司，从而赚到过百万英镑的利润。罗德斯的同事敦促他通过谈判和解，而不是进入一场戴比尔斯公司需要付出极高的成本才可能会获胜的竞标大战。与此同时，当标准银行拒绝贷款时，巴纳托陷入了困境。

1887年10月，双方达成了妥协。罗德斯同意，如果他被允许不受阻碍地购买法国公司，他将同意将法国公司转售给中央公司，但要求保留五分之一的股份。该计划的好处是，它将允许金伯利矿的矿业公司进行合并，然后为中央公司和戴比尔斯公司的合并铺平道路。这一计划得到了巴纳托和拜特的支持，其目的是确保公司合并后的持股不会减少，从而满足实业家和投机者的需求。罗德斯在1887年10月22日给他最亲密的同事之一弗雷德里克·斯托的私人信件中写道："我现在最大的安慰是目标已经实现了，巴纳托有什么事都跟我一起办，他已经答应和我一起走到最后。"

从表面上看，罗德斯和巴纳托之间的斗争一如既往的激烈。后来，有许多关于他们斗争的传说流传了下来。罗德斯本人很喜欢听这样的故事。当然，在财产的估价问题上，也出现了旷日持久的争论。在争议进行得如火如荼的同时，投机者推高了中央公司和戴比尔斯公司的股价。罗德斯借入大量资金，将他在中央公司的持股从五分之一增加到五分之三。到1888年3月，这些矿业股票的市场价值已飙升至近2300万英镑。1885年1月，戴比尔斯公司原本每股价值3.1英镑的股票已经涨至47英镑。

但是，最初的协议基本保持不变。在一片喧闹声中，人们注意到罗德斯和拜特与巴纳托的关系越来越亲密了。他们经常一起喝酒，罗德斯把巴纳托介绍进金伯利俱乐部，尽管其他会员对他的浮华习气不屑一顾。从投机中获得巨额利润后，巴纳托于1888年3月同意放弃在中央公司的股份，以换取戴比尔斯公司尽可能多的股份。

在罗德斯的要求下，一家新公司成立了——戴比尔斯联合矿业有限公司，其野心远远超过了老戴比尔斯公司最初的目标。罗德斯并不局限于钻石开采，而是希望新公司能够从事任何商业计划，在非洲任何地方兼并土地、管理外国领土和维持常备军等。

巴纳托反对这种浮夸的想法，并主张将公司信托契约的条款限制为商业活动。在罗德斯的波纹铁皮小屋里，最后一次讨论信托契约的会议举行了。巴纳托带来了他的侄子，伍尔夫·乔尔，拜特则支持罗德斯。争论持续了一整夜。罗德斯用事实、数字和地图来说服巴纳托，让他相信开发非洲其他地区可以获得巨大的财富。

"那些不就是未来的梦想吗？"伍尔夫·乔尔问道，"梦想是不会有回报的。"

"不，我的朋友，"罗德斯回答说，"那不是梦，是计划。那是有区别的。"

就在黎明前，巴纳托让步了。他说："有些人喜欢这个，有些人喜欢那个。你有建立一个帝国的幻想。好吧，我想我必须把它给你。"

1888年3月31日，戴比尔斯联合矿业公司第一次年度股东大会召开。这家公司的资产相当可观。它拥有整个戴比尔斯矿场，金伯利矿场五分之三的股份，以及杜托伊茨潘和布尔特方丹的控股权。巴纳托在新公司有7000股，而罗德斯有4000股。罗德斯呼吁剩余的股东乖乖屈服，并骄傲地宣布，他决心使戴比尔斯成为"世界上最富有、最伟大、最强有力的公司"。

由于他们努力建立了新的戴比尔斯，罗德斯、拜特、巴纳托和弗雷德里克·斯托都获得了奖励，他们获得了"终身董事"的身份，并获得了丰厚的福利：在刨除36％的股息后，每个人都有权分得剩下净利润的四分之一。罗德斯解释说："我觉得，如果一家公司要富可敌国，可与非洲的普通国家相抗衡，主事的四五个人就得把大部分时间花在上面，他们理应得到丰厚的利润作为回报。"终身董事所拥有的权力是强大的。他们几乎能以各种方式运作公司，就像没有其他股东一样。

当中央公司的少数股东反对收购条款，并赢得了有利于他们的法院裁决时，罗德斯索性让中央公司直接清算，然后赢得了资产招标，用戴比尔斯开出的5338650英镑的支票进行支付。

合并的后果很快就在其他方面产生了影响。随着戴比尔斯削减产量，数百名黑人和白人矿工失去了工作。6月4日，白人示威者推着一辆载有罗德斯人像的手推车从杜托伊茨潘矿场游行到戴比尔斯总部。在焚烧罗德斯的人像之前，他们宣布：

> 我们现在将把攻城略地的将军、钻石王国的国王和戴比尔斯的君主——塞西尔·约翰·罗德斯，而不是杜托伊茨潘矿场

的"遗体",送进火焰,感谢上帝!在这样做的时候,让我们不要忘记为这样一个钻石王国的叛徒喝彩,为这样一个对少数贪得无厌的投机者阿谀逢迎的家伙喝彩,为这样一个引起公愤的祸害喝彩,欢呼三声。愿上帝使他灭亡。阿门!

罗德斯对这些抗议不屑一顾,他开始收购杜托伊茨潘和布尔特方丹仅存的独立矿场。到1889年9月,他已经完全垄断了金伯利的所有矿场——世界90%的产量。他与世界主要钻石商人一道着手实现钻石贸易的垄断,以确保最大程度地操纵市场,使供应保持在最高的价格水平上。到1891年,金伯利所有的产出几乎都流向了一个辛迪加垄断组织,这个组织在伦敦操纵着整个钻石产业系统。罗德斯对这个结果很满意。戴比尔斯现在是世界上最强大的公司之一,这为他提供了一个坚实的平台,让他可以追求其他目标。

"金钱就是力量,"罗德斯说,"没有力量又能做什么呢?所以我必须有钱。只有理想没有钱,这是不好的……为了实现理想,我不在乎钱。我从来都不是为了钱而努力,但它是一种力量,我喜欢力量。"

# 第四部分

# 第十六章
# 天命之人

克鲁格一家住在比勒陀利亚的教堂街（Church Street），他们热情好客，对所有来访的人都悉心接待，无论是朋友还是陌生人，甚至在1883年保罗·克鲁格成为德兰士瓦的总统之后也是如此。白天，前门敞开着，没有门卫。对于每一位来访者，克鲁格都伸出了他那巨大的手表示欢迎。他的妻子盖济娜则在厨房里忙活，源源不断地端出咖啡、饼干和其他好吃的东西。

这栋房子是由查尔斯·克拉克（Charles Clark）建造的，他是一个说英语的建筑商，在伯格斯总统任职期间定居在比勒陀利亚，克鲁格喜欢把他描述为对自己有求必应的英国人。这栋房子离街道不到6英尺，大部分被高大的行道树遮挡着。前面是一条宽阔的门廊，或称为游廊，很多事务是在这里谈成的。里面是一个大接待室，有长椅、扶手椅、两张圆桌和许多直背椅。人民议会有时会在那里举行会议。房子里还有一间餐厅、一间卧室和一间小小的私人书房。后门廊挂着许多肉干。在后花园里，克鲁格饲养了几头奶牛。

克鲁格习惯黎明时就起床，他会打开前门，然后回到自己的书房，在煤油灯或牛脂蜡烛的亮光下读一章《圣经》。喝过早晨的咖啡后，夏天时，他常坐在门廊上，抽着烟斗，准备迎接第一个来访者；

冬天，他待在接待室里，旁边放着一本巨大的《圣经》。到了饭点，他会用荷兰语完整地念两遍祈祷词。如果一位女士不戴帽子就来拜访，就会被要求把餐巾盖在头上。盖济娜永远都戴着帽子。克鲁格偏爱牛奶，总是在身边放一碗牛奶，再配上面包。1884年，在对德国进行国事访问时，他坚持要用牛奶来为德国皇帝的健康干杯。

他很少看晨报，而是依赖他的助手威廉·莱兹博士（Dr. William Leyds，1884年从荷兰招募的一名年轻律师）为他准备的摘要。会见了行政会议成员后，他主持召开人民议会。他穿着一件旧外衣，身上挎着一条宽宽的制服式的绿肩带。人民议会的辩论经常是十分激烈的。成员们总是习惯于以极大的热情表达自己的观点，他们狂乱地打手势，拍桌子。克鲁格也以类似的方式参与其中，他以"咆哮""水牛冲锋"而闻名。

《泰晤士报》特约记者弗朗西斯·荣赫鹏（Francis Younghusband）上尉写道："我第一次拜访人民议会时，我在会议上看到，原来的演讲者还没说完话，克鲁格先生就站了起来，用他那低沉的大嗓门咆哮着，猛烈地敲击桌子，发出阵阵'砰砰'声，差点要把它锤破了。我以为他们辩论的一定是很重要的事，但却被告知，他们只是在辩论一些小官的工资应减少还是增加的事！无论克鲁格先生表达什么观点，他总是着重强调。但是，当他希望真正把一个观点付诸实践时，他就会转而提出他的伟大论点，即如果不同意他的主张，国家的独立就会受到威胁。"

通过进行这样的表演，克鲁格通常能成功地实现自己的主张。在描述自己与克鲁格的正式会面时，马朱巴之战的英雄尼古拉斯·史密特（Nicolaas Smit）将军用深切的恼怒回忆道：

> 我勇敢地面对他，我知道他是错的，我也是这样对他说的；

但是他先和我争论起来,如果不顺着他的意思,他就会大发雷霆,在房间里跳来跳去,像野兽一样向我吼叫……如果我不让步,他就会拿出《圣经》……引用里面的一些格言来帮自己摆脱困境。如果失败了,他就会拉着我的手像个孩子一样哭着求我,让我屈服,谁能抗拒这样的人?

克鲁格对德兰士瓦的野心是有限的。政府的财政收入主要依靠牧业经济和德兰士瓦东部莱登堡区(Lydenburg)的小型采金业,其财政仍然岌岌可危。由于缺少资金,克鲁格被匈牙利冒险家雨果·内尔马修斯(Hugo Nellmapius)说服了,认为国家筹集资金的一个有效方法就是把垄断特许权卖给独立商人。内尔马修斯于1873年来到德兰士瓦东部尝试金矿勘探,当时他年仅26岁。作为一名土木工程师,他有使用炸药的工作知识,将大型采矿作业模式引入了东德兰士瓦,并且沿着他新修建的通往德拉戈亚湾入海口的道路开展了运输业务。1878年,他在比勒陀利亚定居,在首都以东10英里的皮纳尔河畔的哈瑟利购买了一个农场。他与克鲁格建立了深厚的友谊,还为克鲁格在教堂街又添置了一所新房子,并四处寻找商机。

1881年9月,内尔马修斯向克鲁格的行政会议提交了一份长达4页的文件,阐述了他的垄断特许权计划。他的提议只是一个小小的开始,但他提出的这个想法,一旦成功,就会产生重大的后果。

他说,德兰士瓦需要的是自己的工业,生产服装、毛毯、皮革、面粉和糖等基本产品,这些产业需要受到高关税壁垒的保护,以确保它们的生存。目前,德兰士瓦的公民们缺乏创业精神。任何新企业也都面临很高的风险。但政府可以通过提供"特权、专利、垄断、奖金等"来克服这一问题。

首先，内尔马修斯要求获得两个垄断行业的特许权，一个是用当地粮食和其他原料酿造蒸馏酒，另一个是从甜菜和玉米中提炼糖。他说，由于建造和运营一家工厂的成本至少为10万英镑，他要求特许权至少要持续15年。作为回报，他准备每年向财政部捐款1000英镑，并且提前支付。内尔马修斯的15年酿酒特许权计划得到了行政会议和人民议会的正式批准。1881年10月签订合同后，他与另外两位企业家，萨米·马克斯和马克斯的姐夫艾萨克·刘易斯合作，成立了一家资本为10万英镑的公司来管理这个项目，即"第一工厂"（The First Factory）。在他哈瑟利的农场里，这个工厂开始建造。

克鲁格厌恶酒，而德兰士瓦的第一个工厂却是为了生产它而建的，这真是一种讽刺。尽管如此，他还是同意主持1883年的酒厂开幕式。当其他客人沉浸在品尝香槟和酒厂的第一种产品时——粗粝、火热的杜松子酒——克鲁格啜饮着牛奶。他说，虽然他不喜欢酒，但他并不认为喝酒是一种罪过。他说："酒是神所赐予的礼物，是为让人适度饮酒而赐予的，这并没有罪。"他说，他完全可以理解，在辛苦工作一天后喝一杯可以让人提神醒脑。应当受到谴责的是酗酒。他把这个工厂称为"人民的希望"——为市民提供就业机会，鼓励农业生产者。在工厂的一面墙壁上贴着一幅大海报，上面写着："优惠政策是国家的创造。"

克鲁格更关心的是如何保护德兰士瓦布尔人的特性不受外来影响。他建议限制移民，"以防止布尔人的民族特质被扼杀"，但他也认识到，由于德兰士瓦训练有素的人力储备十分有限，从外国招募人才是不可避免的。他的解决办法是呼吁来自荷兰的移民。他说："我觉得从荷兰来的移民带来的危险最小。"

1884年，在欧洲巡游期间，他在阿姆斯特丹对一大群人发表讲话,宣称:"我们保留了我们自己的语言,为信仰和自由奋斗了80年的荷兰人的语言。在每一次风暴中,我们在旷野的子民中都保持了他们的语言和信心。我们的整个斗争都与此紧密相连。"在接下来的15年中,5000多名荷兰移民抵达德兰士瓦,充实了公务员和教师的队伍。

克鲁格还利用他的巨大权威来宣传加尔文主义的国家使命和命运观。

1881年,为了庆祝德兰士瓦重新独立,他在帕尔德克劳农场组织了为期四天的"感恩节",前一年,市民们曾聚集在此,誓要捍卫人民的团结,重建他们的共和国。12月13日,即庆祝的第一天,克鲁格在1.2万名布尔人面前发表讲话。他提醒他们,在"开拓者们"早年的每一次斗争中,上帝都在引导他们前进。他说,这一伟大的旅程,就像《旧约》中的以色列人为了摆脱法老的枷锁而离开埃及的旅程,他引用这一典故作为证据,证明上帝召集布尔人执行了类似的使命,即在南部非洲建立一片应许之地,而他们是天选之人。

节日的最后一天,12月16日,也被用来庆祝布尔人的胜利。这一天是布尔人血河战役(Blood River)胜利的43周年纪念日。当时,一支由468名迁徙者、3名英国人和60名黑人组成的突击队面对着大约1万名祖鲁战士。在一场持续了两个小时的战斗中,3名迁徙者受轻伤,无一人死亡,但有3000名祖鲁人死亡。对克鲁格来说,血河战役的胜利是一个奇迹,表明了上帝对布尔人以及他们在非洲肩负特殊使命的支持。克鲁格说,正如1838年12月16日曾是迁徙者生活中的转折点一样,1881年12月16日是"更伟大的救赎的开始"。

在帕尔德克劳农场庆祝的节日成了一个五年一次的活动,由克鲁格主持，且越来越强调血河之战胜利的意义，也就是所谓的丁冈节（Dingaan's Day）①。德兰士瓦政府委派了一名荷兰教师去找到那些幸存者并记录下他们的回忆。特别重要的是，据说在战斗开始前几天，突击队的成员曾发誓：如果上帝赐予他们胜利，他们将为他建造一座纪念教堂，并将这一天作为永远的感恩日来纪念。

在突击队队长安德列斯·比勒陀利乌斯的战报中，确实提到了这个誓言。三年后，他和当地人一起在纳塔尔彼得马里茨堡的布尔人营地建了一座教堂。然而从 1861 年起，这座建筑不再被用作礼拜场所，而是用于商业用途。它先后变成了马车匠的铺子、矿泉水厂、茶室、铁匠的作坊、学校，最后变成了一个羊毛厂。显然，大多数突击队员并没有认真对待这个契约。事实上，这个誓言很快就被遗忘了。

当 19 世纪 80 年代面对英国帝国主义的威胁时，克鲁格和德兰士瓦的其他阿非利卡人试图通过重新使公众重视这一契约来增强士气。克鲁格认为，布尔人所遭受的挫折——从 1843 年英国吞并纳塔尔到 1877 年英国吞并德兰士瓦——都是由于他们不遵守誓言，而被上帝施以惩罚。1881 年布尔人的胜利则是上帝信守契约的标志。

然而，在重新获得独立后，克鲁格仍然持续受到外国人的关注。1885 年，有消息称德兰士瓦河东部边界发现了一个大金矿。《比勒陀利亚新闻社》（*Pretoria Press*）的编辑利奥·温萨尔（Leo Weinthal）记录了克鲁格当时的反应。据他所说，克鲁格沉默了一会儿，陷入了沉思，然后怀着《旧约全书》式的狂热说道：

---

① 丁冈是祖鲁王国的第二任国王，曾设下圈套杀死了布尔人首领皮特·雷蒂夫并屠杀了 500 名布尔移民。随后，安德列斯·比勒陀利乌斯被布尔人推举为首领，在血河之战中打败了丁冈的祖鲁军队。丁冈逃往北方，后被斯威士人所杀。——译者注

> 不要跟我谈黄金,它带来的纠纷、不幸和意外的灾难比好处多得多。向上帝祷告吧,就像我现在所做的一样,这样当它来到我们和我们的孩子们身边之后,它所带来的诅咒才可能不会降临到我们热爱的土地。祷告并祈求上帝眷顾我们,祂会一如既往地支持我们。我今天告诉你们,从我们的土地深处所获得的每一盎司黄金,都将需要用流成江河的眼泪来衡量。

19世纪70年代早期,德兰士瓦河东部悬崖附近首次发现了"有利可图"的黄金,在那里,向着低地和海岸延伸的德兰士瓦大高原出现了断层。1872年,莱登堡地区发现了砂金,1873年,在布莱德河峡谷的赫拉斯科普①(Pilgrim's Rest)又发现了砂金。挖掘者从最近的港口德拉戈亚湾出发,穿过一片人迹罕至、险象环生的丛林涌向那里。

1882年,在靠近斯威士兰的德卡普(De Kaap)又有了新发现,"淘金热土"逐步逼近德兰士瓦。1883年,一位名叫奥古斯特·罗伯特的法国勘探者,也被称为"法国鲍勃",发现了先锋矿脉。1884年6月,来自纳塔尔的探矿者格雷厄姆·巴伯报告称德卡普山谷有一条巨大的含金矿脉,消息一传出去,附近立即就出现了一个叫作巴伯顿(Barberton)的小村庄。后来,几乎每天都有新的矿脉被发现,促使世界各地的寻宝者蜂拥而至。1885年,前约克郡煤矿工埃德温·布雷创立了"布雷黄金矿场"(Bray's Golden Quarry),那是富饶的示巴矿脉(Sheba Reef)的一部分。第一批的1.3万吨矿石里提炼出了5万盎司黄金。

巴伯顿迅速变成了一个繁荣的城镇,成了德兰士瓦最大的人口

---

① 意为朝圣者休息地。——译者注

中心。数以千计的采矿区出现；新公司纷纷成立，数百万股票销售一空。从黎明到深夜，巴伯顿证券交易所一直是疯狂活动的场所。英国投资者争先恐后地购买巴伯顿的黄金股票，它们被称为"卡菲尔（异教徒）"。示巴公司1英镑的股份涨到了105英镑。

金伯利的钻石特遣队很早就对德卡普的金矿产生了兴趣，他们派出了侦察兵，并且定期探访。在朱尔斯·波吉斯的陪同下，拜特于1884年去了那里。他的经纪人吉姆·泰勒（Jim Taylor）写道："拜特在四处奔波时表现出了令人惊异的活力。从清晨到天黑，他都会在崎岖不平的乡间骑马游走，丝毫没有疲倦的迹象。"拜特满怀热情地投入其中，购买了法国鲍勃公司（French Bob Company）和金伯利帝国公司（Kimberley Imperial Company）的股票，成了这两家公司的董事长。

年轻的医生汉斯·索尔在一次漫长的狩猎旅行中参观了金矿，并盘算着放弃医学而从事更有冒险性的职业。当他抵达巴伯顿时，正值人们对新发现的金伯利帝国公司的金矿的含金量感到兴奋之际。"矿场上的每个人都忙着拿许可权，我也是这样做的。"

然而，他与詹森医生在莱登堡的扑克游戏，很快让他的勘探者生活梦想破灭了：

> 他是庄家，给了我两张国王。我买了三张牌，其中又有两张王牌，现在我手里有四张一样的牌。他手里有两张，又买了三张。我手里拿着四张国王，索性押上了800英镑，这是我当时所有的现金。詹森一直在诱使我下注，直到我不得不把我的马车、牛、枪、衣服，最后是一双高筒靴都押上。然后，他"把我摸了个底儿清"，把我打得一败涂地。当我从桌子前站起来时，已经一贫如洗了。詹森亲切地把我的靴子和手术器械还给了我。

巴伯顿的繁荣很快就破灭了。大多数公司从来没有出产过一盎司黄金，许多都是直截了当的诈骗行为，目的是用虚假的招股说明书来吸引投资者。虽然在巴伯顿周围散布着大量的黄金，但最终只有五座矿被证明是可以挖掘的。

拜特的经纪人吉姆·泰勒进行了调查，他很快得出结论，除了布雷和示巴的黄金矿场之外，巴伯顿就是一个"彻头彻尾的失败"。拜特和朱尔斯·波吉斯赶回巴伯顿及时售罄资产，以避免最严重的崩溃，但他们也并非没有损失。

其他很多人都被毁了。数以百计的寻宝者带着希望和热情来到这里，又身无分文地回到比勒陀利亚和开普敦，有些人衣衫褴褛。伦敦的投资者损失惨重。在经历了全球市场的灾难性首秀后，公众对南非黄金股票产生了极大的不信任。

1886年，曾在澳大利亚金矿和东德兰士瓦地区工作过的英国流动探矿者乔治·哈里森，在朗格拉格特（Langlaagte）农场，意思是"长而浅的山谷"，偶然发现了一块露出地面的含金矿石。哈里森和他的同事乔治·沃克曾一起徒步前往巴伯顿，当时他受到委托，要在朗格拉格特农场为一位布尔人寡妇彼得罗内拉·奥斯特图伊森建造一座小屋。沃克曾是兰开夏郡的一名煤矿工人。4月，哈里森和沃克与奥斯特图伊森家族签订了一份合同，获得了勘探黄金的许可。5月，哈里森赶往比勒陀利亚，以取得勘探许可证。为了向克鲁格总统展示，他随身携带了一块含金岩石的样品。随后他被正式命名为"发现者"，并获得了一个免费的采矿许可证。但哈里森决定继续前进，以10英镑的价格出售了他的采矿许可证。然而，朗格拉格特农场下面蕴藏着有史以来最丰富的金矿，只是尚未被发现。

# 第十七章
# 约翰内斯堡

威特沃特斯兰德——白水岭（Witwatersrand）——因在雨后经常会出现闪闪发光的溪流而被布尔农民这样命名。那是一片荒芜的高地，海拔 6000 英尺，在干燥的冬季常常被野火燎原。在这里，从东到西蔓延着 60 英里长的黄金矿脉。与德兰士瓦以前的所有发现都不同，它的黄金矿床不是存在于石英砾石中，而是存在于沉积层的水磨砾岩中。在地表露头处，砾岩会碎裂成大量光滑的石英鹅卵石，形状各异，大小不一，呈白色和红色。布尔农民称这种混合物为点心或坚果酥，因为它类似于人们喜爱的甜坚果或裹着糖的杏仁。在地表之下，砾岩以一定的角度下沉，一直到未知的深度。矿脉中蕴藏的金子很少，但与众不同的是，它分布的范围非常之广。

第一批在威特沃特斯兰德发现黄金的勘探者是一对德国兄弟，弗雷德（Fred）和哈里·斯特鲁本（Harry Struben），他们在鲁德普特（Roodeport）地区拥有农场。两人都曾在 1871 年回国前短暂地参与过钻石热，弗雷德也曾在巴伯顿碰运气。1884 年，弗雷德打碎了一块石英表面的岩层，把它碾碎，淘了一遍，得到了一茶匙金子。更多的样品显示出这里的矿石有很高的含金量。但是，金矿石很快就找不到了。然而，斯特鲁本兄弟确信，在该地区发现的"有利可图"的黄金是包裹在坚硬的岩石里的,而不是在冲积矿床或石英里。1885年6月5日,当克鲁格的行政会议成员们和人民议会议员在比勒陀利亚联合俱乐部后院的网球场上集会时,哈里·斯特鲁本向他们披露了自己的发现。他说,威特沃特斯兰德的黄金储量可能比德兰士瓦以往的任何矿藏都要丰富。

然而,人们对此有相当大的怀疑。巴伯顿泡沫让许多矿工对这种说法持谨慎态度。纳塔尔一个未来的辛迪加派专家前去调查斯特鲁本家的矿区,三个月后得出的结论是,在比勒陀利亚街道上发现的黄金都比整个威特沃特斯兰德地区要多。

当发现新金矿的消息第一次传到金伯利时,人们的反应像往常一样,是怀疑的。只有金伯利的一位大亨罗宾逊决定亲自去看看。在合并钻石矿的过程中,罗宾逊被排挤出局,现在他看到了东山再起的机会。然而,他负债累累,所有的资产都在好望银行(Good Hope Bank),作为向他提供贷款的抵押品。由于需要资金,他决定向拜特寻求帮助。

记者弗兰克·哈里斯记录下了拜特与罗宾逊的会面:

> 有一天,他来到我的办公室,说他失去了所有的钱,罗德斯和我毁了他。他想知道我是否愿意帮助他去兰德①,让他重新开始。
> 
> 我不知道该说什么。最后我问他想要多少钱。他说让我自己决定。
> 
> "如果我给你2万英镑,"我说,"可以吗?"当然,我没有义务给他任何东西。
> 
> "哦,可以,"他说,"你真好,这些钱对我来说足够了。"

---

① 即威特沃特斯兰德。——译者注

于是拜特给了罗宾逊一张 2 万英镑的支票，以换取所谓的"罗宾逊辛迪加"三分之一的股份。罗宾逊自己拿了三分之一，把剩下三分之一给了他的搭档莫里斯·马库斯（Maurice Marcus）。

1886 年 7 月，罗宾逊和汉斯·索尔共乘一辆马车出发前往兰德。索尔也收到了波切夫斯特鲁姆的一位医生同行的来信，告诉他黄金的发现。两天后，他们到达了朗格拉格特农场，并在主人彼得罗内拉·奥斯特图伊森的家里过夜。第二天早上，一位四处流浪的法国寻宝者领着他们参观了含金礁石，他在那里挖了一个大约 30 英尺深的小斜井。然后，他们向东移动了一英里，来到了一个扎营的营地，该营地由来自开普殖民地的布尔冒险家伊格纳修斯·费雷拉（Ignatius Ferreira）上校建立。费雷拉在附近获得了十几个采矿许可证，并且确实发现了矿脉。这两个地点的矿石含金量都很高。

那天晚上，罗宾逊拿着拜特的钱，提出要租下寡妇的那部分农场，第二天他就开始寻找其他的房产，并直接买下了朗格拉格特的另一部分。索尔向西走了十英里，在寡妇儿子的陪同下，沿着矿脉露出地表的线，边走边取样，更加确信地下有一大片金矿。

经过两天的调查，索尔带着他的样品兴奋地回到了金伯利。他的姐夫哈里·卡德科特（Harry Caldecott）建议他接近罗德斯，他以前见过罗德斯几次。

> 第二天早饭后，我到罗德斯的小屋转了一圈，发现他还躺在床上。他请我进去，请我坐在他床边，说明我的事情。他听了我说的话……并没有太多兴趣。

罗德斯让索尔一点钟时带着他那袋样品回来。当他回来后，他发现罗德斯、鲁德和两名澳大利亚矿工在别墅后院等着他。

矿工们带来了杵臼，一个淘金盘和一小盆水。澳大利亚人毫不迟疑地从我的包里掏出大量的样品进行碾压和淘洗，每次都能在淘金盘里得到精彩的发现。

罗德斯仍然没有表现出任何兴奋的样子，但他邀请索尔四点钟到戴比尔斯的办公室去一趟。在那里，罗德斯要求索尔第二天再回到威特沃特斯兰德，代表他行事：

犹豫了一会儿，我同意第二天就去。他接着说："你想在这次冒险中获得什么利益？"我回答说："20%。"他说："15%。"我接受了。于是他拿起一张纸，写了一份关于这些条件的协议，签了字，递给我。然后他问我是否需要现金。我说："是的，先来 200 英镑，赊账。"他伸手去拿支票簿，给我写了张支票。然后他站起身来向我告别，同时告诉我，为了这次旅行，我想要多少钱都可以向他要。

让索尔吃惊的是，第二天早上，他发现罗德斯和鲁德决定一同乘马车前往威特沃特斯兰德。到达费雷拉的营地后，他们短暂地住在"徒步者酒店"（Walker's Hotel），那是自索尔离开后一个星期内建起来的一座粗糙的建筑。为了寻找一个更合适的露营地，他们先是买下了位于费雷拉的营地以西大约 6 英里的一个名叫克莱因·帕尔德克劳的布尔人农场的一部分，然后又将总部搬到了一个叫鲁德普特的农场，他们在矿脉线上来回奔走，试图决定该买哪块地产。

1886 年 7 月，在罗德斯抵达之后的两周内，费雷拉的营地里就挤满了帐篷和马车，每天都有新的人从非洲南部涌来。许多人来自德兰士瓦东部的砂矿场，他们带来了水闸箱、锅、镐和铲子。但是，威特沃特斯兰德四处遍布着坚硬的岩石，小型挖掘机很难在这里开展作业。他们需要用冲压机来粉碎矿石，而冲压机需要用蒸汽机来驱动。兰德矿上唯一可用的冲压机属于斯特鲁本兄弟，并且未来几个月的冲压任务已被预订出去了。新订的冲压机要花12个月才能送到。因此，在淘金热开始后的第一年，实际的开采量微不足道。1886年的黄金产量价值仅为34710英镑。

这场赌局的目的是获得矿脉沿线看起来最有前景的财富，并获得采矿许可证。采矿许可证持有者们组成辛迪加，然后让公司上市，希望以此吸引投资者，然而他们提供的金矿证据往往是站不住脚的，没人知道这些金矿矿脉有多深。一位澳大利亚采矿工程师宣称，从地质学上讲，砾岩矿脉的深度不可能超过200英尺。

令索尔极为沮丧的是，罗德斯和鲁德都采取了非常谨慎的态度。索尔说："罗德斯对金矿开采一无所知，对含金矿更是一无所知。在他内心深处，一直担心这整件事最终会变成一场失败。"有一次，他试图说服罗德斯买下一大块金矿主脉的所有权，但没有成功。他回忆罗德斯是如何对他说的："一切都很好，但我看不到也无法估算你所说的矿区的力量。"当索尔要他进一步解释时，罗德斯回答说：

> 当我在金伯利无事可做时，我经常坐在戴比尔斯矿场的边缘，看着深色的钻石地面，从露天矿场的表面延伸到一千英尺深的地方，我能计算出"深色"的钻石的价值和它们所具有的力量。事实上，每一片深色的土地都意味着巨大的力量。但我无法计算你的金矿的力量。

但是，即便是拥有金矿开采经验的采矿工程师也对兰德的前景表示怀疑。罗德斯请来一位专家进行调查,他就是美国工程师加德纳·威廉姆斯,后来在戴比尔斯公司担任总经理。威廉姆斯在威特沃特斯兰德待了 10 天,在索尔的带领下参观了主矿脉沿线现有的所有采矿活动。旅行结束时,索尔询问他的评估结果。威廉姆斯回答说:"索尔医生,如果我在美国骑马经过这些矿石,我根本不会下马去看它们。依我看,它们不值得人们为它下地狱。"

罗德斯和鲁德拒绝了索尔的一些建议,错过了不少的机会,而这些机会后来被证明具有巨大的价值。有一次,索尔获得了以 5 英镑购买 21 个采矿区所有权的机会,这些矿区是兰德矿产最丰富的矿区之一。在 10 天的时间里,当购买权仍然开放时,他努力说服罗德斯和鲁德采取行动,但没有成功。

> 矿脉如此丰富,鲁德却无法相信自己能在这里淘到金,他坚称这个矿脉的黄金是"少量散布"的。为了让他相信,我在费了一番周折之后,设法找到了两个白人矿工,他们在矿脉上钻了几个洞,并在我们面前用炸药炸开了大块的矿石。然后,我们淘洗了一些这样的矿石,并获得了同样丰富得惊人的结果。尽管有这些确凿的证据,鲁德还是坚持他的"少量散布"理论,拒绝购买那处地产。

鲁德还拒绝了费雷拉营地东侧每平方英里售价 40 英镑的土地收购机会,这里也被证明蕴含着极其丰富的黄金,支撑起了 6 家高利润的矿业公司。

罗宾逊则相反,他大量买进地产,有一些甚至是罗德斯不要的,比如兰德方丹(Randfontein)。他非常幸运,几周之内,罗宾逊的辛迪加就在兰德占据了领先地位。

在这个关键时刻，罗德斯进入金矿开采业的征程却戛然而止了。他突然收到一封电报，电报里说，他忠实的朋友内维尔·皮克林病得很厉害，于是他决定马上离开兰德，乘夜班马车回金伯利。皮克林在 1882 年的一次骑马事故后一直未能完全康复。他得了慢性肺部感染，只能偶尔拄着拐杖蹒跚而行。他最近刚去伊丽莎白港看望家人回来，回来后他的感染又复发了。

到金伯利的夜班马车上已经没有座位，罗德斯也无法说服其他旅客把座位让给他，这使他感到沮丧。他找到了一个地方，那就是车厢顶部，和邮包待在一起。在长达 300 英里的崎岖道路上，他艰难地坚持了 15 个小时。回想起自己坐在邮包上横穿德兰士瓦的经历，与他同行的索尔写道：

> 这种不适的感觉是如此的强烈，在邮包上必须时刻稳定位置，免得掉下来，这令人筋疲力尽。我看到，习惯于非洲草原艰难困苦的强壮男子汉们，因为极度疲惫而哭了起来……当马车以很快的速度前进，撞上一块大石头或轧过跑道边的一条深沟时，你要不断地面临着从车顶被甩到坚硬的地面上的危险……你的痛苦在夜里变得更加清晰，对睡眠的渴望，疲劳和不安全感变得几乎无法忍受。

在接下来的几个星期里，罗德斯都在照顾皮克林，除了皮克林的需求和舒适之外，他对其他任何事情都漠不关心。"每个人都知道皮克林是罗德斯最好的朋友，"索尔的姐夫珀西·菲茨帕特里克（Percy Fitzpatrick）写道，"但是直到此时，这种理想的友谊才体现出了它的深情厚谊和独一无二，没有人会对这产生任何怀疑。"即使是那些很了解罗德斯的人，也不会相信他会有如此痛彻心扉的深情当索尔在兰德看到有利可图的生意时，都会发电报催促罗德斯，并等待他的答复，特别是当他打算以 250 英镑购买道恩方丹（Doornfontein）农场的一部分时，但罗德斯仿佛置若罔闻。菲茨帕特里克回忆道："他没有生气，也没有不耐烦，但他完全漠不关心，他拒绝为了紧急和重要的商业事务去见任何可能需要关注的人。"

10 月 16 日凌晨，皮克林迎来了他生命的终点。当皮克林的病情骤然恶化时，罗德斯派皮克林的弟弟威廉去找詹森，但詹森无能为力。在生命的最后时刻，皮克林小声对罗德斯说："你是我的父亲、母亲、兄弟和姐妹。"然后死在了他的怀里。皮克林去世时只有 29 岁。

一大群矿工和钻石买家参加了皮克林的葬礼。根据詹森的传记作者，伊恩·科尔文的说法，罗德斯"歇斯底里，又哭又笑"，转身对巴尼·巴纳托说："啊，巴尼，他再也不会卖给你一包钻石了！"

几天后，戴比尔斯公司的董事大卫·哈里斯在戴比尔斯公司办公室的一间后屋看到罗德斯和威廉·皮克林（William Pickering）两人在哭泣。他们中间的桌子上放着一只内维尔的金表和一条金链，他们正来回地推让着。哈里斯说："我听到的对话是：'不，你是他的兄弟。'另一个说：'不，你是他最好的朋友。'"

罗德斯再也没有回到他和皮克林共用的小屋，也再没有人在他面前提起皮克林的名字。葬礼当晚，他搬进詹森简装的小屋，这成了他在金伯利的永久住所。他很快抑制了悲伤。那天晚上他告诉詹森："好吧，我必须继续工作，毕竟这样的事只是个比较大的枝节……只是个比较大的枝节。"

对德兰士瓦当局来说，鉴于比勒陀利亚以南 30 英里处突然涌入一群不守规矩的探矿者和矿工，他们需要采取一些紧急的临时行动。一开始，当地官员约翰内斯·迈耶（Johannes Meyer）试图发布命令，引入探矿者圈定矿权的制度。1886年8月，在图尔方丹农场举行的集会上，矿业部长克里斯蒂安·约翰内斯·朱伯特和测量总长约翰·里西克对大约200名挖掘者发表了讲话，概述政府的采矿计划。9月，德兰士瓦政府的黄金专员、前普鲁士骑兵军官卡尔·冯·布兰迪斯上尉站在自己的马车旁，用荷兰语宣读了克鲁格签署的公告，宣布威特沃特斯兰德为"公共挖掘场"。10月，冯·布兰迪斯又来到这里，宣布政府拥有的一片三角形的土地为新市镇所在地，这块地叫作兰德耶拉赫特，就坐落在矿脉的北面，离费雷拉的营地不远，它被另外三个农场——布兰姆方登、道恩方丹和图尔方丹——所包围。

新市镇的名字叫作约翰内斯堡。但这个名字的起源——尽管有几个明显的可能——很快就无从可考了。就在冯·布兰迪斯到达后不久，一阵狂风吹走了他的帐篷，当晚消失的记录中包括了测量总长的计划和指示，据说这份文件里包含着对这一地名的解释。

从平面图上看，约翰内斯堡的布局是一个矩形，宽阔的街道以直角相交。在它的中心是集市广场，这是一个巨大的开放空间，停着许多马车。主街道是专员街，与集市广场平行，标志着政府镇与南部另一个区之间的边界，后者被称为马歇尔镇，由成片的已转化为永久建筑用地的矿业地产组成。自从政府开始出售土地，大量的临时建筑如泥屋、铁皮棚屋、棚屋和寄宿公寓就如雨后春笋般涌现。专员街是最受欢迎的地方，它的一边属于政府镇，另一边属于马歇尔镇。那里的海特酒店（Height's Hotel）生意异常火爆。在政府镇这一边，政府匆忙建造了一座监狱和一所医院，全部建筑由泥砖和木杆组成。

12月从金伯利回来后，罗德斯很快就参与了俱乐部的选址，他认为这是一个采矿营地的重要组成部分。在与索尔一道考察了地皮后，他选择了马歇尔镇的专员街和拉夫得街交界处的四个铺面。一座茅草屋顶的单层楼房被按时建成了。

随着新城的形成，1887年2月，也就是约翰内斯堡宣布成立四个月后，克鲁格总统决定访问这里，他受到了热情的接待。黄金专员在集市广场的政府办公室前宣读了欢迎词。即使是第一次到访，双方还是出现了摩擦的迹象，而这种摩擦最终被证明是致命的。令克鲁格感到恼火的是，他收到了许多向他申诉的请愿书。挖掘者们要求提供每日邮政服务，他们希望有自己的镇议会，特许他们建立法院，还要求减少关税和采矿税。他们指出，他们在德兰士瓦的人民议会中没有代表，因此无处请愿。

克鲁格回应说，他想让所有人都接受法律，但他又补充说，德兰士瓦的法律必须得到遵守。他说："在约翰内斯堡，我有许多秘密情报人员，在这里，就像在其他地方一样，羊群里总有一群顽固的羊，想要触犯法律。我希望来自任何国家的每一个人都知道，如果有任何骚乱，我会让你们这些挖掘者自己先摆平，把犯事的人抓起来，但如果没抓到，我将召集我的人，把你们当作反贼来对待。"

第二天早上，总统的心情缓和了一些，他说他将会进行研究，改进有关黄金的法律。晚上，他出席了为他举行的宴会，在宴会上，罗德斯提出了主要的祝酒词：为总统的健康干杯。罗德斯敦促克鲁格把新来的人当作朋友，并向他们伸出援手——"像我一样的年轻公民"——给予他们与德兰士瓦人一样的特权。克鲁格简短地道了谢。在这之后，罗宾逊又提议为总统的健康干杯，但是克鲁格突然站起来说："我的时间到了。我得走了。"

# 第十八章
# 街角之屋

在约翰内斯堡的早年岁月，最引人瞩目的是两座建筑。在专员街和西蒙兹（Simmonds）街的拐角处，这两座建筑相对而立，距离罗德斯的俱乐部很近。其中之一是证券交易所，这是一座砖铁单栋建筑，营业的时候吸引了大量的人群。当交易所每日关门歇业的时候，外面街道上的交易却仍在继续。街头市场成了股票交易中不可或缺的一部分，矿业专员最终允许把西蒙兹街的一小段路用铁链围起来，以方便人们在交易所关门后继续进行交易。

来自英国的游客，都被这个地方的不拘礼节震惊了。一位伦敦的股票经纪人肯尼迪（E. E. Kennedy），深感不安地写道：

> 对一个刚从伦敦证券交易所出来的人来说，如果他系着大领带，穿着一条花哨的裤子，或者一件特殊的马甲，那他会被开一整天的玩笑。在伦敦交易所，你只能戴那种历史悠久的烟囱筒①，如果你戴着一顶其他的帽子走进去，那简直就是在故意搞破坏。然而，约翰内斯堡证券交易所的着装风格简直就是对此的一次粗鲁的打击。这里的人戴着各式各样的帽子，除了烟

---

① 指男式高筒礼帽。——译者注

卤筒之外什么都有——头盔、猎鹿帽、板球帽，甚至还有苏格兰圆扁帽。清晨的天气很冷，所以他们都穿着长裤，有一些裤子上有引人注目的图案和颜色；有些人穿着马裤和高筒靴，他们赚得盆满钵满，你可以把他们想象成任何人，但他们唯独不像股票经纪人。我们发现，在这些人里面，有店主、食堂老板、律师、警察、农民、鸵鸟羽毛经销商、办事员、赌博庄家、一两个从伦敦来的违约经纪人，甚至还有穿着旧衣服的经销商——看起来形势一片大好，因为如此多的人不约而同地到这里来了。

在西蒙兹街的另一边，有一间不起眼的用木头和铁皮搭建的办公室，办公室有六扇窗户和两扇门。窗户上刻着埃克施泰因（H. Eckstein）的字样，但没有说明那里做的是什么生意。这座建筑与众不同的地方在于，它的窗户每天都擦得十分干净，一尘不染。

赫尔曼·埃克施泰因（Hermann Eckstein）是基督教路德派牧师的儿子，1847年出生在德国斯图加特附近，1882年他前往金伯利，成为一名矿场经理，在杜托伊茨潘经营着凤凰钻石矿业公司（Phoenix Diamond Mining Company）。作为"德国帮"的一员，他与阿尔弗雷德·拜特结下了深厚的友谊。当拜特想找一名代表来管理他在威特沃特斯兰德的生意时——他在罗宾逊的辛迪加中的份额——他选择了埃克施泰因。因此，埃克施泰因的身后是拜特，而拜特后面是钻石大王朱尔斯·波吉斯和他的搭档朱利叶斯·沃尔德赫。一开始，埃克施泰因在约翰内斯堡的办公室被称为"拜特之屋"，后来又被称为"埃克施泰因之角"，然后再是被称为"街角之屋"，它代表了南部非洲最强大的金融家集团。

为了帮助埃克施泰因，拜特招募了吉姆·泰勒，泰勒在巴伯顿经济繁荣时期曾担任过他的经纪人,在经济崩溃前给了他宝贵的建议。泰勒于1860年出生于开普敦,1871年与家人移居金伯利,曾受雇于拜特的办公室,负责分类整理钻石,之后他又来到德兰士瓦东部的金矿区碰运气。拜特相信埃克施泰因和泰勒的判断,给了他们自由的空间来购买有前途的地产。他们的大部分投资最终被证明具有很高的回报。借助美国采矿工程师的专业知识,他们能够做出精明的收购举措。两年内,拜特、波吉斯和沃尔德赫获得了数百块有价值的矿区。1888年,他们花了25万英镑买下了罗宾逊的辛迪加股份。当需要更多的资金时,他们得到了欧洲主要金融家的支持——德国、奥地利和法国的罗斯柴尔德家族,以及巴黎的鲁道夫·卡恩(Rodolphe Kann)。

罗德斯则采取了不同的方法。同样需要资金的他决定在伦敦成立一家新公司,利用他在钻石行业的声誉,从英国投资者那里筹集资本。1886年11月,查尔斯·鲁德被派往伦敦,组织创办这家公司。公司名为——南非黄金之地公司(The Gold Fields of South Africa),这听起来令人印象深刻。公司的招股说明书说,罗德斯和鲁德花了2.5万英镑购买"含金矿产"。他们拒绝了许多报价,说:"但是,这一有利可图的资本投资机会大大超出了个人力所能及的范围,现在,我们邀请公众投资参与这一事业。"

尽管英国投资者们在巴伯顿的经济崩盘中遭受重创,但在伦敦仍有人对黄金股有相当大的兴趣。罗德斯给出的条件似乎是十分优惠的。其他德兰士瓦矿业公司的发起人通常要求获得高达75%的现金和股份作为"供应商"的报酬,而罗德斯和鲁德作为执行总经理,分给自己的报酬只有200股创始股(不到10%),每股价值100英镑,作为交换,他们将自己购买的地产转让给该公司。这意味着,除非公司繁荣起来,否则他们不会盈利。然而,一开始并没有明确的是,根据股份比例,罗德斯和鲁德有权从公司获得的利润中提取十五分之三,并用另外十五分之二代替报酬,加起来相当于利润的三分之一。

黄金之地公司一创办就取得了巨大的成功。1887年2月,该公司在注册后的第一周内就卖出了7万股股份,每股价值1英镑。到10月底,全部25万股都被售出。但是,他们向股东提供的信息是少之又少的。股东们没有得到公司的财政清单,也不知道它打算收购什么。1887年3月,在伦敦,鲁德在公司的第一次会议上解释说,公布这样的细节是不明智的,这样做将使德兰士瓦的竞争对手获得优势。他将黄金之地公司描述为一家"私人"公司,依赖于联合董事总经理的经验和地位。

但是,他们实际上的所作所为,只不过是一种基于猜测的投机行为。由于运气不佳和判断力差,罗德斯和鲁德收购的大部分地产所含的矿石品质都是相对较低的。无论是他们的运气还是判断力都没有提高。由于股东们提供了充裕的资金,罗德斯以6万英镑的价格收购了一个名为卢帕德斯雷(Luipaardsvlei)的农场,其中包含了博塔(Botha)矿脉。一位独立观察家在1887年评论道:"这笔巨额交易是在非常浅薄的考察基础上进行的,至于这位聪明的投机者是否根据表象而进行了太多的冒险,还有待观察。"

事实证明,卢帕德斯雷又是另一个低品质的矿产。在决定黄金之地矿业公司总部的选址时,鲁德没有选择专员街和西蒙兹街附近的矿业中心区,而是选择了位于兰德耶拉赫特东北方向道恩方丹的一个新镇,从证券交易所出发到这里坐马车只需要15分钟。鲁德和他的手下从而远离了闹市,远离了那里的一切喧闹、谣言和刺探。

的确，罗德斯和鲁德在金矿开采方面的才能如此不足，以至于他们开始将黄金之地公司的资金转向钻石领域。到 1887 年 12 月，罗德斯公司已经将 5.7 万英镑的未使用资本和黄金股票交易的利润转换成了戴比尔斯公司与金伯利中央公司的股票。1888 年 6 月 30 日，在年度账目提交后，黄金之地矿业公司的股东们惊讶地发现，该公司持有 14.2 万英镑钻石股票，比黄金股票还要多。

街角之屋的时运，相比之下，却欣欣向荣。1887 年，随着许多冲压机运到，黄金开采开始踏上正轨。到 1888 年，繁荣已经开始。街角之屋的一些矿山开始以每吨 10 盎司的出产率产出黄金，1888 年 11 月，有一个矿场从 700 吨的矿石中炼出了 4000 盎司的黄金。1889 年初，埃克施泰因在给朱尔斯·波吉斯的急件中报告说，从 1888 年 8 月到 12 月的 5 个月里，他获得的利润为 86 万英镑。"很容易就能挣到 100 万英镑以上。但我更喜欢遵循我通常的原则，即按照我所谓的安全价值来评估一切。"

就像是要将这种繁荣推向顶峰，巴尼·巴纳托从金伯利姗姗来迟，宣布兰德将成为未来"南非的金融直布罗陀"，并进行了大规模的支出，投资了近 200 万英镑的房地产和矿业股票。在 3 个月的时间里，他建立了一系列的公司——巴纳托综合矿业公司（Barnato Consolidated Mines）、巴纳托银行（Barnato Bank）、采矿与投资公司（Mining and Investment Corporation）、约翰内斯堡综合投资公司（Johannesburg Consolidated Investment Company）——并开始在专员街建造巴纳托大楼。

据估计，在 1888 年，约有 450 家金矿公司成立。"你能在埃克施泰因办公室外的铁链之间看到约翰内斯堡一半的男性聊得热火朝天。"当时的一位记录者写道，"在约翰内斯堡，如果有人不在金矿里进行某种投资,人们会认为他的头脑不太正常。金伯利一半的人口都跑到了这里。巴伯顿似乎搬到了西蒙兹街,开普敦的一些大人物也来凑热闹了。"

1889年4月,在繁荣的鼎盛时期,罗宾逊趁机创办了兰德方丹地产黄金矿业公司(Randfontein Estates Gold Mining Company)。该项目名义上的资本为200万英镑(每股1英镑),是约翰内斯堡迄今为止最雄心勃勃的项目。以向公司移交总面积约2.9万英亩的7个农场作为交换,罗宾逊获得了180.9万股"卖方"权益。剩余股份的价格很快就涨到了每股4英镑。罗德斯和鲁德也赶上了繁荣的高潮,他们出售了在卢帕德斯雷的部分低档股份,获得了可观的利润。

就连银行也加入了这场狂欢。1889年1—4月,银行贷款从30万英镑增加到超过100万英镑。标准银行在一项调查中发现,1889年第一季度,约翰内斯堡约400家公司的股票市值约为1亿英镑。

然后,灾难突然袭来。麻烦来临的表现首先发生在街角之屋。在主矿脉上的一个竖井里工作的矿工们发现了黄铁矿。这年3月,吉姆·泰勒给朱尔斯·波吉斯和他的公司发电报称:

> 以下是严格保密的消息。珀西公司,主矿脉。120英尺以下矿脉由金矿变为石英,深色,坚硬,无游离金,且10个坑均为黄铁矿。下凿50英尺,无变化。

三天后,泰勒在一封信中进行了详细说明:

> 在100英尺深处,矿石颜色变浅,在115英尺处逐渐变成深色砾岩;从115英尺到165英尺,矿脉继续变得越来越硬,细小的脉络中显示出腐蚀现象,因为水通过矿井的裂缝和岩壁渗入。

> 矿脉仍然在那儿，大小和外观都一样，只不过它并不是硫化物分解后呈现的红色，而是深色的，到处都是黄铁矿，往哪里凿都一样……
> 
> 我认为这种变故是非常不幸的，因为它来得比我们预期的要快得多。

有美国金矿开采经验的工程师们对黄铁矿的问题非常熟悉。加德纳·威廉姆斯就曾警告拜特和罗德斯，威特沃特斯兰德矿脉可能会在100英尺深处变成黄铁矿，并准确地预测到接下来会发生什么。这意味着黄金不再能仅通过在镀有汞的铜板上流转磨碎矿石来提取，而必须从硫化物中提取，也就是说，矿石必须在氯化厂中进行处理。而建立氯化厂和粉碎坚硬的岩石所需要投入的成本，将影响到所有采矿活动，使高品质矿场的利润大大降低，低品质的矿场无法生存。言下之意，所有兰德的股票都被高估了，很多股票其实一文不值。

在消息被泄露给公众之前，街角之屋就已经采取措施准备应对这一风暴，并且订购了氯化设备。当时，罗德斯正在伦敦与罗斯柴尔德勋爵一起商谈合并钻石矿的问题，此时这一合并已经进入了最后阶段。一天晚上，在罗斯柴尔德的家里吃晚饭时，罗德斯被安排坐在一位著名的美国采矿工程师旁边，于是，他把话题转向硫化物问题。

"当你们在美国开矿时，遇到硫化物矿石时会怎么做？"他问道。

"罗德斯先生，"美国人回答，"那时我们就说，'哦，上帝！'"

罗德斯没有试图经受风暴的考验，而是决定出售黄金之地矿业公司几乎所有的财产。实际上，它已完全不再是一家黄金开采公司。

威特沃特斯兰德矿一个接一个地遭遇到了黄铁矿，恐慌一发不可收拾。投资者们争先恐后地出售他们的股票和地产，股票市场崩溃，数十家公司倒闭，数千人破产。在2.5万名白人中，约有8000

人打包离开这里。到1890年3月，黄金股票的总市值下降了60%以上。灾难的涟漪蔓延到了整个南部非洲。开普殖民地有三家银行倒闭，开普敦一些有头有脸的居民也破了产。

一些观察家自然而然地预测到了威特沃特斯兰德金矿开采的终结，但街角之屋的内部人士却有不同的想法。当拜特待在伦敦时，赫尔曼·埃克施泰因给他发电报，询问是否应该着手在街角的建筑工地上建造一座宏伟的两层新总部时，拜特回答说："是的，无论如何都要这样做。"

在一片混乱中，埃克施泰因的公司悄悄地进行了重组。1889年底，朱尔斯·波吉斯退休，两个新的公司成立：伦敦的沃尔德赫拜特公司以及该公司在约翰内斯堡的合作伙伴埃克施泰因公司。根据新规定，约翰内斯堡公司五分之四的利润归拜特、沃尔德赫和另外两个伦敦合伙人所有。

即使在衰退期间，沃尔德赫拜特公司也在威特沃特斯兰德有所收获，他们以低廉的价格收购了主矿脉附近的许多地产。它也是第一家引进新的氰化工艺处理金矿石的公司，这种工艺是在格拉斯哥研发的。1890年6—8月，他们在矿上进行了初步测试，大获成功。索尔兹伯里矿的一个小工厂处理了约7万吨矿石，令采矿专家惊讶的是，这种方法的提取率高达90%，比以前用汞的提取率还要高。沃尔德赫拜特公司用同样的方法处理了另一个矿的1万吨尾矿，得到了6000盎司的黄金。这些结果促使氰化工厂迅速建立起来，刺激了兰德的复苏。黄金生产总值从1890年的170万英镑飙升至1892年的420万英镑。

沃尔德赫拜特公司把深度采矿也引领到了一个新阶段，彻底改变了威特沃特斯兰德未来很长一段时间的发展。原先，许多矿业公司认为主矿脉以南的土地一文不值，他们认为主要的矿脉是以一定的角度下沉，然后沿着矿脉的方向向下延伸的。但是一位为沃尔德赫拜特公司工作的美国工程师约瑟夫·柯蒂斯（Joseph Curtis）提出了这样一种理论，即主矿脉发生倾斜，超出了现有矿区的垂直范围并向南延伸，因此可以通过深层竖井钻探测到。

另一位来自沃尔德赫拜特公司的员工，前金伯利矿山经理莱昂内尔·菲利普斯，也是深层理论的积极倡导者。1889年12月，柯蒂斯在原先的矿脉露头处以南1000英尺的地方钻了一个钻孔，在571英尺的地方发现了丰富的矿藏，还在635英尺的地方发现了主矿脉。菲利普斯和柯蒂斯开始秘密地收购主矿脉以南的农场，并说服拜特和沃尔德赫支持他们。

在之后的几年，他们的成就才变得清晰起来。约翰内斯堡历史上一些最著名的矿场——跳跃者深井、诺斯深井、格伦深井、玫瑰深井、乡村深井、王冠深井、费雷拉深井、格尔登胡斯深井——都是在衰退时期购买的地产上开发的。

# 第十九章
## 逢场作戏的联姻

与此同时，在开普殖民地，罗德斯一边追求商业利益，一边寻求获得政治权力。作为开普殖民地议会的成员，他与阿非利卡人政客建立了联系，后者很早就发展了自己的政治组织，甚至远远早于那些讲英语的政客。罗德斯与他们交往不过是投机，因为阿非利卡人占开普殖民地总人口的四分之三。

罗德斯对詹森说："他们是'蒸蒸日上的种族'。"

相反，他对讲英语的政客的能力嗤之以鼻，这些政客不仅缺乏一个属于他们自己的政治组织，而且大搞山头主义，内斗不止。罗德斯回忆说："开普议会中的'英国人'团体分裂得无可救药，而且人人都很无能。除了敷衍塞责之外，什么也没有。"

通过与阿非利卡人政客合作，罗德斯旨在为自己打造一个权力基础。从此出发，他可以推进开普殖民地向北方扩张的计划，从而使他的商业利益也能随之扩张。此外，阿非利卡人的领导者扬·亨德里克·霍夫迈耶——"我们的扬"（Onze Jan），他的非凡才干也给罗德斯留下了深刻的印象，他把扬描述为"毫无疑问是南非最有能力的政治家"。

霍夫迈耶是一位才华横溢的记者，他于1845年出生于开普敦，父亲是一位生产葡萄酒的农场主。26 岁时，他成为荷兰语报纸《南部非洲报》(De Zuid-Afrikaan) 的编辑，该报纸创建于 1830 年，读者是阿非利卡商人和职业精英。作为一个有着广泛兴趣的知识分子，他在英语圈子和阿非利卡人圈子里都游刃有余，他拥有一个有 250 本藏书的图书馆，这些书从宗教到数学无所不包。

1878 年，开普政府决定向当地的白兰地生产商征税，以筹集铁路建设所需的额外资金以及科萨战争的费用。霍夫迈耶在《南部非洲报》上大肆抨击这一政策，并在西开普省成立了一个农民保护协会——南非布尔人保护协会（Zuid-Afrikaansche Boeren Beschermings Vereeniging，简称 BBV）——以促进和捍卫占人口绝大多数的布尔农民的利益。霍夫迈耶希望建立的是一个团结阿非利卡人和英国农民的组织。他认为在种族基础上组建一个阿非利卡人政党没有任何好处。他关心对阿非利卡人文化的保护，但并不希望将其激化成一个分裂问题。出于同样的目的，他为在更大范围内使用荷兰语的权利进行了奋斗。虽然他反对英国吞并德兰士瓦，但他劝说开普殖民地的阿非利卡人继续忠于帝国和殖民地。他说，阿非利卡人"像其他民族一样忠于英国"，但他们并不准备成为英国人。在 1879 年的议会选举中，南非布尔人保护协会的候选人赢得了近一半的上院席位和三分之一的下院席位。霍夫迈耶赢得了斯泰伦博施议员席位。

这些人刚进入议会，激进好斗的帕尔镇牧师斯蒂芬努斯·杜·托伊特就发起了一个更为雄心勃勃的计划。1879 年 6 月，杜·托伊特在《爱国者》(Patriot) 上发表了一篇社论，呼吁以"非洲是阿非利卡人的非洲"为口号，组建一个阿非利卡人帮 (Afrikaner Bond)，并在南部非洲各地组建分支机构：

*在一个阿非利卡人帮中，国籍不能将我们彼此隔开，但每*

一个将非洲视为祖国的人，都可以亲如兄弟地在一起工作和生活，无论他们是英国人、荷兰人、法国人还是德国人，这当然不包括那些以英国为"家"或以荷兰和德国为"祖国"的人，因为他们只想用非洲的财富充实自己的口袋，以便去欧洲消费。

他表示，这个组织的任务将是防止"为英国牺牲非洲的利益，或者为商人牺牲农民的利益"；为这片土地谋福祉，发展贸易和工业，"不让投机者填满腰包"；阻止货币市场"被英国银行主宰"。他还抗议把"数百万英镑"花在说英语的人的教育上，而占多数的阿非利卡人则"完全被忽视"。他建议消费者抵制英国货，称之为义务，"每一个真正的阿非利卡人都有义务避免在英国人的店里花出一个铜板"。

杜·托伊特的阿非利卡人帮在一开始发展缓慢，但是，德兰士瓦民兵在马朱巴击败英军的事实，激起了日益高涨的民族主义情绪，使得这一组织也从中获益。杜·托伊特变得更加激进，他试图推动阿非利卡人帮成为一个反自由主义的新加尔文主义平台，但却只是徒劳地激怒了更温和的荷兰改革教会的加尔文主义者们。1882年2月，他决定赌一把，他前往克鲁格执政的德兰士瓦，接受教育部部长的职位，并出于爱国热情而在歌珊地区升起了四色旗，这一事件最终激起了英国对贝专纳兰的干预。

霍夫迈耶不喜欢杜·托伊特的政治风格，也不喜欢他建立独立共和国的目标，但他认为阿非利卡人帮是动员阿非利卡人群体的一个潜在的有用工具。1881年，英国与德兰士瓦达成协议，民族主义情绪也随之消退，而霍夫迈耶加入了阿非利卡人帮，试图把它的目标变得更缓和。1881年10月，他在议会发表讲话，感谢英国政府与德兰士瓦达成的慷慨的和平协议，并明确阐述了自己的立场：

不可否认，自从德兰士瓦被吞并以来，荷兰人对女王的感情在某种程度上变得冷淡了。现在英国对德兰士瓦所做的让步将消除所有的这种不快之感。这不仅将消除荷兰人对英国机构和英国政府的任何短暂的反对情绪，更会在荷兰人心中建立一种前所未有的新情感。他们现在对英国统治所带来的物质利益不再单纯地抱着一种冷静的、算计的态度，而是对女王抱有一种热忱的感情，就像一个最忠诚、最爱国的英国人那样。如果这是德兰士瓦战争的结果，那么这场战争就没有白打。

1883年5月，南非布尔人保护协会和阿非利卡人帮合并，借此彰显对英国王室的忠诚。根据里士满议会的正式会议记录，人们以极大的热情向"尊敬的女王"欢呼三声。

虽然霍夫迈耶是阿非利卡人帮公认的领袖，但他更喜欢在幕后运筹帷幄。他拒绝了1884年成为开普殖民地总理的机会，而是支持英国人继续担任总理，以避免加剧阿非利卡人和少数派英国人之间的紧张关系。议员约翰·梅里曼称他为"鼹鼠"。"你永远见不到他在工作，但不时有一小片土堆，堆在这里或那里，证明他在这儿干过点什么。"霍夫迈耶的家位于开普敦的野营街（Camp Street）——被称为白色别墅——这里常被用作党团会议的常规集会场所，被认为是阿非利卡人帮的总部。梅里曼在1884年抱怨道："白色别墅，是我们命运的仲裁者。"

一开始，当罗德斯考虑如何能最好地推进自己的政治事业时，他对阿非利卡人阵营怀着深深的怨恨。在布尔人获得马朱巴战胜利仅仅6周后，罗德斯作为一个政治新手来到议会，面对失败，英国没有复仇而是做出了让步，他为此感到羞辱。《开普艾格斯》的编辑弗朗西斯·多尔默说："1880—1881年之间发生的激烈争执，使得许多人对于建立在英国军队毫无疑问的失败基础上的和解秉持着暴力的敌视态度,罗德斯就是其中之一。"罗德斯认为,未来最重要的问题在于占上风的会是荷兰人还是英国人。当罗德斯来谈判购买《开普艾格斯》的控股权时,多默与他谈论了这件事。罗德斯赞成一边倒的亲英路线,而多默主张采取更加不偏不倚的做法,并拒绝在反阿非利卡人问题上采取积极的立场。

据多默说,罗德斯在来回踱步后说:

> 我想,你是对的……我想我们能理解对方。我不讨厌荷兰人。你和霍夫迈耶合作的计划是最好的——斯普里格(即戈登)是不可能的——而所罗门(即索尔),他为了自己所谓的那一套原则而毁了一个帝国——没有其他人会这样了……但让我们彼此理解吧。我们不会让这些荷兰人踩在我们头上的。

随后,罗德斯又补充说:"我并不自诩有很多固定的原则,但我确实相信,己所不欲,勿施于人,而且我确信,对我们这样的民族(英国人)来说,复仇并不是一个好政策。"

霍夫迈耶与罗德斯的第一次相遇是在马朱巴战役之后。

霍夫迈耶回忆道:

> 战争结束后,我们彼此交谈过,我说:"很遗憾爆发了战争。"这时,罗德斯先生说:"不,这没有什么。我已经改变了看法。这是好事。它使英国人尊重荷兰人,并使他们彼此尊重。"霍夫梅尔接着说:"嗯,当一个英国人能对一个荷兰人那样说话时,他们离缔造共同的事业就不远了。"

罗德斯在议会里频频示好,表示愿意帮助阿非利卡人的事业,包括支持霍夫迈耶要求允许在议会中使用荷兰语的提案。从 1886 年起，他更加坚定地追求向北方扩张，并开始了一场团结阿非利卡人作为政治盟友的行动，他改变了曾经的反对立场，以迎合他们的利益。在与詹森讨论时，他坦率地表明了他的目的：

> 我的意思是得到英国殖民地以北的全部无主之地。而且我知道，我只能通过开普殖民地得到它并发展它——在这个地方，目前荷兰人占多数，他们说了算。

他的一个显著转变体现在农业保护问题上。长期以来，阿非利卡政治家们一直主张保护开普殖民地的葡萄种植者和谷物种植者免受外部竞争。罗德斯曾经宣称自己是一位自由贸易者，他曾在1884年告诉议会，他将"反对任何迎合贸易保护的行为"。然而，到了1886年，他宣称自己是保护主义者，特别是在保护葡萄种植者和谷物种植者方面。他的老朋友梅里曼被激怒了，他在1886年7月给一位朋友的信中写道：

> 罗德斯的背叛让我觉得自己比一头被卡住的猪还要恶心。在这里，你会看到一个出生、习惯、感情和教育都充满了十足英国绅士味的家伙公开地出卖自己，向一群荷兰小贩和海盗献媚讨好。这样做是如此笨拙，他已经损害了自己的利益。罗德斯想的是像牛津大学新入学的小子一样慷慨激昂地引用政治经济学手册，为保护主义公开站台，但保护主义之所以存在的唯一理由，纯粹是因为极端的反英情绪。

1884年，罗德斯与霍夫迈耶一起试图撤销对当地生产的白兰地征税的法令。他支持霍夫迈耶主张在公立学校实行强制性的宗教教育的动议。他甚至发言支持阿非利卡人提出要求取缔周日的"游乐"列车的动议。这项动议是由阿非利卡人帮的一名成员提出的，他愤怒地说，在每个星期日，特别列车被允许开到金伯利和莫德河的交界处，使人们能够"在放荡、饮酒、赌博、跳舞等丑行中度过一天"，这直接违反了十诫①。罗德斯形容周日从金伯利出发的火车是"公共丑闻"。而梅里曼认为罗德斯是在自欺欺人：

> 他想讨好的人，一边利用他一边嘲笑他……罗德斯曾在创建帝国联盟时扮演了重要角色，现在却向阿非利卡人帮大献殷勤，这是个多么奇怪的闹剧啊。

当"土著"政策和"土著"选举权范围的问题被大肆讨论时，罗德斯再次与阿非利卡人帮结盟，他的观点比阿非利卡人帮的政客更加激进。阿非利卡人帮决心削减1853年宪法赋予有色人种的政治权力，但又担心选举期间有色人种会大规模投票反对他们，因此感觉束手束脚，无法进行直截了当的进攻。根据1853年宪法，所有英国成年男性国民，只要拥有至少25英镑财产或年收入超过50英镑，都有权投票，这一相对较低的资格要求使相当多的非白人能够进行选民登记。英语群体中的许多反对阿非利卡人帮的人，都期待有色人种选民在选举时支持他们。

1881年，《伊丽莎白港电讯报》（*Port Elizabeth Telegraph*）说："我们一直在表达我们坚信的一点，即如果要打败阿非利卡人帮，就必须借助黑人的投票。如果我们审视这个问题，就总是会回到这样一个事实，即殖民地的阿非利卡人与英国人的比例是二比一，如果他们联合起来，就能打败我们，把他们关于国家和经济的偏见的所有荒谬之处强加给我们。"

---

① 十诫出自《圣经》，是上帝颁布给摩西并由其转达给以色列人的十条首要律法。——译者注

罗德斯是提倡土著登记进行投票的人之一。

1885年，选举权问题变得愈加重要，因为此时开普殖民地吞并了特兰斯凯，新增了约8万名潜在的非洲人新选民和约2000名白人新选民，这使阿非利卡人越来越担心他们最终会被"一揽子"投票淹没。阿非利卡人帮敦促对选民进行更严格的资质和文化水平限制，但谨慎地避免表现出种族偏见。然而，罗德斯并没有这种谨慎的克制，而是正面攻击了开普殖民地的不分种族的选举权，他说，他更喜欢"直言不讳"。

他说："'土著问题'是南非面临的最大考验。"还说他作为"最狂热的金戈（Jingo）主义者"① 来到了殖民地。但他现在认为，开普让太多的非洲人获得了投票权。"只要土著人还处于野蛮状态，我们就必须把他们当作臣民来对待，成为他们的领主……拒绝给予整个殖民地的土著人口选举权没有什么不公正的。"他甚至争辩说"土著们不想要选举权"。

罗德斯也尽力去拉拢阿非利卡人里的自由迁徙者，试图赢得他们的支持。"我觉得，这个殖民地有责任派出她的小儿子和更多烈性子的人外出闯荡，倘若他们开疆拓土，那他们足迹所到之处，即为文明统治之地。"与此相一致的是，他还宣称"我们现在只想吞并土地，不想要土著"。对于生产葡萄酒的农民，他为他们的产品提供了一条通往内陆的自由贸易之路，以换取阿非利卡人对向北扩张的支持。

---

① "jingo"来自英国酒吧里人们赌咒发誓时常用的誓词"By Jingo"，意思是"以耶稣之名"，后来在克里米亚战争期间，出现了一首广为传唱的歌谣"以耶稣之名（金戈）……我们不能让俄国人得到君士坦丁堡"。后来，"金戈"成为英国极端爱国主义者的代称。——译者注

对他的英国同胞们，他则强调白人殖民者团结一致的必要性。"你只有在两个种族（英国和阿非利卡人）之间建立起完全的信任时，才能获得真正的繁荣。"他亲自为民族团结背书："我喜欢（开普殖民地的）荷兰人，我喜欢他们淳朴的礼节和坚韧不拔的意志。"

罗德斯的这些甜言蜜语，让阿非利卡人心花怒放。罗德斯还在演讲里给阿非利卡人留下了良好的印象。回顾他在帕尔向葡萄酒生产者发表的讲话后，开普商人查尔斯·科勒（Charles Kohler）写道：

> 他那天的演讲真精彩。虽然他说的是英语，但即使是最守旧的阿非利卡农民也全神贯注地听着。我记得有一个叫尤斯的老布尔人爱国者，坐在桌子的尽头，无声地移动，不知不觉地离罗德斯越来越近。这个老伙计像一只佝偻的猿猴，安静地拖着脚步往前靠拢……最后，他蹲在罗德斯对面，一动不动地坐在那里，全神贯注地听着对方说的每一个字，眼睛紧盯着说话人的脸。

与此同时，开普的命运也受到了威特沃特斯兰德黄金产业的巨大影响。习惯于充当地区大国的开普省，现在面临着一个背后有着雄厚资源的对手。1884 年，德兰士瓦共和国的年收入达到 18.8 万英镑；1886 年，这个国家濒临破产，连 5000 英镑的贷款都筹集不到；但到 1887 年，德兰士瓦的收益已与开普相当。双方围绕铁路建设和关税展开了激烈的斗争。但更大的问题是，谁会成为主导国家？是开普还是德兰士瓦？这将决定在南部非洲是殖民地还是共和国的议程占上风。

随着收入的增加，克鲁格不失时机地推进他的计划，即建立一条通往德拉戈亚湾的铁路，使德兰士瓦独立于开普殖民地的海关和贸易体系之外。到目前为止，开普实际上控制了大部分进口到内地的商品。克鲁格坚称，德拉戈亚铁路线必须在来自开普和纳塔尔的竞争对手被允许进入德兰士瓦之前完成。"每一条接近我的铁路，无论它从哪边来，我都将把它当作敌人。我必须先建成我的德拉戈亚铁路线，然后其他线才会有可能。"

罗德斯认为，如果德拉戈亚铁路先竣工，那么开普将在事实上被排除在德兰士瓦的市场之外。"如果德拉戈亚铁路变为现实，我们将无法继续维持从金伯利到比勒陀利亚的铁路线。商业人士会一直鼓动德兰士瓦的统治者，怂恿他对开普殖民地采取敌对行动。换句话说，如果德拉戈亚铁路成功开通，南部非洲的真正联盟将会无限期推迟。"霍夫迈耶和阿非利卡人帮欣然赞同这些论点。开普的农民和商人也一致认为德兰士瓦是一个有价值的市场。

关税方面也发生了类似的斗争。在威特沃特斯兰德发现黄金的几个月前，急需资金的克鲁格要求分享开普殖民地对德兰士瓦的货物所征收的关税，并提议成立一个关税同盟。尽管罗德斯敦促开普政府和议会做出积极回应，阿非利卡人帮却以狭隘的观点拒绝支持克鲁格的提议。当黄金被发现后，阿非利卡人帮改变了路线，开始在南部非洲宣扬自由贸易的好处，因为他们急于确保开普的葡萄酒和白兰地流入德兰士瓦市场。开普政府作出了适当的回应，他们派遣了一个代表团前往比勒陀利亚，讨论建立关税同盟的可能性。但是克鲁格对他们早先的回绝耿耿于怀，对此建议不再感兴趣了。

克鲁格不信任开普殖民地，认为他们不怀好意，对开普与大英帝国的紧密联系也百般怀疑，转而寻求与奥兰治自由邦结盟，建立一个共和轴心，并指出他们需要"更紧密的联盟"，以对抗"英国的南部非洲"。1887 年，他派代表团到布隆方丹，敦促奥兰治自由邦在经济上脱离开普殖民地，转而加入德兰士瓦共和国主导的北部经济体系。当自由邦的政客们指出，他们需要与开普达成协议，以便分享后者征收的关税时，克鲁格回答说：

> 让他们留着钱吧，等着我们来。切断南方束缚你们的绳索。当我们依赖他们的港口时，我们就无法建立起关税同盟，否则他们将向我们发号施令。

克鲁格甚至愿意向自由邦提供一笔每年2万英镑的费用，为期10年——如果他们不能从关税收入中分得一杯羹的话。虽然开普和自由邦最终在1889年签署了一项关税协定，但克鲁格还是成功地把自由邦拉进了一个更紧密的共和联盟里。

1889年3月，德兰士瓦共和国和奥兰治自由邦缔结了一项防御条约：双方都同意在对方受到外国攻击的情况下提供援助。而霍夫迈耶在被克鲁格回绝后，更愿意接受罗德斯关于"北方扩张"的论点，将其视为开普前进的方向。

1888年9月，罗德斯建议："不要再理会奥兰治自由邦和德兰士瓦共和国，他们爱干什么就干什么去。我们必须管好自己的事情……我们必须永远记住，南部非洲问题的关键在于把开普殖民地延伸到赞比西河。"霍夫迈耶和罗德斯还就开普仍需要留在英国统治轨道上的问题达成了共识。罗德斯回忆霍夫迈耶时说：

> 他渴望保持（与英国的）联系，不是出于对英国的热爱，而是因为南部非洲独立与否完全听凭海洋霸主的摆布。而且……他对德国人的仇恨是一种激情……霍夫迈耶主要关心的是抵制自由贸易和维护那些代表荷兰人利益的保护条款……我自有打算……要保持通往北方的道路畅通，以确保英属南非的

扩张空间。

1887年，当维多利亚女王庆祝登基五十周年时，阿非利卡人帮进行了宣誓效忠："我们恭恭敬敬地向您保证，我们真正忠诚于您的统治，在伟大的大英帝国里，没有多少比我们更忠诚的臣民了，这让我们感到自豪。"在开普殖民地的几乎所有城镇，阿非利卡人也作出了类似的声明。同年，霍夫迈耶作为开普代表团成员出席了在伦敦举行的第一次殖民地会议，他热情地表示赞成加强殖民地与帝国之间的联系。

霍夫迈耶也看到阿非利卡农民和矿主之间的利益越来越趋同。他在1888年的《南部人报》（*Zuid Afrikaan*）上说："所有的'地主'都需要把劳工置于适当的监督之下。到目前为止，开普殖民地的农民与商人进行了很多合作，与钻石矿场的矿主们却无甚交集，这一情况很快就会发生变化，而这一变化也是矿主中最有势力的代表（罗德斯）努力争取的目标。"

由于克鲁格坚持不懈地阻挠连接开普与德兰士瓦并穿过奥兰治自由邦的铁路计划，并抵制关税同盟，霍夫迈耶和阿非利卡人帮无奈地放弃了与德兰士瓦建立更紧密关系的希望，转而更加深入地参与到罗德斯的北部扩张计划。"在飘扬的英国国旗之下，在英国资本的支持下，我们向北方进军。"霍夫迈耶愿意与英国人合作，这让克鲁格感到恼怒。

1890年7月他们在比勒陀利亚见面时，他对霍夫迈耶说："你是个叛徒，你是阿非利卡人事业的叛徒。"

1890年7月，斯普里格政府垮台时，罗德斯毛遂自荐担任总理。在7月16日举行的一次阿非利卡人帮议员会议上，他请求这些成员支持他，并把在过去八年他在议会中给予他们的支持一一列举。他们立刻就同意全体支持他。在 37 岁时，罗德斯就任总理。罗德斯在描述他与霍夫迈耶的约定时回忆道："我……与他达成了协议，我承诺捍卫开普殖民地的保护体系，他以阿非利卡人帮的名义保证，他们不会在我向北方扩张的道路上设置障碍。"

# 第五部分

# 第二十章
# 杀戮之地

在威特沃特斯兰德发现的黄金引发了一场猜测,人们猜想,在更北方的赞比西亚——俄斐之地,会有更丰富的金矿。自从19世纪60年代卡尔·毛奇在那里进行过探索以来,这个传说就一直流传不绝。1871年,在该地区进行了更深入的探索后,毛奇在那里发现了令人印象深刻的被称为"大津巴布韦"(Great Zimbabwe)① 的石头遗址,他认为这可能是腓尼基人建造的俄斐之都,而中央结构可能是一座神殿,基于示巴女王拜访所罗门王时所住的宫殿而建。理查德·巴布(Richard Babb)在1876年出版了一本题为《南部非洲的黄金之地以及如何到达那里》(*The Gold Fields of Southern Africa and How to Reach Them*)的书,他在书中断然宣称:"就这样,古老的俄斐之谜终于被解开了。"

1881年,30岁的猎象人弗雷德·塞卢斯(Fred Selous)写了《一个猎人在非洲的流浪之旅》(*A Hunter's Wanderings in Africa*)

---

① 大津巴布韦位于津巴布韦的马斯温戈省,是古代的穆塔帕王国(Kingdom of Mutapa)的首都,是11世纪到16世纪纳人文明的杰作,也是中世纪南部非洲重要的贸易中心。现在是重要的考古遗址,1986年被列入世界遗产名录。现代的津巴布韦得名于这个遗址,在1980年独立之前叫作罗德西亚,得名于建立这个殖民地的英国人塞西尔·罗德斯,即本书主角。——译者注

一书，书中讲述了他穿越马塔贝莱兰的旅行，引起了人们对该地区的广泛兴趣。莱德·哈葛德在写作小说《所罗门王的宝藏》时，把塞卢斯当作他笔下的英雄艾伦·夸特梅因的原型。1885年出版的《所罗门王的宝藏》的畅销，使这一传奇更加名声大噪。罗德斯和克鲁格都觊觎着这片传说中的土地。

通往赞比西亚的大门由恩德贝莱国王洛本古拉（Lobengula）控制，他是姆齐利卡齐的儿子。恩德贝莱军队有40个团，1.5万人，驻扎在洛本古拉的首都附近。

洛本古拉的首都名叫布拉瓦约（Bulawayo），意思是"杀戮之地"——这里在整个地区都令人闻风丧胆。多年来，洛本古拉的军队不断劫掠周边部落的居民——马绍纳兰的绍纳人、贝专纳兰北部的茨瓦纳人、赞比西河以北的洛齐人、伊拉人和汤加人——向他们索取贡品。

同姆齐利卡齐一样，洛本古拉对进入他领地的白人十分警惕。他在边境沿线设立了军事哨所，所有旅行者都在那里被拦截、审讯和拘留一个星期或更长时间，直到国王允许他们前进——用他自己的话说，就是"赐给他们道路"。少数传教士获准在马塔贝莱兰开展活动。洛本古拉容忍他们的存在，就像他的父亲那样，他意识到这些传教士识文断字，能帮他读写信件，充当文书和信使，但除此之外，他没有给予他们任何鼓励。

白人猎人也被允许进入马塔贝莱兰，但是只能在这里待有限的时间。弗雷德·塞卢斯就是其中之一。他于20岁时离开了伦敦的家，开始了冒险之旅，并于1872年来到了洛本古拉的首都。这位国王身材魁梧，只顾着吃吃喝喝，对来客不以为然。塞卢斯写道："他问我是来干什么的，我说我是来猎象的，他突然大笑起来，说：'你不是来打小岩羚的吗？为什么打大象呢，你看起来就像个毛孩子。'"洛本古拉进一步贬损了塞卢斯的年轻外表，然后撇下他走了。

但是塞卢斯坚持留了下来，并再次请求许可。"这一次，他问我是否见过大象，我一说没有，他就回答说：'哦，它们很快就会把你赶出这个国家，但你可以去看看你能做些什么！'"当塞卢斯问他，自己可以去哪里时，洛本古拉不耐烦地回答说："哦，你喜欢去哪里就去哪里吧，你只是一个毛孩子。"

所有的到访者都被告知，他们是被恩准才能来到这个国家，并且被要求为自己得到入境的特权买单，给国王和御前红人献上礼物——珠子、毯子和铜丝。洛本古拉对香槟情有独钟。皇家商店很快就摆满了各式各样的来复枪、马鞍、家具和家庭用品。为了换取金钱和贿赂，洛本古拉还允许一些商人和猎人在布拉瓦约营地的郊外永久定居，但他们的存在，总是取决于国王的一念之间。

克鲁格是第一个对洛本古拉的王国表现出兴趣的人。1882 年，德兰士瓦刚刚从英国统治下解放出来，试图向东部和西部扩展边界，司令官皮埃特·朱伯特将军给洛本古拉写了一封信，用热情洋溢的措辞提醒他 1853 年马塔贝莱兰和德兰士瓦之间签订的友好条约。朱伯特表达了德兰士瓦人渴望与北方邻国和睦相处的热切愿望，他说："和平是如此强大，即使是最卑鄙的恶人也永远无法摧毁它，和平也永远不可能被摧毁，只要还有一个布尔人活着，洛本古拉就会活着。"谈到德兰士瓦的兼并，朱伯特警告说，英国人对土地贪得无厌。"一旦一个英国人把你的财产捏在手里，他就会像一只手里抓满南瓜籽的猴子——如果你不把他打死，他就永远不会放手。"他向洛本古拉保证，"当英国人带来的喧嚣和吵闹完全消失时"，他会骑马到布拉瓦约去拜访他，以巩固他们之间长期的友谊。

朱伯特从来没有去过布拉瓦约，但克鲁格在 1887 年恢复了主动，他利用一个名叫皮埃特尔·格罗布勒（Pieter Grobler）的布尔中间人的服务，采取了一个更雄心勃勃的策略。格罗布勒是个马贩子，他最初在贝专纳兰碰运气，因为与恩格瓦托酋长卡加马发生了冲突，于是把注意力转向马塔贝莱兰，他多次前往布拉瓦约，出售马匹和马车。

格罗布勒声称，自己已经成了洛本古拉国王面前的红人，有巨大的影响力。克鲁格相信了他，亲自起草了一份协议，该协议包含七个部分的内容，并交由格罗布勒，让他带给洛本古拉。该协议旨在将德兰士瓦和恩德贝莱以"永久的和平与友谊"联系起来。协议中承认洛本古拉是一个独立的酋长，并宣布他是德兰士瓦的"盟友"。洛本古拉只需要协助德兰士瓦，与它的作战部队合作；将罪犯引渡到德兰士瓦；允许持有政府颁发的通行证的德兰士瓦人在他的国家进行狩猎和贸易；接受一名常驻领事，后者有权审判来自德兰士瓦的罪犯。

1887 年 7 月，格罗布勒带着他的兄弟弗雷德里克回到布拉瓦约，给了洛本古拉 140 英镑的现金、一支步枪和一些弹药，然后弄到了他声称是这位国王"在'条约'上的御批"，以及四位"顾问大臣"的签名。但在之后的 6 个月里，没有任何关于格罗布勒的"条约"的声明被发布。

与此同时，其他相关人士也嗅到了这一有利可图的前景。一群德国旅行者出现在布拉瓦约附近。到目前为止满足于沿海贸易站的葡萄牙人突然也对它产生了兴趣，他们声称马塔贝莱兰有很大一部分领土属于他们。越来越多的特许权搜寻者踏上了前往布拉瓦约的旅程。

最早入场的是弗兰克·约翰逊（Frank Johnson），他是一名年轻的英国冒险家，16 岁时来到开普敦，加入了沃伦上校前往贝专纳兰的远征军,然后又加入了贝专纳兰边境警察队,这是一支由英国人建立的控制贝专纳兰保护领的骑兵部队。约翰逊发现警察的生活枯燥乏味,此时他又听到了在北部发现了黄金的消息,于是他离开警察组织,尝试组建了一个黄金勘探队——北方金矿勘探辛迪加(the Northern Gold Fields Exploration Syndicate)——他在开普敦赢得了22个股东的支持,其中包括4名议员,4名银行家和开普敦市长。

1887年2月,他从开普敦出发,带着一封来自辛迪加的信,请求洛本古拉允许他"寻找黄金、白银或其他诸如宝石之类的矿藏"。在去马塔贝莱兰的路上,他在贝专纳兰保护领的总部梅富根(Mafeking)短暂停留,和罗德斯在金伯利的老朋友西德尼·西帕德爵士(Sir Sydney Shippard)讨论了这次探险。西帕德给了他一封写给洛本古拉的介绍信,信中建议后者恩准他的请求。在继续前进后,约翰逊在卡加马的首都绍雄稍事停留,从他那里获得了在400平方英里范围内勘探和开采矿物的独占权。1887年5月,经过1300英里的旅程,他终于抵达了布拉瓦约。

在布拉瓦约,约翰逊花了近3个月的时间试图说服洛本古拉给予他一条通向马绍纳兰的道路。洛本古拉对约翰逊的意图表示怀疑,一次又一次地审问他。他的顾问大臣们对约翰逊敌意更深。

"我不能理解这种挖金子的行为,"洛本古拉告诉约翰逊,"据我所知,没有一个地方能让你挖到金子。但我会找找是否有这样的地方。很遗憾你白跑了这么远的路,我现在很头痛。时间是为奴隶准备的,所以没有必要操之过急。"

约翰逊送给他一大堆礼物:步枪、弹药、烟草、火柴、刀子、剪刀、望远镜、针线,还有一架手风琴。但是,洛本古拉仍然闪烁其词。在约翰逊之后,一个德国勘探队也到达这里,但是他们很快就绝望地放弃了，只有约翰逊坚持了下来。"一个人需要圣人般的耐心"，他写道。最后，在 7 月 12 日，他提出向洛本古拉支付 100 英镑作为勘探许可费，并在挖掘期间每年支付 200 英镑。洛本古拉回答说："你这个人真麻烦，我说我的国家里没有金子，你还不相信，执意要继续干下去……你现在说得天花乱坠，但是以后会吃亏的。"

在无休止的讨论之后，洛本古拉同意赐予约翰逊"道路"。约翰逊远赴马绍纳兰的马佐埃河谷（Mazoe Valley），在那里他发现了大量的冲积物证据，但在 1887 年 11 月返回布拉瓦约时，他发现洛本古拉非常生气。约翰逊被指控从事间谍活动、谋杀和不尊重国王。在同意支付 100 英镑、10 条毯子和 10 罐火药作为罚款后，他获准离开马塔贝莱兰，两手空空返回了开普。

英国官员也开始把注意力投向马塔贝莱兰。1887 年 5 月，西帕德写信给开普敦的高级专员罗便臣，指出控制赞比西亚大有好处。他说："能够获得这块领土的势力……将会掌握开启南非和中非财富与商贸之门的钥匙。"他还说："这个地方能自给自足，因此英国财政部一分钱也不用花。"

1887 年 6 月，为了找人协助西帕德，罗便臣为贝专纳兰保护领设立了一个新的副行政官职位，并任命约翰·莫法特担任这一职位，莫法特曾是一个传教士，在马塔贝莱兰拥有第一手的经验。约翰·莫法特是罗伯特·莫法特的儿子，他曾帮助父亲在位于布拉瓦约东北 40 英里处的伊尼亚蒂建立传教站，并于 1859 年至 1865 年待在那里进行服务。他能说北恩德贝莱语和茨瓦纳语，且因为家族关系而受到洛本古拉的信任。但是，莫法特的传教活动并不顺利。经过 30 年的努力，位于马塔贝莱兰的伦敦传教会最多只教化了 12 名新信徒。莫法特认为，洛本古拉统治下的恩德贝莱帝国是一个残暴的政权,给"无数弱小民族"造成痛苦,阻碍了基督教的发展。他说:"当这个暴君和他的统治完蛋时,这将是全世界的福音。"

1887年12月,西帕德派莫法特前往布拉瓦约与洛本古拉讨论贝专纳兰和马塔贝莱兰之间的边界争端问题,并建立友好的关系。莫法特和洛本古拉谈了很久,发现他很担心会有很多妄想大发横财的白人来纠缠他。"我认为,他想一个人待着",莫法特向西帕德报告说。

当莫法特正在执行外交任务时,与罗便臣总督和罗德斯都保持着密切联系的英国驻比勒陀利亚领事拉尔夫·威廉姆斯得知,克鲁格即将派遣特使拜访洛本古拉。那是一天下午,他正在打板球,突然被人从球场叫到办公室,一位英国商人正在那里焦急地等着和他会面。商人让威廉姆斯往窗外看,说:

> 你看见外面那个往马车上装货的人吗?那个人是……格罗布勒,他明天就要出发了……他试图让土著兑现他们给布尔人的一个承诺,那是朱伯特将军在多年之前达成的。这个承诺的大概内容是,如果未来马塔贝莱兰的领土有任何权利授予给任何白人,那就应该给布尔人,而不是给英国人。如果他的任务成功,英国向北方扩张的大业就完蛋了。

罗德斯和西帕德意识到了危险,他们忙赶到格雷厄姆斯镇(Grahamstown),把这件事通知正在那里进行礼节性访问的罗便臣总督。1887年圣诞节后的第二天,罗便臣授权西帕德,让他指示莫法特去找洛本古拉国王,说服他签署一项承认英国在赞比西亚拥有绝对影响力的条约。一月底,这些指示送到了莫法特那里。

莫法特与洛本古拉的谈判以不寻常的速度结束了。洛本古拉最信任的白人就是莫法特。洛本古拉否认了与格罗布勒签订的条约的有效性，认为英国官方的"保护"——他认为是友好条约——提供了一种保护自己独立，同时抵御德兰士瓦野心的方法。根据1887年2月11日签署的《莫法特条约》(Moffat Treaty)，洛本古拉承认赞比西亚属于英国的利益范围，并同意"在没有事先通知女王陛下的南非事务高级专员并由其裁夺的情况下……不与任何势力或国家进行任何书信往来，也不得签订条约，不得出售、转让、割让或支持任何出售、转让或割让被称为'阿曼德贝勒'(Amandebele)[①]的土地的全部或任何部分。"英国不仅承认洛本古拉是恩德贝莱人的统治者，而且承认他是绍纳人的统治者。

罗德斯很高兴。"我很高兴你在洛本古拉的事上干得这么成功。"他告诉西帕德，"不管怎么说，现在谁也不能横插一脚了。"

格罗布勒被任命为德兰士瓦驻洛本古拉领事，但是他并没有在洛本古拉那里待上多少时间。1888年7月，他向洛本古拉递交了证件，获准前往比勒陀利亚接妻子。为了抄近路，在没有得到卡加马酋长事先许可的情况下，他穿过了洛本古拉与卡加马酋长的争议领土。在接近林波波河时，他在林波波河属于英国的一侧被卡加马的手下拦住，并在交火中受了致命伤。克鲁格自始至终都确信罗德斯是凶手，他在回忆录中写道："毫无疑问，这起谋杀案是塞西尔·罗德斯和他的小集团煽动的结果。"

---

[①] 即恩德贝莱人居住的地方。——译者注

# 第二十一章
# 非洲的平衡

随着赞比西亚成为英国的势力范围，罗德斯开始试图垄断这里的矿产财富。赞比西亚是他梦寐以求、寄予厚望的"第二个兰德"，他认为这里会比威特沃特斯兰德更有价值。1888年6月，罗德斯访问了伦敦。他的主要行程安排是与罗斯柴尔德勋爵讨论钻石投资问题，会见殖民地大臣、保守党的纳茨福德勋爵（Lord Knutsford），并与他讨论成立一家特许公司来掌控赞比西亚的可能性。

在非洲的其他地区，英国政府对成立特许公司持赞同态度。他们认为，在不牺牲殖民地或保护国的情况下，这是扩大英国法令有效范围的一种行之有效的方式。1886年，皇家尼日公司（Royal Niger Company）被授予特许状，成了尼日利亚的官方商业和行政组织。1888年，不列颠东非公司（Imperial British East Africa Company）也获得了类似的特许状。

很明显，英国政府无意建立新的保护国，如巴苏陀兰和贝专纳兰，因为维持这些保护国的成本高昂，而且没有任何收入。罗德斯的难处在于，无论是在马塔贝莱兰还是赞比西亚的其他地方，他都没有任何特许权，而他正在筹划建立的特许公司必须要有特许权作为基础。

罗德斯写信给西帕德，向他讲述了自己与"土著政权"的商讨经历。罗德斯解释说："他们看起来对我的计划很赞成，但不幸的是，我没有在这里开展工作的特许权。"

罗德斯并不是唯一一个碰一鼻子灰的人。洛本古拉很快就被许多带着礼物的特许权搜寻者包围了，他们都想从他那里弄到特许权。在他们中间，有许多强大的竞争对手。一个总部位于伦敦的财团——"勘探公司"已经成立，它的目的是探索赞比西亚。它由两位有着强大关系的企业家主导：一位是前英国军官吉福德勋爵（Lord Gifford），他曾在1873—1874年的阿散蒂战争①中赢得了维多利亚十字勋章，还参加过祖鲁战争；另一位是伦敦金融家乔治·考斯顿（George Cawston）。1889年4月，吉福德-考斯顿集团（Gifford-Cawston）买下了弗兰克·约翰逊从贝专纳兰的卡加马酋长那里获得的特许权，然后将注意力转向马塔贝莱兰，任命前英国军官爱德华·蒙德（Edward Maund）为他们的代理人。蒙德曾于1885年在布拉瓦拜见过洛本古拉国王，当时他被派去执行一项官方任务，即向国王解释英国把贝专纳兰列为新的保护国的目的。他声称，自己在那时已经与国王建立起了良好的关系。蒙德于7月正式被派往布拉瓦约，以获得特许权。

罗德斯也有几个强大的盟友，最著名的是开普敦高级专员夏乔士·罗便臣。罗便臣与罗德斯志同道合，是开普殖民主义的主要倡导者，为这一共同事业与他通力合作。罗便臣在1889年指出："英

---

① 指发生在西非的第三次盎格鲁-阿散蒂战争（Third Anglo-Ashanti War）（1873—1874）。阿散蒂联盟是黑人土著建立的政权，这次战争以阿散蒂联盟反抗英国的领土侵略为导火索。1874年2月，英军攻占阿散蒂联盟的首都，并用炸药炸毁王宫，同年7月，阿散蒂国王签署投降条约。——译者注

国对南非的真正政策，在我看来应该是所谓通过帝国主义进行的殖民主义；换句话说，是通过帝国的援助进行的殖民扩张。"另一位与罗德斯结盟的英国官员是贝专纳兰的西帕德，他赞成吞并北方直到赞比西河的土地。此外，罗德斯还可能得到阿非利卡人帮的支持。

1888年7月回到开普敦后，罗德斯与罗便臣进行了长时间的私下谈话，概述了他的特许公司计划，这一计划可能与戴比尔斯公司有关。罗便臣立即表示支持这个想法，并向纳茨福德报告：

> 我认为，基于马塔贝莱兰及其周边地区拥有的广为人知的财富，这个地方迟早会受到某种文明势力的影响，罗德斯先生设计的这种计划是一个两全其美之策，既可以为土著的权利和利益提供保障，也有利于英国资本对荒地资源的有益开发，而不需要英国将这个国家变成直辖殖民地，增加英国纳税人的负担。
>
> 罗德斯先生还认为——我认为也是有理由的——由开普殖民地的一家特许公司来推进英国在南部非洲内陆的利益，将更符合非洲人民的感情，而如果建立另一个内陆的直辖殖民地，不见得会取得什么好结果。

纳茨福德适时地抓住了这一点，回答说，没有开普殖民地的支持，任何企业都不得被授予特许状。

然而，没有洛本古拉的让步，任何事情都不可能完成。罗德斯决心超越蒙德的使命，于是派遣了一个三人小组前往布拉瓦约。这个小组由他信任的商业伙伴查尔斯·鲁德领导。另外两名成员也都是他的私交：弗兰克·汤普森（Frank Thompson）和罗奇福特·马圭尔，后者是一位曾在牛津接受过教育的律师，曾是开普敦的英政府官员。他们随身带着罗便臣给洛本古拉的介绍信。信上说他们是"来贵国访问的备受尊敬的绅士"，但没有提及他们此行的目的。罗德斯在 8 月 14 日写给西帕德的一封长信中告诉他：

> 鲁德是去这个国家看看他可以做什么……我唯一担心的是，我和洛本古拉搭上线的时候已经太晚了，因为，如果他的整个国家都已经给了冒险者，那么我自然就没有必要替我的公司请求这个空壳政府的支持了……
>
> 如果我们得到马塔贝莱兰，我们将掌控非洲的平衡。我绝不会打消扩张到赞比西河的想法，我愿意与你一起为此而奋斗。

罗德斯写信给罗斯柴尔德时也提及了类似的想法：

> 我一直害怕和马塔贝莱国王打交道会遇到大麻烦。他是我们通往中部非洲唯一的绊脚石，一旦我们把他的领土纳入囊中，剩下的就很容易了。

鲁德一行于 9 月 20 日抵达布拉瓦约，比蒙德还早了 3 个星期，因为蒙德推迟了他前往贝专纳兰的行程。鲁德数了一下，还有大约 30 个特许权搜寻者在国王的营地附近等着。当国王从他的行宫出来迎接新来的人时，鲁德等人站了起来，脱下帽子，向他致敬，称他为"库马洛"（Kumalo），这是一种承认他作为王室首领的地位的称呼。鲁德献给洛本古拉 100 个金币作为礼物。

他在日记中写道："国王，正是我所期望的那个人——一个非常好的人，非常胖，但是肤色很健康，身材很匀称。"国王全身赤裸，只穿了一条皮围裙，戴了一个打过蜡的头环。"国王有一张表情高深莫测的脸，他看起来有些忧虑，有些善良，有些残忍，他的笑容令人非常愉快。"

当时在布拉瓦约逗留的还有西帕德的副手约翰·莫法特,他向洛本古拉提出了一个谨慎的建议。莫法特向洛本古拉建议,与其在一些较小的实体之间分散特许权,不如与一家公司通力合作,这对他更为有利,但又建议他在西帕德正式访问前不要做出任何决定。

无论如何,洛本古拉并不急于做出决定。他不仅要应付一大群特许权搜寻者,还要对付自己的顾问大臣们——"因杜纳"(indunas)①——他们坚决不同意外国人进入马塔贝莱兰。而年轻的恩德贝莱战士热衷于将马塔贝莱兰的所有白人当成"早餐"。洛本古拉本人也对英国官员半信半疑。在同伦敦传教士协会的传教士查尔斯·赫尔姆(Charles Helm)谈话时,洛本古拉说:

> 布尔人就像蜥蜴一样,他们跑得飞快,但英国人行动更谨慎。你见过变色龙抓苍蝇吗?变色龙躲在苍蝇后面一动不动,保持一段时间,然后慢慢地、轻轻地前进,先是伸出一条腿,然后又伸出另一条腿。最后,当它能够得着的时候,就飞快地伸出舌头,然后苍蝇消失了。英国是变色龙,而我是那只苍蝇。

但赫尔姆本人很难保持中立,因为他被授予了要向洛本古拉解释鲁德的事业的任务。用弗兰克·汤普森的话说,他是在为"我们的利益而努力"。

对于特许权搜寻者们来说,等待似乎没有尽头。汤普森回忆说:"谁也无法想象接下来几天的疲惫。我们不得不每天都待在小营地

---

① 因杜纳是祖鲁人和科萨人的一种头衔,意思是顾问、伟大的领袖、大使、头人或一组战士的指挥官,也可能意味着发言人或调解人,因杜纳通常充当人民与国王之间的桥梁,这是国王或酋长任命的高级官员的头衔,往往授予那些勇敢、领导能力出众或因做出过突出贡献而深孚众望的个人。因杜纳会定期聚会,讨论重要问题。——译者注

里，大部分时间都在玩双陆棋和读书。我们不敢走得很远，以防被洛本古拉突然传唤。"

与此同时，罗德斯向鲁德发出一系列电报，对他狂轰滥炸，警告鲁德要密切关注蒙德，暗示鲁德"亲自收买他"。鲁德被告知，无论如何，只要有必要，就尽可能地待在布拉瓦约，罗德斯坚持说："你绝不能留下空隙，大自然厌恶真空，无论我们得到了什么，一定要有我们自己的人，否则原住民或者其他人（其他白人）就会打我们的主意，给我们找麻烦。"

最终在 10 月 16 日，西帕德在一名警察的护送下抵达布拉瓦约，他身穿紧扣的礼服外套、漆皮靴和白色太阳帽。他自称是一个公正的官员，但谨慎地利用自己的立场来推进罗德斯的"事业"。他告诉洛本古拉，鲁德帮代表了一个拥有大量资源、坚实后盾和女王支持的组织。"西帕德和莫法特为我们做了他们能做的一切"，马圭尔后来向一位朋友吐露说。

由于恩德贝莱人好战成性，四处掠夺，西帕德对他们特别反感，他确信这群人会不得善终。他在给自己的一位下属的信中写道："人们听说的关于马绍纳兰财富的消息，如果在英国传扬开来，并且被信以为真，会给这个国家带来巨大的冲击，不管马塔贝莱人喜不喜欢，它的命运很快就会得到安排。"

10 月 22 日，西帕德离开了洛本古拉的首都，并在他的官方报告中写道："就我个人看来，除了用战争来净化之外，我看不出这个国家有任何希望。"

在给他的助手弗朗西斯·牛顿（Francis Newton）的一封私信中，他更是直言不讳："我必须承认，如果我能看到马塔贝莱人……被我们的步枪和机枪扫射倒地，就像玉米地被收割机砍掉一样……

我会感到由衷和持久的满足。他们的罪孽之杯,如今必定装满了,或是几乎装满了。"

西帕德离开一周后,经过与大臣们的一系列磋商,洛本古拉召集鲁德、汤普森和马圭尔开会。鲁德在日记中记录道:"到了公鹿村(洛本古拉的私人领地之一),我们都进到屋里,发现老国王坐在角落的白兰地箱子上。他很有礼貌地说了声'早上好',但看上去非常忙碌和焦虑。"洛本古拉支支吾吾了半个小时,然后让赫尔姆把文件给他。"文件就摆在他面前,他拿起手中的笔,在上面画上自己的记号,这是他的签名。"汤普森回忆道。当他这样做的时候,马圭尔带着一丝微笑,用一种拖长的、打哈欠的声音对我说:"汤普森,这就是我们的时代。"

洛本古拉于1888年10月30日签署的特许权协议从一开始就引起了很大争议。在协议中,他同意,作为"马塔贝莱兰、马绍纳兰和某些邻近接壤领土的国王,对我的王国、公国和领地中的所有金属和矿物,我赐予鲁德、汤普森和马圭尔以完全与专属的权力,他们完全有权做他们认为必要的一切事情,以获取这些东西,并持有、收集和享受来自上述金属与矿物的利润和收入……"洛本古拉还授权鲁德和他的合作伙伴将其他所有寻求土地、金属、矿物或采矿权的人驱除到自己的领土之外。

作为交换,鲁德承诺每月付给洛本古拉和他的继承者100英镑,并提供1000支马提尼-亨利步枪,以及10万发子弹。他还承诺提供一艘可在赞比西河航行的武装汽船——这个想法来自罗德斯。

根据赫尔姆的说法,特许权协议中并没有包括鲁德和汤普森做出的一个承诺。这一承诺是,在国王领土上挖矿的白人不会超过10人,而且他们会遵守马塔贝莱兰的法律。很显然,洛本古拉认为他签署的文件只在有限范围内适用。

此外,虽然洛本古拉可能很高兴自己被描述为"马塔贝莱兰、马绍纳兰和某些毗邻领土的国王",这当然也符合鲁德和公司的利益,但洛本古拉的统治实际上仅限于马塔贝莱兰,虽然他对马绍纳兰和其他地区时不时地进行军事袭击,但是并没有进行统治。

特许权协议的另一个缺陷是,开普法律和一项国际条约的条款都禁止向居住在开普殖民地以外的非洲人出售或赠送火器。任何跨境运输枪支或弹药的人都可能被罚款或监禁。仅凭这一点,鲁德的特许权就可能被判定为非法。然而,枪支的承诺比其他任何因素都更能说服洛本古拉签署特许权协议,因为他相信这将有助于保护他的独立;没有枪支,他就没有理由签字。

鲁德立即带着条约赶回了开普。这份文件是中午在布拉瓦约签署的,到下午晚些时候,他就骑着骡子上路了,留下汤普森和马圭尔"坚守堡垒"。罗德斯欢欣鼓舞,他叫道:"我们的特许权范围太大了,就像把整个澳大利亚都给了一个人一样。"罗便臣完全支持鲁德,他建议英国政府承认这个特许权。他回忆说:"在我看来,虽然这种垄断并不是没有异议的,但总的来说,从马塔贝莱人的利益考虑,他们只需要与一个大权独揽的特许公司打交道……而不再需要与众多不同国籍的冒险家交涉,这些冒险家会跟当地人发生争执,也不会受到实际的控制。"

虽然向洛本古拉提供武器的承诺公然违背了英国的政策,更不用说违背开普的法律了,但是罗便臣总督没有提出异议。他在给纳茨福德的电报中暗示,如果洛本古拉没有从英国获得武器,他就会转向对手——德兰士瓦——后者对特许权垂涎已久,也会开出丰厚条件。

格雷厄姆·鲍尔是罗便臣在开普敦的副手,他在自己的回忆录中这样记录:"把马提尼-亨利冲锋步枪交给土著酋长显然是违法的。另一方面,除非步枪交付,否则合同就不完整,特许权就无效。西德尼·西帕德爵士(在贝专纳兰)动用自己的权力,签发了许可证,解决了枪支运输的问题。"

但很快就出现了麻烦的迹象。布隆方丹的英国圣公会主教乔治·奈特-布鲁斯(George Knight-Bruce)获悉特许权是用许诺提供枪支的方式取得的,便公开表示抗议。他宣称:"向马塔贝莱人运送来复枪,这是一件极其邪恶的残暴之事。"罗德斯很快就"摆平"了他。罗德斯写信给鲁德:"我不想告诉你一个很长的故事,我只会说,我相信主教未来将是我们的热心支持者。我为他的演讲感到……遗憾……但他已经后悔了。"

布拉瓦约发生了更严重的骚乱。特许经营权的竞争对手们听到鲁德获得特许权的消息后,愤愤不平地警告洛本古拉,称他实际上已经"出卖了自己的国家"。国王被这样的说法吓了一跳,于是派了两个人到伦敦去打听情况。根据莫法特的说法,洛本古拉告诉他的臣子:"来这里的人太多了,他们全都告诉我,他们是女王派来的。你去英国看看,到底有没有这么一个女王,然后问问她,到底谁是她派来的。"他指示他们,一定要强调他没有"放弃自己的国家"。他还在一家贝专纳兰的报纸上发表了一份声明。他在声明中称,鉴于争议,他已经暂停了特许权,"以待调查"。

罗德斯不顾一切地想要保住特许权,于是组织了第一批武器弹药的运送,这批武器依靠西帕德通过贝专纳兰进行清运。除非罗德斯能履行他的承诺,否则特许权就注定要打水漂。罗德斯把这项任务交给了他的老朋友斯塔尔·詹森和金伯利的一位医生卢瑟福德·

哈里斯（Rutherfoord Harris）。两人都曾在天花暴发期间卷入"粉红色纸条"丑闻。1889 年 2 月，当他们到达布拉瓦约时，虽然洛本古拉仍然不信任他们，但他还是欣然接受了每月 100 英镑的津贴。詹森用吗啡缓解了洛本古拉的痛风，进一步赢得了他的感激之情。但洛本古拉拒绝接受这些武器，它们在汤普森的营地里堆放着，一次都没有被使用过。詹森进行了第二次交货，但结果是一样的。这些武器三年都没有被动过。

为了巩固在英国政府中的地位，罗德斯同意了殖民地部的建议，将自己的合资企业与吉福德和考斯顿领导的伦敦财团合并。他还"摆平"了其他一些竞争者，为此支付了大量款项。然后他计划亲自前往伦敦，说服英国政府给他颁发特许状。但他面临的困难是可怕的。

1889 年 2 月，洛本古拉的使者——巴巴亚讷（Babayane）和姆谢特（Mtshete）来到伦敦，这成了当年的大事之一。在爱德华·蒙德的陪同下，他们被带着观看了芭蕾舞，游览了伦敦动物园，还参观了英格兰银行、威斯敏斯特大教堂，甚至还有在奥尔德肖特（Aldershot）举办的一次军事展览。他们还获得了维多利亚女王——"伟大的白王后"——在温莎皇宫的接见，在那里他们传达了洛本古拉的信息。"洛本古拉想请求女王帮助他，给他出谋划策，因为他被那些到他的国家请求他的许可挖金子的白人弄得焦头烂额。"

当时伦敦有许多人同情洛本古拉的困境。罗德斯的老对手约翰·麦肯齐积极动员传教士网络，对罗德斯集团进行大肆抗议。

"他们会'痛打'当地人，掠夺他们的土地，并且永远不会承认他们拥有土地的权利或任何公民权,除了让他们支付棚屋税①,"麦肯齐说,"他们将把开普殖民地宪法'降格'到布尔共和国的标准,在那里,一个人不管有多好,多么有见识,或者他在品质、知识或财产方面多么优秀,都不能拥有公民权。因为在非洲,在他自己的土地上,他偏偏是一个非洲土著。"

一个强大的游说团体——南非委员会(the South Africa Committee)——大声疾呼,主张在非洲实行帝国托管。其成员包括自由党政治家约瑟夫·张伯伦和《帕尔默尔公报》(*Pall Mall Gazette*)的编辑斯特德。

对于开普殖民地可能垄断商贸的情况,伦敦的商人们很是不满。在殖民地部里,也有许多官员对授予赞比西亚皇家特许状表示强烈怀疑。

非洲问题专家爱德华·费尔菲尔德(Edward Fairfield)写道:"这不过是一次融资,要想让傻瓜们投资,就得想办法弄点什么来装点门面。这样的特许公司永远不会真正盈利。它只会播下一大堆政治麻烦的种子,然后始作俑者就会把它撇下不管,让我们收拾烂摊子,承担起维护和平和解决困难的工作。"

在伦敦反对鲁德特许权的人中,还有弗雷德·塞卢斯。他曾到马塔贝莱兰旅行,希望获得洛本古拉对前往马绍纳兰的勘探队的支持。他在该地区待了将近20年,被认为是了解该地区的首屈一指的专家。在旅行中,塞卢斯与绍纳人产生了亲如父子的感情,并因此对恩德贝莱战士产生了持久厌恶,因为这些战士经常袭击绍纳的领土。

---

① 棚屋税是一种英国殖民者引进非洲的税收,以非洲人的每间小屋或家庭为单位要求他们纳税。它可以用货币、劳动力、谷物或股票等方式支付。它迫使非洲人不得不为殖民者工作来缴纳赋税。——译者注

当反奴隶制协会邀请他在早餐会上以"庆祝两位马塔贝莱兰使节到来"的名义发表演讲时,塞卢斯拒绝了,他称恩德贝莱人是"一个野蛮的民族,年复一年派出无情嗜血的蛮族军队,去屠杀男人、女人和孩子——只有那些年纪够小,能被当作奴隶蓄养的孩子除外"。

塞卢斯反对鲁德的特许权协议。他在接受《双周评论》(*Fortnightly Review*)的采访时解释说,虽然有一些马塔贝莱兰邻近的绍纳部落向洛本古拉称臣纳贡,但是其他部落是洛本古拉鞭长莫及的。"有许多绍纳部落根本不受洛本古拉的控制。"罗德斯对马绍纳兰的主张是基于鲁德获得的特许权,因而是具有欺诈性的,因为洛本古拉在那里没有合法权利。

在洛本古拉国王派出的顾问大臣返回马塔贝莱兰前夕,殖民地大臣纳茨福德勋爵让他们送了一封信给洛本古拉,这封信似乎对罗德斯期望的前景造成了致命打击:

> 首先,女王希望洛本古拉清楚地了解到,那些到马塔贝莱兰去请求许可挖石头的英国人并不是女王下令派去的,他不应该相信他们或他们中的任何一个人所作的任何声明。女王建议洛本古拉不要草率地给出特许权,出让土地或允许开采,而是要仔细考虑所有的申请。如果把太多的权力给予先来的人而把其他应得的人排除在外,这是不明智的做法。

纳茨福德勋爵以一种他认为可能会吸引洛本古拉的方式表达自己的观点,这番话后来被哈葛德大肆宣扬。他是这样说的:

> 一个国王应该给一个陌生人一头牛,而不是整个牛群,否则其他的陌生人来了,还拿什么来招待他们呢?

罗德斯在3月抵达伦敦,他不仅要应付这股舆论逆流,还要捍卫自己的名誉，应对流言蜚语。伦敦的人对罗德斯知之甚少，而且他们所知道的大部分都是对他不利的。在政府圈子里，他被认为是一个麻烦的开普民族主义者，曾与利文斯通的继任者约翰·麦肯齐发生过争执，并在沃伦上校的贝专纳兰任务中阻挠他。

"我可不想要一个亲近布尔人的南非议员"，保守党首相索尔兹伯里勋爵（Lord Salisbury）说。此外，还有罗德斯与洛本古拉之间的军火交易问题。爱德华·费尔菲尔德对罗德斯的论断是非常严厉的："从罗德斯先生性格的某些方面来看，他不能被视为一个认真的人……他怪诞、冲动、学生气、幽默甚至滑稽。"

因此，罗德斯1889年春的英国之行变成了一条披荆斩棘之路。他一个接一个地解决他的对手，对于他们中的一些人，他把他们邀请到自己的新企业中，许以高位，或分以优厚的股权，对其他人则用现金贿赂，同时强调他打算在赞比西亚传播文明的高尚使命。编辑斯特德曾经是麦肯齐的忠实盟友，现在却成了第一批被"转化"的人之一。1889年4月4日，一位共同的朋友介绍他和罗德斯认识，他和罗德斯待了3个小时，从罗德斯那里收到价值两千英镑的礼物，还得到了向《帕尔默尔公报》追加两万英镑捐款的承诺，而他需要为罗德斯挽回声誉，推翻自己过去的言论。斯特德随后立即写信给他的妻子："罗德斯先生是我认定的人，他的雄才大略比我能想象到的还要华丽得多。我不能把他的计划告诉你，因为它太机密了。但是，它涉及数百万……建立邦联、开疆拓土和帝国永固是他的理想……这简直像一个童话般的梦。"

罗德斯为他的事业招募的其他记者，还包括《泰晤士报》的殖民地通讯员弗洛拉·肖（Flora Shaw），富有影响力的《双周评论》的副主编约翰·弗斯考伊尔（John Verschoyle）牧师，以及为《双周评论》撰写关于帝国事务文章的激进议员查尔斯·迪尔克爵士（Sir Charles Dilke）。

更重要的是，罗德斯成功地吸引了大英帝国上流社会的成员加入他的企业，包括那些以前反对他的人。富有的地主阿伯康公爵（Duke of Abercorn）接受了主席的职位，威尔士亲王未来的女婿法伊夫伯爵（Earl of Fife）接受了副主席的职位。他们两人以前都没有对非洲表现出任何兴趣。阿伯康公爵主要专注于他在爱尔兰和苏格兰的地产。法伊夫几乎没有做生意的经验。从罗德斯的角度来看，他们是理想的傀儡：他们既不喜欢读报告，也不喜欢做监督公司管理这种苦差事，这让他可以自由地以自己的方式经营企业而不受干扰。

阿尔伯特·格雷（Albert Grey）是罗德斯最重要的目标。他是一位伯爵的继承人，而这位伯爵，也就是阿尔伯特的叔叔，是著名的前殖民地大臣。格雷也是南非委员会的成员之一，以非洲权利的捍卫者而闻名，他是麦肯齐的亲密伙伴，也是"当代的圣骑士"，长期进行着尽职尽责的公共服务。格雷认为自己担当董事是正确的决定，他告诉麦肯齐，他将在公司内部做更多的好事，而不是在公司外指手画脚。

罗斯柴尔德勋爵也来助一臂之力，并免费获得了部分股份。伦敦传教会的秘书沃德劳·汤普森（Wardlaw Thompson）赢得了官方支持的承诺。罗便臣总督也从开普敦写了一封信，这封信在4月寄到伦敦，信中有着令人印象深刻的建议。他告诉殖民地部，除了拟议的垄断之外，唯一的选择就是完全放任自由。随着大量投机者的涌入，"洛本古拉将无法管理或控制他们，除非把他们统统杀光，所谓英国的保护国的名头将是徒有虚名"。然后，这一选择将会让马塔贝莱兰落入德兰士瓦手中，或者需要英国纳税人以高昂的代价进行吞并。

罗德斯还得到了下议院的爱尔兰议员的支持。在上次访问伦敦时，他同意向爱尔兰民族主义领袖查尔斯·帕内尔（Charles Parnell）支付5000英镑，以换取他握有85张选票的集团的支持，并承诺在稍后日期再支付第二笔款项，也是5000英镑。

为了应对来自麦肯齐和人道主义游说团体的冲击，罗德斯集团坚称，他们的财团"主要是为了保护当地居民和传教士的利益，以防止无法无天的白人涌入并毁灭所有人"。

尽管索尔兹伯里对罗德斯仍有所顾虑，但他最终还是认为，罗德斯的冒险行动为扩大英国在南部非洲的霸权提供了最好的前景，而且财政部不必支付任何费用，这同时也将解决马塔贝莱兰特许权的棘手问题。它可以作为帝国政策一个财政自给自足的分支。除此之外，还有其他优势。在申请特许状时，罗德斯财团提出了一些受到英国政府欢迎的建议：除了开发矿产资源外，它还承诺将铁路和电报线穿过封闭孤立的贝专纳兰保护领向北延伸；鼓励英国移民到来，在非洲进行殖民；促进英国在非洲内陆的贸易和商业。作为一种建设帝国的实惠方式，所有这一切都是难以指摘的。

在特许状开始起草的时候，洛本古拉给英国政府写了一封信，信中毫无疑问地表明了他的态度。它写于1889年4月23日，并于6月18日送达英国。

"前段时间，有一群人来到我的国家，带头的似乎是一个叫鲁德的人，"洛本古拉写道，"他们向我请求一个挖矿的地方，并说他们会给我一些好处做交换……大约3个月后，我从其他来源得知，这个文件把我国所有矿物的权利都交给了他们……我不会承认这张纸，因为那上面写的不是我说的话,也不是那些当初跟我谈事情的人说的话。"

当罗德斯看到这封信时,他回答说,这封信可能不是真的,而是由"某些待在马塔贝莱兰的白人"写的——换句话说,是跟他竞争的其他特许权搜寻者。英国当局没有对此做进一步调查。

1889年7月10日,内阁批准授予罗德斯财团特许状。万事皆备,罗德斯扬帆驶向开普敦。他告诉蒙德:"我的任务完成了。特许状已经颁授下来了,它支持鲁德的特许权,并把在内陆的权利授予我们。我一直在等待,直到我听到它被签署,并且完善了许多小细节……我们拥有的一切都是女王认可的。即使最终我们与洛本古拉产生什么问题,英国人也会认定矿物归我们,他们很清楚野蛮人经常变卦,反复无常。"

与此同时,布拉瓦约的气氛变得越来越紧张。女王给洛本古拉的回信在路上被有意耽搁,这使他加重了怀疑。8月,洛本古拉向女王致谢并补充道:"白人一直为黄金的事把我搅得不得安宁。如果女王听说我把整个国家都送人了,那肯定不是真的。"这封信直到11月才到达伦敦。

作为罗德斯在布拉瓦约的代理人,弗兰克·汤普森的处境变得非常糟糕。他一再要求暂离一段时间,但罗德斯置若罔闻。在离开英国前,罗德斯在威斯敏斯特宫酒店写道:"坚持下去。我只相信你一个人,这完全取决于你。我问你,世界上还有比这更好的机会吗?除了成为殖民地最富有的人之一,你还会扬名四方。"

愤怒的恩德贝莱人开始涌入布拉瓦约。汤普森写道:"成千上万的人从四面八方赶来质问国王,那条叫汤普森的白狗是不是真的买下了这块土地。我现在被马塔贝莱人包围着,是这个国家最臭名昭著的人,在众多黑人和白人阴谋家中间,也是最令人憎恨的人。"

9月,汤普森和洛本古拉的首席顾问大臣罗塞·拉班加纳被拖到了三百人委员会前,他们面临了一连串的指控,人们指责他们犯下了背叛和欺诈的罪行。在烈日之下,他们跪了足足10个小时。罗塞被判处死刑:

> 我看见那个可怜的老人笔直地站着。他把鼻烟壶递给站在附近的一个人。然后他被带出了议会,跪在地上,说:"用你认为合适的方式处置我。我只是国王的奴隶。"行刑手一棍子就打死了他。

汤普森写道,罗塞被处决的表面原因是他建议国王接受来复枪,并在许可书上签字。"但实际上,他成了替罪羊,以保护国王免受马塔贝莱人日益滋长的怀疑,他们认为国王在他们的土地上出卖了他们的权利。"那晚,罗塞的几十名家庭成员——男人、女人和孩子——都被杀害了。

第二天早上,当汤普森准备乘车前往附近的一个传教站时,一个非洲人跟踪了他并对他进行警告。他小声说道:"汤普森,国王说昨天的杀戮还没有结束。"

汤普森立刻就飞快地骑马走了,既没有带吃的,也有带没喝的,他的帽子也在忙乱中掉了。当他的马倒下时,他继续步行。第三天,他被一个商人救起。到了梅富根,他发电报给他15个月没见过的妻子,并且给在金伯利的罗德斯送了信。

只不过,罗德斯的回答令他感到惊讶和失望。罗德斯是这么说的:"我要你回去,因为国王只承认你获得的特许权。"

# 第二十二章
# 前往俄斐

1889年10月29日,不列颠南非公司(British South Africa Company)成立,它成立的凭据是一份脆弱的协议,涉及一个在可疑情况下获得的非法军火交易,而该协议的主要签字方一再对此协议的合法性予以否认。即便如此,维多利亚女王还是把皇家特许状正式授予该公司。公司职权范围几乎可与政府的职权范围相比。洛本古拉授予鲁德的特许权仅仅限于开采金属和矿物,而皇家特许状授权不列颠南非公司的权利则包括:修建公路、铁路和电报线,建立和授权银行业务,接受土地赠予,谈判条约,颁布法律,维持一支公司警察部队,以及帮助和促进移民。

该公司得到了大量资金的支持,初始资本为70万英镑。罗德斯不仅把自己的钱投入了这家公司,他还得到了南非戴比尔斯公司和黄金之地公司的支持。其他主要股东包括阿尔弗雷德·拜特,巴尼·巴纳托,斯塔尔·詹森,查尔斯·鲁德,弗兰克·汤普森,弗兰克·约翰逊,罗斯柴尔德勋爵和夏乔士·罗便臣爵士。这些股票没有向公众公开募股,而是以票面价格提供给朋友、同事和曾提供帮助的政治家。在南部非洲,罗德斯也向阿非利卡人提供了一些股票购买机会,用以克服他的铁路计划的阻力,罗德斯计划从金伯利向北修建一条铁路，通过贝专纳兰到达马塔贝莱兰——这也是特许状里的一个基本要求。

在罗德斯集团之外，没有人知道——甚至连英国政府也不知道——不列颠南非公司实际上并不拥有鲁德获取的特许权，虽然整个公司都是以它为基础构建的。特许权仍然属于由罗德斯、吉福德和考斯顿在伦敦成立的中央探索协会（Central Search Association），该协会本是为了整合他们的利益，现在，特许权被中央探索协会租借给了不列颠南非公司，条件是该公司承担所有开发费用，然后将一半的利润转回中央探索协会。与不列颠南非公司一样，一些有权势的个人也投身其中——拜特、鲁德和罗斯柴尔德从一开始就是中央探索协会的参与者。1890年，名义资本为12.1万英镑的中央探索协会改名为联合特许公司（United Concessions Company），名义资本为400万英镑，股东也是原班人马。虽然联合特许公司的股票以低于票面价值的价格出售，但它们仍然给该公司创造了超过100万英镑的市值，所有这些都是基于1000支步枪的原始投资——虽然从来没有被动用过——以及每月100英镑的付出。

直到1891年，政府才发现——并且大为震惊——谁拥有特许经营权。一份关于不列颠南非公司起源的机密备忘录被提交给内阁，最终得出的结论是，政府被故意误导了。一位高级官员宣称，如果这些事实在1889年为人所知，"特许状肯定会被拒绝颁发"。部长们拒绝采取任何行动，只是坚持要把鲁德特许权的所有权转让给不列颠南非公司。中央探索协会照办了，将其400万英镑的股份换成了100万英镑的特许股票，当时，这些股份的发行价略高于票面价值，此后不久便大幅上涨。

鉴于维多利亚女王在1889年3月的信中曾向洛本古拉提出建

议，警告他"不要草率地做出特许"给陌生的英国人，这就无法解释为什么她后来决定在没有征求她意见的情况下授予一家英国公司以巨大的权力，而这份权力显然违反了洛本古拉实际上签署的特许权，因此，英国当局显得很尴尬。为解释此事，不列颠南非公司的伦敦办事处起草了一份给洛本古拉的信件，并交由英国政府批准。

为了展示帝国的辉煌，这封信由一个军事特派团送至布拉瓦约，这个代表团由皇家骑兵卫队的5名军官组成。他们乘坐一辆装饰有皇家图案和8头骡子拉着的华丽四轮车抵达布拉瓦约。1890年1月29日，他们头戴羽毛头盔，身穿闪亮的胸甲，把这封信交给了洛本古拉。

莫法特在现场翻译。罗德斯选派来接替汤普森的代表詹森也在场。之前，在罗德斯一再要求之下，汤普森最后一次前往布拉瓦约，但是他再也不想做什么了。英国当局在信中说：

> 自从洛本古拉的使节访问以来，女王对马塔贝莱兰的特殊情况进行了最充分的调查，了解到各色各样的白人到洛本古拉的领地寻找黄金给他带来了诸多麻烦。但是，无论黄金在哪里，也不管黄金被声称在何处，洛本古拉都不可能将白人排除在外，因此，对于他来说，最明智和最安全的选择，也是给他和他的部落带来最少麻烦的办法，就是同意不是单独与一两个白人，而是与一个获准的白人团体达成协议。当这个白人团体在某处挖掘时，他们将征求洛本古拉的意愿，洛本古拉也可安排白人们挖掘的地点。如果对酋长本人或臣民造成任何烦扰或麻烦，他们就应向酋长负责。

信中说，女王因此决定批准洛本古拉给予罗德斯的代表（鲁德、汤普森和马圭尔)的特许权。在仔细调查之后,她向洛本古拉保证了这些人的可靠性:"女王的几个最尊贵和最值得信赖的臣民"现在与土著建立了联系。

> 这些人是可以信赖的,他们将履行自己的承诺,在首长的国家从事开采黄金的工作,而不会干扰他的人民,或以任何方式干扰聚居点、农田和牲畜。

女王宣布,任命约翰·莫法特为她在洛本古拉宫廷的代表——这个职位出自罗德斯的主意,却被莫法特形容为"在无法无天的野蛮人中一个背井离乡的倒霉蛋"。

洛本古拉并没有被"伟大的白王后"的甜言蜜语所欺骗。卫兵走后,他抱怨说:"女王的这封信准是罗德斯写的,女王不会再给他写那样的信了。"他后来指责女王"有两条舌头"。然而,英国方面的这种口是心非的态度,比他想象的要严重得多。就在女王的信被宣读时,罗德斯正在开普殖民地计划武装入侵林波波河。

1889年12月,当洛本古拉继续搪塞,不给任何人"道路"时,罗德斯启动了一个用武力将他驱逐的计划。罗德斯与弗兰克·约翰逊和他的同事莫里斯·海尼在金伯利的小屋举行了一系列会议,之后,罗德斯与他们签订了一项合同,决定招募500名白人雇佣兵,让他们代表不列颠南非公司去推翻洛本古拉。根据12月7日签订的合同条款,约翰逊得到的指示是:

> 突袭马塔贝莱兰所有的重要据点,普遍地摧毁阿曼德贝勒的力量,使他们无法袭击周围的部落,解放他们所有的奴隶,并进一步把这个国家变为能够进行开发的状态,使不列颠南非公司的采矿人员和商业人员能够在马塔贝莱兰和平而安全地开

展业务活动。

罗德斯同意承担筹集和维持雇佣军部队的一切费用，为期 6 个月，"如有必要"的话，还可以持续更长时间。如果这次仗打赢了，约翰逊和海尼将获得 15 万英镑和 5 万摩尔根的土地（约 10 万英亩）。

约翰逊则提议，要么杀了洛本古拉，要么把他当作人质。1940 年出版的约翰逊自传《伟大的岁月》（*Great Days*）手稿中删除了这样一段话，其中写道：

> 在确保把国王和他的随从控制住之后，我就没什么好担心的了。只要觉察到土著集中或组织起来反对我们，我们就可以通过杀死洛本古拉和粉碎每一个武装部落来粉碎他们的计划。或者——这也是我最喜欢的办法——我可以把洛本古拉和他的随从扣为人质，这样我就能在布拉瓦约发号施令了。

罗德斯还邀请弗雷德·塞卢斯去金伯利见他。塞卢斯当时在开普殖民地，他刚刚从马绍纳兰的马佐埃河谷探险归来，他是经过葡萄牙控制的领土才到达那片河谷的，这里是他非常熟悉的一个地区。自 1880 年以来，塞卢斯已经在伦敦的皇家地理学会出版了许多报告和地图。他确定了许多标志性地点，其中一个是马佐埃河源头附近的一座小山，他把它命名为汉普登山（Mount Hampden）。1884 年，他写信给皇家地理学会，信中说胡亚尼河（Hunyani）与马佐埃河之间的那片高地是整个南部非洲最适合被欧洲人占领的地区。"这里灌溉条件很好，没有干旱和饥荒，农作物的丰富多样性在周边地区无与伦比。"他指出，当地的绍纳人很平和。"在他们身上，很少有那种在未开化的种族中常见的凶残特征，部落内部如果发生冲突，也很少会有流血事件。"

在 1889 年的旅行期间，塞卢斯已从马佐埃河谷的两个头领那里获得了矿产特许权。他在向赞助探险队的辛迪加提交的报告中写道："特许权完全是公平的、公正的和真诚的，没有什么能撼动它。马塔贝莱人宣称对这片地区拥有主权，完全是无稽之谈。"他还遇到了在该地区活动的葡萄牙人。

1889年12月，塞卢斯在金伯利与罗德斯讨论了这些问题，他在那时明确表示，他打算在英国媒体上发表几篇文章，证实他的观点，即马绍纳兰的大部分地区——包括他获得特许的地区——完全独立于洛本古拉的统治之外。罗德斯立即劝阻了他。

后来，罗德斯在给伦敦的阿伯康公爵写信时说："我花了很长时间才向他证明，即使他能证明马绍纳兰是独立于洛本古拉统治的，这也不会帮到绍纳人，而只会帮助葡萄牙人攫取这片土地。"为了让塞卢斯改变想法，罗德斯从自己的小金库里掏了2000英镑贿赂了他。

然后罗德斯开始招募塞卢斯参加他的探险队。然而，在得知罗德斯计划用武力推翻洛本古拉之后，塞卢斯立即表示反对。他说："这将导致灾难，在马塔贝莱兰引发土著对商人和传教士的报复，并在英国引起骚动。"塞卢斯对罗德斯说，总而言之，"这对不列颠南非公司来说是个糟糕的开端"。

约翰逊继续敦促进行入侵，但塞卢斯说服罗德斯制定了一个替代计划。他建议远征队不要前往布拉瓦约，而应该从南部直接前往马绍纳兰，途经马塔贝莱兰东部边缘，穿过未知的区域，完全避开布拉瓦约。他认为靠近马佐埃河源头的汉普登山是最合适的目的地。

结果，1890年1月1日，罗德斯在开普敦与约翰逊签订了一份新合同。约翰逊计划招募一支由120名矿工组成的军团，而不是雇佣兵，这些人将在武装警察的陪同下前往马绍纳兰。塞卢斯将担任这支远征队的向导。1 月 10 日，在开普敦的政府大楼举行的正式会议上，开普殖民地的新任高级专员亨利·洛克爵士（Sir Henry Loch）批准了这项计划。尽管使用了一些措辞，但很明显的是，探险队的第一步应该是占领马绍纳兰。

殖民地部官员爱德华·费尔菲尔德在伦敦宣读会议报告时，很快就领会到了其中的含义。"现在，这只猫从罗德斯先生的袋子里钻了出来，它证明了自己确实是一种非常凶猛的动物。"

费尔菲尔德认为，这个计划肯定会让英国卷入一场战争，与洛本古拉大打出手。他写道："南部非洲的人们正在失去控制。" 2 月 14 日，殖民地大臣纳茨福德给洛克发了电报，明确表示政府不能"制裁已经在马塔贝莱兰或马绍纳兰进行的活动，尽管这些活动并没有得到洛本古拉的特别批准"。

但洛本古拉仍然拒绝批准任何探险活动。塞卢斯对拖延感到不耐烦，3 月，他去布拉瓦约找洛本古拉谈话，但毫无进展。"只有一条路通往马绍纳兰，而这条路要穿过我的国家。"洛本古拉说。他抱怨道，他总是不得不和闲杂人等打交道。"让罗德斯来吧，让塞卢斯明天出发去找他。"

第二个来碰运气的是詹森，他于 4 月 29 日到达布拉瓦约，这是他第四次也是最后一次访问此地。第二天，他与洛本古拉国王进行了长时间的会谈，国王从谈话中第一次得知，白人打算对他进行远征。詹森回忆说："在演奏会上，他看上去很严肃，独自哼了好一会儿曲子，好像在说：'真是该死的厚颜无耻！'然后问我，警察来了之后会做什么，我们会做什么，等等。"

三天后，他们又见了一次面。詹森告诉洛本古拉，他要回去告诉罗德斯，洛本古拉拒绝开放道路。洛本古拉回答说："不，我没有不让你们过路，但是，让罗德斯来吧。"因为这一点，他们握了握手，詹森离开了这里，马上向南方走去。

英国政府的所作所为，很难说是"具体的制裁"。真正影响平衡的，是从德兰士瓦共和国传来的报告，其中宣称，布尔人到马绍纳兰的探险活动是由一些团体组织的，这些团体希望摆脱英国人在发现兰德金矿后涌入共和国的局面。索尔兹伯里勋爵进行了干预，警告说，"把高级专员和殖民当局长时间地蒙在鼓里，而让公司的武装警察部队向马绍纳兰推进，这将是危险的举动"。

此时，约翰逊几乎完成了招募志愿者的工作——他们被称为"先驱者"——并在贝专纳兰的林波波河北岸为他们建立了一个大本营——塞西尔营地。每个人都得到了一件制服和一件武器，每天能得到7先令6便士的报酬，并承诺给予他们15份采矿许可证和1500莫根（约3000英亩）的土地。据说，他们中的许多人都是挖矿者，被马绍纳兰靠近地表的地方可以发现大量黄金的传说吸引过来。但是，也有其他一些人，他们之前从事各种行当，技能五花八门。罗德斯坚持要求约翰逊把开普殖民地的那些名门望族的家族成员找来。当约翰逊问他为什么时，罗德斯回答说：

> 你知道在你身上会发生什么事吗？你可能会被马塔贝莱人屠杀，或者至少有一天我们会听说你被包围和切断退路了！你觉得谁会来救你？让我来告诉你——只有帝国（英国政府）。你认为，谁会对帝国当局施加压力并鼓动他们来救你？是你手下这帮年轻人的有权有势的父亲们。

1890年6月27日，先驱部队离开大本营，向东前往马塔贝莱兰边界的图利。远征军由186名志愿者和19名平民组成，其中包括两名英国国教牧师、一名耶稣会神父和罗德斯的私人代表斯塔尔·詹森医生。随行的是一支由 500 人组成的准军事警察部队——不列颠南非公司的警察——他们装备了野战炮、机关枪和探照灯，还有一个从西蒙斯敦（Simonstown）的女王海军基地借来的便携式蒸汽发电机——"为了吓唬迷信的马塔贝莱人"。这支部队里还有各种各样的非洲侦察兵、司机、工匠、厨师和杂役，大约有一千人。

罗德斯找来了一位英国少将，让他为这支大军举行送别仪式：

> 梅休恩勋爵："各位，你们有地图吗？"
> 军官们："是的，长官。"
> 梅休恩勋爵："还有铅笔吗？"
> 军官们："是的，长官。"
> 梅休恩勋爵："好吧，先生们，你们的命运在那座汉普登山上。"

英国高级专员洛克向洛本古拉发送了一条电报，向他做出了虚假的保证。他说："我希望你知道，这些人都会成为你的朋友。"

这次，洛本古拉还是没有被他糊弄住。他回答说："酋长有麻烦了，他正在被罗德斯先生吞掉。"

洛本古拉还向远征军位于贝专纳兰的莫特卢西（Motloutsi）营地发了一条电报。远征军于 6 月 30 日抵达此地。他问他们："为什么有这么多战士来到莫特卢西？是国王犯了什么过错，还是白人失去了他们要找的东西？"然而，鉴于祖鲁国王塞奇瓦约的前车之鉴，尽管洛本古拉麾下的军团渴望与白人决一死战，他还是没有下令攻击远征军。

在塞卢斯和一群非洲探子的带领下，远征军于7月6日渡过图利河，他们穿过林波波山谷的低洼地带，爬上了马绍纳兰的开阔草原，路过了被认为是俄斐首都的废墟城市——大津巴布韦。就在这个废墟的北面，他们建造了一座堡垒，将其命名为维多利亚堡（Fort Victoria）。9月12日，在经过离图利过境点360英里路程的跋涉之后，远征军主力和警察抵达汉普登山附近，他们来到马卡布斯河岸边，决定把这里作为他们的目的地，并将其命名为索尔兹伯里堡（Fort Salisbury）。第二天，他们举行了隆重的仪式。廷代尔·布里斯科中尉找到了一根弯弯曲曲的木棍，把国旗挂在上面，竖立起来；卡农·巴尔福做了一次祈祷；警察部队鸣枪21响，向女王致敬；先驱者们一齐为女王欢呼，连喊三声。

# 第二十三章
## 克鲁格的保护领

下一个面临覆灭命运的是斯威士兰。克鲁格对它觊觎已久,因为占领它就能获得汤加兰(Tongaland)的科西湾(Kosi Bay),从而获得一个入海口。罗德斯赞成把它交给德兰士瓦,以让克鲁格同意放弃向北方的扩张,而把林波波河沿岸的土地留给不列颠南非公司。伦敦的英国官员也同样倾向于出让斯威士兰,作为对克鲁格的绥靖政策。1889年,殖民地大臣纳茨福德勋爵写信给首相索尔兹伯里勋爵:

> 如果我们让布尔人吞并马塔贝莱兰和马绍纳兰,我们在这个国家就会遇到很大的麻烦,因为它们十分富饶,而且是洛本古拉租借给我们的,现在由一些有影响力的人控制着;但是,如果我们禁止布尔人扩张到北方,我们将不得不面临相当大的危险,那就是我们可能与布尔人发生冲突。我倾向于与他们妥协,让他们知道,如果他们与翁曼丁(Umbandine,即斯威士兰国王姆班德泽尼)达成协议,把该国列为保护国或吞并它,我们也不会加以阻拦。

在布尔人、祖鲁人和葡萄牙人的包围下,斯威士兰成功地保持了表面上的独立，而其他非洲王国都被无情推进的白人势力击垮了。根据1881年《比勒陀利亚公约》和1884年《伦敦协定》的有关规定，英国和德兰士瓦共和国承诺维持斯威士兰的独立。但1884年在靠近斯威士兰边界的德卡普山谷发现了珍贵的金矿，这加剧了姆班德泽尼面临的威胁。

早年刚与白人殖民者接触时，斯威士人就寻求与他们合作，而不是反对他们。斯威士人与布尔迁徙者结成联盟，共同对抗他们的宿敌，如佩迪部族和祖鲁部族。斯威士人提供军队，支持布尔人和英国人粉碎了塞库库尼的势力，他们还帮助英国打败了塞奇瓦约的祖鲁政权。然而，到了19世纪80年代，白人变得越来越贪婪。首先是布尔农民寻求冬季放牧特许权，然后是白人勘探者——主要是说英语的——寻求采矿特许权。到1886年底，斯威士人失去了大部分冬季牧场，它们都被德兰士瓦人占领；到1887年底，他们几乎失去了所有的矿产权。

接下来，姆班德泽尼开始出售其他垄断特许权。随着对特许权的争夺愈演愈烈，姆班德泽尼决定找一名白人管理者来管理特许权的相关事务。他向纳塔尔的谢普斯通一家寻求帮助，任命西奥菲勒斯爵士的儿子"奥菲"·谢普斯通为斯威士兰国王的宫廷顾问和代理人，国王认为他是可以信赖的。1887年，谢普斯通来到姆班德泽尼在恩贝克尔韦尼的宫廷。他负责管理国王和白人之间所有的商业交易，以及由此产生的收入。他还成立了一个白人管理委员会，以监督警察部队和法院组织，以及执照和会费等非特许收入的征收。事实证明，谢普斯通是一个肆无忌惮而又腐败的行政官员，他有计划地挪用特许权收入以供个人使用。他还开始自己经营特许权，为代表德兰士瓦利益的代理人取得铁路特许权。

为了约束谢普斯通，姆班德泽尼赋予了白人管理委员会更大的权力。1888年，该委员会被赋予了管理斯威士兰所有白人的行政权力。但是，最后的结果却是大规模的掠夺。各种各样的特许权都是从国王那里骗来的，从典当、专利药品到银行、海关和国王财政收入。姆班德泽尼一病不起，他指出：

> 我周围都是白人。他们用武力占领了我所有邻国的土地。如果我不给他们权利，他们就要自己来拿。因此，只要他们付钱，我就给。如果我们注定要死，为什么要在死前绝食呢？

在特许权问题上的混乱，为克鲁格与金伯利及兰德的矿业巨头提供了机会。德兰士瓦政府除了弄到铁路特许权外，还购买了电报和电力特许权，他们的最终目的是对斯威士兰进行有效控制，并借此进入科西湾。就矿业巨头而言，他们在充当中间人、买卖特许权方面看到了有利可图的机会。

1889年3月，特许权经营者与埃克施泰因和波吉斯取得联系，向他们出售各种权利，其中包括铸币厂的五十年垄断经营权，以及任何贸易、商业或行业垄断50年的执照和许可证。考虑到价格太高，他们最初拒绝了报价。但几天后，克鲁格的生意伙伴雨果·内尔马修斯联系了埃克施泰因，他说，他是根据德兰士瓦政府的指示行事的。内尔马修斯提议，成立一个包括他本人在内的以埃克施泰因为首的辛迪加，以5万英镑的价格购买铸币厂和经营执照的特许证，并代表政府持有这些特许证，直至成功吞并斯威士兰，届时该辛迪加将获得丰厚的利润。作为额外的奖励，埃克施泰因获得了德兰士瓦政府给予的特许经营权。

交易很快达成。1889年5月1日，在白人管理委员会官员的授意下，姆班德泽尼签署了一项特许权协议，接受埃克施泰因和波吉斯每年100英镑的付款。作为回报，他承诺"除非获得特许公司的同意，否则绝不向任何外国势力放弃其国家的独立，并抵制任何外国势力的征服或吞并，特许公司会最大限度地对后者加以反对。并且，如果受到攻击或威胁，特许公司有权引进他们认为适合保护本国主权的外国力量"。

5月3日，克鲁格向英国政府提出，德兰士瓦愿意放弃对北方的所有诉求，以换取对斯威士兰的政治权利和一条穿过汤加兰通往科西湾的道路。然后，他又与埃克施泰因签订了一份私人协议，要求他的辛迪加按照指示将特许权以5.3万英镑的价格转让给政府，并促使德兰士瓦兼并斯威士兰。

随合同附上的一封信中，内尔马修斯告诉埃克施泰因："斯威士兰一年都独立不下去了……一旦失去独立，协议就会生效，我们就会从一个或另一个控制这个国家的人那里拿到钱。"7月29日，白人管理委员会通过了一项决议，赞成将斯威士兰并入德兰士瓦。

随着姆班德泽尼的权威逐渐减弱，他下令对自己的对手实施一系列的处决和杀戮，这使斯威士兰陷入更深的混乱之中。到1889年10月死于黄疸病时，他的王国已经名存实亡。由于一些特许权被卖了好几次，他"出让"的面积甚至超过了他的国家的总面积。

德兰士瓦和英国都采取行动，以填补斯威士兰的权力真空。克鲁格对斯威士兰提出了主权要求，要求对其拥有唯一控制权。英国派遣官员弗朗西斯·德·温顿爵士（Sir Francis de Winton）进行了实地考察。德·温顿断定德兰士瓦的大部分诉求都是合理的。但他建议，作为对斯威士兰权利的任何正式承认的交换，应要求德兰士瓦放弃对林波波河以北的土地的所有主张,接受来自开普殖民地产品的自由贸易,并允许开普铁路延伸至威特沃特斯兰德。

1890年3月,克鲁格和英国高级专员亨利·洛克爵士在瓦尔河上的布利瑙特桥(Blignaut's Pont)上举行了一次会议,所有的这些问题都得到了讨论,罗德斯作为不列颠南非公司的代表出席了这次会议。克鲁格提出了一项协议,即德兰士瓦不再向北方扩张,以换取斯威士兰:

> 鉴于女王陛下的政府希望拥有马塔贝莱兰和马绍纳兰,以及最近洛本古拉给予英国人的特权,我认为促进南部非洲繁荣的机会出现了——我支持女王陛下的政府,而女王陛下的政府给予我在斯威士兰的权利,以及东部的海上分界线。

然而,洛克拒绝让未来的赞比西亚和斯威士兰有这样的联系。他说,赞比西亚已经在英国的势力范围之内。在激烈的争论之后,克鲁格同意将两者分开,并自愿支持英国政府在马塔贝莱兰的行动。"万一有必要在马塔贝莱兰诉诸武力,我可以鼓励和促使我的公民们前去帮助罗德斯先生,如果他需要的话……罗德斯先生一定不要认为我的政策是袖手旁观,我是想要尽我所能地帮助他。"

在谈到关于斯威士兰的未来时,洛克坚持说,斯威士兰不应该由克鲁格完全控制,而应该接受联合管理。克鲁格反对道:"两个大农场主怎么能挤在同一个屋檐下呢?"

洛克对于允许德兰士瓦进入海洋的安排也同样反应激烈。他说,英国准备在科西湾给克鲁格一个沿海港口,它将允许德兰士瓦共和国沿着横贯斯威士兰和汤加兰的通道修建一条通往那里的铁路,但不会像克鲁格希望的那样,把斯威士兰和汤加兰的控制权让给德兰士瓦。克鲁格反驳道:"如果我把我的手砍下来扔掉,我还能把它叫作我的手吗?"

当这一天快结束的时候,洛克引入了一个新的问题。他说:"有一点我应该在前面提到。如果德兰士瓦政府得到一个海港,它必须在三年内加入关税同盟。"克鲁格回答说如果他在海岸边获得一个港口,他愿意加入关税同盟,但他想要的海岸土地比他现在得到的要多。

克鲁格离开了会议,他说他需要与人民议会协商。然而,人民议会拒绝了这笔交易。于是,洛克说服了扬·霍夫迈耶与克鲁格谈判,并用武力威胁作为额外的刺激。

最终,双方于1890年8月签署了公约——没有与斯威士人进行任何协商——将斯威士兰置于联合控制之下,并授权德兰士瓦获得一条三英里宽的通道,以便修建一条从斯威士兰和汤加兰通往科西湾的铁路。

克鲁格随后利用公约加强了德兰士瓦对斯威士兰的控制。到1892年,"联合政府"被认为是失败的。1893年,双方又签订了第二项公约,它使德兰士瓦行政当局有效地控制了斯威士兰。当斯威士兰的长老们看到公约的条款时,他们拒绝接受这些条款,但没有人理会他们的看法。

1894年,英国政府进一步退让。9月,殖民地大臣里彭勋爵(Lord Ripon)写信给外交大臣金伯利勋爵:"我认为,我们必须放布尔人进去,我非常不喜欢这种措施,但我认为我们别无选择,除非冒着与布尔人开战的严重风险,而我认为绝不能把战争纳入考虑范围之内。"

他们再一次对斯威士人不闻不问。1894年12月10日,英国同意了第三次公约,将斯威士兰作为"保护国"交给德兰士瓦。根据洛克的说法,"为了避免南部非洲的两群白人之间的战争,这是必须付出的代价"。

当斯威士人回忆起这段历史时,他们称那是一个"文件把我们杀死"的年代。

# 第六部分

# 第二十四章
# "大谷仓"别墅

1890年，年仅37岁的罗德斯达到了财富和权力的巅峰。作为开普殖民地的总理，他领导了一个有效的政府，并得到了阿非利卡人帮的支持，这是这个地区唯一有组织的政党。作为戴比尔斯公司的董事长，他实际上控制了钻石生产和销售。作为不列颠南非公司的总经理，他被授权对非洲内陆的大片地区行使"绝对自主权"，并且可以调遣私人军队——不列颠南非警察——执行他的计划。

这是一个令人眼花缭乱的建立帝国的壮举，为他赢得了许多崇拜者。罗德斯认为，他的成就证明了他拥有独一无二的天才。但是，像其他帝国缔造者一样，他的成功依赖于许多关键人物的工作和才能。他早期的商业事业是与鲁德一同打拼下来的。事实上，他们的合作关系在很多年里一直被称为"鲁德和罗德斯"，罗德斯是被排在后面的。金伯利钻石矿合并的幕后策划者不是罗德斯，而是谦逊的阿尔弗雷德·拜特——"小阿尔弗雷德"，罗德斯总是向他寻求解决办法。他能向北扩张，也是由夏乔士·罗便臣推动的，后者是一个开普帝国主义者，与他有着相似的目标。正是由于罗便臣的果断，《莫法特条约》才得以签署，从而将马塔贝莱兰纳入了英国的利益范围。

而之所以能在赢得英国当权者对特许公司的支持中取得胜利，既是由于罗德斯自己的努力，也应归功于吉福德和考斯顿在伦敦的工作。最后，他之所以能为他的公司争取到皇家特许状，只是因为它符合索尔兹伯里勋爵的利益。在欧洲列强争夺非洲的斗争中，索尔兹伯里一心想要保持英国的领先地位，而罗德斯的计划对他来说是一种实惠的方法，既可以扩大英国的影响力，又无须耗费公共财政。

罗德斯利用许多盟友来完成他的事业，这固然显示出他非凡的说服力，但同样有影响力的是他的金钱的力量。许多人渴望大发横财，才被吸引加入了罗德斯的阵营。当遇到阻力或怀疑时，罗德斯善于提供激励、贿赂、股票期权、董事职位和其他职位，他确信："人各有价。"英国和南部非洲的政治家、记者和神职人员，甚至那些有光鲜履历的人，都被罗德斯收买而毫无顾虑地加入他的事业。布隆方丹的英国国教主教奈特-布鲁斯博士（Dr. Knight-Bruce）曾经直言不讳地谴责罗德斯，但很快就因为被任命为马绍纳兰的第一位主教而沉默不语。他那个时代的圣骑士格雷伯爵也是如此，他认为比起继续在一边批评，或许在不列颠南非公司内部他可以做得更好。

开普敦的律师詹姆斯·罗斯·因内斯（James Rose Innes）在他的回忆录中生动地描述了罗德斯在工作中的情况，正如他所说的那样，罗德斯对整个政坛都产生了影响：

> 他向国会议员和其他知名人士提供机会，让他们以票面金额认购当时价值相当高的特许股份。这一点被巧妙地宣之于口。这个主意是为了吸引罗德斯所选定的人，因为北方扩张计划需要他们出力。当然，接受馈赠者也为自己所得的股份支付了相应的代价，但他们获得的价值也远远超过了所支付的价格。事

实上，这是一份价值不菲的礼物，人们会认为，它是可以被接受的，因为这不损害他们自身的独立性。然而，人们在意想不到的情况下接受了它。

罗斯·因内斯是少数拒绝了罗德斯拉拢的人之一。

由于新闻媒体的宣传，罗德斯现象引发了公众的想象。随着非洲争夺战进入高潮，在非洲为帝国霸业而奋斗之人都被当作受欢迎的英雄。罗德斯被视为戴维·利文斯通、戈登将军以及在威尔士出生的记者兼探险家亨利·莫顿·斯坦利（Henry Morton Stanley）的继承者，因为这些人开辟了将文明带到蒙昧的非洲大陆的道路。斯坦利讲述了他在刚果丛林中的一段史诗般的旅程——《在最黑暗的非洲》(*In Darkest Africa*)——这本书一经出版就受到广泛好评。而罗德斯在内地修建铁路和电报线路，并开发矿产和农业资源的计划，都被当作是需要遵循的例子。

因非洲争夺战而增加的紧迫感，证明罗德斯想要采取的果断行动是正确的。1888年8月，热情而年轻的帝国主义者哈里·约翰斯顿（Harry Johnston）在索尔兹伯里勋爵位于哈特菲尔德（Hatfield）的住所度过周末后，为伦敦的《泰晤士报》写了一篇文章，主张结束英国在非洲殖民的"华丽的无所作为"。他承认其他欧洲大国在非洲有"合法"的利益，例如在北非的法国和意大利，但他认为，为了英国的商业利益，英国必须将其控制权扩大到"非洲的大部分地区"。埃德温·阿诺德提出了"开普到开罗"（Cape-to-Cairo）政策的最初构想，他敦促英国"通过一条连续的不列颠统治带"，把英国在南部非洲的属地与其在东非的势力范围、埃及和苏丹联系起来。

被约翰斯顿的热情打动，索尔兹伯里任命他为驻葡属东非（莫桑比克）的英国领事。他的职责是确保英国能够获得内陆的领土，这也是索尔兹伯里为何致力于在葡萄牙人、德国人或比利时人到来之前与非洲酋长签订条约的目的所在。但是，和以往一样，索尔兹伯里面对的是吝啬的财政部，因此他只能向约翰斯顿提供有限的资金。

此时恰逢1889年，罗德斯正为寻求皇家特许状而访问伦敦，他的到来使约翰斯顿的困境迎刃而解。他们在《双周评论》的卓有声望的副主编约翰·弗斯考伊尔在马里波恩（Marylebone）的公寓见面，然后又来到了罗德斯在威斯敏斯特宫酒店的套间，在里面彻夜交谈。罗德斯给约翰斯顿开了一张2000英镑的支票，作为一次旨在签订条约的远征费用，他还承诺每年给约翰斯顿1万英镑，用于占领和管理中部非洲赞比西河与白尼罗河之间的大片领土。罗德斯还把"开罗到开普"政策当作自己的事业。

占领了马绍纳兰之后，罗德斯于1891年再次回到伦敦。他受到了明星一样的待遇，被誉为实干家，具有点石成金的本领，大胆地引领着文明的进步。政客、记者和金融家的邀请函如雪片般飞来，其中就包括索尔兹伯里和格莱斯顿。维多利亚女王也邀请他到温莎城堡用餐。她问他，他是否真的讨厌女人，罗德斯优雅地回答说："我怎么可能不喜欢陛下的性别呢？"

来到威斯敏斯特宫酒店套房的访客中，有爱尔兰民族主义领袖查尔斯·帕内尔（Charles Parnell），他要求得到罗德斯承诺的第二笔5000英镑的资金，作为他对罗德斯政治支持的交换。罗德斯派私人秘书哈里·卡瑞去霍尔银行取了5000英镑现金。由于自己的领导地位面临着挑战，帕内尔频频光顾罗德斯的公司。"他过去常常在晚上六点钟左右给我打电话，在我的房间里耐心地等着，直到罗德斯有空为止。"卡瑞回忆道：

一天晚上,他对罗德斯说:"我会输的。"罗德斯问:"你为什么这么说?"帕内尔回答说:"因为神父们反对我。"罗德斯先生像往常一样在房间里踱来踱去,突然转过身来问道:"难道我们就不能把教皇摆平吗?"

罗德斯还与《帕尔默尔报》的编辑斯特德(W. T. Stead)进行了长时间的交谈,把想要建立一个英语世界联盟的想法和盘托出,还有许多诸如此类的憧憬。斯特德引用罗德斯的话说,"如果真有上帝,我想,他希望我做的就是尽可能多地把非洲的地图填上英国红"。

罗德斯把总部从金伯利搬到开普敦后,便开始寻找一处能永久居住的家。二十年来,他已经习惯了简朴的住所——帐篷、马车、铁皮小屋、公寓和旅馆房间——他几乎不关心居家舒适,经常搬家。当他成为开普殖民地总理时,他和港务长彭福尔德一起住在开普敦主干道阿德利街上的一家银行旁边,环境十分喧闹。这条街从国会通往海港,一路都是下坡。

1891年初,他租下了一处名叫"大谷仓"(Groote Schuur)的住宅,英国总督曾把这里作为夏季度假别墅。它建在魔鬼峰(Devil's Peak)之下,位于桌山外围的山肩,离开普敦的东部边境只有几英里。那里的原始建筑是在17世纪建造的,主要用作政府的粮仓——大谷仓,但后来它被改建成具有开普荷兰式建筑特色的住宅。房子里几乎没有留下早期风格的痕迹,在1866年的一场火灾之后,传统的茅草屋顶被威尔士石板取代,但该地视野开阔,可以一眼望到斯泰伦博施周围的山区,蔚为壮观。后来,罗德斯买下了该地产的永久产权,然后着手收购周围的农场,在魔鬼峰的山坡上种植了一片1500英亩的由橡树、松树和本土树种组成的森林。

搬进来后，罗德斯想要以原先的开普荷兰式建筑风格重建"大谷仓"。在一次晚宴上，罗德斯偶然遇到了一位对殖民建筑感兴趣的英国年轻建筑师赫伯特·贝克。罗德斯于是请贝克担起这一任务。贝克在他的回忆录中写道："我很惊讶，这样的人——伟大的商业公司的董事长——竟然不给我任何细节，也不给我明确的指示。关于他的理想，他只是简单地给我说了几句——他的'想法'——就信任我，放手让我去做剩下的事情。"

罗德斯的"想法"既反映了他自己的个性，也反映了他对建筑的品位。他对贝克说，"大而简单，又粗犷，如果你喜欢的话"；"不要小气和过分讲究的东西"，"我喜欢柚木和白石灰墙"。贝克写道："他厌恶小而平庸的东西，任何用机器制造的商业产品，以及不是用手和大脑制造的东西。"罗德斯坚持要拆掉所有的细木工制品，代之以柚木。"我还得换掉所有进口的铁器，那是他讨厌的东西，例如门和窗用的铰链和其他金属制品——甚至是那些冒头的螺丝钉也不放过；我必须找到工匠，教他们用铁锤，或用黄铜或青铜铸造的锤子，就像在工艺的黄金时期，在机器将它们取而代之之前那样。"

贝克在房子前面安装了一个新的立面，在后面加了一个长长的门廊，并为厨房和安置仆役建造了一个楼。他还建造了一个新的侧厅，这个侧厅包括一楼的一个台球室和二楼的主卧，主卧有一个朝向魔鬼峰的大飘窗。他还重新装了一个茅草屋顶。在翻修工程进行期间，罗德斯安然地睡在外屋的一间小房间里，这里曾经是奴隶住所的一部分。房子最显著的特征是屋后的门廊，地板是黑白格子的大理石，站在这里可以看到魔鬼峰。罗德斯的许多会议和招待宴会都是在这里举行的。在房子里，贝克打造了一个宽敞的大厅，由实心柚木柱子和一个巨大的壁炉构成。

当需要装饰房子的时候，罗德斯在1891年访问伦敦期间，从伦敦运来了一批现代家具。当时，哈里·卡瑞被要求在伦敦找到一家合适的商店，挑选家具。卡瑞被派到了托特纳姆宫路上的马普尔斯商店，但是很快就被琳琅满目的商品搞得眼花缭乱，他安排梅普尔斯把罗德斯要求的东西"一式三样"地都送到了罗德斯的酒店——椅子、地毯、衣柜、盐瓶、餐巾。酒店的一个主要接待室被改造成了陈列室，车队把家具运到了这里。然而，罗德斯对此毫无兴趣，他让卡瑞去挑选商品。据卡瑞说，给"大谷仓"准备的家具"从地窖到阁楼"无所不包，大约一刻钟就全运到了。

在贝克的循循善诱下，罗德斯开始对传统的开普家具产生兴趣。有一次，贝克给他看了自己在开普敦的一家当铺里找到的一个普通的臭木衣橱，它那原本呈现金黄色和棕色的木头，因年代久远而变暗了，罗德斯立刻签了一张支票买下了这个衣橱。这标志着他收藏旧殖民地家具的开始。贝克写道："我认为，他天生具有一种真实的，尽管可能是粗糙和原始的品位——一种探索真理的本能——并且，当两样东西同时摆在他面前时，他能很快地分辨出好与坏。"但是一开始他根据那些不好的建议冲动行事时，也犯了错误。

从伦敦买来的家具很快就被淘汰了。随着对开普风格热情的日益增长，罗德斯成了一个知识渊博的收藏家。他特别高兴地得到了边境的布尔猎人制造的椅子和凳子，上面镶有用骨头或象牙组成的日期和首字母。他还从荷兰东印度公司购买了进口的荷兰玻璃和中国与日本的瓷器。当没有旧家具可用时，贝克就委托当地工匠生产复制品。在大厅里，罗德斯展示了许多非洲盾牌、长矛和狩猎战利品。他的图书馆里放满了关于非洲探险和历史的书籍、文件、期刊、手稿与地图。他的浴室的中心是一个 8 英尺长的浴缸,由一块坚硬的花岗岩镂空雕刻而成,这块花岗岩是从 45 英里外的帕尔运到这里的,浴缸的形状像一个石棺,上面装饰着狮子头的喷水口,让人想起罗马帝国。在门廊的地板上,他放了许多旧箱子,这些箱子来自早年荷兰移民的船舱,上面钉满了打孔和雕刻的黄铜质地的锁、饰板与铰链。

房子周围的花园,罗德斯要求"布置得五颜六色"。房子的一头有许多玫瑰,"令人眼花缭乱"。在门廊外的空地上,长满了一片蓝色的绣球花"湖"。大片大片猩红色和橙色的美人蕉、三角梅与倒挂金钟在半野生状态下生长。

赫伯特·贝克说:"这个花园实在是花团锦簇,简直不能更拥挤了。在南非,一切都必须是大量的。"

他还观察到:"罗德斯在园艺和种植方面的活动,经常因他个性的缺陷、他的'小癖好'而受到影响。"在魔鬼峰的高坡上,他建了一个围栏,在里面养了许多羚羊、斑马、旋角大羚羊、角马、鸵鸟和其他非洲的野生动物。他还把几只狮子关在笼子里,打算有一天为它们建造一座有柱廊和大理石的大宫殿。

与其说罗德斯把"大谷仓"别墅当作是一个家,不如说这里是他的商业和政治帝国的总部。每天清晨他沿着山坡骑马,有时和一两个朋友一起,用漫长的交谈打破长时间的沉默;他经常独自坐在"大谷仓"的窗台上沉思,在那里,向南他可以眺望印度洋,向北可以眺望大西洋。但除此之外,"大谷仓"别墅就像一个熙熙攘攘的蜂巢。罗德斯是个慷慨的主人,经常接待朋友、政治同事、商业伙伴和其他访客。他在"大谷仓"的生活围绕着一连串的午餐和晚宴。在门廊上举行的招待会,每每有多达 50 位客人出席。

贝克写道:"形形色色、高低贵贱的人都被他引为座上宾,而他是如此的机智而富有同理心,能把不文明的、粗野不堪的和出人意料的事说得轻松自如。"

他喜欢谈论自己的"本行"——关于帝国、北方、黄金和钻石,但他对流言蜚语和下流的故事感到恐惧。

贝克注意到:"他的谈话似乎常常是一些很简单的老生常谈,他反复重申强调这些事,'像擦宝石一样反复擦拭',正如人们所说的那样,但往往使那些缺乏想象力和习以为常的客人感到无聊。在某些方面,他保留了一些孩子气的特征。"比如,他不好意思说再见。当全神贯注于交谈时,他常常坐在餐桌旁,一直坐到十点钟,然后突然离席,偷偷溜上床去了。

当时,罗德斯的崇拜者之一是小说家奥莉芙·施莱纳(Olive Schreiner)。她在1883年出版的《一个非洲农场的故事》(*The Story of an African Farm*)一书,对在卡鲁大沙漠的生活进行了精彩的再现,受到广泛好评。奥莉芙是一位德国传教士的女儿,母亲是英国人。她是一个具有强烈独立思想的女人,在贫穷的环境中长大,几乎完全是自学成才。她父亲因为被教会开除而陷入破产。她在卡鲁长大,大部分青春时光都在寄人篱下,帮助别的家庭做家务和照看孩子。1872年12月,17岁的奥莉芙来到金伯利的纽拉什,和兄弟姐妹住在同一个帐篷里,像罗德斯一样过着粗陋的生活,像他一样凝望着矿坑深处,做着白日梦。她在金伯利开始写她的第一部小说《水女神》(*Undine*),她并没有把矿井描绘成一个地狱洞穴,充满了灰尘、疲惫和汗水,虽然这里确实如此,而是以一种更浪漫的方式描述了她的女主角在那里度过的一个夜晚:

> 当下面的营地被灯火点亮,帐篷和街道的嘈杂声与骚动声越来越大时,她站起来,在明亮的月光下走进了矿坑。这就像

进入了活人之地的死亡之城,这里是如此的安静,高高的砾石堆把周围嘈杂世界的所有声音都挡在外面。没有声音没有动静。她走到矿脉的边缘,朝下面的矿坑望去。数以千计的电线在月光下闪闪发亮,在黑暗的深渊上形成了一层怪诞的、闪闪发光的薄纱。四周都是黑漆漆的,很深很深,但在明亮的月光下,就在那停止了作业的矿坑的中心,却耸立着一个高高的塔楼。在这座舞台脚下,她蹲下身来,坐在那里看着。在月光的魔力下,可以看出那是一座古老的骑士时代的金色城堡;当你俯视它的时候,你可以发誓,你看到了它那构造如城的墙垛的影子,以及它那一望无尽的炮塔。这是一座巨大的城堡,它沉睡着,被某个魔法师的咒语困在无声之境中长达千年之久。

施莱纳在金伯利待了不到 10 个月,就又重新开始了她那四处奔波的生活,在卡鲁担任了一连串家庭教师的职位。1881 年,她带着 3 本书的手稿来到英国,在伦敦度过了 8 年的时光,享受着知识分子的生活。但是,由于患有慢性哮喘,再加上情场失意,她于 1889 年 11 月回到卡鲁的前哨地区,定居在马奇斯方丹(Matjesfontein),一个从开普敦到金伯利的铁路线上的小车站。

甚至在遇到罗德斯之前,施莱纳就被他吸引了。她从斯特德和伦敦其他人那里听到了关于他的一系列传闻,回到开普后,她表示希望能见到他。虽然住在马奇斯方丹,但是施莱纳经常访问开普敦,成了那里上流社会的明星。在给她的朋友、伦敦心理学家兼作家哈夫洛克·埃利斯(Havelock Ellis)的信中,施莱纳抱怨开普的大多数白人没有文化——"想象一下,整个国家都是低层中产阶级的庸俗之人,没有一丁点贵族血统,也没有一丁点文采风流,甚至没有劳工的强健体魄!"但她补充说,"我听说过一个人,塞西尔·罗德斯……我想如果能见到他，我会很高兴的。"不久之后的1890年6月，她兴奋地写信给埃利斯："我要去见塞西尔·罗德斯，他是南部非洲唯一一位伟大的天才。"她告诉斯特德，她对"这个男人和他的事业"有一种"好奇的、几近于痛苦煎熬的强烈兴趣"。

罗德斯也同样对施莱纳和她的作品印象深刻。他曾在1887年读过《一个非洲农场的故事》，并且深为感动，因为这本书充满了激情和力量，对非洲内陆的广阔空间做出了令人回味的描述。他们建立了亲密的友谊，经常在宴会上和马奇斯方丹车站的月台上见面，当罗德斯乘车路过此地时，就在中途停留的时间和她谈话。1890年11月，施莱纳在马奇斯方丹与罗德斯共进晚餐后，写信给埃利斯，说罗德斯让她想起了她在《非洲农场》中描述的角色沃尔多（Waldo）："同样的、奇特的不近人情的外表，加上一副巨大的、几乎是粗壮的身体。"

施莱纳把罗德斯看作是"一个天才，一个天真的孩子"，对他产生了一种奇怪的温柔的情感。还有一次，她写道，她对罗德斯的感情与其他任何人都不同："不是因为爱，不是因为钦佩……不是因为我认为他高贵或善良……而是一种自然而然的感觉，'那个人属于我'。"12月，当罗德斯去布隆方丹打通一条铁路延长线时，他们还一起旅行。施莱纳后来写道："他甚至比我想象的还要高尚，但是我们的圈子是如此的不同，因此我们永远不可能成为亲密的朋友。（然而）他与我谈论《一个非洲的农场》的时候，比任何人都充满了爱和同情。"

在"大谷仓"别墅，罗德斯经常给予施莱纳优于其他女士的待遇。一位来访的爱尔兰政治家斯威夫特·麦克尼尔（Swift MacNeil）回忆起了在"大谷仓"遇到的施莱纳，"就像她的作品一样完美和闪闪发光"。也有人说她"个性活泼""明眸善睐"，她的脸"充满智慧和力量"。亨利·洛克爵士年轻的侄女阿德拉·维利尔斯（Adela Villiers）于 1890 年与施莱纳相识，并把她描述为"一个象征，一个先知，一个对一切伟大而美丽的事物充满智慧的老师，她的心燃烧着对那些被看不起的人的爱和怜悯"。

开普敦开始传出风言风语，说他们肯定要结婚。罗德斯花了大量的时间与施莱纳交谈和争论，比对他生活中任何其他女人花的时间都多。斯特德和其他人也支持他俩结婚，认为这是个好主意。但是，施莱纳很清楚，罗德斯蔑视所有女性。她对斯特德说："我对此并不感到惊讶，你要是认识那些开普的女人，你也会见怪不怪。"据詹森说，有一天，当他俩在桌山上一起散步时，施莱纳向罗德斯求婚了，但罗德斯转身逃走了。

罗德斯曾对他的助手菲利普·乔丹（Philip Jourdan）说："我知道每个人都问我为什么不结婚。但我不能结婚。我手头的工作太多了。我永远都顾不上家，不可能尽到一个丈夫对妻子应尽的责任。"

实际上，罗德斯几乎只喜欢和男人在一起，在大多数女人面前，他都感到浑身不自在，他对女人十分畏惧。他让讨人喜欢的年轻男性围绕在身边，充当助手，有时对他们产生感情上的依恋，要求他们对自己忠诚，甚至无私奉献。他们中的一人，戈登·勒·苏尔（Gordon le Sueur）说："他们组成了一个护卫队。"

当私人随从里有人要结婚时，罗德斯总是极力反对。据弗兰克·约翰逊说，罗德斯过去常说，男人如果娶了老婆就不可能保守秘密了。"你和女人睡觉时，说梦话会被她听到。一个人在说梦话时是完全诚实的，但他睡着了，说漏了嘴也不知道。"

罗德斯认为婚姻实际上是一种背叛行为。他忠实的秘书哈里·卡瑞订婚之后，纠结了好一段时间才鼓起勇气告诉罗德斯。罗德斯为此大发脾气。当时，弗兰克·约翰逊正在"大谷仓"拜访，他回忆了那次事件：

> 大家都知道（卡瑞）已经订婚了——除了罗德斯。罗德斯歇斯底里，像疯子一样咆哮着，他那本来就女气的嗓音变得更加尖声尖气："离开我的房子！离开我的房子！"没有哪个小男生，甚至没有哪个小女生，能比他表现得更孩子气。

罗德斯冷静下来后，试着劝说卡瑞改变主意，卡瑞回忆道：

> 他说他会非常想念我，因为我们总是"相处得很好"，如果我不打算结婚，我们肯定会继续生活在一起，直到我们中的一个或另一个人去世……然后，他谈了很多关于他的收入的事，包括现在和将来的收入，以及他打算用这些收入做什么。

这一次，罗德斯的钱没有奏效。

# 第二十五章
## 非洲的账单

罗德斯变得越来越傲慢和咄咄逼人,因为他拥有富可敌国的财富和炙手可热的权力。他已经习惯了无情地做生意,在适当的情况下投机取巧,通过贿赂或威吓,甚至准备使用武力来实施他的计划,就像他谋划推翻洛本古拉那样。一旦对他的计划稍有妨碍,都有可能激怒他。他认为自己是绝对正确的,遇到任何反对他的人,他都大加嘲笑和辱骂。不列颠南非公司的伦敦董事们很快发现,他们没有办法控制他。殖民地部认为他不计后果,不可信赖。英国首相索尔兹伯里勋爵试图阻止他,1890 年 9 月,他告诉阿伯康(Abercorn),他"受够了罗德斯"。但是,妖怪已经从瓶子里钻出来了。①

罗德斯对领土的追求是不懈的。他曾经对斯特德说:"如果可以的话,我要把宇宙中的那些星球也吞噬掉。"他派遣特工尽可能多地从非洲酋长那里获取"条约"。"把所有你能弄到的东西都弄到手,事后再问我。"他对手下的一个军官麦尔维尔·海曼上尉说。罗德斯

---

① 出自阿拉伯神话故事《一千零一夜》中的《渔夫的故事》。一个渔夫在海边打捞起了一个瓶子,他打开瓶子之后,里面冒出来一个巨大的妖怪。形容对人们的生活造成永久性的,尤指负面影响的事件已经发生。——译者注

在赞比西河以北的巴罗策兰（Barotseland）以 2000 英镑的价格收购了"独家矿产权"。在离印度洋海岸线只有 100 英里的内陆地区马尼卡兰，他获得了一项条约，不仅被授予了矿产权，还被授予了垄断公共工程的权利，包括铁路、银行、铸币和武器弹药的制造——所有这些只需要支付每年 100 英镑的补贴。

罗德斯和克鲁格一样痴迷于在莫桑比克海岸获得出海口，他还密谋从葡萄牙人手中夺取这一出海口。1890 年 7 月，罗德斯说："他们是一个糟糕的种族，占着海岸三百年，什么都没干，他们占领了什么地方，对什么地方就是个诅咒。"1890 年 12 月，他命令准军事警察前往蓬韦湾，占领了贝拉（Beira）定居点，但洛克却告诉他应该撤退。1891 年 5 月，他又一次企图占领贝拉，但因洛克的军事顾问赫伯特·萨普特（Herbert Sapte）少校的到来而受挫。萨普特少校命令罗德斯的人马撤出该地区。"你为什么不给萨普特戴上镣铐，说他喝醉了？"罗德斯一听到这事，就大发雷霆。他试图通过谈判获得加沙兰地区及其沿海地带的控制权，还给尚加尼酋长运送了一批武器，希望能够说服他摆脱葡萄牙人，但他又一次失败了。

他一再试图从葡萄牙人手中夺走德拉戈亚湾。1890 年 11 月，当他第一次以开普殖民地总理的身份访问比勒陀利亚时，就曾提议与克鲁格联合，共谋得到这个海湾：

> 罗德斯："我们必须合作。我知道共和国需要一个海港。你一定要把德拉戈亚湾弄到手。"
>
> 克鲁格："我们怎么能一起干这样的事呢？这个港口属于葡萄牙人，他们绝不会放弃的。"
>
> 罗德斯："我们一定要把它弄到手。"

克鲁格:"我不能夺走别人的财产……诅咒会降临在不义之财上。"

1892年,罗德斯启动了一项计划,即让开普政府收购德拉戈亚湾。在伦敦,当他就此事进行调查时,并没有遭到英国大臣的反对。罗斯柴尔德勋爵建议,鉴于葡萄牙的破产状态,他不仅可以购买德拉戈亚湾,还可以将整个葡属东非,沿海岸线延伸1300英里的地区全都囊括在内。然而,与葡萄牙人的谈判最终失败了。

罗德斯在1891年的阿非利卡人帮年会上解释说,他的目标是一个由开普领导的南部非洲国家组成的联盟。"开普殖民地应该从开普敦延伸到赞比西河,以同一套法律、同一套政府准则和同一个民族。"

在国内,罗德斯和阿非利卡人帮试图通过一系列限制非洲人权利的措施来推翻开普自由主义的既定传统。罗德斯认为"土著人"的重要性仅仅在于他们能提供源源不断的劳动力。他经常称他们为"懒鬼",往好了说是"孩子",往坏了说就是"野蛮人",要求他们严守纪律,并且遵守"劳动的尊严"。他不喜欢他们在开普宪法下享有政治权利,不仅因为他们的人数太多,可能对白人统治造成威胁,还因为这与布尔共和国和纳塔尔的土著政策相冲突,而这两个地方是他希望最终能与之结盟的。他谈到了自己对纳塔尔的制度的偏爱,在纳塔尔,对于财产资格高要求的限制几乎把非洲人排除在外,使他们无法获得投票权。1891年的人口普查记录显示,这里有37.6万白人和115万黑人,更凸显了继续使用旧的自由主义准则的风险。

从一开始,罗德斯就开门见山地表明了意图。他支持议会对《主仆法》提出的一项修正案,该修正案是由一位阿非利卡人帮成员提出的，议案将授权地方法官判决对因不服从雇主等微末罪行的非洲人实施鞭打。该法案的反对者称其为"每个人都可以随意处置自家'黑鬼'的法案"，并成功地阻止了该法案的通过。

1891年，罗德斯和霍夫迈耶开始了更严肃的事务，提出了对投票权的新限制。新限制虽然没有剥夺现有选民的投票权，但获得投票所需的公民资格被提高到一个更高的门槛：职业门槛从25英镑提高到75英镑，并引入了文化测试。1万名有色人种和亚洲人签名的抗议请愿书被送到了女王面前，但英国政府对此漠不关心。1892年，《选举权和投票法》正式成为法律。合格的黑人选民人数减少了一半：选民登记册显示，有色人种选民减少了3350人，白人选民增加了4500人。

次年，罗德斯的议程因一起腐败丑闻而短暂中断。令他那些更加开明的同事们沮丧的是，罗德斯任职期间继续与"一个贪婪的家伙"为伍。1891年4月，同意担任政府司库的约翰·梅里曼在给一位朋友的信中抱怨说，除了少数例外，"罗德斯所有的熟人都是追名逐利之人，为了一己私利而追捧他"。奥莉芙·施莱纳劝说罗德斯和那些缠着他没完没了的可疑人物决裂，但是，罗德斯大发雷霆。"那些人是我的朋友吗？"他反驳道，"他们不是我的朋友！他们是我的工具，用完就扔掉了。"

罗德斯和施莱纳常常吵架。她写道，"只要他和我谈论书籍和风景，我们就很开心"，但在政治和社会问题以及"土著问题"上，他们最终往往会"大吵一架，而罗德斯会非常生气"。然而，即使在"鞭打法令"辩论和罗德斯成功地限制非洲人投票之后，他们仍然保持着良好的关系。1892年9月在马奇斯方丹碰面后，奥莉芙写信给她的弟弟威廉·施莱纳（William Schreiner），他是一位在剑桥接受过教育的律师，对罗德斯钦佩有加，奥莉芙在信中说道，她认为罗德斯"伟大而真诚""一点也不虚伪"。当她试图与他争论时，罗德斯回答说，他的行为都是"照章办事，绝无偏私"。他从来没有说过他的行为是出于原则，其他人则是出于崇高的原则入股，在参与罗德斯的计划时却变成了伪君子。她写道："从某种意义上说，罗德斯是我所认识的最真诚的人，他看事情是直截了当的，没有任何遮掩。这世界上没有一个人可以让我如此赤裸裸地展示自己，而且他有时也同样赤裸裸地向你展示他自己。"

但这桩腐败丑闻对她和梅里曼来说都太难以接受了。1892年11月，《开普时报》披露，罗德斯的亲密伙伴、他的公共工程专员詹姆斯·西维赖特（James Sivewright）在没有进行任何竞争性投标也没有通知政府法律部门的情况下，将整个铁路系统的垄断合同授予一位私人朋友，为期18年。西维赖特是一名苏格兰工程师和投机者，以前就滥用过职权。

作为约翰内斯堡水务公司的老板，西维赖特曾在早些时候通过出售水权获得了巨额利润。作为约翰内斯堡煤气公司的经理，他接受了一大笔贿赂，以签订一份合同。他是阿非利卡人帮的一员，也是霍夫迈耶的心腹，1890年加入了罗德斯的内阁，但通过不正当的手段离间了像梅里曼这样的自由派成员，以试图恢复一名法官的职务，而这名法官此前因折磨虐待非洲人罪犯而被解职。

1892年9月，在没有发布招标广告的情况下，西维赖特把开普所有火车站与马车站的食品和饮料销售生意的垄断权给予詹姆斯·洛根（James Logan）。詹姆斯·洛根曾是一名铁路搬运工，如今在开普的铁路主干线沿线经营了一系列商店。两个月后，《开普时报》

披露了这份合同，称它散发出一种"非常古老的阴谋的气息"。罗德斯的首席检察官詹姆斯·罗斯·因内斯回忆道："我简直不敢相信这份报告，所以我去了铁道部，他们给了我一份合同的复印件。在我看来，简直没有比这更不像话的事了。"

罗德斯同意收回合同，但对于将西维赖特从他的内阁中除名却并不十分情愿。当罗斯·因内斯和梅里曼威胁要辞职时，罗德斯仍然闪烁其词。经过一番狡猾的勾心斗角之后，罗德斯去见了总督，提出了辞职，然后接受了总督的号召，重新组阁。而罗斯和梅里曼并未在新领导班子里。梅里曼很高兴摆脱了这件事："现在，这一切都结束了，我有一种解脱的感觉……也摆脱了罗德斯和霍夫迈耶的处世之法——在处理公共事务时，用尽游说、阴谋诡计，对任何接近道德原则的东西完全不屑一顾。"

当自由派离开时，《开普时报》记者维尔·斯坦特（Vere Stent）评论道："高度的诚实和良好的荣誉感，明智的头脑和高尚的勇气，博学和无畏的批评，都离开了罗德斯的内阁，然而大门却为溜须拍马、机会主义和趋炎附势的人敞开了。"

奥莉芙·施莱纳对整个事件感到震惊。"我看出他是故意挑拨离间的，"她写信给姐姐埃蒂，"对他性格最深处的真实了解是我一生中最可怕的启示之一。"

她接着说："罗德斯，他所有的天赋之才……以及在迷人的表面之下，谎言和腐败的蛆虫正在蠕动爬行。"

在最后一次见面时，罗德斯和西维赖特在马奇斯方丹遇到了施莱纳。她回忆道："我们谈了谈，罗德斯的举动让我很失望，以至于当他和西维赖特走过来与我握手时，我转身回家了。"罗德斯后来邀请她去"大谷仓"别墅吃饭，但她拒绝了。

摆脱了自由派的束缚后，罗德斯重新开始了他的"土著人"议程，他的职责中又增加了土著事务部长的责任。他关注的焦点是东开普省的一个叫格伦·格雷（Glen Grey）的小地方，罗德斯决定把这个地区作为他解决"土著问题"的政策典范。这一地区约有 8000 户泰姆布人土著，少数白人定居者和传教士，是一个富饶的地区，但人满为患，且存在过度放牧的问题。这里就像非洲地区所有尚未解决的白人扩张问题的缩影：白人侵占土地以自用，与此同时，许多黑人居民不得不到区域外部谋生。

1893 年，一个政府委员会建议将格伦·格雷的土地从公有制转为个人所有制，并采取保障措施防止富裕的白人占有新的自由地。它建议给每个黑人家庭分配 55 摩根的农场，这一土地范围将使男性土地持有者有资格投票，并可能产生 8000 名潜在选民。

罗德斯将这些建议变成了一个更可取的方案，他向议会提交了所谓的《非洲土著法案》。他提出，4 摩根的农场由持有者个人所有，禁止出售或分割；农场将原封不动地传给长子；年幼的儿子实际上将被要求在开普省的其他地方找工作。对每人征收 10 先令的劳动税，以给他们进一步的"劳动力刺激"，这将有助于打击"游手好闲"。"非洲人必须改变他们的习惯，"罗德斯说，"必须把勤劳致富的习惯带入家家户户，他们十有八九会在余生辛勤劳动，挥洒汗水，越早把这些习惯带回家越好。"

罗德斯承诺，将用劳动税的收入来创办技校，在那里非洲人将学习贸易和职业技能。他说，技校将取代教会学校，那些教会学校培养出的是一群特殊的人——"卡菲尔牧师"。卡菲尔牧师是一群非常优秀的人，但他们属于一个行事过分的阶层——一个会发展成为反对政府的危险煽动者阶层。

为了消除人们对开普选举将被黑人选民淹没的担忧，罗德斯提出为格伦·格雷建立一个单独的地方政府体系。虽然没有任何现有选民被剥夺公民身份，但在整个开普殖民地中，那里的非洲人也无权在开普殖民地的选举中投票。拥有的土地数量一条被明确排除，不再作为获得选举权的条件之一。取而代之的是，格伦·格雷将由自己的地方委员会管理，资金由新的土地所有者提供，从而减轻了开普的财政负担。

根据罗德斯的设想，白人将被禁止在格伦·格雷购买土地，这里将纯粹作为一个"土著保留地"而存在，是许多保留地中的第一个。"我的想法是，"罗德斯说，"土著就应该住在土著保留地里，完全不与白人混在一起。"在他的设想中，格伦·格雷系统将得到扩展，直到它覆盖殖民地内所有其他类似的地区。它也可以被用来作为南部非洲其他国家的模板。

看到罗德斯向议会解释他的土著法案，英国记者乔治·格林（George Green）注意到，虽然他受到了高度关注，但他的风格并不吸引人。格林写道：

> 作为一个无礼的新来者，我还没有被这位魔术师迷住，对他的印象不是很好，我被他那漫不经心、不拘小节的演讲风格吓了一跳。当整个议会都在屏息静气，聆听神谕之声时，我……对他那不加修饰的措辞和粗犷、漏洞百出的句子感到惊奇。他不时地弹出愉快、富有启发性的词句或贴切的说明；但是，演讲的编排混乱得令人苦恼，而且他说话时偶尔会用尖利的假声……他的语无伦次就像一个学生学不会功课，却试图重新学习一样。

该法案的批评者，包括梅里曼和罗斯·因内斯在内，都敦促罗德斯在要求议会批准之前花更多的时间考虑这些措施带来的深远影响。但罗德斯对议会的程序感到不耐烦，他坚持要求在短时间内通过该法案，并嘲笑那些阻挡他的人。在与反对派交锋时，他反复叫嚷着"碍事"。在委员会审议阶段，他对他认为不必要的拖延感到愤怒，并迫使议会彻夜开会。罗斯·因内斯回忆说，罗德斯"第一次公开展示了那种专横和不耐烦的秉性，而这在不久的将来会为我们所熟悉"。1894年最终通过的法案对原方案几乎没有什么修改，只有劳工税提案被取消。在议会会议结束时，金伯利的《广告人报》评论说："议会完全丧失了斗志。这在很大程度上是因为罗德斯先生的独裁行为，甚至是侮辱性的手段……不管罗德斯先生在过去12到15年间为走上人生巅峰做了什么，他至少创造了一个空前自私的统治纪录，又急躁又贪婪。"

罗德斯还采取了一系列措施，增加了白人和非白人之间的社会隔离。罗德斯和霍夫迈耶对日益严重的"贫穷白人"问题感到担忧，他们推行隔离教育政策，动用政府资金发展白人公立学校，而将有色人种教育推给教会学校。其他歧视性措施涉及监狱、医院和陪审团。罗德斯还支持采取进一步措施，让开普所有城镇像金伯利那样对非洲人实行夜间宵禁。在政府的领导下，隔离举措在各地稳步推进。铁路官员确保头等车厢专门为白人保留。开普敦的基督教青年会（Young Men's Christian Association）过去允许有色人种在聚会时坐在后排，现在决定将他们统统扫地出门。体育活动也逐渐把黑人排除出去。1894年，罗德斯把持的报纸《开普艾格斯》宣称反对混合运动。"在社交上，种族之间分开是最好的，每一种族都有各自的优点，但混合体却是糟糕的。"

罗德斯还把注意力转移到了蓬多兰德的问题上。它是东海岸最后的独立酋长国，位于开普和纳塔尔之间，有着同室操戈、混战不休的历史。1893 年，开普殖民地高级专员洛克前往那里与蓬多人（Mpondo）酋长西格卡武（Sigcawu）进行会谈，但被要求等待三天才能见到酋长，于是洛克大怒而去。罗德斯决定从中谋取个人利益。他把蓬多兰德描述为"横亘在两个文明国家之间的野蛮政权"，由"喝得醉醺醺的野蛮人"统治，需要将其兼并。在 100 名开普步枪队士兵的护卫下，他乘着一辆由八匹雪白的骏马拉着的马车前往蓬多兰德，向西格卡武和他下属的首领们宣告了他们的命运。他们将接受开普殖民地的政令，由地方治安法官来执行。在吞并了蓬多兰德之后，罗德斯认为西格卡武仍不够配合，于是以"妨碍"为由发布了一份逮捕和拘留他的公告，声称西格卡武是一个"公共危险分子"。

这一次，罗德斯越来越武断的行为被制止了。当此事被提交至最高法院时，首席大法官亨利·德·维利尔斯爵士作出了谴责罗德斯的判决。他说："政府无权在未经法院干预的情况下将一个人逮捕、宣告有罪和判处刑罚，如果法院认为没有必要进行这样的诉讼，也没有颁布特别的法律来处理这个人的案件，也没有给此人任何机会为自己辩护，那么政府的此等举措系为非法。"他接下来说："西格卡武确实是土著，但他也是英国国民，他的领土上有许多英国人和其他居民……（如果政府的做法得到支持）那么在土地法之外，他们将有可能被剥夺生命和财产以及他们的自由。"西格卡武最终被正式释放。

在 1894 年的议会选举中，罗德斯和他的阿非利卡人帮同盟赢得了巨大的胜利，他们赢得了 76 个席位中的 58 席。罗德斯的胜利，部分归功于他的惯用伎俩，即大手大脚地花钱，给他喜欢的候选人砸下重金，给其他候选人也支付竞选费用，并且收买英文报纸获取支持。

但是，另一方面也是由于许多阿非利卡人对罗德斯的信任。罗德斯孜孜不倦地为促进阿非利卡人的利益而奋斗，并成为农民、农业和农业发展的孜孜不倦的倡导者，还成立了第一个农业部。他敦促英国对开普葡萄酒贸易予以特别优惠，促进水果出口，鼓励推进现代生产方法和进行病害防控。之前在开普的葡萄园，根瘤蚜虫肆虐一时，于是，罗德斯引进了抗根瘤蚜虫的美洲葡萄藤；为了对付橙子林里的害虫，他赞助进口了美洲瓢虫；他改进了马、牛和山羊的繁育技术，进口了阿拉伯种马、安哥拉山羊和其他外国良种牲畜。他让政府推行了羊群药浴措施——这在当时并不受欢迎——强制把羊浸入药水，防治病虫害，从而有效地挽救了羊毛产业。以前的政府从来没有表现出这种主动性。

罗德斯也谨慎地尊重阿非利卡人的文化和传统。他的建筑师赫伯特·贝克认为，罗德斯"被一种对早期移民历史的深切同情和对他们文明成就的尊重所驱使"。当梅里曼建议他跟随潮流，在开普敦为自己建一座"出色的都铎式的房子"时，罗德斯坚持按照原来的开普荷兰式风格设计重建和装修"大谷仓"别墅，并恢复其原名。他还在自己的庄园里修复了一座荷兰式的避暑别墅——一座游乐园。当他在这里发现了久被遗忘的三个荷兰家庭的墓地时，他妥善地维护它们。他委托荷兰人制作了一座扬·范·里贝克（Jan van Riebeeck）的雕像，里贝克是开普第一个白人定居点的荷兰指挥官，这座雕像被放置在开普敦的阿德利街尽头。

罗德斯的"大谷仓"别墅总是欢迎阿非利卡人前来做客，且来者不拒，阿非利卡人对此深为感动。他丝毫没有表现出英国人所特有的那种矜持和冷淡，对所有到来的人都热情招待。200名养羊户的代表曾吵吵嚷嚷地来找罗德斯，对罗德斯打算强制实行的羊群药浴措施抱怨连连,而他仍然留他们吃了午饭。当他忠实的管家问他,是否应该给他们提供一些廉价的葡萄酒时,罗德斯生气地转向他,反驳道:"不,把我最好的酒拿给他们。"

这一切,使得他最终对阿非利卡人的背叛更加令人震惊。

# 第二十六章
## 此非久留之地

罗德斯召集的先驱者们，从索尔兹伯里堡的基地出发，前往马绍纳兰各地寻找黄金。他们的装备十分简陋——镐、铲、锅和筛子——但他们仍然非常乐观，情绪高涨。一位先驱者记录道："对这个黄金之国的信心如此强烈，以至于官员们认为，我们很快就能找到几个黄金矿脉，甚至比约翰内斯堡的主矿脉储量还要多得多，到下一个季度，这片地区将会挤满了人，而我们——同样乐观——正在各处搜寻这些黄金矿脉。"

在类似的期望下，几十家辛迪加纷纷成立，开始在马绍纳兰进行采矿作业。在先驱者队伍于1890年9月抵达索尔兹伯里堡后的3个月内，仅金伯利地区就成立了22个辛迪加。到1891年2月，在马绍纳兰，大约有7000个矿区的采矿许可证被颁发。黄金热也同样影响了英国的投资者，他们被关于马绍纳兰金矿潜力的天花乱坠的广告所吸引。1891年由记者爱德华·马瑟斯（Edward Mathers）撰写的《赞比西亚：英格兰在非洲的黄金之国》（*Zambesia：England's El Dorado in Africa*）一书出版，进一步推动了这种狂热。

然而，先驱者们的乐观情绪很快开始动摇。他们发现了前人试图开采金矿的大量痕迹，但几乎没有迹象表明他们可以开采到地表的黄金。原来，俄斐之地不过是个传说。盛夏的滂沱大雨增加了他们的苦难。1890年12月，通向800英里外的金伯利的补给线被洪水切断，马车轨道无法通行，先驱者们面临饥饿的威胁。先驱者依靠从土著绍纳人那里得到的玉米和南瓜活了下来，但几乎拿不出什么东西与他们交换。他们临时搭建的草棚几乎无法避雨。衣服和毯子经常湿透，鞋子也散了架。疟疾肆虐。索尔兹伯里堡的境况因靠近沼泽地而愈加糟糕。新来的人困在涨潮的河流之间，死于疟疾和饥饿。"在伦迪（Lundi）有四十多座坟墓，"一个旅行者写道，"在那条河和托奎河（Tokwe）之间，我们又发现了四十多个发烧和痢疾的病人。"当补给线路最终打通时，商品的价格却飙到了天文数字，先驱者们因幻想的进一步破灭而变得更加愤怒。

罗德斯的不列颠南非公司也陷入了严重的困境。到1891年3月，它通过出售股票筹集的大部分现金——60万英镑——已经花光了。相关开支包括招募先驱者纵队花费的9万英镑，准军事警察部队的20万英镑，付给特许权竞争对手的7万英镑，以及电报线路的5万英镑。罗德斯曾希望辛迪加会资助采矿业的发展，但许多辛迪加只是投机公司而已。面对伦敦董事们越来越多的批评，他不得不削减开支：警察队伍先是减到100人，然后减到40人。

尽管没有重大的金矿发现，但是罗德斯继续向媒体放出大量关于公司的消息，竭力避免股价暴跌。《双周评论》和《财经新闻》定期发表文章，对马绍纳兰的财富大加歌颂。凡是给公司说好话的人，都受到好评，而不利的言论却被忽略了。

为了获得更多有利的报道，罗德斯鼓励富有声望的英国政治家伦道夫·丘吉尔勋爵（Lord Randolph Churchill）访问马绍纳兰。作为前财政大臣，丘吉尔购买了特许公司的股票，并且是该公司几位伦敦董事的朋友。1891年3月,罗德斯与他会面,共商大计。丘吉尔打算为《每日纪事报》写一系列文章,罗德斯也认为他可以为公司的事业做出贡献。他的长途旅行得到两个勘探辛迪加的慷慨资助,同伴包括一名采矿工程师亨利·珀金斯（Henry Perkins）和一名军医。

丘吉尔是个脾气暴躁的人,他于1891年5月抵达开普敦后,首先前往金伯利,视察地下深处的钻石矿。当他看到一包钻石时,他说:"全是为了女人的虚荣心!"对此,他身边的一位女士反驳道:"还有男人的堕落!"他接着前往约翰内斯堡和比勒陀利亚,并在《每日纪事报》上发表辱骂德兰士瓦布尔人的言论:"我高兴地转身远离这些人,急急忙忙地北上,前往未知的土地。我希望,这些拥有平等的财富和光明前景的土地,能留给更多有资格享受更幸福命运的人。"

在接下来撰写的报道里,丘吉尔继续大发负面议论,态度尖刻无比。他写道,低地有肥沃的土壤,但却面临着两个"致命的不利因素":疟疾和马病。他形容维多利亚堡和宪章堡（Fort Charter）之间的高地"不适合人畜居住";气候"多变";土壤沙质太多,无法耕种。"于是我开始问我自己,这是备受关注的富饶之地马绍纳兰吗?应许之地在哪里?"

8月,丘吉尔抵达索尔兹伯里堡,并花了两个月的时间探索这一地区。这个地方的喧嚣给他留下了深刻的印象。这个有300名白人居住的社区,有着"欣欣向荣、蒸蒸日上、健康的外表"。在到达的第二天,他四处走动,数了数,一家桌上摆着干净餐巾的旅馆;3家拍卖行的办公处;几家商店;一家外科牙医诊所;一家药店;还有一家律师诊所——"在文明的众多标志中,这是同样重要的,因为律师是一个相当聪明的巡视员。"他还指出，食品和服装等基础商品"极其昂贵"。面包、肉、黄油和果酱已经涨到了"令人咋舌的价格"。

但是，关于黄金的发现呢？他问。在询问之后，他发现索尔兹伯里堡没有什么有用的信息。"在我看来，目前关于马绍纳兰矿产的所有说法，什么任何人一夜暴富、大发横财，这些可能性都非常小。"

在接下来的几周里，丘吉尔和他的采矿工程师亨利·珀金斯在对矿区的考察中越来越确信，这里没有金矿。马佐埃河谷曾被塞卢斯视为最有希望的地区之一，但勘察结果却也令人失望。

"虽然这里或那里的矿脉范围和深度都比较有限，可能给小矿主带来一点微薄的利润，但至今还没有任何重大发现，而且总体结构也没能使人们产生太多的希望，即在该地区能发现任何程度、深度和质量都惊人的矿脉，足以证明有理由组成一个辛迪加或公司，以及为购买和经营该矿脉支出大量资本。"另一个热门地点是哈特利山，这里也没有呈现出更好的前景。为了强调这一点，丘吉尔写道："自从我开始旅行以来，我所看到的一切……使我得出这样一个结论，即辛迪加投入大量资本勘探矿藏，是最不明智和不安全的投机。"他的总体结论也同样直截了当："必须说出真相。"他写道："马绍纳兰，就目前的所见所闻而言，既不是世外桃源，也不是黄金之国。"

与丘吉尔同时在马绍纳兰游历的拜特，私下也做出了类似的判断。拜特对一位矿业同行说："我想，我不会在这里做出任何行动，到目前为止，我还没有看到任何我认为值得投入100英镑的东西。"

由于认为公司在马绍纳兰需要新的管理者，罗德斯作出了一个意义重大的决定，即任命他的朋友斯塔尔·詹森为行政主管。詹森魅力非凡，有许多崇拜者，但他也是一个冒险家，一个固执的赌徒，喜欢冒险和一意孤行；他没有任何行政管理经验，也没有任何行政管理能力。但罗德斯对他充满信心。他在1890年说："詹森从不犯错。"除了詹森，他不信任任何人。罗德斯给詹森的指示很简单："你的任务是管理这个地方，对此我完全不会过问，遇到困难时，只要你说一声，我肯定会出手相助。"

詹森被安排在索尔兹伯里堡后，罗德斯也决定亲自过去看看。在离开之前，他给在伦敦的斯特德写了两封长信，信中的他沉浸在青春时代关于荣耀的梦想中：

> 我要去马绍纳兰。他们把这个新的国家叫作罗德西亚（Rhodesia），即从德兰士瓦到坦噶尼喀湖的南端，它的另一个名字叫赞比西亚。我发现，既然我是一个人，就应该追求流芳百世。不过，也许，倘若我的名字与英国的全球目标相伴，并且与之紧密联系，这个名字可能会传达一种理想，即最终让全世界说一种语言，世间将不再有任何战争，并且人类的财富和聪明才智会逐渐被吸引到这一目标的更高层次上……唯一将这个理想付诸实践的可行办法是组建一个秘密（组织），逐渐吸收世界上的财富，来致力于实现这一目标。

罗德斯没有沿着塞卢斯之路前往索尔兹伯里堡，而是尝试走东边的路线，取道葡萄牙人定居的位于蓬韦湾的贝拉。他带着两个同伴，弗兰克·约翰逊和开普议员戴维·德·瓦尔（David de Waal），还有一个男仆。他的情绪很激动，对丘吉尔发给《每日纪事报》的那些报道感到愤怒。

这次旅行使他的脾气更加暴躁。当一名葡萄牙官员要求检查他的行李时,他被激怒了。"我要把这片土地从他们(葡萄牙人)手中夺走!"据约翰逊说,罗德斯反复尖叫着重复这句话。他们坐着平底船,沿蓬韦河逆流而上60英里,到达了葡萄牙的一个军事哨所。在那里,他们顺着约翰逊先前在灌木丛中开辟的一条小路前往马尼卡兰高地。因为卸马延误了时间,罗德斯又一次大发脾气。约翰逊开辟的小路比他先前声称的要难走得多。一辆马车陷进了沼泽地里,马车上的全部货物也都丢在了这里;另一辆马车不得不在困难的路段反复拆箱,最后也被放弃了。

到达阿马顿加森林后,约翰逊打算在营地周围点火以阻止狮子袭击,这时罗德斯又开始大发脾气。约翰逊提醒他,《泰晤士报》的一名记者不久前在这附近被吃掉了,人们只找到了他穿着靴子的脚。"我不会害怕的。"罗德斯说。夜里,当一只狮子在附近怒吼时,罗德斯离开了帐篷,走到火圈之外。约翰逊回忆道:"我几乎马上就看到了一个奇特景象,开普殖民地总理朝我们的帐篷冲过来,他的睡裤……掉到了膝盖以下。"

接下来,罗德斯一行艰苦攀登悬崖,然后到达了特许领地的东部边境,詹森正在那里等待着他们,打算用骡车带他们到索尔兹伯里堡。约翰逊描述了1891年10月他们的到来:

> 当我们离首都越来越近时,罗德斯变得越来越兴奋。他就像学生一样精神抖擞,显然他很高兴来到属于他自己的国家。
>
> 我们终于到达了长途旅行的最后一个山脊。我转身对罗德斯说:"现在,你将在几分钟内看到索尔兹伯里堡。"然后,"城池"映入了他的眼帘。我看得出,他很失望。他想象的是一座宏伟的城市,但在他面前的却只是几座瓦楞铁皮棚屋

和几座灰泥瓦房。我们穿过马卡布斯溪,来到詹森的小屋。我们在路上走着,罗德斯不停地问:"这是什么房子?""那是什么?"他没有作任何评价,但我看得出,他刚来就感到十分沮丧。直到我向他指出犹太教堂的地基时,他才又高兴起来,十分激动。

"我的国家一切都好,"他一个劲儿地喊道,"如果犹太人来了,我的国家就一切都好。"

然而,定居者的情绪显然是敌对的。罗德斯面对的是一长串的不满:食品价格高昂,劳动力短缺,惩罚性的公司税,根本就没有金矿的事实。当罗德斯试图通过赞美他们为帝国和子孙后代所做的伟大工作来赢得他们的支持时,一个苏格兰定居者反驳道:"我要让你知道,罗德斯先生,我们不打算在这里安家落户,这里不是久留之地。"当被问及对这个国家的看法时,另一个不满的定居者回答说:"好吧,如果你想听我的意见,这是一个充满血腥的鬼地方。"

与此同时,不列颠南非公司的地位也变得更加岌岌可危。丘吉尔在《每日纪事报》上发布的报道导致该公司股价下跌,市值减半。一位伦敦的董事告诉罗德斯,筹集20万英镑贷款以使公司保持偿付能力的计划已经变得不可能了,他敦促罗德斯前往伦敦,"公开驳斥伦道夫·丘吉尔"。伦敦的董事们甚至讨论了一个操纵市场以提高股价的计划。

一个新的搜寻者也已经登场。1891年4月,德国特许搜寻者爱德华·利珀特宣布,他已经从洛本古拉那里获得了一项特许权,给予他在特许公司的领土上获得土地、建立银行和进行贸易的专属权利,相比鲁德获得的只涉及矿产权的特许权,这份特许权自然更胜一筹。洛本古拉显然同意了这一出让,因为他认为利珀特是不列颠南非公司的敌人，能帮助自己削弱它。罗德斯立即对其大加谴责，称其为骗局，同时争取开普殖民地高级专员洛克的支持，竭力进行阻止。洛克立即发布公告，宣布所有未经开普殖民地高级专员办公室批准的特许权都是无效的，并禁止利珀特和他的代理人爱德华·雷尼-泰利奥尔（Edward Renny-Tailyour）进入马塔贝莱兰。但是，拜特劝说他采取更谨慎的做法，警告说，英国议会可能会向利珀特让步，并建议洛克和罗德斯与之谈判。

结果，他们与利珀特达成了一份对洛本古拉保密的合同。利珀特把特许权转让给罗德斯，作为交换条件，罗德斯同意给予利珀特价值5万英镑的股份、5000英镑现金，还允许利珀特在马塔贝莱兰选择一个75平方英里的区域，让他拥有这个区域所有的土地权和矿产权。为了完成这笔交易，利珀特首先需要与洛本古拉重新谈判，使他与罗德斯的妥协具有更坚实的法律基础，同时还要给洛本古拉留下这样的印象，即他仍然是罗德斯的敌人，并且坚决反对罗德斯的计划。这一骗术得到了洛克的认可，他给洛本古拉写了一封信，用似是而非的语言解释了为什么他决定解除对利珀特和雷尼-泰利奥尔进入马塔贝莱兰的禁令。洛克私下里命令约翰·莫法特进一步协助这个骗局，后者是女王在布拉瓦约的代表。1891年9月，在给莫法特的信中，洛克指示道："你对利珀特和雷尼-泰利奥尔的态度不应该突然改变，不过，如果国王向你咨询，你应该在这个问题上表现得漠不关心。"莫法特觉得这件事令人厌恶。他在10月给罗德斯的信中写道："我觉得有必要告诉你，无论从政策还是从道德的角度来看，这整个计划都是令人憎恶的。"尽管如此，他还是同意合作。

1891年11月，在莫法特在场的情况下，洛本古拉给予利珀特为期百年的唯一权利，允许他在特许公司经营的土地上建设、批准或出租农场和乡镇，并征收租金。洛克很快就批准了这项租让权，伦敦的殖民地部也同意了。现在，罗德斯不仅拥有矿产的所有权，而且还拥有土地，这为他进行开发和盈利开辟了一个巨大的新领域。

近30年后，枢密院司法委员会裁定整个交易为非法。他们认为，特许权只是使利珀特成为土地交易的代理人，并没有赋予他使用土地或取得土地使用权的权利。事实上，根据习惯法，洛本古拉无权对恩德贝莱的土地做出任何裁决，更不用说绍纳人的土地了。但那时，洛本古拉早就死了，恩德贝莱人和绍纳人的大部分土地也早就被夺走了。

由于罗德斯可以自由支配马绍纳兰，因此詹森把大量的土地送给辛迪加和投机者，只要他们愿意投资入股。到1893年，超过200万英亩的土地被指定为白人的农业用地，尽管很少有农场被开垦出来。甚至连许多教会组织也参与了争夺土地的活动。马绍纳兰的英国国教主教奈特-布鲁斯（Knight-Bruce）大肆圈占土地，为他工作的一位年轻助手很快就忙得精疲力尽。

他在1892年写信给他的父母："我强烈反对的是……寻找更多的农场，我听说……这是主教的宏图大志。他已经有40多个农场了！！面积超过3000英亩！"

以上做法的后果之一是助长了绍纳人的不满情绪。詹森无视了这一危险，继续把手伸向马塔贝莱兰。

## 第二十七章
## 战利品委员会

1892年11月,在不列颠南非公司的第二次年会上,罗德斯对股东们说:

> 我们和洛本古拉国王的关系是再友好不过的。每个月,这位国王都可以领到100英镑,他总是心满意足地期待着月底收到钱的那一天。我一点也不担心洛本古拉给我带来麻烦。

话虽如此,然而,罗德斯认为,与马塔贝莱兰的战争是不可避免的。作为一个独立的军事国家,它不仅对不列颠南非公司控制的马绍纳兰构成了潜在的威胁,也阻碍了罗德斯在南非为一系列领地建立联邦的计划——开普殖民地、纳塔尔、贝专纳兰直辖殖民地、贝专纳兰保护领、马绍纳兰和马尼卡兰。

但是,他不确定战争会在什么时候爆发。1893年初时,罗德斯认为还需要几年的时间。此时,公司仍然处于岌岌可危的状态,它的资本几乎耗尽,银行家拒绝在没有担保的情况下兑现更多的支票,未来几年不会有可观的收入,股票价格持续下跌。另一个雨季的降临把通信扰乱了。

本土因素自然而然地产生了战争势头。当白人定居者们意识到无法在马绍纳兰发财致富的时候，他们转而垂涎马塔贝莱兰，认为它能带来更好的前景。詹森也不例外。当詹森在 1893 年面临战争与和平的选择时，他选择了战争。

洛本古拉深知，白人势力的步步紧逼，对他的王国构成了莫大的危险，因此他努力避免授人口实，以免公司代理人找到借口动手干预。但是，他的军团却焦躁不安。1891 年，一个团的指挥官向洛本古拉表示，他应该"好好考虑一下白人对他的国家的入侵……允许他们去消灭白人"。洛本古拉回答说："我永远不会攻击白人，因为我看到了塞奇瓦约的遭遇。"三个月后，莫法特报告说，他们遇到了一群恩德贝莱战士，他们"对我傲慢无礼，挥动他们的棍棒，诅咒我"。

为了让军队保持忙碌而不去骚扰白人，洛本古拉按照传统，下令麾下军团对周边进行了多次征讨。1891 年 11 月，他派了一个军团去惩罚绍纳酋长洛马贡达，因为此人拒绝承认恩德贝莱人的霸权，也拒绝向他进贡。洛马贡达和他的三个顾问大臣被杀。这时，詹森告诉洛本古拉，在这种情况下，他应该遵循"适当的程序"，也就是要求公司介入。洛本古拉反驳道："我派了很多人去告诉洛马贡达，让他去询问你和其他白人为什么会在那里，你们在做什么。他送信给我，说他拒绝传达我的信息，他不是我的狗，也不是我的奴隶。所以，我派人去把他干掉。洛马贡达是从属于我的。难道我的国家属于洛马贡达吗？"然而，洛本古拉也小心地指示他的士兵避免与白人有任何接触。

1893 年 6 月，洛本古拉派遣了一支军队到维多利亚堡地区，惩罚一个绍纳酋长贝雷（Bere），因为贝雷纵容他的子民偷盗洛本古拉的牛。洛本古拉向维多利亚堡的警察司令查尔斯·伦迪（Charles

Lendy）发去报告，提前把自己的意图告知他：

> 先生——一个土著军团目前正在前往邻近地区，目的是惩罚洛本古拉的一些敌人，这些人最近夺走了他的一些牲畜。他们行军的路上可能会遇到一些白人，这些白人要明白，这与他们没有任何关系。同样，他们也不能在军团前进的道路上进行阻碍。此外，如果那些犯下罪行的土著在白人中间避难，白人应该交出他们，让他们接受惩罚。

洛本古拉向索尔兹伯里堡的詹森和贝专纳兰的莫法特也发送了类似的电报，但在军团发起攻击之前，这些电报都没有送达。

虽然维多利亚堡的白人并没有受到影响，但洛本古拉的军团却将周边地区的绍纳村落夷为平地，屠杀了几百人，并把牲畜劫掠一空。几个在白人定居点的绍纳人也被杀害。恩德贝莱的一位指挥官带着洛本古拉的信来到维多利亚堡，要求伦迪把所有在那里寻求避难的绍纳男女老少都交给他，但伦迪拒绝了。

此时的詹森在位于索尔兹伯里堡的总部，他一开始倾向于对这事轻拿轻放。他告诉开普敦的罗德斯，白人没有危险；他又告诉洛本古拉，赶快让他的军团回老家，并且归回偷走的牛；他警告伦迪说："从经济角度来看，'战争'会把这个国家毁于一旦，让它倒退到那个只有上帝才知道的时期。"然而，罗德斯反而对此更加关注。他说，恩德贝莱的突袭行动不仅使公司对绍纳人的统治和保护能力受到质疑，而且使矿业和农业的劳动力供应大大减少。而后，当在索尔兹伯里堡的白人定居者举行群众大会，要求公司采取行动时，詹森改变了主意。在去了一趟维多利亚堡之后，詹森于7月17日向罗德斯报告：

劳工问题是一个严重的问题。白人没有遇到什么危险，但我认为，除非进行一些射击，否则即使马塔贝莱军队撤军，我们也很难获得劳动力。甚至在白人主子在场的情况下，也有许多绍纳劳工被杀害，所以除非我们真的把马塔贝莱人赶出去，否则土著人不会对白人能够保护他们有信心。

罗德斯回答说："如果你要打，就狠狠地打。"

詹森召集洛本古拉的指挥官在维多利亚堡开会，向他们发出最后通牒，要求他们撤军。汉斯·索尔是7月18日会议的见证者之一，那时他刚刚抵达维多利亚堡进行探矿。索尔记录道，指挥官们专注地听着詹森要说的话，然后他们中的高级顾问大臣站起来回答。大臣说，他们是奉国王之命行事的。马绍纳兰仍然是恩德贝莱王国的一个省。除了开采黄金和其他矿产的权利，洛本古拉陛下从未将任何管理权让渡给不列颠南非公司，他有权像过去那样维持他对恩德贝莱人的统治。

"对于我们这些熟悉特许公司获准进入马绍纳兰的条件的人来说，"萨尔写道，"这个老马塔贝莱顾问大臣的答复是决定性的。老人正确地陈述了事实，从法律的角度来看，他回答得无懈可击。"

但是詹森没有时间进行这样争论。他说，恩德贝莱人必须在一小时内出发前往"边境"，否则他们将被武力驱逐。会议结束两小时后，詹森派出伦迪上尉和40名武装白人志愿者，后者大部分是运输队的布尔人骑手，让他们去寻找恩德贝莱人，并指示道，"如果他们反抗，就开枪打死他们"。在维多利亚堡外几英里处，伦迪遇到了一群恩德贝莱人。这群恩德贝莱人遵守洛本古拉的命令，避免与白人发生冲突，因此他们没有抵抗。尽管如此，伦迪还是命令他的部下开火。大约有10人被杀。而伦迪吹嘘道，他们打死了30人。

伦迪的士兵们带着缴获的盾牌和长矛作为战利品返回维多利亚堡，受到了热烈的欢迎。一名骑警欣喜若狂地说，这次遭遇战"就像射击山鹑一样顺利"，还说"猎狐都没有它有趣"。

一群白人志愿者轻而易举地击败了恩德贝莱战士，詹森于是草率地认为一场征服马塔贝莱兰的战争是可行的。他请汉斯·索尔向维多利亚堡定居点的布尔人咨询，了解他们在非洲战争中积累的长期经验，问他们需要多少人。索尔回来后说，一个800—1000人的骑兵部队就足够了。詹森马上说："我来做这件事。"

那天晚上，詹森坐在维多利亚堡的电报局里，决心说服开普敦的罗德斯和洛克爵士了解战争的好处。"我们现在有理由为被杀害的妇女和儿童而战，马塔贝莱兰的开放将给我们的事业带来质的飞跃，无论是股票还是其他的一切。通过向志愿者支付土地、黄金和战利品（牲畜）充当报酬，我们可以将这项活动的费用控制在最低限度内。"

罗德斯回复说："读《路加福音》第14章第31节。"詹森回忆道：

> 我向别人要了一本《圣经》，找到这个段落，念道："或是一个王出去和别的王打仗，岂不先坐下酌量，能用一万兵去敌那领二万兵来攻打他的吗？"当然，我立刻明白了这段话的意思。马塔贝莱兰有数千人的军队，而我只有900名白人可供调遣。在仔细考虑之后，我能贸然面对这种敌我悬殊的局面吗？
> 
> 我立刻打定主意，并立即给开普敦的罗德斯先生发了电报："好的，我已经读过第14章第31节了。"

詹森不失时机地回到索尔兹伯里堡，开始为战争招兵买马。他说服罗德斯出售价值5万英镑的股票来为战争提供资金——"你必须拿到这笔钱。明天晚上这个时候，你得告诉我你已经拿到钱了。"然后，他下令从德兰士瓦和开普殖民地购买1000匹马，并向志愿者发出合同，承诺他们可以在马塔贝莱兰的"任何地方"得到3000摩根（6350英亩）的土地、20个黄金采矿许可证和缴获的"战利品"。詹森和罗德斯还努力说服新闻界，是恩德贝莱人咎由自取，迫使公司必须开战。

在布拉瓦约，洛本古拉因得知他的部下在没有挑衅的情况下就被伦迪的部队枪杀而大为光火。他在7月27日对不列颠南非公司的一位官员说："我以为你们是来挖金子的，但我觉得，你们来这里不仅是为了挖金子，也是为了把我的人民和国家从我手中抢走。"他向维多利亚女王、洛克和莫法特提出抗议。但他也一再明确表示，希望避免冲突。

然而，这些抗议无济于事。10月初，詹森集结了一支由650名白人志愿者和900名绍纳辅助人员组成的队伍，随时准备行动。为了使发动战争的理由更加充分，他继续把洛本古拉描绘成侵略者，谎称恩德贝莱人进行了演习，足足有7000名战士从维多利亚堡东北部经过。洛本古拉对此一再否认，但是他的声音都被忽略了。"每天我都能从你那里听到一些全都是谎言的报告，"他在10月12日打电报给洛克，"你们只会撒谎，我实在是听腻了。你说你看到了我的军团，他们是什么样的？他们从哪里来的？我对他们一无所知。"

10月9日，马塔贝莱兰的传教士查尔斯·赫尔姆在给朋友的一封信中表达了他的厌恶："如你所知，我认为，在马塔贝莱兰没有得到教训之前,我们在这绝对做不成什么事。他们对待马绍纳人(Mashona)①和其他部落是如此残暴,应该受到惩罚。但我希望我们能以正义的理由开战。"

战争很快就结束了。当詹森的军队进入马塔贝莱兰时,洛本古拉找出了他从鲁德那里得到的那批步枪,但它们于事无补。白人用机关枪和大炮,杀死了数以百计的恩德贝莱战士。面对失败,洛本古拉下令摧毁首都,并逃往北方。11月4日,当白人的一支先遣部队抵达布拉瓦约时,只发现到处冒烟的废墟,两名白人商人在一家商店的屋顶上玩扑克牌,由于洛本古拉下令不得干扰白人,这两个人安然无恙。

在不列颠南非公司部队的追击下,洛本古拉做了最后一次绝望的自救。他在尚加尼河畔的营地向顾问大臣们发表讲话,告诉他们:"只要我们拥有黄金,白人就永远不会停止追踪我们,因为黄金是白人最看重的东西。收集我所有的金子……并把它交给白人。告诉他们,他们打败了我的军队,杀了我的人民,烧了我的村庄,抢走了我的牛,而我只想要和平。"

洛本古拉的黄金据说有1000个金币。两个信使被委托去把它交给白人,随同金币送去的还有一个承认失败的信息。接近白人主力部队时,送信的人遇到了两个掉队的白人。他们把金子和信息交给了他们,白人向他们保证,会把它们送到正确的营地。但是黄金和信息都没有传递出去。几周后,洛本古拉服毒自杀。

罗德斯于12月抵达布拉瓦约,他授权詹森向志愿者们分发牲畜、土地和采矿特许权。为了分配从恩德贝莱人那里缴获的牛,他

---

① 马绍纳人,即绍纳人。——译者注

们建立了一个"战利品委员会"来处理相关事宜。实际上，布拉瓦约方圆 60 英里的所有高地，也就是恩德贝莱人领土的核心地区，最终都被标记为白人的农田。恩德贝莱人则被驱逐到两个边远的"土著保留地"。

罗德斯下属的几位官员设法在马塔贝莱兰和马绍纳兰囤积了大量土地。曾从皇家骑兵卫队被借调到先驱者部队担任参谋总长的少校约翰·威洛比爵士（Sir John Willoughby），获得了 60 万英亩土地，条件是他要筹集 5 万英镑对地产进行开发。虽然他没有筹集到这笔钱，但还是保留了这块土地的所有权。罗德斯的测量总长上任后，被"奖励"了 64 万英亩的土地。

英国高级官员威廉·米尔顿（William Milton）随后被委派来理清马塔贝莱兰和马绍纳兰土地的混乱状态，他惊恐地宣布："詹森几乎把整个国家都给了威洛比、怀特和他的其他亲信，对于新来的移民来说，没有剩下任何有价值的土地。"他说，"詹森一定是疯了"。

在马绍纳兰，詹森也没有意识到自己正在制造危险。

1894 年，英国政府承认不列颠南非公司对马塔贝莱兰的管辖权，并让罗德斯以他认为合适的方式统治那里。1895 年，该公司采用罗德西亚的名字代替赞比西亚来称呼在那里占有的领土。"好了，你是知道的，"罗德斯对一个朋友说，"一个人能以自己的名字命名一个国家，是一件值得骄傲的事。"

人们为罗德斯大摆庆功宴，祝贺他战胜了恩德贝莱人，在开普敦举行的宴会上，罗德斯对热情的听众说，他是为了开普殖民地的利益而扩张，他希望这将为南非团结提供核心力量。在 1894 年 12 月与维多利亚女王的一次长谈中，他谈到了同样的话题。当时，女王很有礼貌地问他："罗德斯先生，你最近在忙些什么？"他回答说：

"我正在尽力为陛下开疆拓土。"他说,自从上次见面以来,他已经开拓了1.2万平方英里的领土,但还有更多的工作要做。他表示,他相信德兰士瓦——"我们不应该放弃"的土地——最终会回归大英帝国,女王对此感到十分满意。

罗德斯在非洲还有两块拼图,现在它们成了他关注的焦点:贝专纳兰殖民地和贝专纳兰保护领。贝专纳兰南半部的直辖殖民地有着无限的潜力。英国在1885年建立它时,唯一的目的就是为了让开普殖民地兼并它,英国政府一直以来也都急于摆脱在它身上花费的管理费用。1894年12月,在伦敦与英国政府商议过后,罗德斯敦促政府在一年内将贝专纳兰直辖殖民地移交给开普殖民地。

对此,南部茨瓦纳的两名领导人,罗隆酋长蒙瓦和提埃尔黑平酋长曼库尔万都提出了反对意见,但他们的意见被忽视了。1895年,罗德斯在开普议会通过了立法,将贝专纳兰直辖殖民地合并为北开普省的一部分。

然而,罗德斯试图接管贝专纳兰保护领时遇到了更强的阻力。1895年6月,他像当初对直辖殖民地那样不耐烦地写信给新的殖民地大臣约瑟夫·张伯伦:"我很着急,我要立即接管贝专纳兰保护领。这可以一年帮你省下8万英镑,如果你把它给我的话,我承诺在四年内建成从梅富根到布拉瓦约的铁路,并在移交一个月后就开始建设。"张伯伦认为没有什么必要匆忙地做出决定,因此他平淡地回答:"你的政策的主旨,我都能理解,并且在大体上同意,如果我们在细节上有不同意见,我也理解。我们都是精明的商人,因此我希望我们能够互相让步,从而达成谅解。"

7月,罗德斯派密探卢瑟福德·哈里斯(Rutherfoord Harris)前往伦敦调查此事。8月,张伯伦、殖民地部官员和不列颠南非公司的代表举行了一系列会议。该公司提议，它应该获得一块土地用于修建铁路，并在哈博罗内（Gaberones）周围圈占400平方英里的土地用于定居；它还要求在哈博罗内派驻警察部队，以防止茨瓦纳人带来骚乱；它还希望在尽可能不拖延的情况下执行这些安排。

在谈判进行期间，茨瓦纳的3名酋长——卡加马、塞贝莱（Sebele）和巴图恩（Bathoen）——来到了伦敦，他们向殖民地部表明，他们强烈反对将贝专纳兰保护领移交给不列颠南非公司。考虑到马塔贝莱兰的前车之鉴，他们对此表示十分担心，在不列颠南非公司的统治下，他们很可能会像恩德贝莱人那样失去他们的土地：

> 现在，你们可以看到，他们真正想要的不是好好管理我们，而是把我们的土地拿去卖，这在他们眼中才有利可图。我们请求你们，保护我们吧。这个"公司"已经征服了马塔贝莱兰并夺走了被征服者的土地。我们知道这个习俗。但是，我们还没有听说过哪个民族有把他们朋友的最好的土地占为己有的习俗。在巴图恩的领地（哈博罗内一带），他们想要圈占一大片土地。但巴图恩的人民一直住在这里，这里到处都是他们的田园和牛栏，现在却要被"公司"夺走。在卡加马的领地，他们几乎想要夺走所有的好地。如果把所有水源都从我们手中夺走，我们去哪里放牧牛群呢？它们会死掉的。"公司"想让我们陷入贫困，这样，饥饿会迫使我们成为白人的奴仆，为他们挖矿，为他们积累财富。

他们的遭遇赢得了广泛的同情。殖民地部收到了来自教会和福利组织的大量抗议与请愿书。

1895 年 11 月的结果被认为是一种妥协。张伯伦同意继续为茨瓦纳酋长的土地提供帝国保护，但又允许该公司获得对保护地其余部分的控制权——大约 10 万平方英里的领土，包括东部边界与德兰士瓦毗连的一片狭长土地。

罗德斯对被迫妥协感到愤怒，他用电报对哈里斯进行了一番狂轰滥炸："被三个黑人彻底打败是一种耻辱。""他们认为一个国内的土著比整个南非还要重要……""妥协是一件丑闻。""我拒绝被三个装模作样的土著打败。"在 12 月写给法夫公爵（Duke of Fife）的一封信中，罗德斯表达了自己的厌恶情绪：

> 像英国这样的大国，如今一定会成为这些人的灯塔，为这些人奉献。将来要扫除这些积弊是很困难的。这些人是谁？他们只有 6 万人，是人类中最糟糕的种族——当然是在非洲——也许以后是在全世界。这也意味着未来的麻烦。为什么要这么做？这样只是为了取悦英国的伪君子和教棍。

然而，罗德斯已经有了更加重要的近期目标。几个月来，他一直阴谋颠覆德兰士瓦的克鲁格政府。张伯伦和殖民地部的高级官员从 8 月起就知道了他的意图。现在，在英国政府的准许下，他已经在德兰士瓦边境建立了一个前沿基地，这个基地离约翰内斯堡只有 170 英里，从那里他可以发动武装入侵。

# 第七部分

# 第二十八章
## 双城记

黄金给德兰士瓦带来了新财富,也将首都比勒陀利亚从一个村庄变成了一个城镇。在教堂广场周围,大型公共建筑纷纷涌现,还安装了电灯和电话系统。1887年,拉尔夫·威廉姆斯以英国领事身份第一次来到比勒陀利亚,在之后的几年内,这里发生了翻天覆地的变化,他对此做了比较。他说,当时的政府大楼是"平平无奇的":

> 旧的行政会议办公室,一个强大到足以反抗英国政府的工作场所,是一个肮脏的、摇摇欲坠的破房子,里面有一张简陋的桌子和8到10把普通椅子。

他在那里的遭遇也一样的朴实:

> 每当我需要提出任何正式的问题时,我都会被邀请参加议会。在主席台上坐着国务秘书(威廉·莱兹博士),他的一边是军队总司令、著名的朱伯特将军,另一边是马朱巴山的征服者、副总统斯米特将军。其他成员围坐在桌旁。总统坐在离桌子很远的安乐椅上,不停地抽着一个荷兰旧烟斗,我坐在他对面的另一把安乐椅上。房间里没有痰盂,尽管确实有必要在房间里

放一个。不过这也是克鲁格一贯的习惯，在开会时，他总是把腿放在国务秘书的椅子旁边的桌子底下，把废纸篓抽出来，当作他的痰盂（我也需要用到它）。他用得太多了，以至于我不得不缩起两腿，唯恐他把痰吐到我身上来。

由于拥有充足的黄金收入，克鲁格下令在教堂广场西侧为政府和议会建造一座豪华的新建筑。1889年5月，他立上了奠基石，并说道："谁会相信，只过了短短五年的时间，我们就能建造这样气派的建筑呢？"这座政府大楼由政府选择的建筑师西兹·维尔达（Sytze Wierda）按照意大利文艺复兴风格设计，造价为15.5万英镑。克鲁格对它的所有细节都很感兴趣。在一楼，他在正门左边设了两个办公室。在中央塔的顶部矗立着一座女性雕像。一些人说它代表自由或解放的寓言形象，另一些人则说它代表罗马的战争女神密涅瓦（Minerva）。在雕像被放置到塔顶之前，它被首先展示给了克鲁格，据说，克鲁格反对雕像光着头，"她是一位女士，不能光着头站在公共场合。她一定要有一顶帽子"。因此，人们又为女神做了一顶头盔，并用铆钉钉在头盔边缘，把头盔固定在她头上。这座建筑于1891年竣工。《布朗的南非——游客、运动员、残疾人、定居者通用指南》(*Brown's South Africa, A Practical and Complete Guide for the Use of Tourists, Sportsmen, Invalids, and Settlers*) 将它描述成"一个漂亮的城市，可能是南非最昂贵的地方"。克鲁格喜欢每天在骑警的陪同下，乘坐国家马车，去办公室例行公事；他还给自己发了巨额薪水，把年薪从每年3000英镑提高到8000英镑。然而，尽管有了新的建筑和偶尔的盛况，比勒陀利亚仍然保持着一个寂静村庄的氛围，在这里，阿非利卡人仍然保持着原有的教堂和家庭生活的传统。

在南面30英里处矗立着约翰内斯堡,在这里,矿工帽、矿石堆和采矿机器随处可见,这里是一个野蛮生长的采矿营地,粗俗又熙熙攘攘,以酗酒、放荡和赌博而远近闻名。在刮风的日子里,黄色的尘埃云会从矿石堆里升起,在街道上盘旋。在北郊,在山脊的顶端,富裕的白人住在豪华的房子里,房子的视野一直延伸到马加利斯堡山区,这里的山区保护他们免受矿井的噪音和北风吹来的灰尘的影响。但是,大多数白人矿工和其他雇员住在金矿附近工人区的许多出租屋,那里还有许多酒吧和妓院,这些人经常光顾那里。侨民中有三分之二是单身男子。黑人矿工则被限制在自己的营地内,就像在金伯利一样。

1888年和1889年的飞速发展时期,数十名妓女从开普殖民地和纳塔尔来到这里。1892年,连接开普敦与约翰内斯堡的铁路线建成,随后又出现了更多的铁路。1894年,随着从德拉戈亚湾的劳伦索·马克斯(Lourenço Marques)港而来的铁路通车,大量妓女从欧洲和美国涌入。1895年,有人在约翰内斯堡进行了一项调查,这份调查涵盖了来自不同国家的妓女构成的97家妓院,其中包括36家法国妓院、26家德国妓院和5家俄罗斯妓院;约翰内斯堡某一地区的妓院数量众多,以至于该地被称为"法兰西方丹"。

1892年访问约翰内斯堡的《泰晤士报》记者弗洛拉·肖说,她对这座城市的粗鲁野蛮望而却步。"它是可怕而又可憎的,毫无秩序的奢侈,毫无艺术美感的肉欲享受,毫无优雅气质的财大气粗,厚颜无耻的公开表露。事实上,在这里的任何事物都与文明所指引的道德和品位原则背道而驰,而体面的生活正是由这些原则引导的。"奥利芙·施莱纳也与丈夫一起来到约翰内斯堡居住,她在1898年形容这座城市是一个"伟大、残酷、邪恶之地,闪耀着黄金的光芒,是一个充斥着马车、宫殿、妓院和赌场的地狱"。

克鲁格发现，他的后院里出现了这样一只工业巨兽，住在那里的侨民都是一群不信神的家伙，这让他很难接受。他把约翰内斯堡称为"魔鬼镇"。最初，罗德斯对克鲁格的困境表示了同情。1888年7月，罗德斯告诉开普议会：

> 我认为他是南非最杰出的人之一，他曾经非常不幸。我记得，当保罗·克鲁格要把他的国家扩展到整个北部内陆地区时，他的国库里只有不到6便士。当我看到他坐在比勒陀利亚的办公室里时，他失去了贝专纳兰，周围的其他土地也从他手中消失了，最后，当他的全部理想——一个田园牧歌的共和国——烟消云散时，他可能还不得不应付成千上万的挖掘者，他们蛮不讲理，肆意妄为，把他搅得日夜不得安宁。我同情这个人。

克鲁格还对外国的矿业巨头——被英国媒体称为"兰德老爷们"（Randlords）——非常不满，他们在威特沃特斯兰德的土地上发了财，然后把钱带到英国去花天酒地，纸醉金迷：拜特在伦敦的公园巷（Park Lane）买了一栋房子，又在赫特福德郡买了一栋乔治国王统治时期艺术风格的豪宅，占地700英亩；沃纳住在皮卡迪利（Piccadilly）街的巴斯别墅，里面装满了世界各地的珍宝；巴纳托花了7万英镑在公园巷买了一处地皮，在那里建造了一座新别墅，并在马匹、伦敦西区演出和奢华的派对上挥金如土；罗宾逊住在公园巷的达德利别墅，他豪掷重金，收藏了一系列精美的艺术品。

克鲁格与外侨群体的摩擦越来越多。由于担心他们的人数会大大超过布尔人，他拒绝给予这些人政治权利，对他们的要求一再回绝。他说："我对待新老公民的态度不会有什么不同，除了一两点，即人民议会的投票和代表权。"即使在地方一级，约翰内斯堡也不允许进行自治，而是由权力有限的卫生委员会管理。尽管威特沃特斯兰德地区讲英语的人占多数，但唯一的官方语言仍然是荷兰语；在国家开办的学校里，唯一允许教学的语言是荷兰语。克鲁格宣称："每一次扩大英语教育的尝试都是对本土语言的一次打击。"

在1890年经济萧条时期，许多外国人失去生计，并且由于黄金股票的投机而失去了积蓄，他们对现状变得愈发不满。3月，克鲁格在前往布利瑞特桥与洛克爵士会晤的途中经过约翰内斯堡时，在流浪者俱乐部（Wanderers' Club）搭建的展台上与公众见面。台下挤得人山人海。他听到，台下的人们大声地抱怨和感叹，还唱起了"统治吧，不列颠"和"天佑女王"。当天晚些时候，愤怒的人群聚集到他所借住的地方法官的房子外面，破坏了花园的栏杆和部分花园篱笆，然后转向邮局，扯下四色旗践踏。当洛克问他发生了什么事时，克鲁格回答说：

> 亨利爵士，那些人使我想起了我曾经养过的一只狒狒，它非常喜欢我，不让其他任何人碰我。但有一天，我们围坐在火堆旁，不幸的是，这只野兽的尾巴被火焰点着了。然后，它狂暴地朝我扑来，以为我是事故的罪魁祸首。约翰内斯堡的人们就是这样。他们在投机买卖中玩火自焚，现在他们却向保罗·克鲁格复仇。

1891年，为了满足外侨对政治代表权的要求，克鲁格建立了第二人民议会，同时提高了选举权的准入资格。根据原来的要求，外国移民只需要在这里居住满一年就能获得选举权。在随后的1892

年，为了阻止新移民涌入莱登堡金矿，克鲁格将选举权的门槛提高到居住5年，并且要支付25英镑的入籍费。他的新计划是，将选举权限制从5年提高到14年，并引入了另一个限制条件，即将投票权限制在40岁以上的侨民里。为了对这些限制进行弥补，外国移民有权在居住仅两年后获得德兰士瓦公民身份，还可减免5英镑的入籍费用，并有权在第二人民议会选举中投票。但是，第二人民议会的职能是有限的，第一人民议会可以否决它的决议，因而老公民们仍然控制着它。

1892年，克鲁格向约翰内斯堡的听众们简单地解释了他自己的观点：

> 想象一下，一个人为自己的家园献出了鲜血和生命，并对其他人说——你可以作为一个暂住者在我的农场里落脚，谋求生计。但是，如果这位暂住者反客为主，宣称他对农场拥有和农场主同样的权利，那么，如果这件事被提交到法院，判决也永远不会偏袒暂住者……现在，这个农场是我们从祖先那里继承的。这个陌生人来这儿是为了赚钱，那么把本属于开拓者的权利交给他合适吗？

他接着补充说：

> 随着时间的推移，当他们（陌生人）证明自己是真正的公民时，他们的选举权就会扩大……老公民们必须首先知道这个新来的人是否值得信任。

克鲁格的"老公民"和"新公民"的两级体制——一等公民和二等公民制——在侨民中没有得到多少支持。他们虽被征缴赋税，但仍然没有适当的代表权。

克鲁格还面临着越来越多的布尔批评者对他领导风格的不满。

现在他六十多岁了，变得越来越专横，对反对者愤愤不平，动辄大发脾气，阻碍变革，仍然相信自己是受上帝启示之人。他的演讲比以往任何时候都更像布道，冗长、杂乱、重复，没完没了地提到上帝和《圣经》。他老眼昏花，听力不佳。他干涉司法程序，引起了公愤。当他的朋友内尔马修斯被指控挪用公款，并且被陪审团判定有罪、判处18个月的苦役监禁时，克鲁格安排行政会议赦免了他。当首席大法官约翰·科泽（John Kotzé），一名曾在开普敦接受过教育的律师指出行政会议的行为为非法时，克鲁格反驳说，无论法院作出什么决定，内尔马修斯都应该得到赦免。随后，内尔马修斯的罪名被撤销。

对克鲁格的特许政策以及由此产生的腐败的批评也越来越多。19世纪80年代，德兰士瓦接近破产状态，为了振兴工业，克鲁格引入了特许政策，而它也已经成为克鲁格政府施政方法的核心部分。他将垄断特许权优先授予一些个人和公司，这些人不仅建立了工厂，而且建立了一系列公用事业：国家银行，供水、供气和供电，比勒陀利亚、约翰内斯堡和其他城镇的市政服务，有轨电车，道路维修，以及市场。克鲁格认为，这么做会带来诸多好处，包括为国家带来可观的收入，以及向公众提供当地商品和服务。但他的批评者指出，垄断控制和保护垄断所需的关税壁垒导致了价格虚高。此外，许多特许权所有者利用这一制度不是为了建造工厂或提供服务，而是为了投机目的：一旦获得特许权，他们就希望将其变卖以牟利。

由于颁发了许多特许权，交易特许权的生意很快就陷入了腐败的泥潭，产生了一些臭名昭著的事件。1889年，行政会议在没有征求人民议会意见的情况下，给予总统的私人秘书兼女婿弗里克·埃罗夫（Frikke Eloff）约翰内斯堡的供水特许权。据一家反对派报纸《土地与人民》（*Land en Volk*）报道，埃罗夫从这笔交易中赚了2万英镑，甚至没有出一分钱。1892 年，年轻的法国投机者欧仁·奥本海姆男爵（Baron Eugène Oppenheim）获得了修建一条通往塞拉提（Selati）金矿的铁路支线的特许权。据他自己的说法，他花了大约 3 万英镑去"疏通关节"，"塞钱给行政会议和人民议会的各个成员和他们的亲友，以此作为授予特许权的代价"。在看到相关证据时，克鲁格认为这不算贿赂，他看不出这些人收到礼物会有什么害处。

最有争议的特许权涉及炸药。1887 年，在克鲁格参与的一项交易中，从金伯利来的德国特许权搜寻者爱德华·利珀特获得了制造炸药、火药、爆炸物和弹药的专有权利，为期 16 年，一个制造炸药的工厂将在一年内建成。利珀特被允许免税进口所有原材料和机械，但炸药本身不能进口。一旦工厂的产量能够满足当地的需求，就不允许再进口其他炸药。这项协议在 1888 年被人民议会批准。

但是，利珀特将特许权卖给了一家总部设在巴黎的法国财团，该财团任命荷兰商人兰伯特·沃斯特曼担任德兰士瓦公司子公司——南非炸药公司的总经理，利珀特则作为销售总经理，享有 12.5％的分红。与此同时，一个英德财团——诺贝尔信托基金（Nobel Trust）获准继续进口炸药，为期两年，直到当地的产品上市。这家法国工厂于 1889 年 1 月开始生产，不久政府就取消了所有的炸药进口许可证。

然而，德兰士瓦人很快就发现，法国财团进口的不是制造炸药的原材料，而是炸药本身——这些是全部免税的。克鲁格忙不迭地为法国财团辩护。但是，英国政府现在也加入了争论，他们抱怨说，法国的炸药被免税进口到德兰士瓦，而英国制造的炸药却被排除在外，这违反了贸易协定。

1892 年，一个政府委员会得出结论，认为利珀特和法国财团确实进口了炸药，并且逃避关税，这显然违反了他们的特许权。人民议会里一片哗然。"上星期六上午十一点，国民议会休会了，在一个自由的共和国里，很少发生像这样的事情。"《土地与人民》报道说：

> 根据扬·迈耶（Jan Meyer）的动议，人民议会成立了调查委员会。整个人民议会决定去测试法国财团进口的货物，看看是否会爆炸。10时30分至11时，总统一把揪住了扬·迈耶。整个议会都听得清清楚楚——甚至街上也能听到——总统大声向他喊，进行这样的测试是非常不公平的。他和其他人都很清楚，那是会爆炸的。唯一的问题是，它是炸药吗？扬·迈耶没有让步，只是改为在国家采矿工程师、矿业部长、炸药厂经理和科学专家在场的情况下进行试验。利珀特先生声称的不是炸药的东西，以惊人的力量爆炸了，把大量的岩石抛向了空中。

随后人民议会进行了激烈的辩论，当成员们坚持要求取消特许权时，克鲁格请求妥协。他宣称，取消合同将是对政府而不是对公司有害的一种行为。"它将彻底摧毁国家的信誉，使亲者痛仇者快。"他建议政府接管工厂，然后将管理权交还给利珀特。

1892年7月，《土地与人民》以《巨大的欺诈》这一标题刊文，愤怒声讨道：

> 我们不能认同总统的所作所为。我们理解，他不愿意自揭家丑，暴露他搞的特许权政治的腐朽，但他竟然向人民议会建议，由国家买下这家工厂并交由这家欺诈成性的公司来管理，这实在是太过分了！我们只能期待人民议会拒绝了，但人民议会允许这样做吗？利珀特可是每天早上都跟总统在一起喝咖啡。

1892年8月，政府决定取消炸药特许权，允许英国、法国和德国的公司进口炸药。1893年的最终结果是，政府接管了炸药垄断权，然后与原来的南非炸药公司签订了合同，后者成为制造和销售炸药的代理人，为期15年。该公司的股票被授予法国财团和诺贝尔财团——以及利珀特。利珀特还获得了每箱炸药缴纳8先令税款的优惠税收政策。其结果是，德兰士瓦炸药工业的所有权交给了外国人，几乎所有的利润也都流向了海外，政府从每箱炸药得到的收益只有5先令，而外国投资者得到的利润为每箱40先令——约为100%的利润。人民议会的一个委员会随后得出结论，由于这种安排，每箱炸药的费用比合理价格至少高出40先令。

比勒陀利亚的腐败是如此引人注目，以至于批评者开始提到"第三人民议会"的存在，即愿意以行贿受贿来牟利的商人、政客和官员的集合。反对派报纸《土地与人民》经常揭露贿赂和腐败的具体事例。1891年，它指控克鲁格试图将从比勒陀利亚到德拉戈亚湾的铁路改道，使其经过他的亲戚和朋友的农场，即埃罗夫和内尔马修斯的农场。"总统的朋友们发了财，公民们却在汗流浃背。"甚至亲政府的《比勒陀利亚新闻》也承认"公务员普遍腐败"，哀叹高级官员只关心自己的财富而不是国家利益，而小官们通常期望通过贿赂来换取小恩小惠。1892年，人们发现，在行政会议的默许下，政府官员在约翰内斯堡购买了数十个有价值的土地，却没有做广告将其出售，而是将它们拍卖，然后获得巨额利润。矿业部长和他的儿子也是受益者。克鲁格努力为这些交易辩护："政府觉得，通过公开拍卖而不是广告，从而在所有的当地报纸上省下广告费用更好，因为这能卖得更高。"

政府松懈的财政管理使腐败问题雪上加霜。虽然政府年收入从

1883年至1890年期间的平均18.8万英镑增加到1895年的420万英镑，但对腐败问题仍没有实施适当的控制措施。克鲁格习惯于在没有适当检查的情况下签署财政部的账单。直到1896年政府才设立了检查团。1898年，当一个国民议会委员会调查国库支出时，他们发现，在过去的16年中，没有适当的账单而"预支"给官员的金额几乎达到240万英镑。

另一个争论焦点是克鲁格的人事政策，即他依靠从欧洲招募来的荷兰人来填补公务员系统和铁路管理中的关键职位。克鲁格的国务秘书威廉·莱兹博士所扮演的重要角色令人尤为反感。历史学家约翰内斯·马雷（Johannes Marais）写道："人们不禁要怀疑，他或他的妻子是否交过一个布尔人或者说阿非利卡人朋友。"

对克鲁格政府的大量批评，最终导致了由总司令皮埃特·朱伯特将军领导的反对派运动的出现。在1893年的总统选举中，朱伯特站在克鲁格的对立面，很快就得到了要求改革的布尔政治家们的支持，他的团队被称为"进步派"。这次选举充满了空前的敌意。竞选双方都用报纸对对方进行了猛烈的辱骂。克鲁格被指控腐败、裙带关系和管理不善，他的坏脾气、独断专行和对荷兰人的偏爱也被诟病。朱伯特则被描绘成一个软弱而优柔寡断之人，对侨民俯首帖耳。

克鲁格以微弱的优势赢得了选举：他获得了7854票，而朱伯特获得了7009票。许多选民认为，克鲁格的老式领导风格无法解决德兰士瓦面临的紧迫问题，特别是侨民人口日益增长的影响。

1893年5月，在新政府大楼的阳台上，面对教堂广场上的一大群人，第三次就任总统的克鲁格发表了纪念讲话。他向新入籍的公民保证，他们有权享受法律赋予的所有权利。但他也觉得有必要警告他们，于是说道："一仆不事二主。"

# 第二十九章
# 兰德金矿的老爷们

随着威特沃特斯兰德金矿转入到深层采矿阶段,兰德金矿的老爷们开始重组利益,以应对黄金行业的新需求。最先发生变化的是阿尔弗雷德·拜特和街角之屋。最早关于转到深度采矿的想法是由沃尔德赫拜特公司所雇用的几个美国采矿工程师提出的,他们是约瑟夫·柯蒂斯、亨利·珀金斯、亨宁·詹宁斯(Hennen Jennings)和汉密尔顿·史密斯(Hamilton Smith)。拜特支持了他们的想法,而他的合伙人朱利叶斯·沃尔德赫则对此持怀疑态度。深井开采的成本——1000英尺或更深的竖井——耗费巨大,且没有成功的保证。为了分散风险,拜特决定邀请伦敦和巴黎的罗斯柴尔德家族及其他商业伙伴共同加入到这项改进采矿技术的投资项目中来。

最终,一家名为兰德矿业的公司于1893年2月上市,其名义资本为40万英镑,每股1英镑。埃克施泰因公司向新公司提供了1300份采矿许可证,以及现有的5家公司的控股权;埃克施泰因的合伙人,包括伦敦的拜特和沃尔德赫,约翰内斯堡的菲利普斯和泰勒,一共得到了兰德矿业公司20万股的补偿。罗斯柴尔德家族独自持有6万股股票。其他获准进入的"散户",包括这些美国矿业工程师和沃尔德赫在伦敦创立的钻石营销集团的成员。

拜特还利用股票分配巩固与其他兰德老爷团体和潜在盟友的合作关系。德兰士瓦秘书长威廉·莱兹、首席大法官约翰·科泽和《约翰内斯堡星报》（*Johannesburg Star*）主编弗朗西斯·多尔默各得到 200 股股票。如果深井开采的理论被证明是正确的，那么这些以每股 1 英镑的价格买进的股票将值一大笔钱。在上市后的 5 年内，它们的售价达到了每股 45 英镑。

深层开采的主要受益者之一是罗德斯。罗德斯一直把威特沃特斯兰德看作是他在赞比西亚冒险的附带节目。但是，一旦明白赞比西亚不是他期待的黄金国（El Dorado）①，他就向拜特施压，要求在兰德矿业占得一席之地。拜特在 1892 年 7 月写道："我将与罗德斯和鲁德做出一些安排，以使他们的利益与我们的一致。我认为这样做是明智的。罗德斯的想法是不能被轻视的，如果我们的利益与他们的背离，他们绝不会善罢甘休……"拜特适时地向罗德斯的公司提供了 3 万股兰德矿业股份，挽救了差点被遗忘的黄金之地公司，并使罗德斯重新成为威特沃特斯兰德金矿的重要参与者。

作为一个后来者，罗德斯大力巩固自己的地位，将黄金之地公司与其他 3 家公司合并，成立了拥有 125 万英镑资本的南非统一黄金之地公司（Consolidated Gold Fields of South Africa）。这家新公司很快就繁荣起来了。它的资产包括现有的或潜在的深层矿山的 120 万股股份，未开发的露头矿脉的 5 万股股份，戴比尔斯公司的 2.5 万股股份，英属南非公司的 4.7 万股股份，以及罗德西亚其他企业的 8.7 万股股份。黄金之地公司在 1893 年盈利 20.7 万英镑，1894 年盈利近 30.9 万英镑，1895 年盈利 210 万英镑——比在伦敦注册的一

---

① 黄金国别称黄金城，为一个南美古老传说。——译者注

家有限责任公司的年利润都要多。支付给股东的股息在1893年为10％，1894年为15％，1895年达到125％。

罗德斯还把约翰·海斯·哈蒙德（John Hays Hammond）收入麾下，他是一个热情洋溢的美国矿业工程师，在全世界享有盛誉。罗德斯放手让他大展拳脚，为自己在黄金上挣大钱。1894年，他们在"大谷仓"别墅见面，商讨事宜。哈蒙德在自传中写道：

> 我坦率地告诉他，我认为他的财产价值很低，但我觉得，有他的支持，我可以收购一些其他的矿区，以提高他的投资水平。罗德斯拿出一张只有几英寸长的纸片，在上面写道："哈蒙德先生被授权进行任何购买事宜，并且拥有完全的权力，只要他通知我，而我并无异议。"就这么简单，我被任命为南非统一黄金之地矿业公司的首席顾问工程师，不久之后又成了不列颠南非公司的首席顾问工程师……仅凭这一小片纸，我就花了罗德斯几十万英镑。

罗德斯同意每年付给哈蒙德1.2万英镑的薪水，这使他成为南部非洲薪水最高的人。作为一个知识渊博的专业人员，哈蒙德收购了一系列被证明为高产的兰德金矿地产，使黄金之地公司成了当地主要的矿业企业，为罗德斯又赚取了一大笔财富。

尽管兰德老爷们赚得盆满钵满，他们还是不断地抱怨，认为自己在这个行业麻烦不断。钻石的价格在戴比尔斯公司确立其垄断地位之前的20年中波动很大，而黄金的价格则由国际协定确定为每盎司85先令。兰德老爷们获得更大利润的唯一途径就是削减成本。然而，削减成本的问题被证明是难以解决的。熟练的白人矿工工资很高。而黑人劳动力一直短缺，这意味着需要以更高的工资来吸引工人。随着深层采矿的进一步发展，对炸药的需求与日俱增，而由于克鲁格的特许权垄断政策，炸药一直售价高昂，引发的不满情绪也日益突出。对于克鲁格拒绝与开普和纳塔尔组成关税同盟，兰德老爷们也十分不满，因为这将导致进口采矿业的必需品时不仅在开普省海关或纳塔尔海关被征税，在德兰士瓦共和国也要被征收关税；甚至食品和酒水也要被征税。通往约翰内斯堡的三条线路——开普、德班和劳伦索·马克斯——收取的高额铁路费用成了另一个不满的来源。由于德兰士瓦与海洋之间的所有铁路交通都被荷兰南非铁路公司垄断，导致该公司能够对进口的煤炭、采矿机械和食品征收高昂的费用。

向非洲工人提供廉价饮料的酒类也被垄断了，矿业公司越来越担心它造成的影响。据矿业商会称：

> 在许多情况下，供应给当地人的酒的品质是最低劣的，总是让那些酒鬼喝得发疯，有时他们会相互斗殴，打群架，从而带来致命后果，而且往往导致一些战斗人员暂时丧失行动能力，并破坏财产。生产事故也常常是由于饮酒的影响，总的来说……这里的当地人中，很大一部分人的死亡都是直接由于饮酒造成的。就劳工问题而言，酒水也起着重要的作用。酒水供应的不足使得劳动力供应短缺的情况雪上加霜。很多情况下，超出原定时间后，土著们会继续被扣押在矿上做苦工，以填补那些因饮酒而残疾的人的空缺。

除了对垄断的不满，政府大规模的腐败也是另一个使不满加剧的因素。沃尔德赫拜特公司在比勒陀利亚的常驻代表吉姆·泰勒（Jim Taylor）抱怨说："金矿行业遭到了各种可能的勒索。"为了办成最微不足道的小事，必须要贿赂每个部门。

另外两起纠纷又引起了进一步的争端。1894 年，克鲁格和兰德老爷们之间爆发了一场关于"仓库"——矿业公司为倾倒碎矿石和储水而预留的区域——的地下权利的斗争。矿业公司持有地面权，但是，当他们意识到仓库地下有黄金矿藏时，他们就声称也拥有仓库地下的权利。他们的主张得到第二人民议会的支持。但克鲁格坚持认为，地下权利不属于地面的所有者，而属于国家，因为这将是一种大有用处的公共资金来源。为了逆转局面，兰德老爷们花了大量的资金。矿业商会主席、沃尔德赫拜特公司成员莱昂内尔·菲利普斯写信给伦敦的拜特："我认为，我们能搞定仓库问题，但是要花 2.5 万英镑，这都是因为克里斯蒂安·朱伯特（矿业部长）像水蛭一样吸着我们不放。"克鲁格说服了第一人民议会推翻了第二人民议会的决定，但第二人民议会立即反击，又通过了一项动议，谴责矿业部长及其下属官员们的行为。荷兰语报纸《人民之声》（Volkstem）也参与了对此行为的批判："我国需要的是一个不仅诚实、廉洁而且深孚众望的矿业部长。"最后，这件事被搁置了，但它又增加了一堆不满。

在用氰化物从矿石中提炼黄金的专利上，也发生了类似的斗争。克鲁格希望由一个国家氰化物垄断企业来掌握这一专利，由一家受政府青睐的公司作为政府的代理人。菲利普斯在写给拜特的信中说道："氰化物垄断企业……突然又冒出来了，现在的形势岌岌可危。幸运的是，莱兹博士和国家检察官埃塞尔伦（Essslen）对此坚决反对，我们今年可以阻止此事。然而，即使我们成功地推迟了它，明年它还是会（在国民议会里）再次卷土重来。我们的对手花了很多钱进行贿赂，我们明年可能不得不花比这更多的钱来反对它。"这一次，菲利普斯成功地"妨碍"了垄断。

与此同时，因为缺少政治权利，侨民群体的不满情绪也越来越强烈。到 1895 年，约翰内斯堡的白人人口已达到约 5 万人，其中大部分来自英国和开普殖民地；只有 6000 人是德兰士瓦人，主要是贫穷的布尔人。德兰士瓦政府从来没有对这里的白人人口进行过准确的调查，但就连克鲁格也承认，当时的侨民数量已经超过布尔人。

第一次有组织地反对克鲁格的侨民运动发生在 1892 年，一个名为"德兰士瓦全国联盟"的组织成立并以"使共和国的所有公民获得宪法赋予的所有平等权利，和……为所有被冤屈的领导人平反"为诉求。在 1892 年 8 月的一次公开会议上，约翰内斯堡著名律师查尔斯·列昂纳德（Charles Leonard）解释了建立这样一个组织的必要性：

> 是谁建设了德兰士瓦？我们来到这里，发现原来的公民定居在农场里；他们没有市场；没有办法；他们唯一的生活方式就是省吃俭用，辛勤度日……谁使他们得以生存，谁为他们创造了市场？我们！然而，有人告诉我们，我们仅仅是过路的飞鸟，因为他们比我们早来到这里，所以我们没有任何权利。我们派代表去比勒陀利亚，他们尽了最大努力——却备受冷落。请愿书被送到人民议会那里，并提交给一个委员会，此后，杳无音讯。除非我们能堂堂正正地站起来，说出自己的感受，否则我们永远不会被理解和倾听。

但是，克鲁格是不会让步的。全国联盟在 1893 年向比勒陀利亚发出的请愿书没有得到多少关注；1894 年有 1.3 万人签名的请愿书也没有成功；1895 年 8 月发出的另一份请愿书据说有 3.5 万人签名，尽管有些签名显然是伪造的。人民议会里只有反对派对他们的事业表示同情。卢卡斯·迈耶（Lukas Meyer）建议，在德兰士瓦居住满5年、年满31岁并且符合财产资格的侨民应获得公民资格。但是，经过长时间的激烈辩论后，该提案被否决了。

侨民领袖和他们的喉舌报纸，如《约翰内斯堡星报》，变得越来越恶毒。为了佐证他们的观点，侨民的人数被夸大了，许多人声称"十分之九的人口"被排除在投票之外。1895年，一位前往威特沃特斯兰德的英国游客詹姆斯·布莱斯（James Bryce）指出："除了英语之外，几乎什么也听不到，能听到荷兰语的机会远远少于英语……很自然，大多数侨民会认为自己是居住在一个几乎变成了英国人地盘的国家，而一小群人在控制他们，将他们当作下等人来对待，这是不合理的，甚至是奇怪的。"在开普敦，罗德斯力挺侨民的事业。德兰士瓦共和国和克鲁格总统将不得不考虑，如果这个制度拒绝十分之九的人口享有选举权，是否仍应该继续执行下去。

当祖潘斯堡的非洲酋长莱博戈（Lebogo）突然作乱时，克鲁格下令动员全体白人与之交战，而这引发了关于公民身份问题的另一场争端，共有23名英国居民，以及一些荷兰人和德国人被牵涉其中。当5名应征士兵拒绝服从命令时，他们被逮捕了。他们的案件被提交至最高法院，首席大法官科泽决定支持政府，于是这些人又被武装押送到祖潘斯堡。伦纳德领导的国家联盟发起了抗议行动，呼吁英国进行干预。英国政府于是正式指示高级专员亨利·洛克爵士访问比勒陀利亚，以解决争端。

随后发生的闹剧，双方都长久地铭记在心，而对克鲁格来说却尤为苦涩。当洛克的火车驶进新的比勒陀利亚车站时，一大群支持英国的人在那里迎接他，他们还唱起了"上帝保佑女王"和"统治吧，大不列颠"①，这显然使克鲁格很不高兴。克鲁格和洛克并排坐在马车里，马车把他们带到了德兰士瓦旅馆，在那里，一个举着英国国旗的英国人跳上了马车夫的座位。旗帜正好垂在克鲁格的肩膀上，尽管他一再用手杖击打旗帜，但还是无法摆脱。当他们抵达德兰士瓦的酒店时，公众对英国的忠诚得到了进一步的证明。该事件很快在人民议会被提起，在那里，议员们认为这是对总统的公然侮辱。克鲁格表示："我从不相信会有体面的英国人参与其中。但是，我担心，这会起到火上浇油的效果，会加重新移民和老公民群体之间的龃龉。"

作为一个狂热的帝国主义者，洛克对这件事有不同的看法。他认为，可以利用侨民的不满使英国重新占领德兰士瓦。在比勒陀利亚期间，来自约翰内斯堡的代表团敦促洛克进行干预，并告诉他，如果英国决定采取行动，一定会得到1万名健壮男子的热烈欢迎。由于这些讨论，洛克确信，到了某个阶段，侨民的起义将是不可避免的。那年7月，他在给殖民地部的一份秘密简报中说，必须"在这片土地上采取高压手段"，并警告说，"在与布尔人的斗争中，外侨必将取得胜利，如果他们在没有英国帮助的情况下赢了，他们很可能会维持共和国的独立，并奉行敌视联邦的政策"。他提议，在开普和纳塔尔的英国驻军进行干预之前，应授权他调遣贝专纳兰保护领的警察，以在发生暴动时支持外侨，并建议在德兰士瓦边境的梅富根铁路上建设合适的基地，为发动侵略做准备。

殖民地部的高级官员罗伯特·米德爵士（Sir Robert Meade）形容洛克的提议是"极其危险的"。这只会鼓励侨民"提出过多的要

---

① 英国国歌和英国海军军歌。——译者注

求,而布尔人会明白,我们在故意把事情搞大,流血将是不可避免的结果"。米德总结道:"我们应该绷紧每一根神经,以防止出现像另一场南非战争那样的耻辱。"殖民地大臣里彭勋爵对此表示同意。他指出,如果英国试图以武力获得德兰士瓦,则有可能失去整个南部非洲。洛克随后被指责"以非同寻常的不理智的方式掀起叛乱",并且被召回。但是,他提出的对外武装干预支持侨民起义的计划给罗德斯留下了深刻印象。

使得这些争议和不满变得更为复杂的,还有一个更有力的因素。为了抵消英国对德兰士瓦的压力,克鲁格决定与德国建立联系,这使得开普敦的罗德斯和伦敦的英国政客紧张不安。克鲁格在1894年解释说:"如果一个国家(英国)想攻击我们,另一个(德国)会试图阻止。"因此他鼓励德国投资和德国移民的到来。1895年,在为庆祝德国皇帝威廉二世的生日而举行的宴会上,克鲁格大谈德国与德兰士瓦的友谊。他热情洋溢地提到了1884年他对德国的访问,以及威廉二世的父亲①给予他的热情接待。尽管德兰士瓦当时只是一个"小孩子",德皇却把他当作"一个重要的、独立国家的元首"。他说,总有一天,"我们的友谊会比以往任何时候都更亲密"。

> 至于我的德裔人民,我发现他们都很忠诚,并且愿意遵守当地的法律。我与这个共和国的居民们相处时遇到了不少难处,我必须说,虽然女王陛下的臣民表现良好,忠于国家,但在困难时期,他们求助于大不列颠,并宣称他们是女王陛下的臣民。在这个国家里,德国人不会以同样的方式行事。他们高兴和乐意遵守这片土地的法律,而且没有煽动德兰士瓦人反对这些

---

① 即腓特烈三世。——译者注

法律。

现在，克鲁格有了德国的支持和金矿的丰厚收入，他有能力将德兰士瓦建成南部非洲的主导国家，从而挑战英国在该地区的霸权，挫败罗德斯建立英国统治的邦联计划。据此，罗德斯认为，现在是除掉克鲁格的时候了。

而这一切导致了灾难性的后果。

# 第三十章
# 罗德斯的阴谋

阴谋是在"大谷仓"别墅里策划的。1895年6月,罗德斯邀请拜特来别墅共商大计,讨论在德兰士瓦发动政变的计划。罗德斯需要拜特和街角之屋的支持,只有这样才能筹集资金和组织约翰内斯堡的起义。到目前为止,拜特一直与罗德斯的政治计划保持距离,但与詹森一样,他仍然是罗德斯最忠实的追随者之一。

一次,拜特的同事珀西·菲茨帕特里克询问他,他是如何应对罗德斯越来越粗鲁和专横的态度的。菲茨帕特里克问道:"你一定觉得他有时很难相处吧?"

拜特立刻回答:"一点也不,绝没有!""说真的,"他接着说,"你必须了解他,但当你了解他的时候,你会发现他很出色。有些人对他的态度感到生气。有时他很粗鲁,看起来很专横,但那只是意味着他非常认真,充满自信,讨厌浪费时间。他不愿意受傻瓜的折磨;一个人如果不是这样,就应付不了手头的重要工作。在所有大事上,他都表现得很了不起,他是最慷慨善良的人之一。我发现他是世界上最适合与之合作的人,我认为他对我也很满意。我们相处得非常融洽。"

然而,这一次,拜特对发动政变的计划深表疑虑。尽管如此,他还是同意帮助罗德斯为购买武器和装备提供资金。

同谋者的圈子慢慢地扩大了。罗德斯邀请兰德矿业公司董事长兼矿业商会主席莱昂内尔·菲利普斯和全国工会主席查尔斯·列昂纳德来到"大谷仓"别墅，想要拉他们入伙。他任命他的兄弟，前骑兵军官法兰克·罗德斯（Frank Rhodes）上校，为约翰内斯堡的南非统一黄金之地公司经理，打算让他担任军事指挥。他的顾问工程师约翰·海斯·哈蒙德也加入了此次阴谋。在罗德斯的打点下，他的老朋友夏乔士·罗便臣爵士被重新任命为英国驻开普敦高级专员，因为罗德斯知道罗便臣的帮助是必不可少的。

罗德斯认为，鉴于侨民对当局抱有极其不满的情绪，约翰内斯堡发生起义是迟早的事——谈论这一点是司空见惯的。1894年9月，罗德斯、詹森和哈蒙德对马塔贝莱兰与马绍纳兰进行考察，以确定该地区真正的矿产潜力。在这一过程中，着手组织起义的想法也在罗德斯脑海中生根发芽。哈蒙德的结论与之前的其他专家一样，即尽管一些地方的矿藏丰富，但它们太有限了，不能产生大量的财富。显而易见，没有第二个兰德金矿。在过去四年中，马绍纳兰的黄金总产量不超过4400盎司——低于当时威特沃特斯兰德的日产量。哈蒙德强调，兰德金矿可能是独一无二的，那里的黄金能持续开采几十年。除了能使矿业公司赚得盆满钵满外，它还将巩固布尔人的国家。在长时间的骑马旅行和围着营地篝火度过的夜晚，他们一伙人谈论的常常不是马塔贝莱兰和马绍纳兰的前景，而是威特沃特斯兰德的未来和侨民的不满情绪。哈蒙德预言说："除非进行彻底的改革，否则约翰内斯堡的人民一定会揭竿而起。"1894年10月，詹森访问了约翰内斯堡，并于1895年3月得出了同样的结论。

罗德斯和詹森的计划是支持约翰内斯堡的暴动，由詹森领导武装部队从贝专纳兰保护领入侵，并利用罗德斯的私人军队，即不列颠南非公司的准军事警察部队作为一支战斗力量。

1895年7月，记者弗朗西斯·多尔默在罗德斯的办公室见到了他，并努力说服他在德兰士瓦问题上采取更温和的态度。作为《约翰内斯堡星报》的前编辑，他并不崇拜克鲁格，但主张通过政治途径解决问题。"我完全赞成对付克鲁格先生，"他对罗德斯说，"但我不赞成对付德兰士瓦共和国。"多尔默说，人民议会里有一个势力强大的进步党。"如果我们在这件事上走对路，某个有自由主义倾向的人就将在下次选举中成为总统。然后，我们将获得改革所必需的一切。"然而，罗德斯并不打算听这些："但我不想要你们的改革，更确切地说，不想要你们改革后的共和国。"他一口回绝。"理想的制度是英国殖民地的制度。我也不喜欢英国臣民变成布尔公民的主意，这就是为什么我宁愿让布尔公民变成英国臣民……"

多尔默写道，罗德斯似乎更想让克鲁格完蛋，而不是以一个谨慎的政治家的方式处理与后者的矛盾。

根据多尔默的描述，自从15年前他们第一次在开普敦相遇以来，罗德斯已发生了翻天覆地的变化："他曾经是一个十分理智、思想开明的人，以前他富有耐心，对最拖拖拉拉犹豫不决的布尔人也是如此，而现在却感到不耐烦，他显然已经抱有这样一种观念：如果有某些人不能用钱来'丈量'，那就让他们尝尝他这种天才的厉害。"

会面结束后，罗德斯建议多尔默回到约翰内斯堡后与詹森取得联系，因为詹森代表南非统一黄金之地公司去那里"勘探"了。多尔默最后在兰德俱乐部与詹森不期而遇。多尔默写道：

詹森甚至比罗德斯更让人信不过……詹森似乎认为这个地方"充满了反叛","万事俱备，只欠东风"。布尔人战斗素养极差，是"本世纪最大的泡沫"。他们甚至没有洛本古拉麾下的土著战士可怕。只要戳一下泡沫，它就完蛋了！

我努力说服这位亲爱的医生，他的判断是错误的。可以肯定的是，这里确实存在着不满，但并不存在深仇大恨，不足以诱使富裕的人搭上身家性命，与压迫者展开你死我活的斗争。在"繁荣"如火如荼的时候，梦想进行一场革命是荒谬的，因为每个人都是货真价实的或潜在的富翁……

你低估了布尔人的爱国主义，高估了侨民的不满。你看好的那些人不吃革命这一套……所以我给你的建议是把这个想法撇在一边。

现在，罗德斯和詹森陷入了几次严重的误判之中。第一个误判是，既然能不费吹灰之力占领马塔贝莱兰，那么推翻克鲁格政权也是轻而易举的；第二个误判是，侨民已经跃跃欲试，一旦有人揭竿而起，就会云集响应；第三个误判是，即使公司警察被调去参加德兰士瓦政变，非洲土著也不会掀起叛乱从而影响到罗德西亚的白人定居者。

然而，没有任何事物能使罗德斯偏离自己的目标，他太习惯于独断专行，按自己的方式行事了。他对新的殖民地大臣约瑟夫·张伯伦施加了越来越大的压力，要求他同意将贝专纳兰保护领迅速移交给不列颠南非公司，并在7月派他的密探卢瑟福德·哈里斯医生前往伦敦促成此事。要想政变成功，罗德斯首先需要在贝专纳兰边境建立军事基地。贝专纳兰边境离约翰内斯堡仅170英里，骑马三四天就可以赶到。而选择400英里以外的罗德西亚边界上的一个基地，对于一次掠夺式远征来说实在太远了。罗德斯于8月在伦敦给拜特写信说："（贝专纳兰）保护领是必不可少的。我向你保证，如果我们得到它，所有问题都会迎刃而解。作为最后的办法，如果失败了，就去见张伯伦。你比大多数人更有说服力，要向他展示英国在南部非洲的全部地位取决于此，到了明年可能为时已晚。"他补充说："我听说张伯伦是一个强硬的男子汉，而且是一个有远见的人，只要他往前走一步，我们就可以把非洲献给英国。"

张伯伦曾是格莱斯顿内阁的激进成员，还是一个富裕的商人，现在他已经跨越了政治光谱，成了索尔兹伯里勋爵的保守与统一党联合政府中的狂热帝国主义者。大家都叫他"强词夺理的乔伊"。与罗德斯一样，他认为英国的"种族"是所有占统治地位的种族中最伟大的，但他更支持帝国控制，而不是殖民控制。他认为，帝国联邦对于维持英国作为世界强国的地位和确保其经济繁荣都是至关重要的。1888年，他问伦敦商会："不列颠群岛人口繁多，拥挤不堪。现在，那些庞大的附属国向我们寻求保护，它们是我们天然的贸易市场，我们生存资料的重要依赖，如果现在它们脱离了我们，那么谁会相信不列颠群岛上的人口可以活过一天？"

发展帝国贸易成了他日益关注的问题之一。他把德兰士瓦视为眼中钉，认为它既是一个异类，也是对英国霸权的潜在威胁，这个独立的国家在英国的利益范围内，却愿意拥抱德国；凭借其黄金储备和德国的支持，它有潜力成为南部非洲的主要国家。1895年，张伯伦已经年近六十，在政治荒原上游荡了十年之后，他急不可待地想要建功立业。从8月1日起，张伯伦与哈里斯、格雷伯爵和罗德斯的其他合作者进行了一系列会面，他最初坚持对所有问题进行适当的考虑，包括茨瓦纳酋长的权利。哈里斯随后向罗德斯报告，张伯伦的态度是"不妥协的和果断的"。然而，当哈里斯提到罗德斯计划将贝专纳兰铁路延伸到布拉瓦约时，张伯伦变得更加依从，并且建议他们，先把贝专纳兰的"一块土地"用在铁路建设上，再做日后的长远打算。根据哈里斯的说法，张伯伦"谨慎地暗示"了他发现罗德斯急于想要控制保护领的真正动机："罗德斯希望在加贝罗内斯的边境附近部署一支警察部队"，以便"在约翰内斯堡发生起义时"提供援助。

据哈里斯说，张伯伦立刻在这次谈话中表示反对。

张伯伦说："我立刻阻止了他，我说我不想听到任何机密信息，我是以官方身份来这里的。我只能听到可以充作官方用途的信息。"

格雷伯爵随后介入，把哈里斯带出房间，然后又单独回去和张伯伦讨论此事。

格雷后来在 1896 年 12 月 10 日给张伯伦的一封信中描述了这次见面的细节："我私下告诉过你……为了给自己争取作为自由人的共同权利，侨民很快就会发起武装起义，因此，有必要在德兰士瓦边境部署一支武装部队，以备不时之需。"1885 年 8 月 2 日，在与张伯伦会面的第二天，哈里斯和格雷向罗德斯发出一份电报，对事件作了类似的描述：

> 因此，我们决定告知殖民地大臣一切缘由，为什么我们希望在加贝罗内斯建立基地，以及在保护领保持我们的存在为何是明智的。殖民地大臣衷心赞同罗德斯的政策。但他不会基于此改变关于保护领的决定，而是提出替代方案，为了证明不列颠南非公司拥有合法的权益，该公司应考虑在保护领申请大量的政府土地赠与，以换取铁路线向北延伸。

罗德斯的另一位同事，公司董事詹姆斯·马奎尔（James Maguire）在 8 月 13 日见到了张伯伦，他认为张伯伦似乎也喜欢这个阴谋。8 月 13 日，哈里斯打电报给罗德斯："张伯伦会尽一切努力进行协助，但要交出行政保护领的前提是他对你的计划一无所知。他确实认为，现在罗德斯的聪明才智可以克服英国政府拒绝移交保护领土地所带来的任何麻烦。"

张伯伦后来试图否认自己事先知道这个阴谋。但是，他的朋友格雷伯爵对此态度坚决。历史学家巴兹尔·威廉姆斯（Basil Williams）在采访格雷的面谈记录中写道："格雷说张伯伦当然知道打算介入德兰士瓦的力量。"格雷说："为了英国的荣誉，它不应该公开，就像它没有被当时的任何人说出来一样。最大的困难是哈里斯——费了好大劲才让他闭嘴。"

哈里斯和格雷于 8 月 20 日再次去见张伯伦，之后张伯伦向开普敦的罗便臣发去电报，指示他从茨瓦纳酋长巴图恩那里获得一块加贝罗内斯的土地，以供不列颠南非公司使用——罗德斯打算将该地区作为他入侵德兰士瓦的军事基地。令罗德斯愤怒的是，巴图恩拒绝合作。于是，罗德斯求助于茨瓦纳的另外两个酋长，说服他们把梅富根以北的皮萨尼·波卢戈周围 40 平方英里的土地划归公司管辖。10 月 18 日，经张伯伦同意，罗便臣发布公告，将这块土地移交给公司。同一天，他任命詹森为属地专员。随后，不列颠南非公司的警察部队立即开始从布拉瓦约向皮萨尼移动。其借口是他们需要保护一条新铁路的建设工程，使之不受心怀不满的土著的影响。但是，并没有什么正在建设的铁路，更不需要他们进行什么保护。

当这些阴谋正在进行的时候，德兰士瓦和开普之间就铁路费问题爆发了一场关税战。几年来，直到德拉戈亚湾线和德班线建成之前，开普线垄断了通往约翰内斯堡的铁路运输，1895年，它的运输份额仍然是85%，但一直在下降。为了提高自己的份额，开普政府开始削弱其他两条线。德兰士瓦人进行了报复，将瓦尔河和约翰内斯堡之间51英里路段的收费增加3倍。为了规避这些费用，开普政府安排在瓦尔河边境卸货，以有竞争力的价格用牛车运到约翰内斯堡。10月1日，克鲁格进行反击，关闭了渡口，并且取缔了在枯水期涉水穿过瓦尔河的牛车交通线。开普政府向张伯伦提出上诉。张伯伦向克鲁格发出最后通牒，要求他撤回公告，并且下令原本要前往印度的英军改道开普。11月7日，克鲁格让步，重新同意让马车穿过瓦尔河。所谓的"渡口危机"增加了双方的不满情绪，加剧了各方的紧张局势。这也为罗德斯推进他的阴谋提供了进一步的理由。

在约翰内斯堡，人们谈论的主要话题是"革命"何时到来。詹姆斯·布莱斯写道："到处都在谈论起义的事，在黑暗的角落里，在每个人吃午餐的俱乐部里，以及在戏剧表演的幕间休息时间里，几乎没有别的话题了。"大多数人认为起义迫在眉睫。

然而，尽管约翰内斯堡民怨沸腾，尽管新闻界对克鲁格政府口诛笔伐，不绝于耳，但民众对起义似乎没有什么热情。《泰晤士报》记者弗朗西斯·荣赫鹏上尉在12月报道说，"约翰内斯堡的居民并不是一群易被煽动、反叛和喜欢争吵的人。他们是赚钱的人。造反和赚钱不能同时进行。"普通矿工、企业职工、文员的工资都很高，他们虽然愿意鼓动改革，却没有起义的想法。

荣赫鹏说："他们谁也不想看到英国国旗在这里升起，他们谁也不想看到现在的共和国被消灭。没有任何迹象表明，德兰士瓦的侨民有朝着那个方向的骚动。没有人想赶走布尔人。"

在写给伦敦的拜特和沃尔德赫的信中，莱昂内尔·菲利普斯直截了当地说:"关于选举权,我不认为真的有很多人把它当回事。"

在兰德老爷们内部,意见分歧也很大。巴尼·巴纳托一直试图和克鲁格保持友好的关系,在访问比勒陀利亚时,他很高兴地在家门口的阳台上和克鲁格闲聊。罗宾逊认为,反对克鲁格的情绪是人为煽动的,侨民的不满被夸大了,任何发动政变的企图都注定要失败。德国企业家阿道夫戈尔茨、乔治·阿尔布和西格斯蒙德·诺依曼也对政变持反对态度。

即使是谋划阴谋的人,也是一盘散沙,对最终想要实现的目标没有一致的看法。为了招揽支持者,罗德斯对不同的人采用不同的说辞。11月间,罗德斯与约翰内斯堡的两位关键人物共商大计,他们是全国联盟领导人查尔斯·列昂纳德和矿业商会会长莱昂内尔·菲利普斯,后者曾前往开普敦,以弄清楚罗德斯的确切目标。列昂纳德更倾向于一个"改革过的共和国"。他希望罗德斯保证,英国国旗不会被用作起义的象征,德兰士瓦不会被迫加入联邦。罗德斯似乎同意了。根据伦纳德的说法:"我们向他宣读了我们的权利宣言草案。他靠在壁炉架上抽着烟,当谈到我们所说的南非产品自由贸易的那部分文件时,他突然转过身来,说:'这就是我想要的。这是我对你们唯一的要求。其余的会在该来的时候到来。我们必须有一个开始,这将是开始。如果人民得到了应有的权利,关税同盟、铁路公约和其他事情都会接踵而至。'"

但罗德斯对改革后的共和国毫无兴趣。张伯伦也是。当张伯伦要罗德斯"为英国国旗而奋斗"时,在伦敦的哈里斯立刻强调这才是真正的意义。为了确保这一点,哈里斯发电报给罗德斯:"我们已经明确表示,詹森医生计划的结果包括英国国旗的升起。是这样吗?"

罗德斯回答说："当然，除了英国国旗，我不会为别的事物冒任何风险。"他后来又说："你可以肯定，我不会冒险用罗宾逊换掉克鲁格总统。"

然而，罗德斯同样决心确保德兰士瓦不会落入帝国的控制之下。他真正想要的，是在英国的旗帜下建立自己的南非帝国。

除了招兵买马外，罗德斯还向夏乔士·罗便臣爵士和帝国大臣格雷厄姆·鲍尔爵士（Sir Graham Bower）吐露了自己的秘密，向他们请求帮助，并发誓保守秘密。他在10月告诉他们，一群约翰内斯堡的资本家已决定支持侨民发动起义。罗德斯还声称，张伯伦知道这个计划并且已表示大力支持。此时的罗便臣已经71岁了，他患有浮肿和心脏病，只盼着能安稳地完成任期，因此他对听到的情况感到大为震惊。

罗德斯告诉鲍尔："他等于是在帮倒忙。"当鲍尔后来向罗便臣提起此事时，罗便臣阻止了他，说："罗德斯和张伯伦的这些该死的阴谋，你和我越少掺和越好。"

张伯伦却是唯恐天下不乱。他在10月给罗便臣写了一封私信，询问他，如果在约翰内斯堡发生叛乱，"有没有外部援助的可能性"，以及接下来会发生什么。

在征求了罗德斯和鲍尔的意见后，罗便臣回答说，他认为敌对行动的爆发是不可避免的，是迟早的事。他预计，在起义之后，约翰内斯堡将宣布成立临时政府。作为高级专员，罗便臣坚持双方都应接受他的仲裁。他将立即前往比勒陀利亚，下令进行选举，组成制宪会议。选民将包括德兰士瓦的每一个白人男性，这将导致"英国人"在选举中获胜。他还说，大多数英国人更愿意生活在"英国化和自由化的共和国"内。

张伯伦回电：

> 我同意你在 11 月 4 日的私人信件中的想法……我认为，除非能够确保成功，否则不能轻举妄动，因为一场惨败将是灾难性的。

张伯伦还明确表示，他希望的结果是建立一个英国殖民地，而不是一个自由化的共和国。张伯伦担心，"一个完全独立的共和国，由兰德的资本家统治或为他们服务，会对英国在德兰士瓦的利益和英国在南部非洲的影响力产生非常不利的影响"。

到 12 月，政变的准备工作已取得很大进展。张伯伦、罗便臣和鲍尔都知道了计划中的事。罗德斯还设法获得了《泰晤士报》的支持。《泰晤士报》的经理莫伯利·贝尔和该报的殖民地通讯员芙洛拉·肖长期以来都是罗德斯的崇拜者与热心的帮手，现在他们充当了罗德斯和张伯伦之间的秘密纽带，随时准备为罗德斯策划一场新闻宣传战。

芙洛拉·肖被罗德斯给迷住了。1895 年 11 月，她对朋友弗雷德里克·卢吉上尉说："我已经见过了当下大多数英国官僚，但罗德斯先生给我的印象与众不同，他的目标是无私的，比我以前所认识的更伟大、更尽善尽美。我觉得他似乎并不为自己寻求什么。他既不关心金钱，也不关心地位，也不关心权力，除非它们是实现他为之奋斗的理想之国所必需的。"为了确保成功，她于 12 月 10 日给罗德斯发了电报："请告知何时开始计划，我们希望尽早将密封的指示寄给位于欧洲各国首都的《泰晤士报》办事处。利用它们的影响力来支持你，这是重中之重。"

整个 12 月，"大谷仓"别墅里一直酝酿着阴谋。在罗德斯的坚持下,拜特从伦敦赶了回来。哈里斯也从伦敦回来了。当时住在"大谷仓"的客人是汉斯·索尔,他现在是马塔贝莱兰的居民,正在这里养病。他注意到了人员来来往往的情况,但对这个阴谋并不知情。四个星期内,罗德斯一次都没有向他提及德兰士瓦的事:

> 我经常和罗德斯一起在他家的后阳台上喝茶,每当我们吃完可口的餐点之后,格雷厄姆·鲍尔爵士——开普殖民地的皇家秘书长——就会出现。鲍尔一到,罗德斯就会和他一起到美丽的小山谷散步,那里生长着蓝色的绣球花,我常常看到他们全神贯注地谈着。
>
> 晚饭后,我们通常到台球室去抽烟、喝咖啡、玩金字塔游戏。通常,在比赛进行到一半的时候,卢瑟福德·哈里斯医生就会出现,他驾着一辆开普马车从开普敦赶来,这辆马车总是等到深夜才把他接回去。哈里斯一到,他、罗德斯和拜特就会立刻消失,聚到楼上罗德斯的私人房间里。余下的时间里,我们再也见不到他们了。我注意到,有一两次,他们三个看起来都心事重重……

即使在筹备阶段,这个阴谋就已经出现了瓦解的迹象。

# 第三十一章
# 詹森远征

詹森以一种青年般的热情承担起了组织政变的任务。虽然他在军事方面是个门外汉，但他对自己的能力极度自信。1895年10月，他在布拉瓦约与汉斯·索尔交谈时，曾表达了对布尔人战斗精神的蔑视。他夸口说："带上500人，拿上生皮鞭子，我就能把他们赶出德兰士瓦。"詹森身材矮小，秃顶，其貌不扬，看不出来哪里像一个革命领袖。他走起路来有点弯腰驼背，悠闲地骑马时，手总是插在口袋里。但他精力旺盛，热爱冒险，一头扎进了这场争斗中。

从理论上讲，这个计划相对简单。詹森打算召集一支1500人的部队，并为其配备马克西姆炮、野战炮和备用步枪，与约翰内斯堡的阴谋者们预先约定好日期，到时候从贝专纳兰的营地出发，一举入侵德兰士瓦。与此同时，约翰内斯堡的阴谋家们——他们自称为"变革者"——将招募7500名志愿者，准备起义。志愿者将会配发大量的步枪和马克西姆枪支，这些枪支由哈里斯"以罗德西亚的名义"在英国购买，然后被运往开普敦，转移到金伯利的戴比尔斯公司，再藏在油桶里走私到约翰内斯堡，存放在那里的采矿公司大楼里。在9000人的压倒性优势下，阴谋家们能轻易击溃布尔人的抵抗。

一旦控制了约翰内斯堡,他们将宣布成立一个临时政府,并派遣一支部队去夺取比勒陀利亚的政府武器库。随后,英国高级专员会进行干预。一个新的时代将会开启。

为了掩饰他们的意图,阴谋者们设计了一系列用于电报通信的密码。他们的起义被称为"种族"或"马球锦标赛"或"发行股票";詹森是"兽医"或"承包商";共谋者是"用户";英国高级专员是"主席";詹森设立了军需部门,采购马匹、骡子、马车和大量的食物与草料,并把它命名为"兰德农产品和贸易辛迪加"。

作为这出戏剧的核心人物,詹森不停地四处奔波。1895年11月1日,他视察并批准了位于皮萨尼的大本营。志愿警察从马塔贝莱兰和马绍纳兰赶到这里。经张伯伦批准,贝专纳兰边境警察被允许移交给不列颠南非公司的警察部门。在开普敦,詹森从爱丁堡公爵志愿步枪队招募了大约100人,相当于开普敦的一个团。

11月19日,他抵达约翰内斯堡,与主要的同谋们会面,他们是:查尔斯·列昂纳德、莱昂内尔·菲利普斯、约翰·海斯·哈蒙德和法兰克·罗德斯。他们确定了起义的暂定日期:在约翰内斯堡一年一度的圣诞赛马会后不久的12月28日,他们还商定詹森的部队将提前两天越过边界。詹森没有军事经验,也不了解地形,他误以为他的全副武装的部队拖着大炮和机关枪,用两天的时间就足以从皮萨尼出发跨越170英里到达这里。

詹森还诱使同谋者们签署了邀请他前来援助约翰内斯堡人民的信件。詹森说,他需要这封信,以避免"像土匪一样"进入德兰士瓦,并使他在需要的时候,能够向不列颠南非公司证明他的行动是合法的。信中预言了一场即将发生的冲突:

在这个国家,关于某些问题的立场已变得至关重要,我们确信，在不远的将来，政府与侨民之间会爆发巨大的冲突。

成千上万手无寸铁的男男女女和儿童将任凭装备精良的布尔人摆布，而价值巨大的财产将处于极大的危险之中……

正是在这种情况下，我们请求你来帮助我们，如果这里出现了骚乱的话……

情况是如此的严峻，我们只能相信你和你手下的人一定会来拯救处于水深火热之中的人民……

这封信由查尔斯·列昂纳德起草，并由四位共谋者签名；第五位共谋者乔治·法拉尔（George Farrar），一位矿业企业家，他的签名是后来加上的。这封信没有注明日期，大家同意以后再填写合适的日期。由于担心这封信会落入歹人之手，同谋者向詹森强调，这封信件只可供他个人使用，未经他们特别批准，不得随意处置。第二天，列昂纳德感觉到这封信有潜在的危险，就试图让詹森把信还给他。

"非常抱歉，老头儿，"詹森回答，"但是它已经随末班火车去开普敦了。"

当天晚些时候，在为新的矿业商会大楼揭幕时，莱昂内尔·菲利普斯公开宣布矿业公司支持变革运动：

在这个国家，我们想要的只是政府的纯洁性和在其事务中的公平权与发言权。我希望明智的建议能占上风，并使政府认识到现行政策是行不通的。没有什么比希望看到一场从任何角度来看都将是灾难性的剧变——其结局可能是最糟糕的流血事件——更令我难过的了。但我要说的是，如果认为这个由大多数自由人组成的备受污蔑的群体会无限期地同意继续服从于这个国家的少数人，那将是大错特错的想法……

然而，整个行动有着一个明显的缺点，那就是太过业余了。当詹森出现在法兰克·罗德斯的家里，和他共商大计时，却发现他跑去干别的事了。法兰克·罗德斯出了名地喜欢向女人献殷勤，比起讨论政变，他更喜欢做别的事。罗德斯上校留了一张纸条："亲爱的老朋友，对不起，今天下午我不能见你，我约好了去教某太太骑自行车。"《泰晤士报》记者荣赫鹏后来评论说："最大的错误是试图用拉车的马来跑比赛。"

但是詹森的信心仍然坚定不移。11月，《星报》编辑弗雷德·汉密尔顿（Fred Hamilton）在约翰内斯堡与詹森和罗德斯共进午餐时，表达了他们将面临强硬反对的观点。"对我来说，这就像用刀子切黄油一样容易。"詹森反驳道："你不知道马克西姆枪有多厉害。我见识过它是怎么开火的。我将在我的纵队两边各开出一英里的无人区，布尔人在那个区域里逃不出枪口。"

詹森从约翰内斯堡前往开普敦，与罗德斯商讨最终的安排。11月24日，其他共谋者也与他们一起参加了在"大谷仓"别墅举行的峰会：列昂纳德、菲利普斯、哈蒙德和法兰克·罗德斯都在场。詹森向罗宾逊保证会让他随时了解情况。随后，詹森向一位朋友吐露了自己的秘密："出发前往梅富根的前一晚，我去见了他。我是他的医生，因此为他的健康状况安排私下谈话是非常容易的。那次，我们又一次达成一致，决定联合行动。"

在12月的第一周，变革者们的热情却迅速冷却。纸上谈兵总是很容易的。一些改革家曾希望，仅仅通过谈话就能促使克鲁格实施他们想要的改革。但是，在准备起义的阶段，他们意识到这事关重大。没有迹象表明民众支持这样的行动。罗德斯上校明显缺乏热情，他在 12 月 7 日打电报给詹森,告诉他:"这里的马球锦标赛推迟一周举行,因为这将与'比赛周'冲突。"

詹森恼怒地回答道:"在你看来,与每天被发现的巨大风险相比,'比赛'有那么重要吗?让哈蒙德通知那些摇摆不定的合伙人,告诉他们,越拖延越危险。"但在开普敦的罗德斯别无选择,只能同意将革命推迟到元旦之后。

还没等罗德斯处理好这个问题,更复杂的情况发生了。在伦敦,芙洛拉·肖发现克鲁格的国务秘书威廉·莱兹已经抵达伦敦,即将前往巴黎、海牙和柏林,她怀疑莱兹打算在欧洲各国煽动一场"遏制罗德斯"的运动。在 12 月 12 日发给罗德斯的电报中,《泰晤士报》经理莫伯利·贝尔敦促罗德斯迅速采取行动:"由于拖延,现在危险的情绪已经形成,但它将在很大程度上取决于能否在欧洲列强有时间进行抗议之前采取行动,因为欧洲的局势被认为已严重到可能使政府陷入瘫痪。"在肖采访了莱兹的 5 天后,贝尔做出了进一步的警告。他在 12 月 17 日的一份电报中说,如果速战速决,即使引发欧洲的大规模抗议,张伯伦也已做好了不予理会的准备。"如果欧洲列强干涉,张伯伦会发声,但他有特殊的理由认为你必须速战速决。"

在这一关键时刻,另一个问题爆发了。12 月 17 日,由于委内瑞拉和英属圭亚那之间长期的边界争端,美国总统克利夫兰以战争威胁英国。张伯伦认为,如果约翰内斯堡要发生起义,就必须在欧洲的反对势力变得过于强大以及英国更深地卷入与美国在委内瑞拉问题上的纠葛之前。他对殖民地大臣罗伯特·米德爵士说:"拖延的时间越长,外国干预的可能性就越大。"

"在我看来,要么马上动手,要么至少推迟一两年。我们能保证吗？"张伯伦请殖民地部的南部非洲问题专家爱德华·费尔菲尔德与罗德斯在伦敦的合伙人罗伯特·马圭尔取得联系，"以弄清楚情况"。

费尔菲尔德问马圭尔，是否有可能把起义推迟一年，但马圭尔想看到行动，于是回答说，现在推迟已经太晚了。于是费尔菲尔德向他转达了张伯伦的观点，告诉他"越早越见效"。由于这次会晤，马圭尔和格雷勋爵于12月20日致电罗德斯，敦促他"抓紧时间"，因为委内瑞拉问题已经火烧眉毛了。根据这份电报，拜特在约翰内斯堡给菲利普斯发电报称："我们的外国支持者敦促立即'上市'。"

但是，许多变革者已经对整个计划不再抱有幻想。人们越来越不信任罗德斯的意图。关于革命是在英国国旗还是在四色旗下进行，罗德斯在11月就曾试图解决这个问题，但是如今争论再次爆发了。列昂纳德和菲利普斯，还有哈蒙德和其他美国人，都想要一个改革后的共和国。哈蒙德甚至警告说，他将向举起任何四色旗以外旗帜的人开枪。哈蒙德在一次美国矿工会议上说："我们不会容忍在约翰内斯堡悬挂英国国旗。我们只想从克鲁格和他的贪污犯那里讨回公道。你们可以相信我，除了布尔人的旗帜，我会向任何举起其他旗帜的人开枪。"

为了澄清这一问题，变革者们请《泰晤士报》记者弗朗西斯·荣赫鹏到开普敦与罗德斯会晤。12月22日是一个星期日，当罗德斯在游廊后面招待客人时，年轻的荣赫鹏来到了"大谷仓"别墅。他们在盛开的绣球花丛中漫步时，荣赫鹏告诉罗德斯，约翰内斯堡的人们并不热衷于起义，他们强烈抵制英国旗帜，他建议罗德斯推迟整个计划。罗德斯对此怒不可遏。

罗德斯："难道在约翰内斯堡人人都贪生怕死，不愿意领导人民揭竿而起吗?"

荣赫鹏:"没有人愿意这样做。"

罗德斯:"那你为什么不动手?你害怕吃枪子儿吗?"

荣赫鹏:"我对拟议中的革命没有兴趣,也不想领导它。"

在激烈的讨论之后,罗德斯决定:"如果他们不愿意干……就不会轻举妄动。我要打电报给詹森,叫他不要轻举妄动。"

那天,罗德斯从另一位到访"大谷仓"别墅的客人——帝国大臣格雷厄姆·鲍尔爵士那里得到了类似的建议。鲍尔越来越相信,革命的热情正在逐渐消失,革命注定要失败,并可能带来灾难性的后果。到目前为止,他试图让罗德斯放弃这个项目的努力只得到了越来越多的愤怒,但他认为,再尝试说服他一次是值得的。罗德斯也承认,变革者们的态度越来越冷淡,他轻蔑地说:"你知道他们是群杂种,他们不敢打仗。"

鲍尔问道:"那么,为什么要冒这么大的风险呢?"据鲍尔说,罗德斯回答道:

> 约翰内斯堡人民一定会得到他们的权利。如果凭借朱伯特和科泽(德兰士瓦温和派)的力量,共和国将会变得异常强大。最终将出现一个对英国来说比克鲁格领导下的德兰士瓦更危险的世界性共和国。比起约翰内斯堡的金融家或投机者,我更喜欢克鲁格。他们都会让德国介入,而德国人也会来得足够快……
>
> 如果约翰内斯堡的人在没有我的情况下取得成功,那南非联盟就打水漂了。现在,我担心这些家伙可能会发起一场成功的革命,而把我搁在一边。他们将会转向欧洲其他国家,远离南非的我们。罗宾逊或巴尼·巴纳托或者利珀特或阿尔布,或

其他人将会敲诈我们所有人,或者在欧洲把我们卖了。如果我能掌控一切,我就能让他们加入一个南非联盟……他们可以保留他们的国旗,如果我得到了我想要的。

他们的关系变得越来越紧张。罗德斯指责鲍尔对张伯伦不忠,张伯伦则希望他"快点行动",鲍尔写道:

> 我对这件事很不满,我要说的是,你冒着风险去做一件会毁了你和你的国家的事,真是疯了。如果荷兰人发现是你在煽动变革者,他们会怎么看待你?他再次指责我对张伯伦不忠。我把我的意见告诉他,当我离开时,他让我不要再和他说话。我离开时说,我当然不想再和他说话,也不想和一个疯子为伍。

罗德斯没有推迟阴谋,而是决定听从张伯伦的紧急呼吁。12月23日星期一,他打电报给詹森,说起义将在原定的12月28日进行:"公司将于下周六成立。"从此以后,任何电报和信差都不能使詹森放弃他的冒险行动。

然而,在约翰内斯堡,变革者们对这一阴谋失去了信心。随着叛乱的谣言四处扩散,以乔治·阿尔布(George Albu)为首的几名侨民领袖召开了一次会议,谴责该计划是"愚蠢"的,指责联盟领导人是"傲慢"的,并承诺支持克鲁格政府。商业协会(Mercantile Association)也宣称不会参与叛乱。

圣诞节一大早,乔治·法拉尔就来到列昂纳德家,表达了自己的担忧:"我听说,如果詹森进来,他会举起英国国旗。我了解每一个和我一起从事这项事业的人,他们都是因为想要一个改革过的共和国才帮助我的。"他还警告列昂纳德:"这是布尔人的国家,做其他任何事情在道德上都是绝对错误的,除非能够坚持这个基础,否则我不会再做出更多的行动。"

那天,列昂纳德从兰德俱乐部的美国人托马斯·梅恩(Thomas Mein)上尉那里听到了同样的观点。"如果是英国要吞噬这个国家,"梅恩说,"那我就不掺和了。"

在圣诞节当天晚些时候,变革者们决定推迟行动,他们说,他们需要罗德斯保证不会升起英国国旗。查尔斯·列昂纳德被派到"大谷仓"别墅去强调这件事。法兰克·罗德斯给他的兄弟发了电报,告诉他列昂纳德正在前往开普敦进行进一步讨论的路上,起义不得不推迟,直到问题解决。詹森的兄弟山姆,被派去告诉在皮萨尼的詹森。

山姆从约翰内斯堡向詹森发去电报:"绝对有必要推迟上市。在没有得到指示之前,你不能轻举妄动。"

开普敦的哈里斯也在电报中强调了这一信息:"所以,在你再次收到我们的消息之前,一定不要轻举妄动。太糟糕了!非常抱歉!"

约翰内斯堡的密谋者们摇摆不定,这把詹森激怒了。他在12月27日答复说:"没有必要再拖延了。"他们已经从罗德斯那里得到了关于旗号的保证。先前也已经派出小队对电话线进行"远距离断线",因此,现在可以"让哈蒙德的电报机立即恢复正常"。詹森还向开普敦的哈里斯发去信息,抱怨约翰内斯堡密谋者们的胆怯懦弱,并坚持要求他遵守原定的时间表:"希望明天早上9点收到你授权行动的电报……我们必须执行原来的计划。"

他还威胁要使用他从变革者那里得到的关于"妇女和儿童"的信。"他们(变革者)将有两天的时间进行上市。如果他们不这样做,我们将利用我将要公开的信,自行上市。"

后来又有人进一步要求詹森不要出手。"专家报告都显示情况大大不利,"哈蒙德一口反驳道,"对于目前事态的进一步发展,我绝对持谴责态度。"詹森被告知,两位来自约翰内斯堡的特使正在前去阐释这一立场的路上。菲利普斯告诉开普敦的拜特,如果坚持要求立即起义,最终将以"彻底失败"告终。但是,罗德斯本人并没有给詹森送去他的指示。

12月28日是星期六,在黎明时分,查尔斯·列昂纳德在《约翰内斯堡星报》编辑弗雷德·汉密尔顿的陪同下抵达开普敦。他们很快前往"大谷仓"别墅,向罗德斯解释约翰内斯堡方面还没有准备好:支持者太少,武器也不够;发动起义还需要6个月的时间。罗德斯态度亲切地说,他会马上发电报阻止詹森。据列昂纳德说,罗德斯说:"我会让詹森在边境停留6个月或9个月甚至更长的时间,作为对你们的道义支持。我们将会拿着这些武器给你们壮声威,使你们能够与布尔人相抗衡。"他告诉他们"等待事态的发展"。

当天晚些时候,罗德斯邀请鲍尔到"大谷仓"别墅见面。鲍尔在旧网球场上找到了他。

罗德斯说:"你会很高兴听到这个消息,革命就像一个潮湿的爆竹一样失败了。你可以告诉总督。他听了会很高兴的。"

哈里斯代表罗德斯于12月28日向詹森发出了几封电报:"你要做的就只有等待,所有外国朋友都'坚决反对'上市""我们输不起""即使你当了头儿,公众也不会向你捐一分钱的。"但是,还是没有来自罗德斯本人的直接消息。詹森对哈里斯的回答很坚决:"除非在明天晚上之前我确切地听到否定的答复,否则我明天就会启程。"电报发给了开普敦的特许公司办公室,但是电报送达时,大楼已经关闭,所以他的电报在开普敦电报局留了一夜。

1895年12月29日是星期日，这天早晨，詹森又给开普敦发了一封电报："将于今晚启程前往德兰士瓦。"两个电报都由哈里斯的秘书在上午11点接到，并被带到"大谷仓"别墅。罗德斯考虑了几个小时才决定作答。他后来声称，自己曾告诉詹森："无论如何你都不能轻举妄动，我强烈反对这种做法。"但是他的电报一直没有发出，因为那时候电报线路已经关闭了。

在伯明翰郊区的海布里（Highbury）度过了一个舒适的圣诞节后，张伯伦认为有必要把即将发生的政变通知首相索尔兹伯里勋爵。他所知道的最新消息是，起义将于下星期六爆发。

亲爱的索尔兹伯里，

我收到了小道消息，约翰内斯堡正在酝酿着一场起义，并有可能在未来几天内发生。

如果起义成功了，它应该会对我们有利。

第二天，张伯伦收到了令人不安的消息，即变革者决定推迟起义。更令人不安的是费尔菲尔德的一封信，信中警告他，他曾与罗德斯的伦敦律师布歇尔·霍克斯利（Bouchier Hawksley）进行过一次谈话。"他似乎认为（他不太喜欢罗德斯），罗德斯可能会陷入疯狂和非理性之中，并命令詹森与公司警察从加贝罗内斯'闯进去'，操纵一场革命。"

张伯伦察觉到自己的危险处境，于12月29日给罗便臣发了一份机密电报：

在约翰内斯堡可能会发生一次惨败，因为罗德斯误判了那里的民意。有人说，罗德斯和詹森可能会设法大权独揽，将约翰内斯堡的事务交由詹森或其他从贝专纳兰保护领调来的"公司"的人，但我认为可能性不大。

鉴于《宪章》第 1 章第 8 条和第 22 条，如果他们这样做，我不能保持被动。因此，如果有必要的话，提醒罗德斯注意这些条款。你还要向他表示，你认为他不会得到我的支持，并且向他指出，如果我正式地拒绝他的行动，将给他的阴谋带来严重的后果。

在比勒陀利亚，克鲁格耐心地注视着约翰内斯堡的骚动。阴谋家们早已失去了出其不意的优势。比勒陀利亚和约翰内斯堡一样，流言四起。詹姆斯·布莱斯（James Bryce）写道："客人刚在比勒陀利亚的一家酒店里安顿下来，人们就告诉他，这里即将爆发一场叛乱，武器被运进来，马克西姆机枪被藏起来，如果他愿意看的话，可以向他展示，但是他觉得这没有必要。"

为了回应约翰内斯堡的骚动，克鲁格承诺进行小规模的改革。但是，另一方面，他也想等待骚乱的到来。他对公民们说："如果我想杀死一只乌龟，我要等到它伸出头来。"

在皮萨尼的詹森信心满满，正准备动身。虽然他召集的部队只有 500 人，但他仍然期望在 3 天内抄近路到达约翰内斯堡。当两位特使分别通过不同的路线抵达，并带来指示他推迟任务的信件时，他一笑置之。星期天下午，在穿过边境之前，他对部下们进行了检阅，向他们宣读了他从变革者那里得到的那封虚假信件的部分内容：

成千上万手无寸铁的男人、女人和孩子任凭布尔人摆布……

部下们向他热烈欢呼。"我们甘愿跟着詹森医生下地狱。"一个人后来说。

# 第三十二章
# 消失的电报

在詹森离开皮萨尼几小时后,当格雷厄姆·鲍尔爵士正准备睡觉时,罗德斯的管家骑马赶来告诉他,罗德斯想要立即同他交谈。鲍尔赶到一英里外的"大谷仓"别墅,发现罗德斯正在自己的卧室里,焦躁不安。在与客人度过了一个轻松的夜晚后,罗德斯开始变得惊慌失措。他脸色铁青,手里拿着詹森的最后一封电报,告诉鲍尔说詹森已经入侵了德兰士瓦,尽管他曾派人去阻止他。"也许会好起来的",他说。他坐在床上,显然很苦恼,充满了自怨自艾的情绪。"我知道我必须走了,"他说,"我明天就辞职。但我知道这意味着什么。意味着战争。我是个被毁了的人。不会有相互指责的。我会一个人扛下来。"

鲍尔被这个消息惊呆了,但是电报局关门了,他认为眼下没有什么能做的了,所以在午夜时就离开了。12月30日星期一上午5时,他派园丁给罗便臣送去一封信:

我亲爱的夏乔士爵士,我希望你能早点到城里来。恐怕詹森有坏消息。他似乎违背了罗德斯的命令,擅自采取了行动。

罗便臣坐了他常坐的火车,在上午10点到达办公室,鲍尔向他讲述了与罗德斯的谈话。罗便臣感叹道："可是，上帝啊，他这么干，总得有点征兆吧？如果是这样，你从来没有告诉过我。"鲍尔回答："完全没有。我从来没有想到詹森会做这样的事。"

鲍尔建议给贝专纳兰的驻地专员弗兰克·牛顿（Frank Newton）发封电报，指示他命令詹森回来。罗便臣犹豫了一下："也许是张伯伦让詹森去的。他是个了不起的人，他有可能支持詹森。"鲍尔不同意，于是给牛顿的电报发出了。

当天晚些时候，收到张伯伦在星期天发出的电报后，罗便臣给罗德斯写了一封官方信件，信中谴责了詹森的行为，并警告他这可能会导致他的特许权被取消。当德兰士瓦政府把詹森远征军从贝专纳兰入侵的信息告知罗便臣时，罗便臣明确表示，他已经否决了这一行动，并命令这群暴民返回。

与此同时，罗德斯仍然躲在"大谷仓"别墅里，计划着他的下一步行动。他没有尝试像罗便臣那样拍电报把詹森叫回来，也没有否决这次入侵，或者辞去总理职务。由于相信詹森仍能顺利抵达约翰内斯堡，他决定利用詹森伪造的"妇女和儿童邀请函"在英国激起公众的支持。在给伦敦代理人的机密信息中，他试图把詹森描绘成一个救民于水火之中的勇敢无畏的英雄。

> 詹森医生动身去约翰内斯堡是为了帮助在此陷入困境的英国人，因为他收到一封疾声呼吁的请愿信，当地的居民领袖都在信上签了名。这封信明天将一字不差地电报给你。同时，不要轻信谣言。我们有信心成功。约翰内斯堡团结一致，站在我们这边。

这封伪造的信被及时送到了《泰晤士报》，为了让它更有说服力，该报又对其做了一些润色，并于 1896 年 1 月 1 日将这封信刊发。

罗德斯还向芙洛拉·肖发送了一条愤怒的电报，告诉她向张伯伦传达对其来电威胁要取消特许权的感受。

> 告诉张伯伦，如果他支持我，我就能摆平一切，但他不能总是指手画脚，就好像他的电报是圣旨似的。今天的关键是，我会赢，而南非将属于英国。

周一晚上，开普总检察长、奥利芙的弟弟威廉·施莱纳向罗德斯询问关于詹森的消息是否属实，他还没意识到罗德斯参与了这场阴谋：

> 看到他的那一刻，我看到了一个从未见过的人。他完全是垂头丧气的样子，与以前大不相同。我还没来得及说一句话，他就说："是的，是的，这是真的。老詹森破坏了我的计划。这都是真的……"不管是什么原因，当我跟他说话的时候，他崩溃了……他无法再像平常一样。
>
> 施莱纳："你为什么不阻止他？虽然他已经开始进军，但是你不是还来得及阻止他吗？"
>
> 罗德斯："可怜的老詹森。我们做了 20 年的朋友，现在他闯了祸，也毁了我。我无法阻止他。我不能去把他干掉。"

罗德斯让施莱纳觉得，他的迟钝是由于受到朋友背叛的打击和他仍然感觉到的友情的义务，但这更多是一种计谋，让詹森有时间到达约翰内斯堡。

开普的阿非利加人政客听到这个消息后，纷纷火冒三丈。"如果罗德斯是幕后黑手，他就不再是我的朋友了"，扬·霍夫迈耶这样说道，并给克鲁格发了一封电报表示声援：

> 我希望你的公民们表现出英雄气概,力抗詹森手下的暴兵。

12月31日星期二,霍夫迈耶去见罗便臣,他坚持要求英国政府发表公开声明,否定詹森的行动,并明确表示:"刑法……将对他实施最大限度的制裁。"

罗便臣犹豫了一下,他不确定是否能在没有张伯伦的授权下这么做。

"但我担心强词夺理的乔伊(即张伯伦)会横插一杠子",罗便臣告诉霍夫迈耶。最后,他同意发布一项声明,即禁止英国臣民支持詹森。

得知公告后,罗德斯冲进政府大楼,请求他三思而后行。他向罗便臣诉苦说:"这是把詹森变成了亡命之徒。"罗德斯当着霍夫迈耶的面告诉鲍尔,他已向内阁提出辞职。"仅仅辞职是不够的,"霍夫迈耶反驳道,"你必须发表一份声明,否定詹森的行为,不再让他担任罗德西亚行政长官的职务,并宣布立即将以法律制裁他。"

罗德斯回答:"好吧,你看,詹森是我熟识的老朋友,我当然不能这么做。"

罗德斯仍然相信自己能够挽回局面,他试图说服罗便臣前往约翰内斯堡,并按照原计划在那里建立自己的权威。在12月31日给芙洛拉·肖的最后一封电报中,罗德斯写道:

> 除非你能让张伯伦指示高级专员立即前往约翰内斯堡,否则我们将失去一切。高级专员将在约翰内斯堡受到热烈欢迎,也会站在对英国有利的立场上。

当《星报》编辑弗雷德·汉密尔顿去"大谷仓"别墅拜访时,罗德斯谈到了自己前往比勒陀利亚的计划:

罗德斯:"我要去比勒陀利亚,会一会克鲁格。"

汉密尔顿:"他会把你吊死的。"

罗德斯:"吊死我?他们不能吊死我。我是枢密院议员。大英帝国只有200个枢密院议员。"

然后,罗德斯放弃了对付克鲁格的想法,转而对张伯伦施加影响:

罗德斯:"好吧,无论如何,我已经抓住了张伯伦的把柄……"

汉密尔顿:"那他就真的掉进你的坑里了,罗德斯先生?"

罗德斯:"那还用说?只有脖子以上露出来。"

在伦敦,张伯伦正忙着掩盖自己参与阴谋的痕迹。在得知詹森越过边境后,他一开始还担心政治崩溃,但很快就采取了主动。12月30日午夜,他给罗便臣发了一封电报,嘱咐他"做好万全准备,以待不时之需"。12月31日,他告诉罗德斯和伦敦的不列颠南非公司的董事,入侵是"战争行为",可能会使他们失去特许权。他写信给索尔兹伯里,告诉他即将来临的风暴:

> 我很遗憾德兰士瓦的事务已经进入了一个更加严峻的阶段。由于未能在约翰内斯堡发动一场革命,罗德斯……显然已经派了詹森医生带着800名武装警察越过了德兰士瓦边界。这是一种明目张胆的掠夺,我认为现在插手德兰士瓦事务没有任何正当理由。如果詹森的行动得到我们的支持,那么德国和其他国家对我们的指责就有理由了:首先,我们试图在一个友好国家发动革命,但失败了,然后我们同意采取侵略行动,并毫不犹豫地大量投入英国军队。值得注意的是,我不相信现在派出的部队及我方在约翰内斯堡的盟友足以击败布尔人——如果失败,我们应该预期,此次冲突将会是一场南非的种族战争的开始……

为了安抚克鲁格，张伯伦直接给他发了一封电报：

> 我很遗憾听到詹森的所作所为。夏乔士·罗便臣爵士已经派人召回他。在这一紧急情况下，我能否与你进一步合作，努力达成一项对南非所有利益都至关重要的和平安排，而且让我相信你准备做出的让步将促进这种安排？

克鲁格第一次知道詹森远征是在12月30日星期一，当比勒陀利亚行政委员会正在举行会议时，总司令朱伯特将军走进来，挥舞着一份电报。这份电报是从与贝专纳兰接壤的边界附近的一个村庄泽鲁斯特发来的，电报警告称附近的马尔马尼（Malmani）定居点有军队在行动。尽管准备了数周，詹森的人还是没能切断泽鲁斯特和比勒陀利亚之间的电报线路。这份电报由一名来自马尔马尼的官员发出，其中叙述了当天上午5时800名装备马克西姆枪的特许公司士兵如何通过马尔马尼朝约翰内斯堡方向前进的情况。朱伯特下令立即动员。数小时之内，数百名武装布尔公民动身前去拦截入侵者。

在约翰内斯堡，詹森越过边境的消息在周一下午传到了阴谋者那里。"'承包商'已经带着700名男孩开始了土方工程，希望能在星期三到达终点。"由于詹森把阴谋者们拉下了水，迫使他们进行叛乱，还无视了他们向他发出的所有推迟行动的信息，阴谋者们感到十分愤怒，当他们得知克鲁格召集了突击队时，他们发现自己的处境更加岌岌可危。

他们匆匆忙忙地召集了一个由64个侨民组成的紧急董事会——矿产主、律师、医生、工程师和公司董事——将其命名为改革委员会（Reform Committee）。许多人加入其中，而他们对正在进行的阴谋知之甚少或一无所知。掌管委员会的是由莱昂内尔·菲利普斯，黄金之地矿业公司、沃尔德赫、拜特和法拉尔公司的代表们，以及出生在开普敦的冒险家珀西·菲茨帕特里克组成的一个内部小团体。他们使用了黄金之地公司大楼作为总部。其他公司，如巴纳托、阿尔布和罗宾逊的公司，则拒绝派代表参加。

改革委员会有效接管了约翰内斯堡的管理大权，并宣布他们的目标是维护秩序和保卫城镇。他们呼吁居民不要对政府采取敌对行为，并否认对"贝专纳兰武装入侵"有任何事先的了解或同情。为了强调他们对德兰士瓦的忠诚，改革委员会成员们在黄金之地公司的大楼前炫耀似地升起了一面四色旗。但是，对于列昂纳德全国联盟于12月27日发表的要求政治权利的宣言，改革委员会也照样支持。他们被授权分发武器。在急于避免战争的同时，他们希望利用这一突发事件从克鲁格那里获得最大限度的让步。

起初，约翰内斯堡的白人对詹森入侵的消息感到震惊。《星报》刊发了一个特别版，告诉居民，詹森已经越过了边境："为夺取约翰内斯堡而打造的军队。冲突迫在眉睫。"《泰晤士报》记者弗朗西斯·荣赫鹏说："我清楚地记得，收到这条消息时，人们的那种目瞪口呆的表情。这一大胆的举动，以及可能带来的可怕后果简直让人窒息。"数百人惊慌失措，打算乘火车逃走。

但随着改革委员会开始控制局面，一种目标感，甚至兴奋感，逐渐蔓延开来。志愿者们在广场上操练，挖掘战壕。救护车和护理小组成立。3支马克西姆枪被拿出来在兰德俱乐部展出。一个骑兵团——"贝廷翰的战马"（Bettingham's Horse）——出现了。

然而，同改革委员会的成员一样，居民们也渴望避免大动干戈。荣赫鹏在周二向《泰晤士报》提交的报道中写道："来自贝专纳兰的武装组织推进的消息并不是很受欢迎。除了防卫外，社会上普遍不希望发生更多的武装冲突，也不希望破坏共和国的独立。"

克鲁格也不想在约翰内斯堡发生争斗。他不确定敌人武装到了什么程度。根据比勒陀利亚的指示，约翰内斯堡的警察撤到军营。约翰内斯堡的政府官员们被告知要充当"和平委员会"，与叛军进行谈判；比勒陀利亚派出特使。克鲁格对他们说："当我在边境灭火时，决不能让约翰内斯堡后院起火。"

改革委员会则决定向比勒陀利亚派出一个代表团，他们越来越相信詹森的部队很快就会到来，并且会使他们能够大权在握。菲利普斯率领代表团对克鲁格的官员说："我们一手拿着步枪，一手握着友谊。"当被问及，改革委员会成员们的身份在比勒陀利亚无人知晓，政府如何能够确定他们能代表约翰内斯堡人民时，代表团以令人震惊的天真态度发电报要来了一份完整的成员名单，并将名单交给克鲁格的官员。这份名单是政府获得的唯一证据，他们据此下令逮捕了整个改革委员会。代表团不知天高地厚，确信政府无意攻击他们，便兴高采烈地返回了约翰内斯堡。

在化解了约翰内斯堡公然叛乱的威胁后，克鲁格还得应付詹森部队的不断推进。詹森的纵队从马尔马尼出发，向东前往克鲁格斯多普，一个距约翰内斯堡20英里的村庄，但很快就发现他们失去了出其不意的优势。在这条路线上，他们只走了几个小时，就被一小群武装的布尔人跟踪了。星期一晚上，在詹森停下来休整的时候，他收到了当地布尔人指挥官的消息，要求他返回。詹森回答说："我打算继续我原来的计划。"并以伪造的"邀请函"作为理由。他说，他的部队"对德兰士瓦人民并无敌意"，但他们是"应兰德的广大人民的邀请而来的，目的是协助他们伸张正义，以及帮助他们获得每个文明国家的公民都应拥有的权利"。

周二清晨，当英国驻梅富根专员牛顿（Newton）派来的信使抵达时，詹森的军队已经赶了一夜的路。牛顿带来了一个密封的包裹，里面有罗便臣爵士吩咐詹森回去的命令。然而詹森并没有理会。

星期三上午，英国驻比勒陀利亚特使雅克布斯·德·维特爵士（Sir Jacobus de Wet）派来了另一个信使，向詹森发出了同样的命令：

女王陛下的政府完全不同意你用武力入侵德兰士瓦的行为，你的行为将受到谴责。你被命令立即从这个国家退出，并将被追究采取未经授权和最不适当的行动所造成后果的个人责任。

詹森再次无视命令。他已经向着德兰士瓦前进了150英里，现在离克鲁格斯多普只有几英里了。尽管他的部下又累又饿，但他有信心能到达约翰内斯堡。除了轻微的小规模冲突外，跟着他的布尔人集团并没有表现出与他的部队交战的意思。

然而，在克鲁格斯多普，布尔指挥官召集了一支500人的部队来保卫村庄，并在3英里外的山脊上居高临下。詹森的军事指挥官约翰·威洛比爵士（Sir John Willoughby），希望避开克鲁格斯多普，但詹森坚持前往那里，期待着能找到补给和遇到从约翰内斯堡赶来正等待着他的援军。威洛比炮轰了布尔人的阵地，然后下令正面进攻。一个先遣队在山脊上行进时被布尔人的炮火击中，约有30人伤亡，另外30人在寻找躲藏地时被俘，其余的人撤退。

1896年1月2日，由于被布尔民兵阻拦，詹森手下的远征者们被迫绕过克鲁格斯多普。他们在一座名叫多恩科普的小山附近被包围。他们精疲力竭，伤亡人数不断上升，在进行了短暂的战斗后，他们决定投降。他们弄来了附近某民房的一名保姆的白色围裙，充当白旗举了起来。布尔人的一位指挥官皮特·克罗涅（1881年就曾与英国人打过仗）说，他们看上去又脏又可怜，有些人站在边上哭泣。他还说，詹森"像芦苇一样颤抖着"。朱伯特命令把詹森远征队里的伤员们送往克鲁格斯多普的医院。詹森和其他大约400名成员被送往比勒陀利亚监狱。

夏乔士·罗便臣爵士尽他所能地来收拾残局。从他第一次听说罗德斯的阴谋开始，他就试图与之保持距离。他曾在1895年11月对鲍尔说："我认为整个计划完全是强盗行为。"现在，虽然他患有心脏病，双腿浮肿，却不得不面对后果。1月2日晚，他登上一列火车，从开普敦前往比勒陀利亚，试图与克鲁格达成协议，避免发生战争。鲍尔陪着他，同样忧心忡忡。

"在1896年1月，"他回忆道，"和平与战争的问题被放在天平上，左右摇摆。一天又一天，一小时又一小时，天平会向哪个方向倾斜，我真是无法预料。"

危机确实变得越来越错综复杂。在伦敦，张伯伦曾命令两个英国军团在开普殖民地集结，以备约翰内斯堡发生起义的不时之需。在开普敦，霍夫迈耶确信英国对德兰士瓦正在进行阴谋，他告诉张伯伦，罗德斯的不列颠南非公司是"威胁南部非洲公共和平的一个危险源头"，并要求对该公司进行全面调查。鲍尔担心，张伯伦宁愿兴兵打仗，也不愿调查罗德斯，因为他生怕暴露自己参与了罗德斯的阴谋。在比勒陀利亚，击败詹森后，克鲁格的指挥官们摩拳擦掌，想要向约翰内斯堡进军，扫清叛乱者。与此同时，由于《泰晤士报》刊登了"妇女和儿童邀请信"，英国舆论对詹森产生了好感。张伯伦发现，他公开否定入侵的决定是不得人心的。在1月2日的头条新闻中，《泰晤士报》进一步施加压力。《泰晤士报》称，通过否定詹森，张伯伦"拯救"了布尔政府，因此，他在道义上有责任改变布尔政府。

1月3日，当罗便臣正坐在开往比勒陀利亚的火车上时，另一个定时炸弹爆炸了：德国。由于英国煽动反对克鲁格，频繁侵犯德兰士瓦，德国人对此愈加不满。12月24日，德国驻比勒陀利亚领事向柏林报告说，约翰内斯堡的"英国团伙"被认为会在"未来几天内制造麻烦"。12月28日，英国驻柏林大使被告知，德国政府不能接受"(德兰士瓦的)现状向着塞西尔·罗德斯索求的方向发展"。张伯伦否认他谋划了任何改变。但是，詹森从英属贝专纳兰入侵德兰士瓦的行动，似乎证实了德国人对英国参与干涉的怀疑，并激化了德国的公众舆论。克鲁格明确表示，他期待得到德国的支持。一听到詹森战败的消息，德国皇帝就决定发电报祝贺克鲁格。这一电报于1月3日被公开：

>　　我向你表示诚挚的祝贺，你和你的人民在没有请求友好国家援助的情况下，凭借着自己的力量，对抗闯入你的国家，妄图破坏和平的武装团伙，成功地重建了和平，捍卫了国家的独立，使之免受外来侵略。

在英国，舆论一片哗然。对于德国妄图挑战英国在南部非洲的霸权，媒体感到愤怒，对于德皇暗示如果克鲁格需要则德国会给予帮助的言论，他们也感到分外恼怒。詹森的远征行动很快就被遗忘了。现在，重要的是德国侵略的威胁。

德皇的外祖母维多利亚女王马上斥责他：

>　　我对你发给克鲁格总统的电报深表遗憾。它被认为对我国非常不友好，我也不想这样觉得，但我很遗憾地说，它确实给

人留下了非常不好的印象。

德皇威廉也同样迅速地做出了尖锐的回应：

> 最敬爱的外祖母，
>
> 这封电报从来就不是为了反对英国或贵国政府而发的。（我以为远征者是）一群淘金者组成的乌合之众……一群国籍五花八门的人渣，我从来都没有想过他们中间有真正的英国人或军官……我站在法律、秩序这边，也站在我所崇敬和热爱的国家主权这边。

借着这股公众情绪，张伯伦得到了一个向德国挥舞拳头并向克鲁格展示实力的机会。他在1月4日给索尔兹伯里勋爵的信中写道："我认为，我们需要采取所谓的'积极行动'来抚慰这个国家受伤的荣誉心。"他还补充说："我们的敌人为数众多，选择他们当中的哪一个来开刀并不重要，但我们总应该挑出一个来对付。"他下令海军开始大张旗鼓地动员。两天后，他向克鲁格发出一个严厉的警告："总统阁下会发现，英国的小指头比德国的腰还要粗。"

3年后，在与德皇见面时，罗德斯评论道："你看，我是个淘气的孩子，而你想用鞭子抽我。现在，我的人民也准备用鞭子抽我，因为他们也觉得我是一个淘气的孩子，但你马上这么做了，他们又会说：'不，这是我们自己的事，别人少来掺和。'结果，英国人民非常不喜欢陛下，而我根本没有挨到鞭子！"

周六晚上，当罗便臣乘坐的火车驶进比勒陀利亚火车站时，他"缔造和平"任务的复杂性已经比他离开开普敦时要大得多了。与此同时，他的浮肿病变得非常严重，以至于在谈判过程中，他不得不躺在沙发上。张伯伦不断发来电报，坚持要求克鲁格满足他提出的条件，这使他的任务变得更加困难。"使用强硬的措辞是你的职责所在。"张伯伦直接站在侨民一边，要求德兰士瓦政府满足侨民的所有诉求：居住5年后获得选举权，学校用英语授课，获得约翰内斯堡的全部市政权利，减少税收，以及接受改革委员会的宣言。张伯伦说，如果德兰士瓦政府执迷不悟，他们就应该被提醒，"他们这次能侥幸躲过危险，下次就没这么好的运气了"。

但是，罗便臣充分认识到，克鲁格手中掌握着詹森和其他囚犯的生命，他麾下还有8000名布尔人战士，这意味着他掌握着所有的王牌。然而，克鲁格也有他的难处。

他的公民们大声疾呼，要求处死元凶。然而，克鲁格认为宽宏大量是有好处的。在1月6日召开的委员会会议上，他这样说道："我们要这些人的命有什么用？未来会有成千上万的英国人生活在我们的国家。不管判决是多么公正，死刑是多么罪有应得，被处死的7个或9个人都将会被奉为殉道者，这将使我国公民和英国人之间出现不可逾越的鸿沟。"他建议将远征者交给英国惩罚。即使他们不受到惩罚，德兰士瓦也仍会获益，因为那时英国将被视为罪犯的保护者。至于内部的改革派，德兰士瓦政府将对他们分而治之。

在与罗便臣的谈判中，克鲁格拒绝讨论如何处置远征者。他告诉罗便臣，他希望约翰内斯堡在24小时内无条件投降。当罗便臣试图提出侨民不满的问题时，克鲁格打断了他的话。他说，只有投降后，诉求才会得到考虑。罗便臣认为，没有其他可行的办法，建议改革委员会无条件投降，并警告说，如果他们拒绝投降，他们将"丧失女王陛下政府对他们的同情"，还会危及詹森和其他囚犯的生命。当张伯伦打电报说，他正在考虑"立即派遣大批军队到开普，以应付一切可能发生的情况"时，罗便臣直截了当地告诉他："这件事就交给我吧。"

据约翰·海斯·哈蒙德说,在约翰内斯堡,当詹森被捕后,这里的氛围就像是"末日与疯人院"的混合体。人们互相指责,激烈争吵。珀西·菲茨帕特里克在1月3日给他的妻子写信说:"今天晚上我们一直被吵吵嚷嚷的人群搅得不得安宁,因为他们说我们已经抛弃了詹森。但我们什么都没有做,因为他没有与我们取得联系,据我们所知,他不得不向布尔人投降。在所有的背叛游戏里,这是最黑暗和最残忍的一次。张伯伦出卖詹森,高级专员或罗德斯把我们都出卖了。"然而,阴谋家们对奋战到底却没什么兴趣。接到罗便臣的电报后,他们答复说,他们将放下武器,"将他们自己和他们的利益毫无保留地交到阁下手中"。

1月9日,克鲁格许诺赦免所有交出武器的人,但是主谋除外,同时下令逮捕64名改革委员会成员,他们的名字来自他们的代表团提供的名单。克鲁格说,尽管发生了这一切,但他希望约翰内斯堡的居民能够让他"原谅并忘记"这一切。

面对一塌糊涂的局面,罗德斯仍然躲在"大谷仓"别墅,他白天在山坡上漫游,晚上在卧室里踱来踱去。他推翻克鲁格的阴谋以惨败告终。这使他失去了总理的官位,并使他所有的商业利益都处于危险之中。不列颠南非公司的特许权受到威胁,戴比尔斯公司卷入军火走私,而黄金之地公司大楼被失败的约翰内斯堡起义用作总部,也逃脱不了干系。他的同伙,包括詹森和他的兄弟法兰克,面临着长期监禁。罗德斯本人也可能根据《外国人入伍法》(Foreign Enlistment Act)受到起诉,该法规定,任何人在英国领土上准备对一个友好国家进行远征都是犯罪。他在开普的政治野心已经破碎。霍夫迈耶和开普殖民地的阿非利卡人都对他的背叛深感不满。

"如果你是个有妇之夫，我可以解释得更好，"霍夫迈耶对罗德斯说，"但是你没结过婚。我还没有忘记一个男人与他的妻子之间那种完全信任和亲密的关系。你和我，虽然我们经常意见不一致，但我不会怀疑你，就像一个男人和他的妻子在共同的事业中不会不信任对方一样。直到目前为止，我们还保持着这种关系。你让我继续表现得很亲密，却对酝酿着的阴谋心知肚明，什么也没说。"

在这个困局中，罗德斯知道他有足够的证据证明张伯伦参与了敲诈他的阴谋，决心利用这一点把特许权保全下来。罗德斯知道，不列颠南非公司的管理人员持有许多牵连张伯伦的电报。他在伦敦的律师布歇尔·霍克斯利总共收集了59封电报。1月15日，罗德斯启航前往英格兰，准备迎战张伯伦。他在开普敦的一次公开会议上不屑地说："我要回家，去面对我的同胞们那虚伪的正义。"2月3日抵达伦敦后，他与霍克斯利讨论了一番战术。第二天，霍克斯利见到了费尔菲尔德，让他知道，自己手中的电报会牵连到张伯伦。当张伯伦要求把电报拿给他看时，霍克斯利拒绝了。"我认为也许已经做得够多了，我们现在可以开门见山地谈问题。我所知道的内情，C先生（张伯伦）也心知肚明，他可以根据它来做出自己的决定。"然后，他平静地补充道："我希望我已经向你说得足够清楚，我们没有丝毫利用机密文件的意图。"

罗德斯在2月6日与张伯伦见面时，对这些电报只字未提。经过两小时的讨论，在罗德斯离开时，张伯伦保证，他将会尽已所能保证特许权安全无虞。他们相互勒索，相互利用。罗德斯利用他所拥有的电报阻止张伯伦废除特许权，张伯伦利用权力防止撤回特许权以阻止罗德斯公开电报。

在接下来的几个月里，阴谋者的命运浮出水面。詹森在被捕三周后被释放,并在英国受审。在英国,他成了音乐厅的英雄。这年1月,《泰晤士报》发表了桂冠诗人阿尔弗雷德·奥斯汀(Alfred Austin)的一首民谣,纪念詹森勇敢奔向约翰内斯堡的壮举:

> 当血脉相连的同胞向我们祈祷,
> 祈求我们策马奔驰援救骨肉至亲时,
> 当天堂没有我们的容身之处时,
> 当救援被歪曲为明火执仗时……
> 在黄金矿脉之城,有许多弱质女流,
> 还有许多母亲和孩子,
> 他们哀号着:"快点!可怜可怜我吧!"
> 因此,一个勇士会怎样拔刀相助?

根据《外国人入伍法》,詹森被指控谋划对"友好国家"发动军事远征。在他等待审判期间,张伯伦秘密访问了监狱,大概是为了警告他在上法庭时不要乱说话。詹森被判处15个月监禁,但生病后仅服刑4个月。

约翰内斯堡的同谋者们则情况不佳。詹森远征军的成员太愚蠢了,他们随身携带了大量可以充作罪证的文件,包括电报、电码簿和一封声名狼藉的邀请函的副本。鉴于对他们不利的证据太多了,这些同谋者的律师建议他们承认叛国罪。"妇女和儿童邀请信"的4个签字人——莱昂内尔·菲利普斯、法兰克·罗德斯、约翰·海斯·哈蒙德和乔治·法拉尔——因叛国罪被判处死刑;第五个签名的人,查尔斯·列昂纳德,从未返回开普敦而是逃往了英格兰;改革委员会秘书珀西·菲茨帕特里克也被判处死刑。其他改革委员会成员分别被判处两年监禁和2000英镑的罚款。

死刑在第二天被减刑。在大量的请愿之后，克鲁格进一步减少了刑期——这被称为"宽宏大量"——最终选择对他们进行罚款。罗德斯和拜特两人共花费了20万英镑来缴纳罚款。罗德斯随后承认，这次远征让拜特和他各损失了40万英镑。

在审判之后，德兰士瓦政府发布了一本"绿皮书"，里面列出了所有证据。罗德斯和詹森作为这起阴谋背后的主要元凶被揭露，但也有迹象表明英国政府是同谋。同年7月，开普殖民地议会发布了一本关于詹森远征报告的"蓝皮书"，增加了更多的信息。它将罗德斯、拜特、詹森和哈里斯描述为阴谋背后的"推动者和无处不在的幽灵"，并判断整个约翰内斯堡的叛乱"在很大程度上是由外部资助和策划的"，把最大的责任推到了罗德斯身上。报告说，正是罗德斯"指挥并控制全局"，才使得远征成为可能。

在伦敦，英国国会成立了一个调查委员会来调查这次远征，但这只是一个骗局。张伯伦亲自坐镇在委员会里，小心地把调查从危险地带引开。他否认与此事有任何牵连："我完全不知情，或者，直到我认为是真正的袭击发生的前一天，我才知道。无论是对德兰士瓦的敌对情绪还是武装入侵，我在事先都被蒙在鼓里，没有一星半点的怀疑。"

其他证人——罗德斯、詹森、威洛比、拜特、菲利普斯、伦纳德、霍克斯利和肖——也同样进行了回避。"詹森医生没有经过我的允许就入侵了"，罗德斯说。委员会成员似乎不愿意调查得太多，担心会发现什么。在结论中，委员会给了罗德斯不疼不痒的一巴掌，文中写道："他有罪，对于那些向他献上忠诚的人，他没有投桃报李。"

张伯伦被免责了。殖民地大臣和殖民地部的任何官员都没有收到任何消息，因此他们或他们中的任何人都不知道或不可能知道这一阴谋的来龙去脉。委员会的批评者们对此不屑一顾。反对派领袖罗斯贝里勋爵（Lord Rosebery）说："我从来没有读过如此可耻和荒谬的文件。"

张伯伦对罗德斯进行的高调赞扬，更是火上浇油。"没有任何证据——我认为完全不存在——影响罗德斯作为一个正人君子的个人地位。"当罗德斯被剥夺枢密院议员资格时，张伯伦站出来为其辩护。他说，罗德斯应该得到嘉奖，因为"没有什么比这更有价值的奉献了"。

因此，罗德斯的阴谋在共谋、谎言和欺骗里开始，又在共谋、谎言和欺骗里结束了。

但是，这场阴谋产生了持久的影响。开普殖民地的阿非利卡人永远不会原谅罗德斯的背叛。阿非利卡人和英国人之间齐心协作的联盟曾经持续了几十年，现在已经无可挽回地遭到了破坏。面对英国的又一次侵略，南非的阿非利卡人——在开普殖民地、德兰士瓦和奥兰治自由邦——团结在克鲁格的身后。在罗德斯阴谋的灰烬中，阿非利卡民族主义重新抬头。

与此同时，在伦敦，张伯伦沉思着阴谋的未竟事业。在1896年4月寄给费尔菲尔德的一份"政策声明"中，他认为以前对布尔人的慷慨纯粹是基督教骑士精神的影响，并没有带来任何好处。他形容克鲁格是"一个无知、肮脏、狡猾、固执的人，他知道如何用羽毛填充自己的巢穴，如何让他的近邻亲友都富裕起来"。他说，他已深思熟虑，很清楚战争的后果：

> 我永远不会带着轻松的心情投入这样一场战争，目前我们没有理由——不管是出于权利还是利益——来证明我们的事业

是正当的。

如果我们违背意愿，强行进入战争，我也会设法占领和保卫金矿区。这是南非的关键。

我不相信会有战争——但如果克鲁格完全不考虑战争的可能性，那他就不明智了……

他声称，他想要的是德兰士瓦地区的布尔人和侨民之间的"公平解决"。

我承认，我们不可能通过空洞的威胁或专横而急躁的政策来做到这一点——我想，如果我们低估了自己的后备力量，任由克鲁格为所欲为，我们也不会成功。

1896年5月，张伯伦在下议院的演讲中更明确地谈到了战争的后果。

在南非发生的战争将是可能发生的最严重的战争之一。这将是一场内战。这将是一场漫长的战争，一场艰苦的战争，一场代价高昂的战争……它将留下冲突的余烬，相信用几代人的时间都不足以将其扑灭……与克鲁格总统交战，强行要求他对国家内部事务进行改革——在此前我们已放弃了所有干涉的权利——将会是一个不道德的行径，也是不明智的。

然而，张伯伦现在却要主持这样一场战争。与此同时，在马塔贝莱兰和马绍纳兰，罗德斯也使白人定居者暴露在非洲土著叛乱的危险之中。

# 第三十三章
## 以征服之名

　　1895年10月，在布拉瓦约刚刚建立的城镇里，白人居民们听说了几乎所有的白人警察都要被派往贝专纳兰的消息。他们大惊失色，立即起草了一份抗议信。一个三人代表团来到马塔贝莱兰行政长官詹森位于布拉瓦约的办公室，把信交给了办事员，并要求知道警察的撤离是不是真的会作为入侵德兰士瓦计划的一部分。詹森否认了这一说法，称他们之所以被派到贝专纳兰，是因为他们要去对付一位不服管束的非洲酋长。他们的离开只是暂时的。此外，他说，他已做出一切必要安排，以防万一，如果白人与恩德贝莱土著发生任何冲突，虽然这不太可能，他将会迅速召集起志愿人员，确保每个志愿兵都有充足的武器弹药供应。两个月后，詹森发动远征，马塔贝莱兰只剩下48名白人警察；在整个罗德西亚，只有63名。

　　然后，詹森所带领的警察部队在德兰士瓦被布尔人打败并被关进了比勒陀利亚监狱，当这个消息传开时，恩德贝莱人抓住机会发动了起义。他们先前被夺走了大部分牲畜和最好的土地，被强迫进行劳动，忍受着苛刻的待遇，他们倍感不满，民怨沸腾。干旱、蝗虫和牛瘟（一种牛病）加重了他们的怨气。尽管洛本古拉在1893年就已经完蛋了，但他的旧军团制度基本上完好无损；他们把武器藏了起来,没有缴械投降。洛本古拉的亲属和枢密大臣们仍然在逃。参加起义的人之一是巴巴亚纳,他是恩德贝莱人派往英国的使者,曾在温莎城堡见过维多利亚女王。

白人普遍措手不及。著名猎人——弗雷德·塞卢斯——来到马塔贝莱兰,负责管理威洛比名下靠近马托博山区(Matopo Hills)的20万亩土地——这是威洛比在埃塞克斯韦尔的商业地产。他回忆说,他曾与一个著名的恩德贝莱领袖姆卢古鲁(Mlugulu)进行过深入交谈,讨论了詹森被捕和警察们的命运,但他并没有发现姆卢古鲁有什么不轨之心。他写道,恩德贝莱人"在对待欧洲人的态度上,就像他们自战后以来一直保持的那样安静和顺从,没有任何证据表明在他们中间存在着任何秘密武装"。经验丰富的传教士查尔斯·赫尔姆也相信恩德贝莱人不会出什么乱子。"他们有自知之明,知道自己是被征服的民族",他说。起义爆发前一个月,前保守党议员韦斯顿·贾维斯(Weston Jarvis)曾到马塔贝莱兰,对威洛比的地产进行视察,他写信给他母亲说:"有传言说马托博山的一些部落可能会进行叛乱,但那当然是空谈……这是一片广袤的田野,超过了我最乐观的期望。它无疑是物产丰富和肥沃异常的。当地人快乐、舒适、繁荣,未来一定是辉煌的。"

土著的起义开始于1896年3月。在偏僻的农场、采矿营地和偏远地区的贸易商店,他们开始袭击白人。袭击往往是灭门惨祸。总共约有200名白人死于袭击。一个星期之内,偏远地区就没有一个白人了。那些设法逃离的人逃到布拉瓦约和格韦罗(Gwelo)的主要定居点,向人们发出警报。在布拉瓦约,人群蜂拥到政府的军械库前,大声疾呼,要求获得武器。一时之间,人心惶惶。一位目击者写道:"人们一路推推搡搡,来到补给站,爬到别人的肩膀上,够到令人垂涎的武器，把它一把捞起……直到最后一批物资分发完毕为止。"

由于首先进攻的是边远地区而不是主要的定居点，恩德贝莱叛军失去了出其不意的优势，使白人得到喘息之机。塞鲁斯说："如果他们中的2000人，或者更少的人，在白人做好战备、组成临时防御阵地之前对布拉瓦约镇发动夜袭，我认为，很有可能整个白人群体都会被屠杀。"志愿者们冒着巨大的个人危险去寻找幸存者。他们带着关于可怕场景，男人、女人和孩子被砍死与肢解的故事回来，凡是听到他们描述的人都"发誓要无情地报复整个马塔贝莱种族"。

增援部队从开普和纳塔尔赶来了——金伯利的殖民地志愿者、纳塔尔的英国军队和开普的非洲土著部队，即"开普男孩"。罗德斯带着150名马绍纳兰志愿者从索尔兹伯里堡来到格韦罗的临时防御阵地。在张伯伦的坚持下，所有这些部队都由英国军官指挥，尽管不列颠南非公司必须支付全部军费。

在被授予上校军衔之后，罗德斯加入了战斗。他穿着白色法兰绒长裤参加战斗，只装备了一根马鞭。

"他很像拿破仑，"韦斯顿·贾维斯给他母亲写信说，"他认为自己是天命之人，绝不会平白无故被一个该死的黑鬼杀死……"

罗德斯和大多数白人一样热衷于复仇。他的助手戈登·勒·苏尔回忆起罗德斯和一个刚结束一场战斗的军官之间的谈话：

> 罗德斯问有多少敌人被杀了，军官回答说："很少，如果有土著放下武器，跪地求饶，我们就放了他们。"
>
> "得了吧，"罗德斯说，"你不该放过他们。对付这些土著，你应该能杀多少就杀多少，只有这样，当他们晚上在篝火边讨论事情时，才会明白这是给他们的一个教训。"

根据其他目击者的描述，在交战结束后，罗德斯会巡视战场，清点尸体数量。韦斯顿·贾维斯写道，他和罗德斯与一支巡逻队一起出征，烧毁了土著村庄和农作物，并且抢走了牲畜和妇女。"我整个上午都和罗德斯一起在外面抢玉米，他觉得不过瘾，现在还想再去干一票。"在奥利芙·施莱纳当时创作的小说《马绍纳兰的骑警彼得·哈克特》（Trooper Peter Halket of Mashonaland）中，罗德斯被毫不掩饰地描写成了故事中的反派角色。

到了 6 月，布拉瓦约以北的恩德贝莱部队又退回到曼波山区（Mambo Hills）的防御阵地，但骑警仍频繁对其进行骚扰。罗德斯确信，叛乱几乎被平息了。"我看到阳光了"，他对接替詹森的新任行政长官格雷勋爵说道。格雷就没那么乐观了。"我们必须把他们一网打尽，并且让他们心服口服地承认这个国家是白人的国家，而不是黑人的国家。在此之前，我们必须继续打击和追捕他们。"

但是，就在马塔贝莱兰的局势似乎已经发生转变的时候，绍纳人加入了起义。白人们又一次被打了个措手不及。马绍纳兰的白人居民认为绍纳人是一个温和的民族，对白人把他们从恩德贝莱人的暴政中解放出来而感恩戴德。所以，马绍纳兰的白人居民自愿派遣 150 名战斗人员去支援马塔贝莱兰，并不担心会被绍纳人袭击。然而，绍纳人对白人统治的不满情绪——由于茅屋税、苛刻待遇和丧失土地——也在潜滋暗长。利用恩德贝莱人起义的机会，绍纳人对白人发动了更激烈的攻击，激烈程度甚至超过了他们以前对恩德贝莱人的抵抗。在 1896 年 6 月绍纳起义开始后的一个星期内，就有 100 多名白人男子、妇女和儿童在马绍纳兰外围地区被杀害。幸存者拼命逃往索尔兹伯里堡和其他 4 个定居点。在 1896 年的起义中，总共有 372 名白人死亡，129 名白人受伤，约占白人总人口的 10%。

叛乱对不列颠南非公司的命运造成了严重的影响。批评人士指责该公司管理不善。关于战争种种暴行的证据开始浮出水面。更糟糕的是，两场同时进行的战争所需的巨大成本，有可能使公司破产。

在马塔贝莱兰，战争陷入了僵局。恩德贝莱人的主要据点位于布拉瓦约以南的马托博山区，这里分布着广阔的花岗岩巨石、千沟万壑、洞穴和绵延1500平方英里的灌木丛，看起来似乎无从下手。7月20日，英国人在马托博山区进行了一次大规模袭击，却伤亡惨重。8月5日的另一次袭击也几乎酿成灾难。与弗雷德里克·卡林顿将军在马托博的大本营共进晚餐时，罗德斯大声宣称，鉴于如此高的伤亡率，卡林顿的部队不久之后就会被消灭，并且开始计算这具体需要多少时间。他的朋友汉斯·索尔在信中写道："可想而知，这些计算结果惹得军队里的绅士们很不高兴。"

战争僵局使卡林顿相信，只有得到大量的援军，他才能拿下马托博。他提出了一个新的对策，并从1897年旱季开始，增加了2500名白人士兵、一两千头牲畜，配备了爆破工程师、一连串野战炮和要塞。卡林顿决心不惜一切代价赢得战争。

对罗德斯来说，这意味着血本无归。他秘密筹备与土著和谈，招募了一些值得信赖的人，包括汉斯·索尔和前土著事务首席专员约翰·科伦布兰德。先前被俘的土著国王的遗孀尼亚玛贝扎娜被送回山区，她举着一面白旗，传达了简单的指示：如果叛军领导人想要和平，就举起这面白旗。冒着生命危险，两名姆芬古族（Mfengu）侦察兵——扬·格鲁特布姆和詹姆斯·马克洪加——在山上花了一周时间与叛军进行初步接触。8月21日，罗德斯在最后一刻把他的计划告诉卡林顿，然后出发前往山上，参加"野营聚会"（indaba）①。陪同他的有3个白人——索尔、科伦布兰德、《开普时报》记者维尔·斯坦特——以及格鲁特布姆和马克洪加。这位来自《开普时报》的记者这样写道：

> 那是一个可爱的冬日，太阳刚刚开始西沉；气候虽然炎热但还是很舒适；青铜色和金黄色的草在微风中摇曳；前方的山峦在午后颤动的海市蜃楼中变得模糊。我们很少聊天。我必须实话实说吗？因为我们都有点紧张。

索尔提醒罗德斯，让他不要重蹈皮埃特·雷提夫的覆辙，后者是一个布尔领袖，他和他的追随者手无寸铁地进入祖鲁王室的圈地，而后被国王丁冈下令杀害。

到了约定的集合地点，即山上的一片小空地时，一行人下马拴马。现在，逃跑是不可能了。在罗德斯的带领下，他们坐在一个古老的蚂蚁山上，山下的恩德贝莱战士们挤在一起看着他们。大约40个顾问大臣簇拥着马克洪加从远处走近，他们举着插在棍子上的白旗，当中就有巴巴亚纳和姆卢古鲁。

在科伦布兰德的提醒下，罗德斯用恩德贝莱语向他们致意："我们的眼神充满善意"。土著齐声应答道："我们的眼神充满善意。"当他们都坐好后，老酋长索马布拉纳（Somabhulana）应罗德斯的请求，站起来解释他们的不满。

索马布拉纳在花了很长时间叙述恩德贝莱的历史之后，谈到了白人征服马塔贝莱兰的战争：

---

① 指南非土著之间的会议。——译者注

> 你们来了，你们征服了这里。最强者征服了这片土地。我们接受了你们的统治。我们会在你们手底下生活。但是，我们不能给你们当狗！如果让我们当狗，还不如死了。你们永远也别想把恩德贝莱人变成你们的狗。你们可以消灭他们……但是，星辰的子孙绝不能做狗。

酋长们中间出现了一种愤怒的低语声，一种不安分的骚动声。"那一刻，危机一触即发，"斯坦特写道，"任何略带轻率的行为都可能引发一场屠杀。"罗德斯平静地要求索马布拉纳继续说下去："是谁让你们当狗的？他们是怎么让你们当狗的？"

索马布拉纳提到白人官员的专制统治，并举例说明他本人如何受到布拉瓦约首席法官的侮辱。他谈到了当地警察的"残暴行径"以及某次收税人残忍地枪杀了4名拒绝透露牛的下落的妇女的事件。罗德斯承诺进行改革，并向索马布拉纳保证，土著将不会受到报复或惩罚。

那天下午晚些时候，索马布拉纳站了起来，表示野营聚会已经结束了。"是和平还是战争？"罗德斯问。接着是一片寂静。"是和平。"索马布拉纳回答，同时举起一根棍子放在他面前的地上，"这是我的枪。我把它放在你的脚边"。

罗德斯在马托博待了8个星期，会见了恩德贝莱代表团，尽力向他们保证，他们的要求将得到满足。正如斯坦特所记录的那样，有些会面场合是很紧张的：

> 一个年轻的酋长，别说是对白人，就算是对他自己部落的长老也可以说是无礼至极。"战争结束后，我们住在哪里呢？"这位酋长说，"白人声称，所有土地都归他们。"罗德斯立刻回

答说:"我们会给你解决。我们会为你们分定地盘,也会把土地赐给你们。"年轻的酋长愤怒地嚷道:"你们要在我们自己的国家赐给我们土地!真是大好人啊!"

当年轻的酋长手里还拿着枪的时候,罗德斯拒绝和他谈话。年轻的酋长说:"你必须接受我拿着来复枪和你说话。我发现,如果我拿着枪说话,白人会更注意我说的话。一旦我放下步枪,就什么都不是了。我只是一条狗,谁都可以踢一脚。"

在又一次冗长的会议之后,10月,双方达成了和平协议,确定了具体条款。许多白人居民和帝国官员都感到十分愤怒,因为叛乱领导者没有受到惩罚。顾问大臣们向不列颠南非公司宣誓效忠,罗德斯给予他们任命和工资。

罗德斯就这样拯救了他的公司。然而,恩德贝莱人仍然失去了大部分土地。尽管罗德斯承诺要把土地归还给恩德贝莱人,但白人并不打算放弃土地。三分之二的恩德贝莱人返回家园后发现自己还是生活在"白人的"土地上。

在马绍纳兰,和平条约并没有签订。绍纳叛军被一路追捕,往往在躲进山洞后被炸得血肉横飞,直到最后一个抵抗势力被消灭。正如英国政府后来承认的那样,罗德西亚是以征服之名建立的。

# 第八部分

# 第三十四章
## 地球上最富饶的地方

1897年5月,新的英国高级专员阿尔弗雷德·米尔纳勋爵抵达开普敦。他是一位狂热的帝国主义分子,痴迷于为帝国守卫边境,他被张伯伦任命为英国在南部非洲至高无上地位的维护者,决意不惜一切代价完成这一任务。像张伯伦一样,他认为英国的"种族"是所有占统治地位的种族中最伟大的。他在一份声明中写道:"我是大不列颠帝国(实际上主要是英格兰)的民族主义者。如果我算得上是一个帝国主义者,那是因为这是英语种族的天命所在,因为它遗世独立的地位和长期的海上霸权,因为它能够在世界最遥远的那些地方落地生根。我的爱国主义不分地域,只分种族界限。我是帝国主义者,而不仅仅是一个英格兰本土主义者(Little Englander),因为我是一个大不列颠种族主义爱国者。"米尔纳将帝国主义事业视为个人的"十字军东征",并将其描述为"人类精神的伟大运动",具有"宗教信仰的深度和全面性"。在伦敦的辞行演说中,他称自己是"帝国的一名平凡的士兵",致力于用他的"全心全意和一心一意"为帝国大业而努力奋斗。

米尔纳是个压抑而死板的人,对与自己相左的观点没有耐心,他拥有令人敬畏的智慧,但心胸狭隘。"我没办法看到一个问题的另一面，"在莫尼科咖啡馆道别时，他告诉那些尊贵的集会者们，"而这两面恰恰是需要紧密结合。我无法理解那些质疑其可取性或可能性的人的论点。"

米尔纳于 1854 年出生于德国，他的父亲是一位拥有一半德国血统的目光短浅的医学生，母亲是英国人。米尔纳在牛津大学获得了一系列学术奖项，被誉为杰出学生。在尝试了两年的政治记者生涯但未能成功竞选议会议员后，米尔纳选择投身官场，他曾在埃及财政部担任副部长，然后又担任税务局主席；他擅长写报告，发现自己与人在纸上交流比当面交流更容易。

米尔纳和张伯伦都认为南部非洲是"帝国链条中最薄弱的一环"。他们认为，德兰士瓦作为一个富裕的独立国家，生产了全球近四分之一的黄金，它的崛起不仅威胁到英国对南部非洲的控制，也威胁到英国作为全球强国的地位。米尔纳和张伯伦担心的是，由于经济实力雄厚，德兰士瓦会吸收该地区的其他领土——开普殖民地、纳塔尔和奥兰治自由邦——并将他们拉入一个独立的联盟，即"南非合众国"（United States of South Africa），从而脱离大英帝国的版图。

在殖民地部一份关于帝国在南部非洲前景的备忘录中，这种恐惧得到了生动的阐述，这份备忘录是由张伯伦的次长塞尔本勋爵（Lord Selborne）于 1896 年在詹森远征事件之后撰写的。塞尔本说，未来的关键是德兰士瓦。"它是地球上最富有的地方。"它的白人人口正在迅速增加，超过了南部非洲的其他地区。它将自然而然地成为南非商业、社会和政治生活的首都和中心。

德兰士瓦将成为南非的市场：开普殖民地和纳塔尔的工业品的销售市场，以及这些地方和罗德西亚的农产品供应市场。与德兰士瓦建立最紧密的商业利益联系，高于其他一切考虑。

这些英国殖民地将要求建立更紧密的商业联盟。但德兰士瓦人会回答说,只要这些殖民地仍然是属于英国的,他们就不会同意;他们无意成为大英帝国的一部分,但如果这些殖民地联合起来组成南非合众国,他们就会张开双臂欢迎他们。

塞尔本设想了两种可能的结果:

(1)如果我们能够成功地将整个南非按照加拿大自治领的模式在英国的旗帜下统一成一个邦联,那么这个邦联很可能就不会成为南非合众国。

(2)如果南部非洲仍然像现在一样是一个由独立的国家、部分是英国殖民地、部分是共和国组成的集团,它将不可避免地合并成一个南非合众国。

张伯伦和米尔纳一致认为,英国在南部非洲政策的最终目标应该是在德兰士瓦变得太过强大以至于无法消灭之前,将德兰士瓦纳入帝国统治范围。德兰士瓦作为一个独立国家存在的时间越长,它就越有可能成为南部非洲的主导力量。如果英国不能保持对南部非洲的控制,那么它的威望、贸易和国防利益将受到不可挽回的损害。因此,正如张伯伦和米尔纳所认为的那样,南部非洲是一个关系到帝国未来的考验。

两人都准备冒险发动布尔战争,以建立一个英国统治的政权。首相索尔兹伯里勋爵在 1897 年 4 月写给张伯伦的信中表达了他对战争可能发生的担忧,张伯伦回复说:

需要防范两种可能。首先是一场与德兰士瓦的战争,这可能……不受英国欢迎,而且容易使我们与德国关系紧张。

另一种可能是英国在南部非洲失去威信,这必然会导致共和国的建立——而帝国大业将会付诸东流。两者之中，后者是最有害的，但毫无疑问的是，有一个强大的团体急于实现后者。

然而，鉴于詹森远征带来的争议，张伯伦和米尔纳决定，他们需要的是"一场等待中的游戏"。他们希望布尔人当中的反对派能帮他们除掉克鲁格，为改革开辟道路，最终走向联邦统治。因为不管怎么说，当时英国政府还关注着其他的外部问题，比如苏丹问题。①"我决定，"张伯伦说，"我们目前的政策是让布尔人'自食其果'，解决内部矛盾，让他们不要怀着偏见，混淆视听，把外部干涉说成是要面对的危险。这个决定可能是对的，也可能是错的，但我打算让它得到公正的试验。"

米尔纳是一个热衷于追求知识的中年单身汉，他早就习惯了伦敦社会的乐趣，对户外活动又毫无兴趣，于是他很快就对开普殖民地的生活产生了诸多不满。在给家乡朋友的信中，他抱怨那里的无聊以及每天遇到的"最志趣不投的人"。"就社会而言，这是你能想象到的最可憎的生活。"他对开普殖民地的政治精英不屑一顾，宁愿与他们保持距离。他写道："我只愿意与我的英国朋友们来往，我唯一的乐趣就是能听到他们的声音。"

开普的政客们对米尔纳也没什么好感。约翰·梅里曼遗憾地说，米尔纳是"在报纸和书籍的学校里接受训练，而不是在男子学校里"——这使他成为一个"可怜的神经过敏的无知的人，对于南非毫无同情之心"。詹姆斯·罗斯·因内斯回忆起他在开普敦市中心的政府大楼的一次典礼上对米尔纳的第一印象时写道："从外表

---

① 指1896—1898年英国在苏丹剿灭马赫迪起义的军事行动。——译者注

上看，米尔纳是一个学者，而不是一个实干家，但他神情严肃，目标明确，是一个好为人师但不会虚心接受建议的人……仪式结束后，我们走在国会街上，梅里曼突然说：'记住我的话，我们将和那个家伙大动干戈。'"老练的南非白人政治家霍夫迈耶甚至更加悲观。据他的传记作者说，"在几次采访后，霍夫迈耶意识到战争必定会来临"。

事实上，米尔纳把阿非利卡人——占南非白人人口的近三分之二——看作是潜在的敌人，是一个需要被粉碎的新兴王国。1897年8月，他在给一位朋友的信中写道：

> 在这个殖民地，一半的白人，事实上，我担心，恐怕一半以上的白人，虽然表面上效忠于英国，但是却在心里认为自己是奥兰治自由邦和德兰士瓦共和国公民的同胞。
>
> 只要大不列颠和这两个国家之间没有摩擦，他们也不介意成为英国的臣民，事实上，他们过着舒适和懒惰的生活，并不想改变现状。但是，当大不列颠和两个国家中的任何一个发生争执时，他们都会公开而激烈地站在后者一边。当然，如果在德兰士瓦有拥有选举权且能抗衡荷兰殖民统治的英国人政党，你或许可以及时找到补救的办法。但是德兰士瓦的布尔政治寡头是很难灭绝的。它并不会因为多次激怒我们而灭亡。

在比勒陀利亚，克鲁格带着深深的怀疑观察着大英帝国的把戏。詹森远征使他们开始不再信任英国，认为它不怀好意。克鲁格确信张伯伦和罗德斯是一丘之貉，都想要推翻自己。然而，尽管所有的证据都对这两个家伙不利，张伯伦仍然成功留任，罗德斯也只是受到了轻罚。侨民群体仍是大英帝国潜在的第五纵队。因此，克鲁格猜想，还会有人对他进行进一步的行动。

为了加强德兰士瓦的防御，克鲁格从德国和法国订购了大量的现代化军事装备——野战炮、攻城炮、马克西姆炮、榴弹炮和现代化来复枪。1896—1899年，德兰士瓦的年收入有三分之一以上用于国防开支。公民不再被要求自行购置武器和弹药，现在的他们由政府出资配备了最新的毛瑟枪和马提尼-亨利步枪。政府还在比勒陀利亚和约翰内斯堡建造了堡垒。

克鲁格与奥兰治自由邦也走得越来越近。19世纪90年代，自由邦已经成为一个"模范共和国"。1895年，英国宪法专家詹姆斯·布莱斯访问了自由邦，并将其描述为"一个理想的联邦……18世纪的哲学家们在幻想中所描绘的理想国"。

1890年第一条开普铁路开通后，布隆方丹的现代化建筑拔地而起：新议会、新学校、医院、俱乐部纷纷出现。布隆方丹虽基本上仍然是一个小镇，白人人口只有2500人，但它已拥有一种国际化的气氛，有自己的管弦乐队、教堂和合唱团、语言学习团体、莎士比亚朗诵会、舞蹈和业余戏剧、公园和公共花园。来自欧洲的游客受到热烈欢迎。虽然人民议会里只允许使用荷兰语，但英语却在城镇和商业生活中得到普遍应用。

1895年的总统选举使38岁的律师马提努斯·斯泰恩（Marthinus Steyn）上台，成为第一位在自由邦出生的总统。他曾在伦敦学习法律，后被任命为布隆方丹的法官，还娶了一位苏格兰牧师的女儿。伦敦媒体形容斯泰恩是"一个有着高雅文化和高尚品格的人，拥有公正的判断力和高贵的个人形象"。

1897年3月，克鲁格前往布隆方丹，与斯泰恩讨论德兰士瓦与奥兰治自由邦之间更紧密联盟的前景。双方更新了于1889年第一次缔结的国防条约，承诺在双方的独立可能受到威胁或攻击时相互支持，并增加了一个新条款，即宣布双方建立更紧密联邦的目标。斯泰恩表示，他强烈支持建立更紧密的联盟。"我们有着同样的人民，同样的历史，同样的语言，和同样的政府形式。"

克鲁格还努力与兰德的采矿公司建立更好的关系，协助它们制定新的通行证法和劳动力招聘措施，为他们提供了大量来自葡属东非（莫桑比克）的廉价移民劳动力。他还成立了一个工业委员会，"对采矿业的指控进行详尽而彻底的调查"。

然而，当委员会指出克鲁格的垄断特许权政策的不利影响，特别是炸药特许权的灾难性影响时，克鲁格拒绝采取行动，这引起矿业巨头们的又一轮抱怨。

克鲁格也不愿意支持对选举权制度进行任何改革。1897年3月，在访问比勒陀利亚期间，在试图调解克鲁格与德兰士瓦首席法官之间的争端时，开普殖民地首席法官亨利·德·维利尔斯爵士提出了选举权改革的问题：

德·维利尔斯："如果抚平侨民的不满，难道不会给你们带来令人满意的人民吗？"

克鲁格："这些心怀不满之人是永远不会满意的，直到他们把我的国家纳入囊中。如果我给他们选举权，他们可能会要求特许权持有者（即罗德斯）来统治他们。他们的其他诉求，我们都准备好解决了，有问题尽管提……但是，那些对我的国家心怀不轨的人，休想让我满足他们。"

德·维利尔斯："总统，你要满足的不是你的敌人，而是你国家的朋友。你真正的朋友会建议你满足新增人口的需求。他们中的许多人也许会滥用选举权，但大多数人会感激并利用它为国家谋福祉……如果不给予补救，就永远存在着可能会在其他地方寻求补救的危险。我知道你的工作有哪些难处，我从来没有想要通过公开辱骂你和共和国来给你添麻烦，但是，如果我的任何私人建议有什么价值的话，我相信你会理解其中的诚意并接受它。"

克鲁格："我知道你不是我们的敌人。你的调解表明了你对我们是一片好心。但是，我对国家的独立负有责任，我必须注意不要失去国家的独立性。"

在这种执拗的心态下，克鲁格第四次竞选总统。他已经73岁了，往日的活力大部分都消失了：他那魁梧的肩膀下垂了，他的眼袋也比以往更明显了，他的耳朵越来越聋，他还患上了一种使眼睛疼痛的疾病——倒睫，情绪也经常变得急躁。但是，德兰士瓦人毫不怀疑他对独立事业的承诺。

另外两位候选人也参加了竞选：总司令皮埃特·朱伯特和改革派政治家沙尔克·伯格（Schalk Burger）。伯格以现代化和放宽选举权范围的纲领开展竞选活动，从采矿业获得了相当大的财政支持。伯格的采矿业朋友并没有指望他会赢，但他们希望他能成为强大到足以迫使克鲁格同意改革的反对派领袖。为了增加伯格的机会，他们试图诱使朱伯特退出，但徒劳无功。约翰内斯堡的《星报》公开支持伯格，但这可能对他不利。沃尔德赫拜特公司在约翰内斯堡的代表之一珀西·菲茨帕特里克在给朱利叶斯·沃尔德赫的一封信中警告说：

你可以肯定一点：如果侨民有任何蠢蠢欲动或不安的迹象，或者英国人想插手，他们一定会被那个人逮个正着。克鲁格正在寻找证据来证明罗德斯、张伯伦或约翰内斯堡想要反对他。他的机关，即人民议会，说我们已投入了 5 万英镑来确保伯格当选。他们会不择手段地宣传这一点。

1898 年 2 月，选举结果宣布，克鲁格大获全胜。他赢得了 12764 张选票，伯格得到了 3716 张，朱伯特得到了 1943 张。不仅在农村地区，而且在城镇——约翰内斯堡和比勒陀利亚——克鲁格都赢得了绝大多数选票。

对米尔纳来说，选举结果是一个转折点。他曾希望能够找到反对克鲁格的有利证据，但在玩了九个月的"等待游戏"后，他发现自己不得不面对一个比以前更根深蒂固、更顽固的"寡头暴政"。他的耐心快要耗尽了，他写了一封信给张伯伦：

> 除了对德兰士瓦进行改革或战争外，南部非洲的政治困境没有其他出路。目前，在德兰士瓦进行改革的机会比以往任何时候都要渺茫。布尔人内部争吵激烈，但这是关于工作和合同的，而不是关于政治！他们决心把一切权力掌握在自己手中，完全不顾那些没有公民权的人的利益，他们对英国充满了仇恨和怀疑，他们中的绝大多数人坚定地团结在一起……克鲁格重新掌权，他比以往更加专制和反动……他加强了对奥兰治自由邦的控制，而（开普）殖民地的阿非利卡人将继续对他顶礼膜拜……
>
> 从一个纯粹的南部非洲人的观点来看这个问题，我倾向于解决危机，而不是抱怨和寻找借口，也不是在小事上大惊小怪，而是坚定地、毫不妥协地纠正重大的谬误和不公。因此，提出一个强有力的解决方案是情理之中的事。

米尔纳希望英国对克鲁格采取更加"积极"的政策，并以武力威胁作为后盾。过去，就像1895年的"渡口危机"时一样，克鲁格在受到武力威胁时表现出了一种"让步"的倾向。米尔纳认为，他现在可能也会有类似的反应。但如果他不这样做，米尔纳也准备好了以武力相威胁，他相信英国不费吹灰之力就能获胜。

米尔纳还在与珀西·菲茨帕特里克进行的私下长谈中分享了他的观点。菲茨帕特里克在1898年2月去开普敦度假期间认识了米尔纳，在詹森远征发生时，菲茨帕特里克因担任改革委员会秘书一职而被取消了三年的政治活动资格。他的雇主沃尔德赫也警告他，不要参与政治活动，要一心一意做生意。但是，菲茨帕特里克对政治阴谋有着浓厚的兴趣，他热衷于了解米尔纳的观点，对他们的谈话做了大量的记录。根据菲茨帕特里克的说法，米尔纳曾经说过："只存在一种可能的解决之道——战争！它一定会来的……困难在于时机，而不是战争本身，这是很容易做到的，我对解决南部非洲问题时冒出来的拦路妖怪和艰难险阻无所畏惧。在身处风暴的中心时，你会发现自己的作风和脾气都完全不同了。"

米尔纳还对他所认为的"不忠"的阿非利卡人大加挞伐。纳塔尔总督亨利·宾斯（Henry Binns）给克鲁格发了一份祝贺他当选的电报，米尔纳训斥了他一番，并提出了自己的观点：

> 在这个次大陆上，绵羊和山羊必须分开，我指的不是英国人和荷兰人，而是那些不赞成并且敢于表示不赞成当前比勒陀利亚实施的不可靠的专制制度的人，和那些对这种制度表示钦佩或顺从的人。暗中交易太多了，我认为，时机已到，我们应该悄悄地但坚定地迫使摇摆不定的人选择自己的立场，只要他们对践踏自由和无视英国在邻国拥有的一切的人表现出任何同

情，就不要指望我们承认他们是自由的英国社会的一个忠诚的公民。

两周后，在一个以阿非利卡人为主的小镇格拉夫·雷内特（Graaff Reinet），在为庆祝一条新的铁路支线开通的仪式上，米尔纳进行了一次充满威胁意味的演讲，首次公开亮明了自己的观点。他的靶子是阿非利卡帮的"极端主义"成员。他说，这些人虽然享受着英国公民身份的好处，但"一直在吹捧德兰士瓦，同时对女王陛下政府的行动和意图妄加怀疑"。这样做的后果是"鼓励德兰士瓦的寡头暴政继续实行现行政策，直到这种政策变得无法容忍，以战争爆发而告终"。不是英国的侵略性，而是"德兰士瓦政府的倒退，我不会说是该政府倒行逆施"，造成了"南部非洲动荡的精神"。阿非利卡人需要做的，是鼓励德兰士瓦政府进行改革。"这是一条从这些根深蒂固的麻烦中走出来的和平道路，而这些麻烦已经困扰这个国家30多年了。"

由于米尔纳诽谤他们对大英帝国怀有不轨之心，许多阿非利卡人，无论是温和派还是"极端分子"，都被激怒了。而在开普殖民地的英语民族主义者中，金戈主义运动的声势也越来越浩大。米尔纳把他的演讲词转交给殖民地部，并且公开承认，他的意图之一就是"给不列颠的大家庭添丁进口……弄来一些值得欢呼的事物"。

但是，他的讲话中包含了比这更险恶的含义，因为米尔纳公开提出可能与德兰士瓦人开战，这实际上是在挑衅阿非利卡人，逼迫他们选择加入哪一方，他显然认为布尔人和英国人之间即将展开争夺霸权的斗争，而这会加剧英国殖民地的英国人和阿非利卡人之间的不信任——这种不信任是由詹森远征引起的。从此，米尔纳被许多阿非利卡人视为"亲英"派的"总司令"。

由于米尔纳发表了鲁莽的战争言论，伦敦的张伯伦和塞尔本试图对他进行压制。张伯伦告诉米尔纳："我们必须忍受很多事情，而不是挑起冲突。与德兰士瓦人的战争肯定会在开普殖民地引起敌对情绪，并在南非统一的道路上留下最严重的阻碍。"最重要的是，"除非是有最极端和最明确的挑衅，否则与德兰士瓦的战争，在这个国家将是极不受欢迎的"。他警告米尔纳，英国政府目前面临的其他困难——法国、俄罗斯和德国——它们的性质要严重得多。

塞尔本写了一封长长的信给米尔纳，信中采取了同样谨慎的态度：

> 毫无疑问，和平是南部非洲的首要利益，但并不是无条件的和平。我们的目标是在英国国旗的庇护下，使南部非洲有朝一日能联合在一起。我想，我们都能感受到，鉴于种种事态的发展，这种结合能够在南部非洲的两个白人种族不发生任何形式的分裂或战争的情况下实现，它将比通过战争取得同样的结果具有更持久和更有价值的效果。

塞尔本解释了如果战争来临，"我们必须采取的策略"：

> 英国必须在南部非洲得到几乎一致的统一——它必须赢得尽可能多的南部非洲的荷兰人在道义上的赞同，而且必须得到国内舆论几乎一致的赞同。

因此，米尔纳被要求等待时机。他回答说：

> 你大可以放心，我不会做任何火上浇油的事。德兰士瓦人咄咄逼人、傲慢无礼，一边忍受他们，一边打发时间，不与他们争吵，又不能给他们点颜色看看，这是很不容易的。不过，

我还是希望我们可以明智地结合谨慎行事和虚张声势的策略，在我们有更好的条件来"围捕"他们之前，我会继续表示焦虑，而不至于让人怀疑。

然而，在与塞尔本的进一步通信中，他再次表达了他的沮丧情绪，谈到了冲突是不可避免的：

> 两种完全对立的制度——中世纪的种族寡头政治和现代工业国家，后者不承认不同的白人种族之间存在高低贵贱之分——无法在一个地方永久共存。

在4月20日给一位朋友的信中，他也同样直言不讳。"如果不是因为我们在其他地方遇到的种种麻烦，我就不会像我所做的那样，为一个和平问题而奋斗。布尔政府，对整个南部非洲来说，就是一个巨大的诅咒，如果不是忙得不可开交，顾不上发动一场大规模战争的话，单我们自己就可以把它推翻。"

直到1898年3月米尔纳在格拉夫·雷内特发表演讲之前，除了殖民地部之外，很少有人知道他在搞什么把戏。后来，克鲁格才意识到他被一个战争贩子缠上了。

# 第三十五章
# 复仇女神

尽管罗德斯已经从总理之位上退了下来，但他仍然在政界阴魂不散。开普殖民地的批评家们希望他今后能把精力集中到遥远的罗得西亚。"他们为我设计了五花八门的退路，"他说，"比如赞比西河畔的隐士小屋。"但是，罗德斯仍然渴望能在开普殖民地手握大权，对自己在那里操纵人和事件的能力充满信心。1896年12月，他在伊丽莎白港发表演讲："有人告诉我，我的公共生活已经结束了，但我告诉他们的第一件事就是，我的公共生活才刚刚开始。"

罗德斯失去了阿非利卡人团体的支持，但他以特有的投机主义，试图将自己确立为英国民族主义的拥护者，为自己提供一个新的政治基础。詹森远征事件后，随着两个族群的分裂，一场新的亲帝国主义运动在开普集结。1896年5月，南非联盟（the South African League）成立了，这个团体旨在加强英国在南部非洲的利益和霸权，并致力于建立一个英国国旗下的联邦。南非联盟不仅在开普扎根，而且在纳塔尔和德兰士瓦建立了分支机构，并得到伦敦的一个附属机构南非协会（South African Association）的支持。

在开普殖民地，南非联盟的主要目标是建立一个能够挑战阿非利卡人帮的"英国派"。在德兰士瓦，它宣布效忠于英国王室，并宣布将统一德兰士瓦,把它纳入"飘扬着英国国旗的南部非洲联邦之中"。尽管在侨民中间,旧的改革派曾对克鲁格政府抱有希望,指望这个政府会抚平他们的不满,但现在的联盟直接呼吁英国政府的支持。反过来,英国官员也试图利用南非联盟来推进英国在德兰士瓦的利益,但他们往往发现,其中有许多大吵大闹的金戈主义者,难以遏制。"在与南非联盟打交道时,我处于一个非常微妙的位置。"驻比勒陀利亚的英国代理人康宁汉姆·格林(Conyngham Greene)写信给米尔纳时说道:

> 联盟是……约翰内斯堡唯一一群有真正的帝国情怀火花的人,或者说是比崇拜金钱更有野心的人。因此,从某种意义上说,它值得同情,而我个人认为应当鼓励。另一方面……它需要仔细和持续的观察。到目前为止,我一直设法对行政会议保持某种程度的控制,尽管联盟的群众不断向他们施压,要求采取更有力的行动。

趁着金戈主义兴起的东风,罗德斯重新投入了开普殖民地政治的喧嚣中,担任议会反对派团体进步党(Progressives)的领袖。

"你们想要我。你们离不开我,"1898年3月9日,罗德斯在接受《开普时报》采访时说,"人民的感受——你可能会认为这是利己主义,但这就是事实——是有人想要为他们争取某种东西,而其他人没有能力也不愿意去争取它。"

3月12日,他在开普敦好望厅的一个会议上发表讲话,他对人群说:"我能为这片土地提供的最好服务,就是回到这里,帮助你们实现你们的宏伟目标,即建立一个更紧密团结的联盟。"

随着立场的改变，罗德斯调整了政策，以适应不同的受众。他曾经支持阿非利卡农民的利益，现在转而支持城市选民的利益。由于农村的选民占大多数，有利于阿非利卡人帮，于是他支持重新彻底分配议会席位的提议，以消除对手的这一优势。凭借类似的权宜之计，他制定了"赞比西河以南的每一个白人权利平等"的口号，旨在促进侨民的事业，还喊出了"赞比西河以南的每一个文明人争取平等权利"的口号，希望能吸引有色人种的选票。当被要求做出进一步解释时，罗德斯将文明人定义为"受过足够的教育，可以写自己的名字——有一些财产或工作的人"。他还对昔日的伙伴阿非利卡人帮大肆攻击，且越来越具有报复性。他指责霍夫迈耶带领阿非利卡农民实施"恐怖主义"，并声称阿非利卡人帮是在搞"寡头统治"。

六个月后，罗德斯参加了1898年的大选，打算重新夺回总理的权力。他分发了大量资金以确保获胜。有一次，他指示财务助理向议会里的一位同僚支付1.1万英镑，有一次又支付了1万英镑。他挥金如土，不仅为盟友的竞选活动提供资金，而且还试图挫败自由派的约翰·梅里曼等特定对手。他曾经的红颜知己奥利芙·施莱纳说："他不仅选择了最坏的人作为他的工具，还选择了利用最卑劣的人性，引导他们走向狭隘的利己主义，而不是以极大的热情激励他们。"

事实上，罗德斯的演讲只不过是夸耀他过去的成就和对他的政治对手进行人身攻击。他仍因詹森远征一事而蒙羞，并指责霍夫迈耶和阿非利卡人帮支持"比勒陀利亚一切腐朽的事物"，"尽可能地传播仇恨"。罗德斯坚称，在与阿非利卡人帮的斗争中，他是在与"克鲁格主义"进行战斗。在没有提供任何证据的情况下，他就声称阿非利卡人帮收到了来自德兰士瓦政府的秘密资金。

反对罗德斯的是他的前司法部长，奥利芙的弟弟威廉·施莱纳。施莱纳在温和的纲领下创立了南非党（South Africa Party），主张与包括德兰士瓦在内的邻国建立友好关系。在写给张伯伦的信中，米尔纳承认，施莱纳既不敌视大英帝国，也不敌视英国的利益。米尔纳说，施莱纳反对的是"罗德斯先生的个人统治"、"特许集团"及其腐败的政府施政方法、"贪欲在政治上的影响"。

1898年的竞选是开普殖民地有史以来竞争最激烈、最腐败、最具破坏性的一次竞选。9月选举结果宣布时，施莱纳领导的南非党以一票领先的优势获胜，接着他在阿非利卡人帮的支持下组建了新政府。米尔纳发现，这个结果并不令人满意。因为，虽然施莱纳宣称自己是忠于维多利亚女王的"一个忠诚的殖民地子民"，但他也明确表示他决心"尊重和维护自由共和国决定自己命运的权利"，并将反对英国对自由共和国发动战争的任何行动。

尽管罗德斯享受被金戈主义者们奉为英雄，尽管有米尔纳的鼓励，但他并没有发现反对党领袖的角色有什么吸引力。而且，米尔纳对罗德斯的第一印象并不好："他太任性，太暴力，太乐观，总是风风火火。他还是原来的那个他，对过去的失败毫不畏惧，毫不气馁。人总是被他们的缺点所支配，而罗德斯的缺点是全方位的。"

当罗德斯试图通过策略重掌政权，却在1898年的选举中以微弱劣势落选后，米尔纳抱怨说："这只是又一次的'詹森远征'。"他写道："如果你只是等待并为之努力，那么，通过暴力和不择手段来过早地获得你想要的东西，也是同样的一种尝试。"尽管如此，罗德斯和米尔纳还是建立了一种友好的关系，因为他们俩都执着于帝国的事业。

然而，在议会中，罗德斯发现他经常受到詹森远征批评者的嘲弄。"你欺骗了荷兰人民"，一位政府部长说。而雅各布斯·索尔则嘲笑道："你欺骗了信任你的人，那些与你同桌吃饭的人。"

此外，罗德斯越来越关注自己日益恶化的健康状况。一系列事故对他的健康造成了损伤。1891 年，他在开普平原上遭遇了一次骑马事故，导致锁骨骨折，整整昏迷了一天。第二年，他的马车在山路上翻车，他被甩了出去，受了重伤。1894 年，在科克斯塔德（Kokstad）附近骑马时，他又摔了"可怕的一跤"。1895 年，他经历了一场长时间的流感，还患上了疟疾。最终导致他死亡的心血管疾病，在那时候也已经初露端倪。他有时会呼吸困难。一张 1896 年的照片显示他的皮肤上布满了斑点。经过多年的暴饮暴食、酗酒和吸烟，他已经成了一个肥胖、超重的人。访客们都注意到了他"庞大的身躯"。从 19 世纪 90 年代中期开始，尽管他才 40 多岁，但却似乎衰老得很快。

罗德斯常常为早逝的预感而烦恼。这促使他写了一系列具有宏大概念的遗嘱，以确保自己能够流芳后世。他的第一份遗嘱起草于 1877 年，当时他还是牛津大学的学生，他指示他的遗嘱执行人建立一个秘密社团，目的是将英国的统治扩展到全世界，将盎格鲁-撒克逊人重新团结起来，建立"一个强大到使战争不可能发生的政权"。他随后的四份遗嘱——1882 年版、1888 年版、1891 年版和 1892 年版——大致都是同一主题。在他 1888 年遗嘱的一封附信中，他建议罗斯柴尔德勋爵使用耶稣会的宪法作为秘密社团的模板，把"罗马天主教"替换成"大英帝国"。

1899 年，45 岁的罗德斯意识到自己活不长了，就拟定了第 7 份也是最后一份遗嘱，将他之前的"伟大想法"提炼成更实际的东西。他向家人和牛津大学奥里尔学院捐赠了遗产，并指示将"大谷仓"

别墅用作未来南非联邦总理的官邸。但他主要的"伟大想法"集中在年轻殖民者的教育上。他指示向殖民地的青年才俊提供奖学金，让他们得以去牛津大学学习，同时规定了他们获得奖学金需要具备的资格。首先，只有男性有资格。罗德斯在伦敦与斯特德讨论了其他必要的资格时，还设想了一种积分制：

> 你知道，我坚决反对把奖学金授予那些只会靠书本卖弄学问，把时间都花在拉丁文和希腊文上的人。但是，你必须考虑到我称之为"花花架子"的因素，也就是学问，它需要占十分之四，然后是"残暴"，占十分之二。再然后是机智和领导能力，占十分之二，最后是"宁折不弯的意志"，占十分之二。这就构成了整体。你可以看看它是怎么运作的。

在最后的用词里，罗德斯指示，被授予奖学金者应具备：文学和学术造诣；"男子户外运动"方面的成功；"男子气概"，包括尽职尽责、保护弱者、大公无私等品质；"性格的道德力量"。他列出了15个殖民地，从中选出60名来自大英帝国的学者；他还为来自美国的学生而把奖学金名额增加了96个。1899年会见德皇威廉之后，罗德斯给德国学生分配了15个奖学金名额。

尽管病痛缠身，罗德斯还是大力投身于一系列项目，从铁路、电报计划到植树造林和灌溉工程。他致力于建立水果农场，并指示年轻的英国园艺家哈利·皮克斯通（Harry Pickstone）买下西开普省的"整个德拉肯斯坦山谷"。皮克斯通惊呆了，他回答说，这要花费"一百万"。尽管如此，他还是按照指令办了此事，并相继获得了29处地产。罗德斯还把开普敦的部分地产用作一所大学的用地。他重建了被大火严重损毁的"大谷仓"别墅，在"大谷仓"别墅旁边建造了一座开普荷兰风格的小屋——"羊毛袋"（Woolsack），供诗人和艺术家使用，希望他们能从周围宏伟的景致中得到启发。英国桂冠诗人鲁德亚德·吉卜林每年都会在这里住上几个月。他在那里写下了他的随想小说——《美洲豹身上的斑点从哪里来》（*How the Leopard Got its Spots*）和《大象的孩子》（*The Elephant's Child*）。在罗德斯为他安排的一次探险中，吉卜林遇到了"伟大的灰绿色的、油腻的林波波河，河岸上到处都长满了热病树"，后来，吉卜林就以此作为一个地点，来解释大象是如何长出鼻子的。

罗德斯一生都在避免与女人纠缠，但他在1899年被卷入了一场命中注定的邂逅——与凯瑟琳·拉济维乌（Catherine Radziwill）的纠葛。凯瑟琳·拉济维乌大公夫人是一位活泼、机智、才华横溢的社交名媛，她精通5种语言，是柏林和圣彼得堡沙龙里的风云人物。她还是一个惯于搬弄是非和异想天开的女人，沉迷于政治阴谋和流言蜚语。她是一位波兰伯爵的女儿，15岁时嫁给了一名波兰大公，生了5个孩子，但由于与丈夫关系疏远，她选择去做记者，在巴黎和伦敦工作，这一时期她被介绍给斯特德，后者是罗德斯的朋友和崇拜者。

尽管罗德斯很难回忆起当时的情景，但他第一次见到拉济维乌大公夫人是在1896年《泰晤士报》经理莫伯利·贝尔伦敦家中的一次晚宴上。3年后，当罗德斯再次访问伦敦时，大公夫人给他写了封信，据说是想征求他的投资建议。罗德斯以相当唐突的语气回信道，他认为在金钱问题上给朋友提建议是危险的，但还是建议她可以认购马绍纳兰铁路公司的债券。

然后，拉济维乌大公夫人定了7月去开普敦的船票，这是与罗德斯返程的同一班船。上船的第一天，她在晚饭时分走到餐厅里，在他的桌子前坐下。自此之后,天天如此,就这样度过了18天的旅程。罗德斯起初发现她是个迷人的伴侣。41岁的年龄,苗条而优雅,虽然她早年的美貌已经开始消退,但仍然非常有魅力。

他的秘书菲利普·乔丹回忆道:"她是个聪明的、多才多艺的健谈者,她似乎认识每一个人,在整个航行过程中,她让我们大家都趣味盎然。"但是,乔丹也想起了一件事,这件事让罗德斯脸上带着一种"完全绝望的无助表情"。当罗德斯坐在主甲板上时,坐在他旁边的大公夫人突然昏倒在他的大腿上。据乔丹说,从那以后,罗德斯就尽量避开主甲板。

在开普敦,她住在时髦的、新开业的纳尔逊山酒店,欠下了一大笔账单。在获得了前往"大谷仓"别墅餐厅用餐的长期邀请后,她成了"大谷仓"的常客,她不仅暗示自己与罗德斯在一起,还夸口说罗德斯有意与她结婚。罗德斯很快就发现,她的陪伴令人厌烦,试图避开她。一天早上,他告诉他的朋友詹姆斯·麦克唐纳:"不管怎么样,绝对不能让我单独和她在一起。别管她对你说什么,也别管她给你使什么眼色。你必须敷衍过去……"但是,拉济维乌大公夫人并不是那么容易被甩开的。罗德斯开始感到后悔,那天他真是鬼迷心窍,竟然允许她进入自己的私人世界。

# 第三十六章
## 大博弈

在1898年选举获胜后,克鲁格试图使他的政府更加现代化。于是,他任命了两位来自德兰士瓦以外的阿非利卡人担任要职。他选择了弗兰克·雷茨(Frank Reitz)取代莱兹担任国务秘书。弗兰克是一位出生于开普殖民地、在英国接受培训的大律师,他先是担任奥兰治自由邦的首席大法官,然后又担任该邦的总统长达6年。他的妹妹范妮嫁给了政治家威廉·施莱纳,后者刚刚成为开普殖民地的总理。和克鲁格一样,雷茨也是一个大家庭的父亲:第一任妻子生了7个儿子和1个女儿,第二任妻子育有6个儿子和1个女儿。他也像克鲁格一样致力于维护共和国的独立。

克鲁格的另一项任命更为引人注目。他选择了扬·史末资(Jan Smuts)担任国家检察长,后者是一位年仅28岁的律师,以优异的成绩毕业于剑桥大学,在校期间获得了一系列的奖项,还在法学专业获得了两次第一名。史末资出生于西开普省马姆斯伯里小麦种植区的一个农场。在罗德斯担任总理期间,史末资曾一度对他表示钦佩,因为他努力促进布尔人和英国人在开普殖民地和睦相处,但像其他许多阿非利卡人一样,他因詹森远征而对罗德斯感到失望。他说,这对阿非利卡人来说是一个"晴天霹雳"。1897年,他在约翰内斯堡成立了一家律师事务所，专注于法律专业工作，但仍密切关注政治发展。

像雷茨一样，史末资是一个坚定的共和主义者。他在1897年的文章中宣称共和主义是全世界的伟大事业。"世界上没有任何地方有像南非这样的机会……它的时代即将来临，可能比许多人想象得更快……旧的国家航船终于离开了它的停泊处，但加速它前进的是共和主义的风而不是帝国主义的风。"诸般事态的发展趋势都有利于共和事业。

> 南非的政治重心已经随着商业重心，从开普敦转移到了共和国的首都。殖民地将逐渐适应他们的自豪感，调整自身的经济和政治关系，以便适应南非政治力量的新配置。荷兰人，甚至殖民地的英国人，都将会越来越多地到德兰士瓦寻求物质上的帮助和支持。在南非，英国国旗并不是和平与善意的象征，而是鲜血、武力和侵略的象征。英国国旗将越来越多地沦落到"帝国联邦"和类似实体与非实体蓬勃发展的边缘地带。

史末资警告英国不要采取基于武力和恐吓的政策。"不能靠武力和军备来维系大英帝国。"英国推行的"强力"政策，已经产生了不利的效果，将德兰士瓦共和国和奥兰治自由邦这两个共和国之间的距离拉得更近以对抗"共同的危险"，并推动它们"成为更大的联邦共和国"。此外，这也影响到更广泛的阿非利卡人群体的态度。阿非利卡人对英国的忠诚是脆弱的。它与"血缘关系，长期的生活和政治观念，以及压倒性的感激之情"都没有关系。它建立在一个信念上，即英国的统治是公平和公正的，是一种很容易"腐烂和枯萎"的善的力量。英国的任何政策，如果"旨在取代南非的地方自治，转而使唐宁街更多地行使帝国权力的,必然会导致致命的失败"。英国推行"战争政策"和"金戈主义运动",只会加剧阿非利卡人的抵抗:

> 这仅仅是行动和反应的法则;但是,谁知道这种仅仅是为了激起金戈主义者热情的微不足道的竞赛,会不会引燃帝国在南非的草垛?依我之见,死亡的阴影已经笼罩在了(开普)殖民地。荷兰人绝对支持德兰士瓦共和国……如果一个雄心勃勃的殖民地大臣选择在南非实施他的"强力"政策,整个南非将迅速卷入一场燃尽一切的大火。

史末资认为,张伯伦的"强力"政策会"比南非任何其他势力都更严重地阻碍进步"。他驳斥张伯伦关于英国有权根据1884年《伦敦协定》对德兰士瓦行使"宗主权"的主张,认为这是伪造的。他说,这在国际法上没有依据。至于侨民的不满,他认为有些是合理的,但大多数都是夸大其词的。"我认为,如果明天给他们选举权,只有不到百分之十的人愿意接受。"但无论如何,只要张伯伦"对共和制的南部非洲以战争相威胁",德兰士瓦政府就不可能解决侨民的不满。

为了让史末资担任州检察官,克鲁格将他登记为"第二等"公民。史末资很快发现自己陷入了阴谋的漩涡,并抱怨被"政治上和工作中的敌人,酒类垄断集团,诡计多端的特许权搜寻者和邪恶的权贵势力"包围。但他很快就崭露头角,处理了警察队伍中的腐败和渎职行为,以及酒类销售、妓女、敲诈勒索和假币泛滥的现象。

他说，这就像"清理奥革阿斯的牛圈"①。他成了克鲁格团队中不可或缺的一员，负责起草几乎所有的新法，并提供法律咨询。

史末资还不得不与越来越多的反对克鲁格政权的侨民风潮作斗争。在开普敦和比勒陀利亚的英国官员的怂恿与帮助下，南非联盟的成员掀起了骚乱，他们利用骚乱，企图促使英国干涉德兰士瓦的内政。

1898年12月，英国侨民汤姆·埃德加死于德兰士瓦警方之手，引发了大规模的侨民抗议活动。埃德加是兰开夏郡的一名锅炉制造商，圣诞节前的一个星期天，他在回约翰内斯堡的路上参与了一场酒后斗殴，并把一个人打昏了。周围的人以为那人已经死了，于是叫来了警察。4个布尔警察来到埃德加家门外，叫他开门。当他没有回应时，他们中的一个，巴伦德·琼斯，在没有搜查令的情况下强行闯入。当埃德加用铁棒袭击他时，琼斯开枪打死了他。在约翰内斯堡这样治安混乱的城市，死个人是再正常不过的事了。

琼斯很快被逮捕并被指控为谋杀罪。然而，公诉人将控罪降为过失杀人，并成功保释了琼斯。南非联盟的成员立即开始组织公众抗议。当比勒陀利亚的一名英国官员埃德蒙·弗雷泽发出抗议时，史末资才同意下令重新逮捕琼斯，并恢复对他的谋杀指控。

然而，南非联盟不依不饶，决心追究到底。他们在当地报纸上

---

① 意思是"清除腐败"或"执行一项工作量巨大且令人不快的任务"，奥革阿斯是荷马史诗《伊利亚特》中的国王，拥有一个巨大的牲畜棚，里面装着3000头牛，而且30年来一直没有清洗过，直到大力神赫拉克勒斯被分配了这份工作，并通过引两条河的水冲洗牛圈来完成这项任务。——译者注

刊登公告，散发传单，呼吁英国侨民聚集在英国领事馆前，向维多利亚女王递交集体签名的请愿书。在递送请愿书之前，他们就已经把全文提前发送给当地的各大媒体和英国国内的各大报社。圣诞前夕，约5000名侨民聚集在领事馆外，表达他们的支持。一名南非联盟的重要成员在领事馆的阳台上宣读了请愿书，然后把它交给英国副领事，后者承诺会将请愿书送到"适当的地方"。

请愿书的主旨是：多年来，兰德地区的英国臣民遭受了"无数次警察的小暴政"，但无法求助于独立的司法机构，他们在当地政府中也没有发言权。因此，他们请求"陛下的庇护之翼能遮蔽到您在这里的忠诚臣民的生命、自由和财产，以及为结束目前不可容忍的事态而采取行动"。

德兰士瓦当局立即逮捕了两名联盟的领导人，因为他们组织了一次未经批准的公众集会，这在开普和约翰内斯堡引发了进一步的抗议。1899年1月14日，南非联盟又在约翰内斯堡举行了一次大型集会，集会最终以英国侨民和布尔诘问者之间的冲突而告终。随后，联盟指控德兰士瓦政府煽动混乱。

由于米尔纳当时正在英国休假，此事由代理高级专员、驻南部非洲英军司令威廉·巴特勒将军（General Sir William Butler）负责处理。与米尔纳不同，巴特勒不喜欢金戈主义者。他认为侨民是麻烦制造者，而南非联盟则是"闹事专业户"。他在自传中称约翰内斯堡的居民"可能是世界上最腐败、最不道德、最不诚实的一群人"，他引用了梅里曼的话，把约翰内斯堡描述为"叠加在索多玛和蛾摩拉上的蒙特卡洛"①。他告诉张伯伦,"埃德加之怒"是一个"有准备的事件",由南非联盟策划,目的是将英国政府拉入与克鲁格的对抗。他对该联盟利用媒体来煽风点火的做法感到不满,因为其目的是"通过报纸宣传迫使我们动手"。他认为,眼下需要的不是"外科手术",而是妥协与和解的努力。因此,他拒绝将请愿书转交伦敦。

侨民对埃德加事件的不满再次激化,因为对琼斯的指控再次降为过失杀人。在对他的审判中,一位25岁的法官(他的父亲是克鲁格的行政委员会成员)对案件做了一个冗长的、杂乱无章的总结,他称赞当事警察在"困难的情况下"履行职责,并在实际上指示陪审团判他无罪。于是,琼斯被正式宣告无罪。

米尔纳的十周假期的大部分时间是在英国度过的,他忙于四处游说对德兰士瓦采取更"强力"的政策。他说,他想见"所有的政治领袖和新闻工作者……并且打破那些关于南非的玫瑰色幻想"。"你可能觉得我很无聊,"他对一个自由帝国主义者罗斯伯里勋爵(Lord Rosebery)说,"但我想告诉你一些关于帝国棋盘上那个小角落的事情。我对它特别关心……"

米尔纳详述了"克鲁格主义"的危险,强调说时间已经不多了。他还会见了几名兰德金矿老板,包括阿尔弗雷德·拜特和朱利叶斯·沃尔德赫,寻求他们的支持。对于米尔纳来说,这都是为了"赢得我们与德兰士瓦在南非的统治权争夺"的伟大比赛的一部分。

然而,在殖民地部,米尔纳发现张伯伦和他的下属仍然坚持

---

① 索多玛和蛾摩拉是《圣经》里被上帝毁灭的罪恶之城,而蒙特卡洛是欧洲著名的赌城。——译者注

"不战"的政策。他被告知，政府的目的是"与克鲁格保持和平，除非他的所作所为非常过分"。米尔纳在给开普敦的一名下属的信中直言不讳地写道：

> 乔（张伯伦）可以被领导，但不能被驱使。我一封接一封，一月接一月地写信，是觉得它能说明问题。但如果他哪怕有一次觉得我在催他，他就会让我见鬼去，我们还是闭嘴吧。我会尽可能地让他接受我们的看法。不管他是接受，还是不接受，都取决于外部的压力和刺激的程度，这也与我们从内部对他的督促有关。只要侨民坚持"没有改革就不消停"的方案，并且能够坚持下去，不是6天，而是6周，或6个月，我们就能做到这一点，我的孩子。上天为证，他们能从我们这里讨到一个公道，无论是以哪种方式。

不仅张伯伦不情愿被生拉硬拽到一个更具侵略性的立场，米尔纳也发现公众没有兴趣与克鲁格对抗。当他离开英国时，米尔纳已经决定采取不同的策略。他在1899年1月离开的时候对塞尔本说，试图把自己的观点"强加于人"是没有意义的。他将不得不依靠自己的努力，让公众逐渐"觉醒"，意识到克鲁格构成的威胁。

> 如果我能用自己的行动来推动事态的发展，但愿我能做到，我相信到时候我会得到支持。如果我不能在当地得到"更进一步"的支持，那么不管我说什么，都不会得到支持。我很清楚，公众舆论在这问题上并不活跃，虽然我相信这需要时间，而不是以一种令人震惊的方式唤醒民意——这种可能性是不大的。我最担心的是，人们会因为某些"事件"——这些事件或多或少是空洞的——而突然群情激奋，他们也许会变得不理智，而

不是逐渐支持政策，使除了异议者之外的所有人信服。

尽管如此，米尔纳还是在1月28日离开了英格兰，他"对这次访问的结果非常满意"。此外，在国际舞台上，到1898年底，英国已有了更多的回旋余地。张伯伦之前所担心的许多限制都已经解决了。霍雷肖·赫伯特·基钦纳（Horatio Herbrt Kitchener）将军完成了对苏丹的征服，法国人在法绍达（Fashoda）让步①，德国也同意停止干预德兰士瓦问题。与英国修好后，德国不仅建议克鲁格实施改革，还警告他不要冒与英国开战的风险，并明确表示，如果战争来临，德国不会干涉。由此，克鲁格失去了一个欧洲盟友。

在紧张局势日益加剧的情况下，史末资试图继续推进改革议程。他跟沃尔德赫拜特公司的代表珀西·菲茨帕特里克建立了亲密的关系，与他讨论了采矿公司和德兰士瓦政府解决分歧的方式。到1899年，由于合并，采矿业的形态发生了重大变化。1888年，有44家独立的矿业公司，而现在，9家主要的金融公司控制着124个露天矿场和114个深层矿坑。虽然这9家金融公司有许多共同利益，但他们对政坛风云有着不同的看法。自从詹森远征以来，罗德斯的公司，即统一黄金之地公司，就已经下定决心避免政治纠葛，公司还寻求与克鲁格政府建立友好关系，解雇了一名活跃于南非联盟的员工。1898年11月，伦敦的董事长大卫·哈里斯告诉张伯伦："我可以说，我们对克鲁格一点也不反感。我们希望他能建立一个

---

① 法绍达事件是英国与法国在非洲的殖民冲突的高峰。1898年，一支法国探险队来到白尼罗河畔的法绍达，企图控制上尼罗河流域，从而将英国的势力从苏丹排挤出去。法国人被一支英军与埃及军的混合军队以1∶10的比例击败。英法之间的战争一触即发，这在欧洲造成了很大的恐慌。这件事以法国的让步告终，从此英国明确了对尼罗河流域的控制权。——译者注

诚实的行政部门……但我们并不认为……我们是在专制统治下工作的。"首屈一指的采矿公司——沃尔德赫拜特公司倾向于扮演更积极的角色。尤其是珀西·菲茨帕特里克,他最初就认为这可以获得很多好处。在给拜特的一封信中,他称史末资"如果了解了事实,就会非常公道,非常积极肯干,非常聪明,但他摊上了一份苦差事"。

然而,史末资和菲茨帕特里克的友谊很快就遇到了绊脚石。菲茨帕特里克是一个充满殖民主义习气的特立独行者,他自有打算,决定在政治上自行其是。他打算将矿业的抱怨诉诸政治,把问题扩大化,并希望英国政府参与进来。史末资虽然认识到有必要解决"仓库"问题①,终结炸药垄断权,但他驳斥了所有让英国参与德兰士瓦事务的说法,称其"不符合独立国家的尊严"。

根据史末资的说法,菲茨帕特里克对史末资显然不愿看到"事态的极端严重性"和不愿"放手"感到恼火。

"你知道这将会导致什么后果吗?"他问道,"如果我们不尽最大的努力来解决这个问题,那么必然会发生什么呢?你知道这意味着战争吗?"

"是的,我意识到了,我认为局势非常危险。"史末资回答,然后朝菲茨帕特里克走去,挥动着双臂,双手并拢。"我好像看到两朵大雷云接近了,当他们相遇时,就会有一场大撞击。"

"你知道这样的战争意味着什么吗?"菲茨帕特里克继续说,"它将从赞比西河延伸到大洋。它将使种族和国家分裂,把我们自上而下地劈成两半;群体分裂,家庭分裂,父亲反对儿子,兄弟反对兄

---

① 即矿渣倾倒场地的地下矿藏所有权问题,见本书第二十九章。——译者注

弟，只有上帝知道如何收场。这将意味着南非的彻底毁灭；而你会为了微不足道的虚荣心而冒一切风险。这不符合你的尊严，就是这样！"

"我知道这意味着什么。"史末资平静地回答。

史末资的冷静进一步刺激了菲茨帕特里克。"你们的尊严！你们的独立！上帝啊，你了解英国，你在英国受过教育，你知道大英帝国意味着什么。六个月内，你将失去尊严，你将失去独立，失去国家，什么也没有！这是多么疯狂啊！"

"是的，我对英国很熟悉，也许比你想象的还要熟悉。"史末资说，"如果英国要占领德兰士瓦，六个月之内不可能，我的朋友，六年之内也不可能。你可以占领城市和矿井，因为我们不会在那儿遇到你们，但六七年之内我们就能在山里坚持住，在那之前，英国就会改变主意。其他的麻烦会接踵而至，他们会变得疲惫，失去兴趣。"

在这些私下交流进行的同时，克鲁格明确表示，他对炸药垄断权的看法没有改变，他说："这是德兰士瓦独立的基石。"他没有进行改革，而是提议人民议会将垄断期限再延长15年。

米尔纳知道这件事后，认为可以把它"变成一场大争吵"。到目前为止，他一直认为炸药问题是"资本家的问题，纯粹而简单"，最好不要去管它。而现在他向张伯伦建议，将其用来作为"一个悬挂我们的抗议书的钉子"。张伯伦正式授权米尔纳向比勒陀利亚派送一封公函，声称炸药垄断违反了《伦敦协议》。他还向在比勒陀利亚的英国官员埃德蒙·弗雷泽提出建议，让他告知采矿公司：英国政府正在着手处理炸药问题，并鼓励他们也这样做。因此，在2月的年度大会上，矿业商会通过了一项决议，谴责炸药垄断，以及克鲁格延长炸药垄断期限的计划。各大矿业公司的代表向克鲁格政府提出以60万英镑买断炸药垄断权的建议。克鲁格拒绝了英国的抗议和收购提议，但暗示政府和采矿公司之间可能有谈判的空间。

在克鲁格的授权下，史末资和雷茨于3月与矿业公司展开了秘密会谈，提出了一项被称为"大交易"的全面解决方案。矿业公司被告知，此次谈判的目的是找到一种方法，使政府和"整个侨民团体"之间达成"和平"。采矿业则被要求默许炸药垄断的延续，劝说新闻界不再反对政府，与南非联盟划清界限。作为回报，政府准备以有利于采矿业的条件来解决"仓库"问题，任命一位合格的财务顾问来监督包括税收在内的国家财政管理，支持选举权法的修改。

在一系列公开演讲中，克鲁格承认需要做出改变来适应"侨民"和"外来者"的需要。他建议，新移民获得完整公民权利所要求的时间应该从14年的居住期减少到9年。但是，他也详细地谈到了关于忠诚的问题。他说，他希望区分居民的不是民族，而是是否忠于国家：

> 我们国家不允许重婚。当我谈到重婚罪时，我指的是这个国家的政府和英国政府以及其他国家的政府。如果你想住在这里，就先和你的另一个妻子离婚，然后你才能和我们结婚。这是归化。一仆不侍二主，如果一个男人有两个妻子，他就会爱一个而轻视另一个。因此，如果一个人想把这个国家当成自己的家，就让他先归化吧。如果他不愿意，就让他继续当外来人。只要他遵守法律，他仍然会受到盛情款待，受到保护，得到帮助去赚钱，生活舒适，来去自如。

"大交易"提案得到的反响好坏参半，因为双方之间存在着不信任的鸿沟。谈判的核心人物珀西·菲茨帕特里克认为，这些提议不过是巩固炸药垄断地位的手段，以换取相对较小的让步，并试图通过赢得采矿业巨头的支持来孤立南非联盟，从而分裂侨民群体。虽然菲茨帕特里克认为史末资的付出是真诚的，但他怀疑克鲁格的诚意，确信人民议会永远不会接受这些提议。他完全预料到谈判会失败。尽管如此，他认为这些证据是值得保留的，目的是确保将来有大量的人证和物证，以证明让政府改弦易辙并做出根本的改变是不可能的。菲茨帕特里克的首要目标是让英国政府参与任何最终解决方案。他认为，如果没有英国干预的威胁，克鲁格就永远不会同意改革。在伦敦，沃尔德赫和拜特对克鲁格的意图也持同样的怀疑态度。但是，统一黄金之地公司的态度却更为积极。当被告知这笔交易的条款时，大卫·哈里斯表示他倾向于接受它。

　　张伯伦的回应也很积极。"不管这个提案是真是假，我都认为这是自詹森远征以来最重要的提案。这当然应该作为重大议题来对待。"然而，他对协议的条款不屑一顾。当哈里斯在 3 月 14 日告诉张伯伦，除非张伯伦反对，否则他就准备接受这笔交易时，张伯伦的回答很直接："我说过，英国政府不会干预，但公众舆论可能会说，金融家出卖了共同事业和骨肉同胞——廉价地出卖他们，从长远来看，他们不会得到他们曾商量好的价格。不过，这是他们的事，与我们无关……"

　　在开普敦，米尔纳也担心会出现"抛售"。他指示康宁汉姆·格林与侨民们保持密切联系：

> 如果他们向我们征求意见，我们不应该拒绝。他们越依赖我们越好，因为当他们仰望我们的时候，他们就不会轻率行事，也不能背着我们与德兰士瓦政府达成协议，我们决不能"对自己的利益漠不关心"，这始终是一个危险。

3月16日，矿业巨头与他们的代表在伦敦会面，商讨共同立场。阿尔弗雷德·拜特代表沃尔德赫拜特公司出席，还有罗宾逊和乔治·法拉尔以及来自黄金之地公司的3名代表也出席了会议。采矿公司在随后给政府的详细答复中表示，他们完全反对垄断和特许权，但补充说，为了达成全面解决，他们可能愿意为炸药特许权作出"巨大的金钱牺牲"，这将使他们每年承担不必要的额外费用60万英镑，条件是特许权不超过其现有合同，而且价格需要降低。这些公司还把自己紧紧地绑在侨民的选举权诉求上。尽管人们认为只有一小部分英国人愿意用他们现有的英国公民身份来换取德兰士瓦共和国公民的身份，但资本家们宣称，选举权是永久与和平地解决问题的关键。一份随附的备忘录提议，已经居住满5年的侨民应获得人民议会的选民资格，人民议会的席位也应该重新分配。据说，它代表了侨民群体中"相当一部分非常有影响力的人"的观点。然而，采矿公司指出，他们没有资格代表侨民群体发言，而需要征求侨民自己的意见。

菲茨帕特里克也掺和进来，大贩私货。在约翰内斯堡的兰德俱乐部发表讲话时，他向24位主要的兰德领导人强调，采矿业无意以牺牲其他侨民的利益为代价与德兰士瓦政府进行暗中交易，并进一步强调，英国政府必须"不择手段"地参与进来。但他也表达了他对整个事件的怀疑，称这是一种"嘲弄"，目的是在侨民之间散布分歧。他以好战的语气结束了演讲，他说，德兰士瓦的工业化和移民潮最终会压倒克鲁格和他的土包子公民。

这意味着彻底把这些人抹去。我们一定要赢，我们一定会赢，因为上帝与我们同在。

张伯伦的态度也变得越来越咄咄逼人。在3月20日对下议院的一次讲话中，他声称克鲁格过去"没有对英国人信守诺言，也没有解决不满"。他还说，克鲁格目前关于改革的承诺"完全是障眼法"。他明确邀请侨民群体作出回应，并解释说，英国政府迄今尚未试图为帮助侨民而进行干预，因为侨民尚未要求政府这样做。因此，他不认为"目前出现了任何可以证明我有理由采取非常强硬行动的情况"。

侨民们没有浪费时间。在英国驻比勒陀利亚代理人康宁汉姆·格林的精心策划下，南非联盟向女王提交了第二份请愿书，得到了21684个签名的支持，请愿书中列出了他们的不满，他们还抱怨克鲁格政府未能履行改革的承诺，请愿书上说：

> 陛下的臣民仍然被剥夺了所有政治权利，在政府中没有任何发言权……管理不善和侵吞公款并存，克鲁格没有采取有效措施来制止这一乱象。侨民儿童的教育受到种种限制，寸步难行。警察对约翰内斯堡居民的生命和财产没有提供充分的保护，与之相反，他们才是威胁侨民和平与安全的根源。

请愿书于3月24日送到了比勒陀利亚的康宁汉姆·格林那里，3月27日又送到了开普敦的米尔纳手中，并在3月28日被转交给英国政府。有关细节刊登在约翰内斯堡的《星报》和伦敦的《泰晤士报》上。

就在采矿公司为维护侨民权利而挺身而出的同时，请愿书为张伯伦提供了进行干预的理由。不过，他对如何应对犹豫不决。"如果我们完全无视请愿者的祈祷，"他在给内阁的一份备忘录中说，"可以肯定的是，英国的影响力将受到严重冲击。如果我们向克鲁格发出最后通牒，我认为我们很可能将得到一个无礼的答复，然后我们将不得不开战，或者接受一份羞辱性的条约。"

米尔纳和菲茨帕特里克通力合作，决定了他们自己的行动方针。既然张伯伦有机会介入德兰士瓦，两人都不认为继续进行关于"大交易"的谈判有什么好处。此前，在德兰士瓦政府的要求下，谈判一直在严格保密的情况下进行。3月31日在开普敦举行的一次会议上，米尔纳敦促菲茨帕特里克想办法公开谈判的细节，包括政府的提议和采矿公司的答复。虽然发表在媒体上可能会破坏谈判，但它将显示，采矿公司在侨民事业中是团结一致的。

菲茨帕特里克想要独善其身，于是安排了一名记者贿赂德兰士瓦的一名政府官员，以获取副本，并向这名记者提供了必要的资金。他对记者说："虽然你做了这件事，但在我们的事业中，你没有理由要付出代价。"这些文件于4月3日在《泰晤士报》上被公开，3天后在《开普时报》和其他地方报纸上登载。

史末资和雷茨对这种背信弃义的行为感到愤怒。史末资写道，"我们促进持久和解的认真努力遭到了灾难性的失败。由于我们的努力，今天这里的情况反倒比15年前更糟糕。"

米尔纳则对这一结果非常满意，他已为下一阶段的行动计划做好了准备：舆论攻势。对于如何利用新闻界操纵公众舆论，曾经做过记者的他轻车熟路。在开普敦，他经常与《开普时报》的编辑埃德蒙·加勒特（Edmund Garrett）保持联系。在最近访问伦敦期间，米尔纳又把《泰晤士报》的记者威廉·莫内佩尼（William Monypenny）挖来，让他担任《星报》的新编辑，《星报》是兰德最重要的主要英文报纸，属于沃尔德赫拜特公司。3月抵达约翰内斯堡后，莫内佩尼扮演起了双重角色，他既是《泰晤士报》的记者，也是《星报》的编辑。这一年3月，随着一份新的侨民报纸《德兰士瓦领袖》(The Transvaal Leader)的发行，米尔纳又获得了另一个盟友。米尔纳称赞了沃尔德赫拜特公司对英国人事业的承诺，称他们是"一种新的、令人惊讶的百万富翁：他们有更高层次的思想，不是只顾赚钱的商人"。

除了在南部非洲发动媒体攻势之外，米尔纳还在英国开展了新闻运动。他向菲茨帕特里克简要描述了他的计划，请求菲茨帕特里克出手相助，并解释说他本人不能冒险直接参与。"我面临的最大的也是真正的危险是张伯伦，他可能觉得我会拿他当枪使。"如果那样的话，"整件事就会毁于一旦"。

"张伯伦，"他说，"就算他只是动动指头，我也会万劫不复。"因此，他希望菲茨帕特里克"做媒体工作"，"让下议院和公众看到请愿书中大量令人发指的事实……你不能让请愿书的努力付诸东流"。

除了秘密操纵新闻界之外，米尔纳还不断地向当地的英国官员与伦敦的殖民地部提出指示和建议。在4月15日给比勒陀利亚的康宁汉姆·格林的一份急件中，他写道：

关键点似乎是：第一，让未来的谈判进程公开，第二，迫使德兰士瓦政府明确立场——是同意还是反对给侨民选举权……还有一件事是让不能召开大规模会议的侨民以任何可能的方式表达他们的意见——如果可以组织起来的话，可以通过在兰德召开的一系列小型会议来阐述他们对备忘录中概述的改革计划认可与否。这将产生双重效果。可以说，将使这一计划成为侨民公认的方案和他们的权利请愿书——目前，这只是少数人的意见，它将使英国人保持兴趣，并将真正的问题铭刻在公众的头脑里。

在4月5日发给张伯伦的信件中,米尔纳敦促张伯伦把选举权问题放在战略的核心位置。他写道:"政治改革是个人不满的根源,而且,迟早有一天,它会成为整个帝国乃至一些域外之地辉煌的战斗口号,激起广泛的同情。"

第二天,他写信给塞尔本,建议政府发布"蓝皮书",详细阐述侨民危机的背景,以便使之"铭刻在公众的头脑中"。"我真希望能够在里面尖酸刻薄地批评几句。但我不敢在公文信件中放太多尖酸刻薄的话,以免它们哪天被曝光出来。"

令米尔纳高兴的是,张伯伦最终决定编写一本"蓝皮书",并向米尔纳寻求帮助。米尔纳为之欢欣鼓舞:

> 成千上万的英国臣民长久以来处于黑劳士(古希腊的奴隶)的地位……徒劳地要求女王陛下的政府对此予以纠正,这确实在不断破坏英国的影响力和声誉,以及在女王统治范围内对英国政府的尊重。

他声称,亲布尔人媒体公开鼓吹"囊括整个南非的一个共和国的歪理邪说",并举出种种例子来支持这一说法,他们"威胁性地提到德兰士瓦的军备、其与奥兰治自由邦的联盟,以及一旦发生战争,女王陛下的一部分臣民会给予的积极同情"。

> 我很遗憾地说,对英国政府意图的无休止的恶意谎言,支撑着这一理论,正在对我们殖民地的大量荷兰同胞产生很大的影响……我看不出有什么能制止这种恶意的宣传,但一些明显的证据证明,英国政府不想失去在南非的地位。如果德兰士瓦要证明其政权的合法和公正,他们最好让德兰士瓦的侨民在该国政府中占有公平的份额,这些都是侨民们应得的。

由此，他得出结论，进行干预的理由是压倒性的。

在5月内阁会议前夕，米尔纳又向张伯伦发送了另一份邮件。米尔纳说，工人和普通侨民在兰德频繁集会，要求在5年的居留期满后得到选举权。"如果我们不抓住目前的机会，在与德兰士瓦政府的斗争中站在侨民改革者一边，我们就会犯下严重的也许是无法挽回的错误。"

米尔纳说，他意识到，英国政府代表侨民进行干预，是冒着战争的危险的。"布尔人可能会因为畏惧战争而屈服，也可能不会。但是，问题在于，德兰士瓦现有的腐败政权一直在运转。如果我们成功了，我们将永远摆脱这个噩梦。"

当英国内阁于5月9日开会时，米尔纳关于"黑劳士"的话在他们耳边萦绕不绝，他们一致决定站在侨民一边，出手干预。索尔兹伯里勋爵在给维多利亚女王的信中解释说："我们不能在他们遭遇严重不公的情况下抛弃他们——这样会危及陛下在整个南部非洲的权威。"如此，侨民的不满就注定与维护英国在南部非洲霸权的问题纠缠在一起。对米尔纳来说，这是一次胜利，他希望这会使"伟大的清算日"加速降临。

# 第三十七章
# 战鼓敲响

在南部非洲,关于战争即将到来的说法甚嚣尘上。在这个时候,一群开普殖民地的中间人努力避免双方兵戎相见。1899年4月,开普殖民地首席大法官亨利·德·维利尔斯爵士前往比勒陀利亚,希望说服克鲁格进行改革,并提出与米尔纳进行面对面会谈的想法。开普殖民地总理威廉·施莱纳与米尔纳进行了会谈,试图进行斡旋,他写信给史末资,表示支持选举权改革。阿非利卡人帮领导人扬·霍夫迈耶敦促米尔纳前往位于中立地带的布隆方丹,在那里会见克鲁格。5月,德·维利尔斯从比勒陀利亚返回,称史末资和雷茨愿意"为更自由的选举权而努力",并赞成召开首脑会议。在布隆方丹,斯泰恩总统正式提出主办这次会议。

米尔纳把这次会面的计划描述为"与敌人进行的一次敷衍交易"。他说,这已经产生了一个效果,那就是"暂时安抚一下英国媒体,让他们别那么激动,不幸的是,我认为这会让敌人捡到便宜"。他没指望会议会有什么结果。"如果我真的去了,"他对康宁汉姆·格林说,"那仅仅是因为政府不希望被指责推掉了解决问题的机会。"米尔纳很快就明确了自己将在会议上提出的要求:

居住满5年的英国人享受完整的公民身份,修改效忠誓言,兰德地区在人民议会中至少同时拥有7个席位。

他相信,"如果克鲁格不批准大规模改革",英国政府这一回必定会出手干预。在5月8日致纳塔尔省省长的信中,米尔纳说:"如果克鲁格硬起了心肠,砸了场子,那就再好不过了。"他说,英国应该做好战斗的准备,而不是接受只执行了"一点微不足道"的改革。

在炸弹爆炸前的喘息间隙里,最重要的是要让摇摆不定的人坚定立场。我很清楚一旦此事变成女王陛下的政府的例行事务,我们又会听到那些老调重弹的话……没有什么值得大动干戈的,种族战争太可怕了,等等。正是在这些耸人听闻的舆论的掩护下,克鲁格和他的同伙们才坚持了这么久。一旦你让摇摆不定的人相信……英国政府是坚定的,所有的和平力量……任何爱好和平的团体都将不惜代价地制服德兰士瓦。德·维利尔斯爵士肯定已经往这方面倾斜了,再加把劲,施莱纳也会效仿。

在伦敦,张伯伦对召开会议的主意十分欢迎。他说,重要的是在"以任何其他方式施加压力之前"尝试这一选择。他对米尔纳说:"如果德兰士瓦失约,将会给他们带来严重后果,鉴于此,公众舆论期待我们尽一切努力避免这种情况。"然而,令他感到遗憾的是,这将意味着推迟发布蓝皮书。

在比勒陀利亚,克鲁格对谈判结果表示悲观。史末资说:"据我判断,总统认为,战争是不可避免的,或者很快就会变成这样——不是因为其他什么原因,而是因为敌人厚颜无耻,不等找到借口就开始动手。"

史末资变得越来越好斗,他在5月10日给霍夫迈耶的信中写道：

>如果英国在没有正当理由的情况下冒险进入擂台，她在南非的事业就将终结。那么，战争越早越好，因为我们已经做好了迎接她的准备。我们在整个南部非洲的人民必须接受血与火的洗礼，才能被世界上其他伟大的民族接纳。对于结果，我毫不怀疑。我们要么被消灭，要么杀出一条血路；当我想到我们的人民所具有的伟大的战斗品质时，我相信我们是不会被消灭的。

霍夫迈耶对这种虚张声势并不感冒。"不要对殖民地抱有幻想，"他在5月15日回答说，"不要期望殖民地的阿非利卡人在敌对行动爆发时会集体拿起武器，尤其是他们中的大多数人对如何扛枪打仗一无所知。"

载着克鲁格和他随从的火车于1899年5月30日驶入布隆方丹。在穿越冬日的奥兰治自由邦的旅程中，克鲁格一直沉默不语。他的眼科医生纪尧姆·海曼斯（Guillaume Heymans）注意到，他的眼睛明显肿了起来。在布隆方丹的月台上，奥兰治自由邦的官员们准备了欢迎派对，却对他的老态龙钟感到惊讶，议论纷纷。在他们从火车站出来的路上，克鲁格把手放在耳朵边卷成筒状，好听清楚斯泰恩的坦率劝告。

"这在很大程度上取决于你的态度，"斯泰恩告诉他，"在选举权问题上你必须做出让步，阁下。居住14年后获得选举权的规定与民主共和政府的首要原则相冲突。自由邦希望你让步，如果你让步了，他们就会全力支持你。如果你在这个问题上不让步，你就会失去所有的同情和所有的朋友。"

克鲁格回答说，他是来解决他与英国之间的所有问题的。"我什么事都愿意做，"他回答，"但是他们决不能损害我们的独立性。他们的要求必须是合理的，否则我无法向我的人民和人民议会交代。"

米尔纳的火车在当天晚些时候到达。他精神抖擞地从火车上走了下来。他穿着晨礼服，头戴灰色礼帽，身形优雅，表面上彬彬有礼，和蔼可亲，但实际上，他是一个帝国的掠食者。在给妻子的一封信中，史末资写道："米尔纳就像蜂蜜一样甜。"但又补充说："从他那双狡黠的眼睛可以看出，他是个非常危险的人——比罗德斯更危险……他是第二个巴特勒·弗雷里爵士。"

第二天，在火车站旁的一间用橡木镶板装饰的房间，会议开始了。在米尔纳的坚持下，只有他和克鲁格参与了讨论。当张伯伦建议让施莱纳也参与在内时，米尔纳否决了这个想法，因为"施莱纳想要和平，并将努力促成和解"。他还拒绝让霍夫迈耶或斯泰恩参与其中。最终，一切都只限于米尔纳和克鲁格之间的一系列直接交流。一位受人尊敬的自由邦政治家亚伯拉罕·费舍尔（Abraham Fischer）坐在他们中间，充当翻译。会议事先并没有商定议程。

克鲁格希望讨论内容能够涵盖先前的一系列争议。米尔纳则希望专注于一个问题：选举权。米尔纳对侨民的权利并没有特殊的兴趣，事实上，他经常贬低民主，认为它一无是处。但他把选举权问题看作是打破德兰士瓦政治模式的手段，试图利用它从布尔人的控制中夺取德兰士瓦。他希望为侨民找到一个"直接的和实质性的"由头。如果克鲁格拒绝了这个合理的要求，那么选举权问题就可以作为一个合适的宣战借口。

从一开始，米尔纳就采取了主动出击的策略。他说，英国和德兰士瓦之间关系紧张的主要原因是德兰士瓦拒绝给予侨民适当的投票权。如果这个问题能够得到解决，那么它将带来"全方位的感觉更好的状态"，而其他问题也能够得到解决。

"我不想让老居民被压过，"他说，"但完全有可能达成让新居民立即在立法中发表意见同时又让老居民不至于被盖过的情况。"他建议立即给予在德兰士瓦居住满5年的每一个外国人全部选举权，并建议设立7个新选区，使他们在人民议会中拥有代表。

克鲁格回答说，米尔纳的提议实际上意味着将他的国家交给外国人。

"我们现有的公民大概有3万人，新来的人可能有6万到7万人，如果我们明天就给他们选举权，我们还不如放弃共和国。"他说，这将"比兼并更糟糕"，而且"公民们是不会同意的"。他想知道，作为回报，他可能会得到什么让步，帮助他安抚自己的公民。"如果我屈服，我必须告诉他们，我为此得到了某些东西。"但是，米尔纳认为这是一种"令人反感的交易"。

在他们讨论的第三天，克鲁格向米尔纳提交了一份"完整的改革法案"，内容十分详细。米尔纳向伦敦汇报说，克鲁格一定是"一直放在口袋里"。该法案规定，申请完全选举权的公民需要满足2—7年的居住年限。1890年以前在德兰士瓦定居的侨民可以在两年后获得选举权，有两年或两年以上居住时间的定居者需在5年以后方可获得选举权，其余的定居者需要定居满7年才可获得选举权。克鲁格还提出为金矿开采区在人民议会添加5个新席位。

米尔纳私下承认，这笔交易是"巨大的进展"。亚伯拉罕·费舍尔评论说，克鲁格的让步远远超出了所有人的预期。克鲁格的提议和米尔纳的要求之间的差距现在相对较小：7年的居住年限可获得选举权，而不是5年；拥有人民议会的5个席位，而不是7个席位。但该提议仍未能满足米尔纳的目标，即"立即"给予相当数量的英国人以公民身份。米尔纳无意就此事进行谈判，他想要的是克鲁格的投降。因此他提出了许多反对意见。

6月4日星期日，米尔纳打电报给张伯伦，他警告说，虽然他一直在"一心一意地和解"，但会议似乎很可能会失败。张伯伦迅速地回答道："我希望你不要匆匆地半途而废。布尔人不明白什么是速决，但他们宁愿浪费大量的时间讨价还价也不愿意达成协议。我相信总统……已经亮出了他的最后底牌，在你最终放弃游戏之前，你应该非常耐心地接受这许多的讨价还价。"

但是，张伯伦的电报来得太晚，已无法阻止米尔纳终止谈判。虽然克鲁格愿意继续讨论，米尔纳却认为这是浪费时间。

"我参加这次会议的主要目的，"他后来对张伯伦解释说，"不是为了解决双方政府之间的各种分歧，而是通过解决侨民问题——这个问题是许多分歧的根源——从而为所有问题的解决铺平道路。"米尔纳想到的唯一解决办法是英国霸权的胜利。正如克鲁格在6月5日与米尔纳的最后一次会面中多次坦言的那样："你想要的是我们的国家。"

甚至在布隆方丹会议失败之前，米尔纳就已经在为预期中的战争做准备。在会议开始的两周之前，他对塞尔本说，我们需要的是外交攻势，并以军事力量的展示为后盾。一周后，他更详细地解释了他的想法，他建议将"压倒性"的力量——1万人以上——立即派往纳塔尔，占领德兰士瓦边境的朗峡谷，以挫败布尔人的攻势，金伯利和雷地史密斯（Ladysmith）这样的城镇也应该被占领。他写道，有了这一前沿阵地，"我们也就有了一种不可抗拒的施压手段"：

我的看法是：（1）不容置疑的决心，加上突然之间大军压境，将会迫使敌人屈膝投降。现在我们跟敌人的数量是 20∶1。
（2）如果敌人不愿投降，而且要进行一场战斗，那么现在就战斗比 5 年或 10 年后再战斗要好，因为一旦德兰士瓦人同化了侨民，他们将会变得比以往任何时候都更强大和更有敌意。

除非在"崩溃前"采取正确的军事预防措施，否则英国可能会发现自己"不仅卷入了一场大规模的战争，而且之后还会卷入许多内乱"。

米尔纳还开始鼓动撤去巴特勒将军的英军司令职位，称他为"一个明目张胆的克鲁格同党"。"他不会也不可能同情我的政策，"米尔纳说，"他没有意识到事态的严重性。"巴特勒对伦敦陆军部说，他相信"战争将是南非有史以来最大的灾难"。但不久他就被迫辞职了。

张伯伦继续发布他的蓝皮书，在洋洋洒洒 243 页的篇幅中详述了德兰士瓦的"英国臣民怨声载道、民不聊生"，并且在其中加入了米尔纳关于"黑劳士"的比喻。史末资被米尔纳对德兰士瓦的公然敌意激怒了。他在给约翰·梅里曼的信中写道：

> 这种局面是外部势力强行造成的，目的是制造一次武装冲突，或者摧毁我们长久以来的努力。我非常希望，在几年之内，所有的抱怨都将会消失殆尽。一想到那些为南非鞠躬尽瘁……甚至是付出生命的人的一切努力，有可能会被自以为是伟大帝国政治家的无名小卒顷刻间毁掉，我就感到无比愤慨。

在开普殖民地和奥兰治自由邦的中间人——霍夫迈耶、施莱纳、斯泰恩和费舍尔的帮助下，史末资试图说服克鲁格和德兰士瓦行政委员会就选举权问题做出进一步让步，以确保达成和解。最终在 7

月，德兰士瓦人民议会接受了一项新的选举权法，类似于克鲁格在布隆方丹向米尔纳提出的"改革法案"，但有了更多的额外让步。它提供了7年居留期满即获得公民权和6个侨民议会席位的条件。

施莱纳代表开普省政府宣布，新的选举权条款是"合适的、令人满意的，应能确保和平解决"。张伯伦也被打动了，他在7月18日告诉米尔纳和《泰晤士报》，他现在看到了危机的结束。他对米尔纳说：

> 如果克鲁格真的愿意给选举权7年的期限……我祝贺你取得了伟大的胜利……没有人奢望在一个变数众多的时代再奋斗两年就可获得选举权。我们应该接受这一点以作为解决问题的基础，并充分利用它。我们应该假定，克鲁格已在原则上承认了我们的要求，即立即给予实质性的公民权。

米尔纳被这样的"惊喜"吓坏了。他在日记中写道："真是糟糕的一天，内政大臣的电报里宣称，今天早上政府的态度有了很大的变化。"米尔纳认为新的选举权条款是一个骗局，目的是"欺骗"英国公众。这里到处都是"圈套"和"陷阱"。他坚持认为，克鲁格政府不可信，它永远不会同意做出危及阿非利卡人统治的改变。他告诉张伯伦：

> 德兰士瓦政府自行采取的任何计划都无法实现我们所设想的目标。行政当局将通过各种方式保留权力，阻止令人讨厌的侨民获得公民身份，同时，在特殊情况下，为自己朋友的入籍提供便利，或给予他们选举权。无论是安排新的席位、登记还是总统选举的方法，对方都留下了弄虚作假的余地。

他建议成立一个联合调查委员会，以研究选举权的问题。

在伦敦，塞尔本同样对张伯伦显然已经准备好接受新的协定感到震惊，于是他巧妙地将张伯伦引向米尔纳所认为的方向。塞尔本告诉米尔纳："在某个时间段，由于受到冲动的感情驱使，我们可以假设，甚至假装，我们现在已经得到了我们想要的一切。但我们克服了这一点，24小时后又回到了正确的方向。"

7月20日，在下议院，张伯伦对新的选举法的优点谨慎了许多，他指出了米尔纳所提到的一些"陷阱"。在米尔纳的鼓励下，张伯伦也开始把英国的价码开得更高。米尔纳认为克鲁格在选举权问题上的策略无异于对英国霸权的挑战。这不仅关系到选举权问题，而且关系到更广泛的英国霸权问题。

"选举权和其他所有问题都合并成了一个大问题：英国至高无上的地位是应该得到维护，还是应该放任不管？"他问。在7月28日南非议会辩论前夕，米尔纳给张伯伦发去一份电报，表示他希望这场辩论能够"引出更广泛的问题，这些问题在有关选举权法案细节的长期争论中被忽略了。英国霸权的实际主张，是迫使德兰士瓦朝着权利平等和真正自治的方向发展，这才是真正的问题"。

张伯伦在对下议院的讲话中也相应提高了这件事的重要性，明确指出英国在南部非洲政策的根本目的是加强其至高无上的地位。他说，"布尔人和英国人之间的种族对立"在德兰士瓦已经形成。这种对立已扩散到邻国，威胁到该地区的和平与繁荣，并危及"我们作为南非至高无上力量的地位"。讨论这个问题时，有时好像是一个小改革的问题——"相差两年的选举权"。但这根本不是这样。"它关系到大英帝国的权力和权威。这是英国在南非的立场。这是我们的优势和它如何被解释的问题，也是整个南非能否和平的问题。"他说，虽然德兰士瓦的新选举权法案被普遍认为是一个巨大的进步，但仍需要通过联合调查来对其进行仔细审查。他承认这意味着英国干预德兰士瓦的内部事务,但声称英国有权这样做,因为它有义务保护英国臣民,也因为它"作为宗主国"的地位。

在向塞尔本勋爵发表议论时,首相索尔兹伯里勋爵更简洁地指出了这个问题:"南非的问题之所在是,我们,而不是荷兰人,才是领导者。"

多方势力都敦促克鲁格接受英国提出的联合调查的要求。荷兰政府和德国政府都警告比勒陀利亚不可拒绝。如果拒绝,英国很可能会发出最后通牒,诉诸战争。克鲁格在开普殖民地的朋友——霍夫迈耶、施莱纳和德·维利尔斯——都恳求他不惜一切代价避免战争,即使这意味着损害德兰士瓦的独立。德·维利尔斯写道:

> 我知道你感到责任重大,强烈地想要维护你们共和国独立。但是,一个爱国者也应当谨慎,他甚至应当准备放弃他的部分独立,如果仅凭这样他就可以避免失去他的全部独立。
>
> 问题不再是:"英国政府有什么权利提出要求?"而是"你会做出什么样的让步来维护和平?"不管一场战争是否会变成一场种族战争,它都只会以摧毁你们的共和国而告终。是战争还是和平,这掌握在你们手中。

克鲁格的回答很坚决:

> 我发誓维护我国的独立,而且我有充分的理由相信张伯伦和米尔纳决心剥夺我国的独立。你能否向我保证,如果我考虑他们的所有要求,他们就不会突然提出任何有自尊心的总统片刻都不能接受的无礼要求?如果我们要失去独立,就用武力把

它从我们手中夺走,休想让我顺从。我很遗憾,你认为战争只能以共和国的毁灭而告终,你难道不认为有一种比英国更强大的力量会见证公理和正义占上风吗?

在给斯泰恩总统的一封电报中,克鲁格说他不可能接受联合调查的要求。"这就等于摧毁了我们的独立。"斯泰恩对此表示同意,但他敦促克鲁格对选举权做出额外的让步——按照米尔纳在布隆方丹的要求,承认为期5年的可追溯公民权。

就在冲突似乎不可避免的时候,克鲁格又提出了一系列比米尔纳在布隆方丹提出的要求更进一步的措施:5年的可追溯选举权和10个采矿区席位——占人民议会总席位的四分之一。不过,有两个条件:英国必须同意放弃对德兰士瓦的宗主权主张,并停止进一步干涉德兰士瓦的内政。

米尔纳认为这个提议不过是又一次"耍花招",一个"不能令人满意的妥协",只会导致"混乱"。他说,这表明"德兰士瓦铁了心不承认英国是南非的最高权威,不承认我们在他们的事务中拥有发言权"。他告诉张伯伦:"如果我们不动摇,他们就会崩溃,更确切地说,如果我们进一步施加压力,他们就会崩溃。"进一步施加压力将带来英国人需要的结果。如果对方没有照办,那么英国人就应该使用武力。战争的前景并没有使米尔纳害怕。他认为这将是一个短暂的事件,最终会导致克鲁格政府在几个月内倒台。

张伯伦最初的反应更为乐观。他说,克鲁格的提议似乎是承诺"完全让步"。他告诉索尔兹伯里:"我真的对危机结束感到乐观。"然而,经过进一步的考虑,在米尔纳的提醒下,张伯伦开始产生怀疑。他预见到,要让克鲁格说到做到,遵守他只是在胁迫下做出的对选举权的承诺会有困难。米尔纳警告说:"为了防止他们对我们阳奉阴违，简直要绞尽脑汁。"

双方都知道，在这最后的角力中，真正利害攸关的并不是选举权的问题。这个选举权不过是终止布尔人控制权的一种手段。正如米尔纳在 8 月 7 日给一位政府官员的信中所说："他们想把新来者挤压到现有的模型中。而我要让他们把它打个稀巴烂。"英国人为了干涉德兰士瓦事务，正在利用选举权作为借口。反对派领袖、自由党的亨利·坎贝尔·班纳曼（Henry Campbell Bannerman）在战争最终爆发的前一天对这场危机进行分析时指出：

如果你问我的看法，我认为这个"选举权"运动是整个骗局中最虚伪的。其目的是：

第一，如果克鲁格看出了其中的真正用意，可能会拒绝，这就为我们直接提供了争吵的理由；

第二，如果克鲁格接受了，那就意味着英国人能正大光明地从前门进去，这个地区就会门户大开，并且以这种方式控制这个国家；

第三，无辜的英国人会被"选举权"这个词中的合法性和文明进步的意味所迷惑……但背井离乡的人不在乎，即使他可能拥有它，也不会使用它。

因此，选举权问题只是一种为了达到更大目标——建立英国的霸权的手段。克鲁格提出的条件直接挑战了英国霸权的概念。张伯伦认为，厉兵秣马、恫吓威胁就足以迫使克鲁格屈膝投降。但如果克鲁格拒绝承认英国的霸权，那么张伯伦就准备诉诸战争。

8 月 26 日，在一份正式的政府备忘录中，张伯伦表达了自己的不耐烦：

> 显然，我们不能永远谈判下去，我们必须设法使问题谈到点子上。下一步的军事准备是如此重要、如此昂贵，我不愿承担费用……只要有公平的机会能达成令人满意的解决办法即可。但我最担心的是，再这样继续下去，不断地减少分歧，我们就没有开战的理由了，布尔人不但可能会声称取得了局部的外交胜利，而且在未来会像过去一样令人讨厌和棘手。

两天后，在伯明翰的一次集会上，张伯伦试图激起公众舆论：

> 克鲁格先生的回答总是拖拖拉拉。他的改革就像是从一块被挤压的海绵里流出的涓滴之水，有时伴随着他的提议和条件，而这些条件他知道是不可能达成的，有时他又拒绝让我们对这些改革的性质和特点进行令人满意的调查……沙子正从沙漏里慢慢漏下来，时间已经不多了。

张伯伦说，现在需要的是"一劳永逸"地建立"在南非至高无上的主宰"。

8月28日，英国政府向德兰士瓦发出正式照会，接受德兰士瓦在选举权上做出的让步，但拒绝放弃宗主权或对德兰士瓦事务进行干预的权力。9月4日，史末资在一份备忘录中得出结论：

> 如果说去年6月在布隆方丹仍有和平解决的希望，这对双方来说当然都是体面的，但过去几个月的事实告诉我们，这种希望是徒劳的……敌人已下定决心，要么征服这个国家，要么就用外交手段把它变成英国实际上的殖民地。

史末资现在确信战争是不可避免的。他写道，这必然会是一场漫长而血腥的战争。"南非正处在可怕的血腥浩劫的前夕，我们的人民将成为一个被憎恨的种族,精疲力竭的幸存者,以伐木、运水为生,或者作为一个统一的南非的胜利者,成为世界上的一个伟大帝国……阿非利卡共和国……的缔造者,这个帝国从桌湾一直延伸到赞比西河。"

# 第三十八章
## 最后通牒

尽管关于战争的流言四起，英国政府在准备战争时还是犹豫不决。部长们担心军事行动得不到民众的支持。1899年7月，爱德华·格雷爵士对米尔纳说："这个国家的公众舆论强烈反对发动战争，目前在关于选举权的问题上已经做了如此多的努力，政府是不可能同意打仗的……在对方没有挑衅的情况下，战争是行不通的。"塞尔本也给了米尔纳一个类似的警告："公众舆论坚持要求我们保持极大的耐心，努力避免战争。"

部长们也不愿意批准任何可能不必要的军备开支。大多数人相信克鲁格会"虚张声势，然后在炮口下投降"，而不是挑战世界上最伟大帝国的力量。8月，陆军部请求拨款以用于军备，索尔兹伯里勋爵说："明智的计划是，在确凿无误地确定我们要开战之前，不要花费太多。"此外，有人认为，准备战争可能会危及和平解决的机会，并且会激怒克鲁格，使他发动先发制人的打击。

人们也对米尔纳的好斗感到相当不安。他使用煽动性的语言，他缺乏灵活性，他颐指气使，他操纵媒体，他突然解散布隆方丹会议，所有这些都使人们对他致力于"制造危机"感到担忧。殖民地部的官员抱怨米尔纳变得"过于激动和不耐烦"，有可能被"裹挟"，而与极端主义阵营站在一边,后者想为马朱巴之战报仇,重新吞并德兰士瓦。反对派政客指责米尔纳试图"霸凌德兰士瓦政府"。越来越多的自由党成员管它叫作"米尔纳的战争"。

索尔兹伯里也想放慢脚步。布隆方丹会议失败后,他说,"没有必要匆忙行事","任何接近最后通牒的事都应尽可能拖延"。随着战争势头的加剧,他为未能严格约束米尔纳而感到后悔。索尔兹伯里于 8 月 30 日写信给陆军大臣兰斯当勋爵(Lord Lansdowne),抱怨道:

> 如果你考虑到那些有争议的事物的内在意义和重要性,他的观点就显得过于激进了。但是,现在才想起来这些已经没什么意义了。他所做的一切都已不能抹去了。我们必须在他和他的金戈主义支持者为我们圈定的道德领域采取行动。因此,我已经预见到我们将来必须进行相当大的军事努力——而且都是为了那些我们所鄙视的人,为了那些不会给英国带来任何利益和力量的领土。

当大臣们犹豫不决时,英国的军事指挥官们也对缺乏决策权感到不安,担心他们会遭遇一场还没有做好充分准备的战争。6 月,在布隆方丹会议失败的 3 天后,陆军指挥官、陆军元帅沃尔斯利勋爵(Lord Wolseley)建议动员一个陆军团和一个骑兵师——约 3.5 万人——在索尔兹伯里平原上演习,以震慑克鲁格并促使他满足英国的要求。同年 7 月,他敦促英国政府派遣 1 万人的部队,将开普和纳塔尔现有的驻军规模扩大一倍,以"公开展示好战政策"。但兰斯当拒绝了这两项提议。

沃尔斯利认为,如果与德兰士瓦发生战争,除了现有的驻军外,还需要大约 5 万人的兵力。8 月，陆军部计算出，在开普殖民地装备、动员和部署一支 5 万人的陆军部队需要 4 个月的时间，但如果立即订购价值 100 万英镑的骡子、马车和衣服，则时间可以缩短为 3 个月。索尔兹伯里、兰斯当和张伯伦决定拒绝这一提议，因为"如果我们不打仗，这一百万的开支就打了水漂"。在 8 月，这群部长们做得最多的准备工作是派遣了 2000 人支援纳塔尔的防御。

尽管争吵不断，人们却普遍认为，如果战争爆发，那将是一场持续时间很短的"小规模"战争。沃尔斯利估计，这将持续三到四个月。陆军情报部的评估认为布尔人是一个难缠的军事对手。情报部预测奥兰治自由邦将加入德兰士瓦的阵营，共同对抗英国，但他们也认为，虽然理论上两个共和国可以征用共 5.4 万人的公民部队，但是他们无法与训练有素的英国军队抗衡。开普殖民地和纳塔尔面临的唯一威胁来自布尔"突击队"。与此同时，英国军队将横扫布尔人，瓦解所有的抵抗。"看来可以肯定的是，在（一次）严重的失败之后，他们会因为缺乏纪律和组织能力而无法进一步形成有效的抵抗。"英国人还认为，他们能够控制战争的时机。只有当他们准备好的时候，战争才会开始，因此没有必要操之过急。

在 9 月 8 日的内阁会议上，张伯伦强烈要求派遣 1 万人的军队进行增援。在他为会议准备的一份备忘录中，他坚持说，过去 3 个月，为了解决侨民的不满，达成一个友好方案，我们进行了谈判，现在是"把事情引入决定性阶段"并提出最终解决方案的要求的时候了。德兰士瓦"藐视，并成功地藐视英国的控制和干涉"的例子影响了整个南部非洲。他声称，阿非利卡人一心想在该地区消除英国的影响，建立自己的"南非合众国"。现在该由英国政府来决定"我们长期以来一直宣称的霸权地位是最终确立，还是永远放弃"。这不仅关系到英国在南非的声誉，而且关系到它在全世界的地位。

内阁最终批准派遣增援部队，并授权建立一支远征军，但坚持在增援部队到达之前不会向克鲁格发出最后通牒。索尔兹伯里仍然决定不急于求成，希望克鲁格在此期间能投降。直到9月，他才逐渐动员了一支前往南部非洲的军队。在给一名情报官员的一封信中，沃尔斯利对政客们的磨磨蹭蹭进行了猛烈抨击：

> 由于内阁的愚蠢和其成员的无能，他们无法适应战争的要求和相应困难，我们浪费了两个月的时间。难怪我们从来都没有在战争中取得多大的成就，反倒不得不努力克服由文职部长与陆军部职员的愚蠢和对战争的无知所造成的种种障碍。

在比勒陀利亚，英国的战争准备远远没有吓倒克鲁格政府，反而使它更加坚定了抵抗的决心。"唯一可以结束这种情况的是一个明确的答复。那就是，英国政府表明，我们不会进一步受到威胁，"史末资说，"是战是和，他们很快就会决定。"

克鲁格确信，除了彻底投降，没有什么可以让张伯伦满意。德兰士瓦政府指责英国的行为不诚实，并撤回了有条件的五年选举权提议。"凭上帝作证，"克鲁格对霍夫迈耶说，"我们觉得，如果他们不能彻底摧毁我们的独立性，谈判就不可能再向前推进了。"

在约翰内斯堡，战争的势头日益引起人们的警惕。随着黄金产业的蓬勃发展，1899年的黄金产量达到了1895年的两倍，使德兰士瓦成为世界领先的黄金生产国。7月，产出达到创纪录水平，当月价值达170万英镑。无论矿业公司对克鲁格政府提出什么样的抱怨，他们都享受着可观的利润和相对温和的统治。到1899年，兰德金矿的投资已达7500万英镑，其中大约三分之二是英国资本。矿业商会会长，沃尔德赫拜特公司的高级合伙人，乔治·鲁利奥（Georges Rouliot）认为，战争会带来灾难性的后果。矿业公司不仅会面临业务中断的危机，而且可能被关闭，并将面临因洪水和破坏造成长期损害的风险。商业部门摇摇欲坠，贸易处于停滞状态，侨民被迫失业。

8月，大批人口开始外逃。前往开普殖民地和纳塔尔的火车上挤满了移民矿工、店主、工匠、妓女和皮条客。9月，恐慌占据了上风，乘客们纷纷站在敞篷牛车里逃跑。总共有大约10万白人逃离了德兰士瓦。数万名黑人工人被遣送回乡。到9月底，约翰内斯堡三分之二的企业和威特沃特斯兰德地区的大多数矿场已经关闭。一种可怕的平静笼罩了整个城镇。

在伦敦，经过又一番推诿，内阁终于在9月29日决定继续进行动员远征军的准备工作，并起草最后通牒，以便在增援部队抵达南部非洲后，将最后通牒送交比勒陀利亚。为拟订最后通牒，他们又费了好一番工夫。米尔纳听说克鲁格正计划发出自己的最后通牒，于是他建议推迟整个行动。在9月29日给张伯伦的电报中，他说：

> 就我个人而言，我仍然认为不要急于解决最后通牒，因为今后几天的事件可能会给我们提供一个比任何人所能编写的都更好的通牒。最后通牒总是非常困难，因为除非把问题扩大化，否则我们就没有足够的理由发动战争，如果我们现在就发出最后通牒，就没有办法再改变立场和把要求加码了。

第二天，他指出了另一个拒绝发出最后通牒的理由：

> 对我们来说，特别是在这里，如果冲突是由对我们的进攻而引起的，而不像最后通牒那样给他们借口，这将是极大的道义优势。

张伯伦也认为"技术上的开战理由过于薄弱"。但他怀疑布尔人会先发制人,把他们自己置于侵略者的角色。如果他们这样做的话,英国是否会处于劣势?关于这一点,他也并不担心。"当所有的援军都登陆后,我个人的感觉是,即使没有军团,我们也能与布尔人打得旗鼓相当。"他告诉米尔纳,他的主要担忧是,可能在最后一刻才能拼凑出一个避免战争的协议。

我担心的是他们提出的一些妥协建议,这些建议根本不足以提供永久的解决办法,反而会增强我国反对派在国内的气焰,使许多愚蠢的人倾向于花更多的时间达成某种空洞的协议。

在就最后通牒交换意见时,英国财政大臣迈克尔·希克斯·比奇爵士(Sir Michael Hicks Beach)希望就英国的目标做出明确的说明。如果能达成一项政治解决方案,"以白人各种族平等为基础",那么他认为保持德兰士瓦"目前的独立"并无坏处。

我认为现在没有理由提出任何可能被视为破坏独立的建议。我们永远不可能在唐宁街统治南非的所有地方,并使那里的白人有足够的力量保护自己不受土著的侵犯。德兰士瓦的白人种族平等将真正确保我们所有的愿望,即英国霸权。

张伯伦对此表示同意:"我同意,我们并不想……承担德兰士瓦政府的责任。它必须是一个共和国或自治殖民地——无论哪种情况,都是在英国国旗下。"

在英国人进行这些讨论时,克鲁格动员了他的突击队员,急于利用英国军队调动的时间抢占先机。"上帝会保佑我们的,"克鲁格告诉人民,"上帝将决定子弹飞往何方。上帝赐予了我们独立战争的胜利,挫败了詹森远征。现在,上帝同样会保护你们,即使你们身处在枪林弹雨之中。"

10月2日，奥兰治自由邦也采取了同样的做法。尽管失败的风险很高，但当自由邦人民组织的成员秘密开会决定是否与德兰士瓦站在一起时，他们的观点是一致的，正如亚伯拉罕·费舍尔记录的那样：

> 没有欢呼声或嘘声，只有安静的决心，人们在唱响国歌时爆发出了自发和明确无误的热情。他们明白，为了避免战争，他们已经尽了最大的努力，却仍被不公正地卷入战争，因此，他们问心无愧。

在给霍夫迈耶的一封信中，费舍尔解释道：

> 所有合理的让步，当局都已尽数给予，而英国政府的要求亦获遵从，每次让步的唯一结果，都是背信弃义和得寸进尺。我确信，进一步退让只会使之（即德兰士瓦人）落入陷阱，并导致进一步不光彩和侮辱性的待遇……我们已经诚心诚意地做到最好了，我们无法做得更多了，如果我们要失去我们的独立——而这显然是我们所珍视的——那么，无论如何我们都会感到宽慰，因为我们并没有不光彩地牺牲它。

10月9日，德兰士瓦发出最后通牒，要求英国军队撤离其边界，并召回所有增援部队，除非英国政府在48小时内遵从这一要求，否则德兰士瓦将"非常遗憾地被迫将这一行动视为正式宣战"。

当张伯伦于10月10日的早晨醒来读到这份最后通牒时，他感到如释重负。

"他们先干了这事！"他惊呼道。

索尔兹伯里勋爵也同样兴高采烈。他说，布尔人解放了我们，

423　我们用不着再向英国人民解释为什么我们要打仗了。

兰斯当说:"我的士兵们欣喜若狂。"伦敦的报纸预言这会是一场短暂的战争——"茶时战争"。圣诞节之前,一切都会结束。

# 第九部分

# 第三十九章
# 战事多险变

1899年10月上旬，布尔突击队斗志昂扬地在纳塔尔边境集结，准备深入英国领土。那时，弗兰克·雷茨17岁的儿子德尼斯·雷茨（Deneys Reitz）写道："所有人都相信我们会势如破竹，直奔海岸。"他志愿加入了比勒陀利亚突击队。10月10日，在距边境10英里的桑德斯普雷特（Sandspruit）司令部，68岁的陆军司令皮埃特·朱伯特向一群扛着枪骑着马的士兵发表讲话，告诉他们，德兰士瓦已经向英国人发出了最后通牒。

雷茨写道："这使人群变成了无边无际的欢乐海洋，这一大群人站在马镫上，嗓子都喊哑了。"

10月12日凌晨，在正式宣战之后，突击队员开始向朗峡谷和马朱巴山进发，18年前，英军曾在那里丢尽脸面。雷茨写道："在人们视野所及之处，平原上到处都是骑兵、枪炮和牛群，他们都在稳步前进，奔赴边疆。"

入侵纳塔尔是布尔人战略的核心。根据史末资在这年9月制订的计划，入侵目标是利用优势兵力打通纳塔尔地区防御薄弱的西北部，占领通往德班港的铁路线，从而阻止英国正规军的进一步推进。他们约有2.1万人，其中1.5万人来自德兰士瓦，6000人来自自由邦，都被派往纳塔尔准备发动进攻。同时，布尔人还向北开普省发动攻势，切断了连接开普殖民地和罗得西亚的铁路线，孤立了梅富根镇和金伯利镇。布尔人想要通过控制主要的铁路网，阻止英国军队向德兰士瓦进发。史末资认为，布尔人早期的胜利会使英国人灰心丧气，促使后者坐到谈判桌上来解决问题，就像1881年科利将军在马朱巴山战败后那样。军事上的成功也会鼓舞阿非利卡人联合起来支持共和事业。此外，这将动摇"大英帝国的根基"，英国的竞争对手——德国、法国和俄罗斯——都将会急于利用这一点。

除了军事行动外，史末资还大力宣传，希望在殖民地激起布尔人的愤怒和国际舆论对英国的不满。他编写了一份100页的小册子，书名为《百年不公》（*Een Eeuw Van Onrecht*）——把1806年以来的英国统治描绘成血腥的暴政。该书用荷兰语书写，并由史末资的妻子伊西（Isie）翻译成英文。它把目前这场危机的责任归咎于矿业资本家和英国政府之间的阴谋，目的是攫取德兰士瓦的财富，这一阴谋最初在詹森远征行动时浮出水面，按照史末资的说法，詹森远征是"伟大的盎格鲁-布尔战争真正的宣战书"。

> 尽管我们微不足道，但如果命中注定我们应该是所有民族中第一个开始反对资本主义新世界暴政的，那么我们就准备这样做，即使这种暴政被金戈主义的力量所强化。

本书最终以"非洲属于非洲人"的口号结尾。当布尔人深入英国领土时，英国的主要远征军仍在英格兰，尚未完成集结。经过几个月的争论，政府直到10月7日才发布动员令召集预备部队。直到克鲁格发出最后通牒的最后一刻，英国的公众舆论才开始支持这场战争。塞尔本在写给米尔纳的信中说："你无法意识到我们在国内公众舆论中遇到的巨大困难。"由于米尔纳和张伯伦进行的新闻宣传运动，公众最终被说服。为了把在德兰士瓦备受虐待的英语人口从克鲁格的压迫政权下解放出来，战争是必要的。英国政府呼吁人民提供资金支持士兵的家属，并为他们提供服装、烟草、香烟和"美食"。其中最有力的呼吁来自鲁德亚德·吉卜林：

> 当你喊着"统治吧，大不列颠"，当你歌唱
> "上帝保佑女王"，
> 当你对克鲁格口诛笔伐后，
> 你能不能把一先令放在我的小手鼓上？
> 这是为了一位先生，他身穿戎装，被派到南方，
> 他是个不情愿的流浪者，他百般彷徨——
> 但我们和保罗使他脱不了身，
> 他出去服役了，他的名字在征兵名册被勾选
> 但很多麻烦还留在他后方！

直到10月20日，第一批运兵船才驶往桌湾。截至10月31日，公海上约有2.7万人、3600匹马和42门大炮。11月15日，最后一艘运兵船开航，远征军总数达到4.7万人。但那时地面上的英军已经撤退。

在越过边界进入纳塔尔后的两周内，布尔突击队在邓迪击溃了一支英军，将英军赶回了纳塔尔西北部的雷地史密斯镇——殖民地的第三大城市，并俘虏了1000多名英国士兵。到10月底，他们包围了雷地史密斯，切断了通往首府彼得马里茨堡的铁路线，并在那里俘获了1.2万名士兵，这是纳塔尔最大的一支英国军队。现在，整个纳塔尔只剩下3000名英军守卫着南部。

11月14日，一个由2000名布尔人组成的团体进一步向南穿越图盖拉河，沿着铁路线向彼得马里茨堡行进。第二天，38岁的农民兼政治家路易斯·博塔（Louis Botha）率领突击队员在奇韦利（Chievely）附近伏击了一辆装甲火车。在被抓获的60名俘虏中有温斯顿·丘吉尔，当时他是《晨报》的记者。作为伦道夫·丘吉尔的儿子，他是一名不同寻常的俘虏。史末资回忆说，丘吉尔被带到他面前接受审问时，"蓬头垢面，极其愤怒"，声称自己不是战斗人员。但史末资指出，他被捕时一直携带着手枪，最终他被送往比勒陀利亚的拘留营。与此同时，布尔骑兵队继续向南挺进。

在西部距德兰士瓦边界10英里的梅富根，一支由皮特·克罗涅指挥的布尔人部队包围了该镇，并要求英国驻军投降。梅富根是一个尘土飞扬的前哨，有约750名殖民军和骑警驻扎于此，还有约1500名白人和5000名非洲人生活在邻近的定居点。43岁的驻军指挥官罗伯特·巴登-鲍威尔（Robert Baden-Powell）上校足智多谋，热衷于侦察，有先见之明。他接到战时突袭德兰士瓦的指令，奉命来到这里，却发现自己被包围了。巴登-鲍威尔不仅拒绝投降，而且决定把土著们武装起来，让他们帮助保卫这个城镇。克罗涅非常愤怒，他对巴登-鲍威尔说："这是一个极为恶毒的招数。"

他随后补充道："我想请你们暂停一下，甚至在这最后一刻，重新考虑一下这件事，即使这会使你们失去梅富根，你们也不应该把黑人武装起来，不应该让他们越俎代庖，在白人的战争中承担白人的责任。"

为了震慑英国人，让他们知道不投降就没有好果子吃，克罗涅下令进行炮击。但巴登-鲍威尔不为所动。在第一天的炮轰之后，他让信使徒步出去发了一条电报："10月21日。一切都还好。4小时的轰炸。一只狗死了。"他沉着冷静的态度使他立即成为全英国的英雄。

梅富根碰巧拥有大量的军需物资。但是，驻军位置相对孤立，容易受到攻击。在梅富根被围困的第二天，金伯利也受到了自由邦军队的威胁。金伯利不仅是英国工业实力的象征，而且拥有对布尔战争有用的工厂和物资。于是，在金伯利，塞西尔·罗德斯成了另一位不同寻常的俘虏，他于10月10日乘火车来到这里，就在布尔人的最后通牒发出的前一天。由于担心他的存在会招来布尔人的袭击，金伯利市长敦促他远离这里，但罗德斯看到了出风头的机会，这回他要扮演捍卫帝国前线的英雄。他在疗养院建立了指挥部，这是一座两层楼的红砖酒店，戴比尔斯公司最近刚将其翻新为一个疗养胜地。他一到，就试图从卫戍部队司令罗伯特·凯科维齐（Robert Kekewich）上校手中夺取对该镇防御的控制权，闹得鸡飞狗跳。他还连珠炮似地向米尔纳这样的高层人士发送信息，恳求立即派遣救援部队——"否则就是一场可怕的灾难"。11月5日，他给米尔纳发电报说："如果你的部队不立即从奥兰治河开拔，你将失去金伯利。"

对米尔纳来说，新消息变得越来越糟糕。英国领土上不仅有3个战略重镇——雷地史密斯、梅富根和金伯利——被包围，而且在11月1日，自由邦突击队已越过奥兰治河，越过开普殖民地的边界地区，并在沿途一路招募反叛的阿非利卡人。一系列边境城镇和村庄落入布尔人之手。米尔纳现在开始担心的是，布尔人可能会在整个殖民地发动更大范围的起义。他在11月4日的日记中写道："最黑暗的日子……一切都变得糟糕。"他在11月9日给张伯伦打电报说："我写这封信的时候，每时每刻都在担心金伯利。"

正当米尔纳陷入绝望时，第一艘英国运兵船驶进了桌湾。由将军雷德弗斯·布勒爵士率领的远征军的到来，似乎肯定会扭转战争局势，使战争对英国有利。然而，这导致了更多的灾难。

虽然布勒将军被授予军队的总指挥权，但他决定亲自指挥纳塔尔战役，把开普殖民地的麻烦地区交给其他将军。纳塔尔是他熟悉的地方，在1879年的祖鲁战争中，他因营救受伤的英国士兵而获得了维多利亚十字勋章。他高大魁梧，面色红润，有好几层下巴，蓄着海象胡子，今年已经60岁了，看上去就是一个典型的英国老顽固指挥官的形象，沉着而坚韧。布勒率领一半的军队，在图盖拉河以南、距离雷地史密斯约25英里的弗雷里的一个铁路站，建立了一个巨大的前沿基地。他指挥的部队包括1.4万名步兵、2700名骑兵和44门野战炮。他的目的是要杀出一条血路，跨过图盖拉河解救雷地史密斯。这次渡河，将会是一次"徒步穿越"。

但是，几个星期以来，布尔人在图盖拉河畔的指挥官路易斯·博塔也一直在为抵御英军的进攻做着准备，他们预计英军将试图沿着科伦索（Colenso）铁路线渡河。一条9英里长的壕沟已经被挖通，壕沟沿着山丘延伸，俯瞰着河面，使布尔人的防御工事受到保护和隐藏。

布勒的进攻计划是一场惊人的失败。从12月13日开始，他发动了持续两天的炮火轰击，以为布尔人的抵抗力量会就此崩溃，然后他派遣步兵营在光天化日之下穿过平原，直接蹚过河，这导致他的部队在布尔人的枪林弹雨中被击成了碎片，1000多人伤亡。早上8点，布勒决定撤退，还放弃了10门野战炮。报纸上把它称作"另一个马朱巴"。布勒对战争结果感到沮丧，他向驻雷地史密斯的英国指挥官乔治·怀特将军发电报说英军至少还需要一个月的时间才能突破布尔人的防线，并表示如果雷地史密斯无法坚持那么久,驻军就应该销毁弹药,并寻求"你能得到的最好的条件"。

在一周的时间里——众所周知的"黑色一周"——英国陆军遭遇了另外两次挫折。11月20日,保罗·梅图恩(Paul Methuen)将军的8000名步兵沿着铁路线向北挺进,越过了奥兰治河,在贝尔蒙特、格拉斯潘和莫德河一路攻破布尔人的抵抗,然后在增援部队的支持下,准备对考斯·德·拉瑞在马戈斯方丹山区的据点发起攻势,这些山丘阻挡了通往16英里以外的金伯利的道路。

梅图恩以炮火开始进攻,希望能逼退布尔人,但布尔人已经分散在不同的位置。当梅图恩命令他的高地旅在一次夜间行军后继续前进时,他们遭遇了隐藏在马戈斯方丹的考普(Kop)山脚下一排战壕中的布尔战士的猛烈炮火,近千人伤亡。由此,梅图恩被迫撤退到莫德河。

在开普殖民地更南的地方,加塔克将军试图驱逐入侵的布尔突击队,因为布尔突击队占领了斯托姆堡一个重要的铁路枢纽。在没有进行任何初步侦察的情况下,他命令他的3000名士兵在黎明时分发起进攻之前,在崎岖难行的乡村进行夜间行军。由于混乱和不知所措,加塔克的部队迷失了方向,被迫撤退,最终导致600人被俘。

英国军队,包括几支精锐部队,在圣诞节前不仅没有赢得这场战争,还遭受了一次又一次耻辱性的失败。伤亡的数量惊人:有700人在战斗中死亡或伤重身亡;3000人受伤,2000人被俘;还有3个战略重镇仍然被围困,面临疾病和饥饿。这都是一群穿便服的布尔农民的杰作。《经济学人》(*Economist*)称英国当局为"最愚蠢的炒股者",因为英国人曾满怀信心地预测,他们在开了几枪后就能收拾行装回家。

温斯顿·丘吉尔设法从比勒陀利亚的拘留营逃了出来,他藏在羊毛包里,乘火车穿过边境进入了葡萄牙领土,并在圣诞节前及时出现在纳塔尔战争的前线,他是唯一轻松逃脱的英国人。

由于接连收到有关战争指挥不力的指控,英国政府大为光火,下令临阵换帅,任命弗雷德里克·罗伯茨(Frederick Roberts)为总司令——人称"鲍勃勋爵"(Lord Bobs),他是一个67岁的身材矮小的战争英雄,一只眼睛已经失明。但是,政府最终还是决定让布勒继续掌管纳塔尔的军队。此外,英国增派了两个师——最后的现成可用的师。政府也意识到,它一直在试图打一场错误的战争,他们过多地依赖于移动缓慢的步兵部队来对付使用高度机动战术的布尔游骑兵,英国的机动性需要与布尔人的机动性相抗衡。英国组织了新的"皇家义勇军",呼吁民间志愿者加入。来自"狩猎和射击"协会的约2万人报名参加,其中包括34名国会议员和贵族。伦敦金融城(The City of London)支付了1000名志愿者的费用。帝国的其他地区派来了更多的援军——他们来自加拿大、澳大利亚和新西兰。到1900年1月,英国运往南非的军队总数已达11万。离开德兰士瓦的侨民和殖民地志愿者也纷纷参战,他们组成了两个骑兵团——帝国轻骑兵团和南非轻骑兵团——部分费用由沃尔德赫拜特公司承担。

甚至纳塔尔的印度裔群体——最初是作为契约劳工在甘蔗种植园工作的移民——也自愿充当担架工。他们的组织者是一位28岁的律师,莫罕达斯·甘地(Mohandas Gandhi),他于1893年从印度来到南非,在比勒陀利亚待了一年,之后在德班定居。甘地表达了对布尔人事业的同情,但认为自己必须忠于英国。

"我觉得,如果我要求得到英国公民应有的权利,那么我就有义务参与保卫大英帝国。"纳塔尔当局起初拒绝了甘地的提议。但在"黑色一周"后,他们的态度改变了。甘地的救护队招募了1100名志愿者,由"自由"印度人和契约劳工组成。

正如英国人得到了整个大英帝国的支持一样,布尔人的队伍也得到了外国志愿者的支持。大约2000名侨民——德国人、法国人、荷兰人、爱尔兰人、爱尔兰裔美国人、俄国人、斯堪的纳维亚人,甚至还有一些英国人——加入了布尔人的事业。另有2000名外国志愿者从国外赶来。

一位退伍的法国陆军上校德·维勒布瓦-马雷尤尔(de Villebois-Mareuil)加入布尔人的队伍,希望能亲手擒获塞西尔·罗德斯这个奸商。他在日记中写道:"历史将为法国的荣耀增添一朵鲜花。让我们占领金伯利,去看看开普拿破仑的脸。"他成了作战将军——但在1900年4月阵亡。布尔人的同盟总共招募到了7万多人的武装力量。此外,约有1万名非洲人担任布尔突击队的辅助——仆人、搬运工、扛枪者和劳工——其中许多人是在胁迫下被征募的。

然而,布尔人早期的优势很快就被糟糕的战略消耗殆尽。由于投入如此大比例的兵力围攻3个城镇,布尔将军失去了深入纳塔尔和开普殖民地的机会,而这两个地区实际上极易受到机动攻击。当他们的进攻势头开始减弱时,他们转为防御姿态,为防范英国更猛烈的进攻做准备。到了12月,布尔人的攻势已经到了极限。与1881年不同的是,没有任何决定性的打击可促使英国进行谈判。

# 第四十章
## 向比勒陀利亚进军

罗伯茨勋爵于 1900 年 1 月 10 日抵达开普敦，他一下船就收到了一些坏消息。尽管他一再指示布勒保持守势，但布勒希望一雪前耻，决定再次渡过图盖拉河，为雷地史密斯解围。英国的另一场灾难也正在酝酿之中。

布勒选择的过境点是科伦索上游 18 英里处的一个漂流点。他集结的庞大部队——2.4 万名步兵、2500 名骑兵、8 门野战炮、10 门海军炮和大量补给——花了一周多的时间才部署完毕。大雨使河水泛滥，道路被淹。《卫报》（*Manchester Guardian*）记者约翰·阿特金斯描述了布勒的军队蹚水的景象，"在泥浆中一步一滑，全身湿透，泥水横流"，人、动物和马车排成了好几英里的长队。路易斯·博塔事先得到了进攻的警告，有充足的时间准备防御，他从科伦索调来援军，并将炮兵部署在有利位置。

布勒的主力于 1 月 20 日顺利渡过了图盖拉河，在北岸站稳了脚跟，然后试图在两个高地——斯皮恩科普山和双峰山之间前进，希望能到达通向雷地史密斯的开阔平原。在遭到两次挫败后，布勒命令查尔斯·沃伦爵士带领麾下部队向斯皮恩科普山的瞭望山发起进攻，这是该地区最高的山峰，高出图盖拉河 1500 英尺，他相信这会给英军提供一个居高临下的火力点。

1月24日，夜袭发生了。布尔人只派了哨兵保护斯皮恩科普山，沃伦的人爬上布满岩石的陡峭斜坡，很快就把哨兵打下山崖，随后开始在黑暗中挖防御工事。由于地面岩石太多，他们挖出的壕沟又宽又浅，仅长约200码。当晨雾散去时，英军发现他们只占领了山顶的一部分。此外，他们的位置暴露在四周布尔炮兵的射程内，还有不少布尔战士在山下，正在爬上斜坡，决心夺回山头。其中就有德尼斯·雷茨：

> 我们的许多士兵都倒下了，但最前面的士兵已经离标志着峰顶的岩石边缘只有几码远了，（英国）士兵们正从他们的掩蔽所站起来，迎战我们最后的冲刺。有那么一两分钟，大家手忙脚乱地厮杀着，接着战士们就翻过了高地的边缘。

由于没有足够深的壕沟提供掩护，英军的队伍被布尔人的炮火击溃了。主战壕很快就堆满了尸体，叠了两三层。英军指挥部陷入一片混乱，所有人都不知所措。虽然增援部队被派出，但是，在其他地方对布尔阵地的反击和对布尔人火力的转移，以缓解斯皮恩科普山压力的行动都被推迟或取消了。在图盖拉河以南的一座小山上，约翰·阿特金斯从布勒的总部通过望远镜看到了这场屠杀。他写道："我将永远记住——那一英亩的屠杀，那一片废墟。"

一些士兵向布尔人投降，另一些则继续战斗，而布勒的大部分军队已经横七竖八地躺在地上了。下午晚些时候，温斯顿·丘吉尔爬上狭窄的小路，他经过了成批的伤员。

男人们或独自蹒跚而行，或由同伴搀扶着，或用手和膝盖爬行，或被担架抬着。到处都是尸体……血肉之躯以最可怕的方式被撕成碎片，或变得残缺不全。我爬上去的时候，经过了200多人。此外，各个军团未受伤的人员也都伤了元气。其中有些人诅咒发誓，其他人都精疲力竭，昏倒在山坡上。

当晚，英军在混乱中撤退，他们损失了1100人，包括伤亡和俘虏。布尔人也遭受了重大伤亡——超过300人——并放弃了他们的前沿阵地，雷茨写道：

我们又饿，又渴，又累，我们周围都是尸体，身上是成群被血腥味吸引过来的苍蝇。我们不知道英国人正在遭受重大损失，我们相信他们很容易就能重整旗鼓，所以沮丧随着夜幕降临蔓延开来。几批人陆陆续续地离开了队伍。

当几个侦察兵在黎明时分爬上山顶时，发现那里已空无一人，布尔人正处于完全撤退的边缘。但是，布勒没有拿下跨越图盖拉河的桥头堡，而是将他的全部军队撤回到南岸，开始准备另一次进攻。但他的第三次尝试并不成功。2月5日，布尔人率领军队通过了斯皮恩科普山下的浮桥，在瓦克兰兹（Vaalkranz）和多恩科普一带，布勒2万人的大军大大超过了布尔突击队的军力，但布勒犹豫不决，撤回了命令，在造成400人伤亡后，决定再次撤回图盖拉河对岸。在弗雷尔设立总部两个月后，布勒仍没有再向前推进。在英国，他被戏称为"图盖拉河上的船夫"。

当布勒开始筹划第四次穿越图盖拉河的进攻时，罗伯茨勋爵在莫德河以南300英里处集结了一支6万人的大军。罗伯茨最初的计划是直扑布隆方丹，迫使布尔人投降，然后再着手解决金伯利围城等其他困难。虽然金伯利已被围困了近4个月，但它并没有立即崩溃的危险。金伯利的5万名平民——1.3万名白人，3万名非洲人和7000名有色人种——已经习惯了几乎每天面对炮火的危险，布尔人的大部分轰炸是毫无效果的。虽然许多黑人已经快要挨饿，但白人却相对轻松地度过了考验。

然而，罗伯茨不得不修改他的计划，因为罗德斯坚持认为应该优先救援金伯利而不断对他进行骚扰。罗德斯公然蔑视英国军队，因为他们拖拖拉拉，迟迟不肯前来解围。他和卫戍司令凯科维齐上校之间的积怨也越来越深。他不断试图破坏凯科维齐的权威，阻挠他的命令，建立自己与外部世界的沟通系统，使自己的言论广为人知。

2月7日，布尔人开始用一种毁灭性的新武器袭击该镇，恐慌情绪开始出现，这种武器是6英寸的"长汤姆"克勒佐攻城炮，它比迄今在金伯利使用的任何武器都更精确。

第一天有22发炮弹落下来，第二天有30发炮弹落下来，第三天有74发炮弹落下来。2月9日，罗德斯前往金伯利俱乐部附近的凯科维齐司令部，威胁要组织一次公开集会，抗议救援行动的拖延，并暗示可能会向布尔人投降。

当凯科维奇禁止举行这一集会时，罗德斯开始恶语相向，他告诉凯科维奇，除非凯科维奇在48小时内透露关于罗伯茨计划的全部确切信息，否则他将不顾禁令继续干下去。

"在金伯利投降之前，"罗德斯喊道，"我要好好干一场，让英国人民知道我对这一切的看法。"

第二天，罗德斯的《钻石之地广告商报》（Diamond Fields Advertiser）发表了一篇题为《为什么金伯利不能等待》（Why Kimberley Cannot Wait）的社论，对英国军方大加嘲讽。

公众和当局完全没有理解金伯利通过其公民的英勇努力而对大英帝国提出的权利要求,这是再明显不过了……军方对我们的命运漠不关心。我们已经处于巴黎之围①的处境……他们却对我们喊"耐心点"……在我们的妇女儿童惨遭屠杀,我们的住宅房屋陷入火海的情况下,难道英国的百万大军在万儿八千名农民士兵面前龟缩不出,是合理的吗?

由于该报违反了审查制度,凯科维奇非常愤怒,他下令逮捕这名编辑,却被告知罗德斯将他藏在了一个矿井里。罗德斯在报纸上再接再厉,报道了金伯利的12名公民领袖举行的会议,对英军的不作为大加挞伐。然后,他向凯科维奇发表声明,要求立即将这份声明转达给罗伯茨。声明很长,列出了金伯利居民在英国军队在"20英里以内"扎营的两个多月期间所遭受的苦难。声明还说,当地居民想知道,"你们是否打算立即为救援我们而做出努力"。

凯科维奇指出,发报员的工作压力很大,一时间无法发送完整的声明,但他提出可以发送一个缩写版本。罗德斯一听,勃然大怒,破口大骂:"我知道你那些该死的信号员在浪费时间发什么鬼玩意!"他喊道:"你这个下贱的、该死的、卑鄙的无赖,凯科维奇,你要是拒绝我,后果自负。"

收到缩写电报后,罗伯茨回复了两条信息。其中一条授权凯科维奇逮捕任何对安全构成威胁的人,无论他们的地位多么显赫。另一条则敦促凯科维奇试着安抚罗德斯和他的同事,强调"在如此漫长而光荣的防守后,投降会带来灾难性和羞辱性的后果"。在一条标有"秘密"字样的电报中,他告诉凯科维奇,金伯利被解围的日子

---

① 指1870年普法战争时期法国首都巴黎被德军围困之事。——译者注

只剩下几天了。"我们明天开始行动。"罗德斯拿着电报,在金伯利俱乐部的台阶上大声念给路人听。

罗德斯把自己置于戏剧的中心,他安排将钻石矿作为抵御"长汤姆"的避难所。2月11日星期日,即炮击暂停期间,罗德斯一边疯狂地在地面上堆沙袋,建造掩蔽所,一边在该镇的重要地区张贴告示,告诉居民:

> 我建议妇女和儿童,如果希望得到妥善保护,就前往金伯利和戴比尔斯的竖井。从晚上8点开始,他们会立即被降下矿井。我方将提供灯具和向导。

当地居民认为,罗德斯掌握了更猛烈的轰炸即将到来的确凿信息。人们感到惊慌失措,数百名妇女和儿童逃到矿井里,挤在300英尺深的地下。

四天后,约翰·弗伦奇(John French)将军率领的一支英军骑兵冲过布尔人的防线,结束了布尔人对金伯利124天的围困。罗德斯享受着聚光灯下的乐趣,用香槟招待了弗伦奇及其随行记者团。英国的报纸也一片欢腾。伦敦《每日邮报》兴奋地报道:"金伯利胜利了,塞西尔·罗德斯自由了,戴比尔斯的股东们都安然无恙,战争的尾声也近了。"

在图盖拉河前线,布勒在2月14日恢复了攻势,这次他的军队——2.5万人——集中在科伦索下游6英里长的土地上。布尔人派出增援部队,但只召集到5000人来进行抵抗。在失去关键的山丘位置后,布尔战士们士气低落,开始渐行渐远,奔向家乡。博塔徒劳地试图阻止他们,他绝望地给克鲁格发电报,建议放弃图盖拉河,放弃对雷地史密斯的围攻。克鲁格严厉地回答了他,并大量引用了

《圣经》：

> 当你不再奉主之名坚定地战斗时，你就不再信仰他了；当你失去信仰的时候，懦弱就会随之而来；当你临阵脱逃的时候，我们就无处可逃了，因为在那种情况下，我们不再信任主了。不，不，我的兄弟们，不要这样。主不是一直给我们双重的证据，证明祂站在我们这一边吗？无论我们的居民在哪里坚守，无论任务多么艰巨，主都能保佑我们以少胜多。

博塔又战斗了10天。但到了2月27日，布勒牢牢控制了图盖拉河高地，布尔人退却了，通向雷地史密斯的路也敞开了。2月28日，骑兵部队进入雷地史密斯，解除了188天的围困。

怀特将军对欢呼的人群说："感谢上帝，我们的旗帜一直在飘扬。"布勒享受着胜利的喜悦，3天后他组织了一次正式的入城式。在一份特别陆军命令中，他声称解放雷地史密斯的战役是大英帝国历史上"光辉的一页"。然而，这"光辉的一页"的成本是超过5000名英国人的伤亡。

罗伯茨的"压路机"军队解除了金伯利的围困，挺进了奥兰治自由邦，沿莫德河向东，以压倒性的数量优势向布隆方丹进发。在轰炸帕德堡的布尔人阵地10天之后，英军于2月27日强迫皮埃特·克罗涅将军投降，俘虏了4000名布尔战斗人员。由于布尔人士气崩溃，克鲁格赶往莫德河前线，试图把公民们重新召集起来。但当3月7日英国炮弹开始在附近落下时，他才刚刚抵达克里斯蒂安·德·韦特将军的营地。德·韦特把克鲁格赶回他的马车里，并派了一名武装护卫。德·韦特没有在布隆方丹东边50英里的杨树林，这一布隆方丹前最后的战略据点进行顽强抵抗，而是进行了一次短暂的战斗，然后带着 6000 人马逃跑了。

当英国人逼近布隆方丹时，布尔人没有进行抵抗。成千上万的公民向北逃亡。3 月 12 日，在英国人切断铁路线之前，总统斯泰恩坐上最后一列火车离开。3 月 13 日，罗伯茨的军队不费一枪一弹就进入了布隆方丹。罗伯茨骑着马，走在胜利游行队伍的最前面，在英国侨民的欢呼声中，来到了斯泰恩总统的座椅前，看着英国国旗在花园里高高升起。

罗伯茨设法让布尔人安心，他允许大多数布尔官员留任，并邀请他们参加宴会和聚会。他创办了一份新的双语日报《朋友》(The Friend)，并要求英国战地记者在业余时间制作这份报纸。他招募的人中有鲁德亚德·吉卜林，吉卜林在布隆方丹被攻陷后不久，就在罗伯茨的要求下从开普敦来到这里。当时有一家报纸因为反英而被取缔，《朋友》报纸就是用它的设备印出来的，报纸上充斥着各色公告和大量旧广告。吉卜林回忆说："我们使用了所有的旧版式（广告模板），宣传早已耗尽的食品、煤炭和杂货（我想，在布隆方丹商店里，散粉是唯一仅有的商品）。"

然而，英国占领的影响是毁灭性的。布隆方丹，一个总人口只有 4000 人的小镇，突然被 5 万人的军队淹没，这 5 万人需要住房、物资和卫生设施。议会、学校、俱乐部和私人住宅都被征用。英国军队中伤寒的暴发带来了更大的危机。数百名士兵病倒了，他们挤在地上，肮脏不堪，得不到适当的照顾或医疗。到 4 月初，已有近千名士兵牺牲；到 4 月底，已有 2000 人牺牲。

英国人控制布隆方丹两周后，米尔纳爵士来到这里视察他的新领地。他从开普敦出发的旅程并没有给他带来什么安慰。在写给爱德华·塞西尔（Edward Cecil）夫人的信中，他将开普东北部描述为

"散发着叛国罪恶臭"的地方。他也不太相信军队。

"我越是看到军队，"他写道，"我就越不高兴。"为了使米尔纳高兴起来，《朋友》报社的工作人员在铁路局为米尔纳举行了一次宴会，九个月前，米尔纳就是在这个房间见到了克鲁格。吉卜林站起来，提议为克鲁格干杯。他说，他们欠克鲁格太多了——"他教会了大英帝国它的责任，也教会了它在世界上其他地方使用力量，它将用全副武装的士兵和发达的交通运输系统来移山填海，大展身手……"

5月3日，罗伯茨率领军队离开布隆方丹，沿着铁路线向北行进，他自信能迅速结束这场战争。《我们正行进到比勒陀利亚》(We are Marching to Pretoria)，成为一首流行的帝国歌曲。罗伯茨麾下共有17万人的军队，还有更多的增援部队正陆续赶来。而布尔人的作战部队不超过3万人，分散在一大片广袤的地区。在东部，布勒的军队通过纳塔尔北上，穿过朗峡谷直扑德兰士瓦。在西面，一支飞行纵队离开金伯利正前往梅富根。

到目前为止，解救梅富根已成为当务之急。因为那里的食物供应几乎耗尽。通过严格的配给制，巴登-鲍威尔上校已成功地在包围圈坚持了6个月，但他警告罗伯茨，这个镇撑不了多久了。白人人口被给予优厚的口粮，生活相对舒适，但数百名黑人却死于饥饿。巴登-鲍威尔试图通过组织体育赛事和业余戏剧来鼓舞士气，他自己也经常粉墨登场。

他的办公室主任写道："我们的上校是个多么了不起的人啊，他能唱歌，能背诵，能模仿，在太阳底下，他几乎是无所不能。"

巴登-鲍威尔还成功地建立了一系列防御工事，用壕沟、掩体和临时火炮加固了该镇。但无聊和沮丧已经削弱了士气。没人想要再吃马肉了。

巴登-鲍威尔在3月18日的日记中写道:"我从三个渠道得到的消息说,镇上的人们已经厌倦了围城和我,等等。他们说……是我请求不要增援,好让我之后能得到荣誉……"

梅富根的困境吸引了英国公众的想象力。它作为英勇抵抗的象征屹立着,是非洲荒野中一个尘土飞扬的哨所,为帝国效忠,勇敢地面对轰炸和子弹。4月,维多利亚女王给巴登-鲍威尔发去了一条电报,表达了她的钦佩之情——"(军队)在你永远足智多谋的指挥下……耐心而坚定地保卫着"梅富根。

在经过217天的围困后,来自金伯利的救援队伍终于在5月17日进入梅富根,英国人沉浸在一种充满民族主义热情的狂欢中大肆庆祝;人群涌上街头,欢呼雀跃,载歌载舞,挥舞旗帜和横幅,高唱爱国歌曲。英语中增加了一个新动词——马菲克(mafficking),意思是狂喜,后被载入《牛津英语词典》。

10天后,罗伯茨的大军越过瓦尔河进入德兰士瓦,从这里再向北仅40英里就可到达约翰内斯堡。通过与布尔指挥官的谈判,他在约翰内斯堡郊区停留,允许布尔部队不受阻碍地撤出,然后于5月31日进入该城,在中心广场升起英国旗帜。

英国人明确表示,他们现在要把奥兰治自由邦和德兰士瓦共和国都变成英国领土。尽管索尔兹伯里先前宣称"我们不想要黄金,我们不想要领土",但英国还是于5月28日正式吞并了奥兰治自由邦,将其更名为奥兰治河殖民地(Orange River Colony)。德兰士瓦注定沦为同样的命运。

由于布尔军队在各条战线上节节败退,克鲁格政府的领导层决定放弃首都，在德兰士瓦东部重新建立政府，将战争引入南部非洲大草原，而不是在比勒陀利亚负隅顽抗，因为后者将不可避免地导致失败。流亡的克鲁格坐上了一列特殊的火车，火车上有卧车、餐车、会议车厢、通讯室、办公室、浴室和厨房。

克鲁格在比勒陀利亚的最后一天——5月29日——他在教堂街的家里挤满了前来与他告别的亲友。他的妻子盖济娜病得太重，不能和他一起撤离，所以不得不与他告别。在客厅里做完家庭祷告后，克鲁格拉着妻子的手，把她领进了卧室。没人说话，也没人动。外面马车上拴着的马儿发出呼噜声。然后这对老夫妇又出现了。克鲁格紧紧地抱了抱她，又放开了她，目不转睛地、默默地看着她。然后他转身向马车走去。他们再也不会见面了。

当英国军队逼近时，比勒陀利亚的街道上一片混乱，到处都有人打家劫舍。从约翰内斯堡延伸出的主干道上挤满了撤退的市民、马车和牛群。随着一声"离开家！"的叫喊，数千人放弃战斗，离开家乡。6月1日，德兰士瓦的将军们在电报局开会讨论是否投降，其中就包括博塔。他们只能聚拢起7000名公民。战斗的前景似乎毫无希望。史末资写道：

> 我永远不会忘记那可怕的时刻，不会忘记那种痛苦、屈辱和沮丧，当时德兰士瓦军队中最坚强的心和最坚强的意志，虽然只是短短一瞬间，却被厄运的浪潮淹没了。所有人都深深地感觉到，布尔人的战斗已经完蛋了，那些屹立在图盖拉河和莫德河畔的英雄们，他们被斯皮恩科普山、雷地史密斯和其他许多艰苦战斗的风暴冲垮，已经失去了信心和希望，他们已经回家，抛弃了这些伟大的军官们。真正令人害怕的不是罗伯茨勋爵的军队，而是布尔人部队秩序和意志的彻底瓦解，这使得这

些身经百战的军官们惊惶失措。

在比勒陀利亚以东 90 英里的米德尔堡（Middelburg），火车上的克鲁格同样垂头丧气。他通过电报向藏身在林德利（Lindley）附近的奥兰治自由邦领导人斯泰恩发出了一条电报，建议他投降。斯泰恩出离愤怒。两个月前，他的首都陷落，他开始了以农村为根据地的新一阶段的游击战争。他对德兰士瓦人现在表现出的软弱无能感到震惊，虽然没有明说，但还是在无形中指责他们是懦夫。

"战争一蔓延到他们自己的领土，"斯泰恩回复说，"他们就准备达成'自私而可耻的'和平。"无论德兰士瓦人是否讲和，他的人民都将战斗到底。克鲁格和德兰士瓦的将军们被斯泰恩的指责刺痛了，又回到了战斗中。

在英国人到达前的几个小时里，史末资急忙将政府拥有的价值约 50 万英镑的硬币和黄金储备运出比勒陀利亚。当银行职员拒绝交出黄金时，史末资把他们统统逮捕，然后派出一支 50 人的警察支队去装运黄金。黄金被装上了离开比勒陀利亚的最后一列火车，在火车离开时，炮弹落在火车站附近，轰然爆炸。

6 月 5 日，与布尔官员谈判后，罗伯茨以胜利者的姿态进入了比勒陀利亚。他的军队仅用了 34 天就完成了从布隆方丹出发的 300 英里的行军。由于控制了约翰内斯堡和金矿，罗伯茨满怀信心地期待布尔人会投降。英国人此时是无懈可击的。而布尔人的士气崩溃了。数以千计的布尔战士——举起双手——成为"变节者"。罗伯茨承诺大赦，并保护所有同意不再参与战斗的市民，这促使数千人返回家园。看起来，战争似乎已经结束。

尽管布尔人仍在进行零星的抵抗，但罗伯茨认为这会在"扫荡"

行动中得到解决。在奥兰治自由邦东部，1901 年 7 月，为了躲避英军，斯泰恩转移到了另一个临时总部，而一半的自由邦军队——4500 名市民——被迫在布兰德沃特盆地（Brandwater Basin）投降。

在德兰士瓦东部，在马查多多普（Machadodorp）的一个铁路车站，克鲁格政府在长长的列车车厢里设立了临时总部。但是，当博塔的突击队在最后一场重要战役中被击败后，克鲁格被迫进一步撤退到距离葡属殖民地边境仅 60 英里的内尔斯普雷特（Nelspruit）。当罗伯茨于 9 月 1 日正式宣布兼并德兰士瓦时，克鲁格在内尔斯普雷特的火车车厢里发出了抗议电报，宣布兼并是"无效的"。但他在德兰士瓦的日子已经屈指可数了。德尼斯·雷茨最后一次见到他时，"他坐在铁路旁一家酒吧的桌子旁，面前放着一本大大的《圣经》。他是一个孤独而疲惫的人……低头沉思着"。

当英国军队向内尔斯普雷特进发时，克鲁格正乘火车前往德拉戈亚湾，并于 9 月 11 日在科马蒂普特（Komatipoort）越过边界。泪水顺着他的脸颊流下，他再也不会回来了。他在回忆录中说：

> 如果说离开比勒陀利亚对我来说是一个沉重的打击，那么在如此悲伤的情况下，离开我毕生奉献的土地，则是加倍的痛苦。我看到敌人蜂拥而至，他们傲慢地宣称战争已经结束。我不得不向那些多年来一直陪伴在我身边的人告别，离开我的国家和人民，离开我白发苍苍的妻子，我的孩子们，我的朋友们，还有一群勇猛的战士……但我别无选择。

10 月 20 日，75 岁的克鲁格登上了荷兰女王威廉明娜派来接他的荷兰军舰，从此流亡欧洲。

罗伯茨勋爵也在 11 月底离开了德兰士瓦，把指挥权交给了他的幕僚基钦纳将军。他宣称,战争"几乎"已经结束了。他一回到英国就受到了热烈的欢迎。维多利亚女王授予他伯爵爵位,国会奖励他 10 万英镑。然而,庆祝还为时过早。战争的一个阶段已经结束,但另一个阶段才刚刚开始。

# 第四十一章
## 焦土政策

布尔突击队化整为零，转而进行游击战，他们集结成小股机动部队，破坏铁路线，伏击补给队，摧毁桥梁，切断电报线，突袭仓库，实行打了就跑的战术，像秃鹫一样在英军的头顶不断盘旋。游击队的领袖——东德兰士瓦的路易斯·博塔、西德兰士瓦的考斯·德·拉瑞和扬·史末资、奥兰治自由邦的克里斯蒂安·德·韦特——成长为传奇人物。尤其是德·韦特，他战功卓著，每次都把英国人打得溃不成军。1900年7—8月，在奥兰治自由邦和德兰士瓦一带，英国人曾追捕德·韦特长达6周之久，他们动用了3万多人的军队，试图抓住他。11月，在英国军队的穷追猛打之下，在一个以韦特父亲名字命名的自由邦村庄——"德·韦特之门"，韦特被英国驻军短暂地俘获了。1901年2月，他逃出奥兰治自由邦，进入开普殖民地，希望呼吁那里的布尔人起义，但未能成功。15支英国军队追捕他达6周之久，但他最后仍安然无恙地返回了自由邦。

英国最高司令部对这种战争完全没有准备。他们的部队缺少骑兵、侦察兵和情报人员，大量军队在乡村地区四处巡逻，但收效甚微。

"至于我们四处巡逻游荡的军队，"马奇·菲利普上尉在他的

《与里明顿》（With Rimington）一书中写道,"他们在草原上抓住布尔人的机会,就像市长大人的队伍在霍斯罗荒原上抓住一个拦路强盗一样……（布尔人）环绕着我们,就像水环绕着一艘船,水流在我们的船头分离,又在船尾汇合。我们的航程没有留下任何影响,也没有留下任何可见的痕迹。"

由于无法与布尔突击队抗衡,英军最高指挥部对支持突击队的平民采取了越来越残酷的策略。在前往英国之前,罗伯茨推行了一项政策:对游击队袭击地点附近生活着的平民进行集体惩罚,烧毁农场,毁坏蓄水池,抢夺牲畜。罗伯茨在1900年9月说:"除非这些平民因武装分子对我们犯下的罪行而普遍遭受连坐,否则战争永远不会结束。"

1900年11月,在奥兰治自由邦的法兰克福,菲利普上尉在信中写道:

> 我们兴高采烈地烧着农田,我们穿越乡村的路就像史前时代一样,白天有烟柱,夜晚有火光。我们通常一天要烧6—12个农场,在这个人烟稀少的国家,这些就是我们遇到的一切。我不需要找什么特别的理由或原因对被烧毁的农场进行指控或证明。如果布尔人使用了农场,如果农场主是突击队员,如果一定距离内的（铁路）线路被炸毁,或者即使附近有布尔人坚持战斗——这些都可以成为原因。当然,生活在农场里的人在这些事情上没有发言权,他们也无力干涉正在战斗的布尔人的计划。无论如何,我们发现这样或那样的原因几乎发生在我们来到的每一个农场,所以为了省事,我们往往不问一声就把田地都烧了;除非有时候一些农场的名字在我们行动之前就被报上去,如此这些农场才能够免受伤害。

在另一封来自克龙斯塔德（Kroonstad）的信中，描述了一个特别的烧农场事件：

> 前几天，在将军的命令下，我不得不亲自去烧毁一个靠近行军路线的农场。我们到了那里，猎物是3个女人和几个孩子，我给了他们10分钟的时间收拾衣服和其他东西，然后我的人拿了几捆稻草，就把农场烧了。老太太很生气……然而，他们中的大多数人太痛苦了，以至于不能出声诅咒。女人们哭了，孩子们站在旁边，抓着她们，用惊恐的大眼睛看着燃烧的房子。他们不会忘记那一幕，我敢打赌，即使他们长大了也不会。我们骑马离开，留下一群孤零零的人站在他们的家什中——床、家具和一些小玩意儿散落在荒原上；他们听着火焰的噼啪声，头顶上翻腾着烟雾和火焰。最糟糕的时刻是当你最开始来到这座房子的时候。人家以为我们是来讨点吃的，有个妇女还去拿了牛奶。然而我们不得不告诉他们，我们来这里是要把他们的房子烧毁。我简直不知道该怎么面对这种事……

面对这种毁灭，布尔人家庭的不屈不挠令菲利普震惊："丈夫和儿子在山上战斗。山谷里的房屋燃烧着，他们坐在那里看着这一切，但与我们对抗的坚韧、耐心和决心却几乎没有改变和动摇。"

他描述了布尔人的一个令人难忘的挑战行为：

> 在另一个农场，一个小女孩没有忙着打包行囊，而是坐在一架旧钢琴前，向我们演奏他们布尔人的国歌。我们正在把这一家人从房子里轰出去。雨下得很大，风也刮得很大。这是一次悲惨的、匆忙的流离失所，被洗劫的房子，满身泥泞的士兵，心烦意乱的母亲忙着收拾家什，忙着把她的孩子们推到外面的

牛车上去，而那个可怜的小丫头片子挣扎着，弹着琴跟我们较劲，这是她最后的反抗……

他质疑这场战争的整个目的：

> 我们无法消灭荷兰人，也无法大量减少他们的数量。如果用尽全力，我们可以使仇恨英国和渴望复仇成为每一个荷兰人的首要职责，却无法有效地减少将去做这件事的荷兰人的数量。当然，这不仅仅是战争的问题。这还是事后治理国家的问题。

其他官员却认为这样的结果是合理的。皇家骑马炮兵团的上尉塔尔博特（R. F. Talbot）在日记中写道：

> 今天早上我和手下的一些人出去，表面上是去买蔬菜，其实是加入了宪兵队长和工兵的队伍，参加了一个农场的燃烧派对，我们用火药棉把两个农场烧了，把居民们赶了出去。起初，把妇女和儿童都赶出去确实有点令人厌恶，但这些布尔人都是些畜生，从前都当过间谍，所以我们现在不在意了。对于那些窃窃私语或以其他方式打鬼主意的人，这么做是理所应当的。

起初，这些一无所有的家庭只能留在乡村地区流浪，自力更生，能住到哪里算哪里。一些人在其他农场避难，一些人前往城镇，还有一些人被非洲土著的村子收留。随着难民数量的增长，英国当局于1900年9月决定建立收容所，起初这里被称为"难民营"。到12月，英国已建成9个这样的营地，用来收纳由于罗伯茨的焦土战术而流离失所的布尔人家庭，这些营地也被用来安置那些因害怕被报复而投降的市民。从一开始，这些营地就被置于直接的军事控制之下。

1900年12月基钦纳接掌指挥权时,更系统地发展了罗伯茨的焦土政策和从敌对的农村地区大肆清除人口的做法。基钦纳是一名具有钢铁般意志的军事工程师,以使用残酷的手段而闻名,他因在苏丹成功镇压马赫迪的德尔维希军队赢得了声誉,作为奖赏,他被提拔为贵族,得到了"喀土穆的基钦纳"的头衔。他认为布尔女性和布尔战士一样,是阻碍英国取得战争胜利的绊脚石。他在上任5天后就说:"女人总是坏我们的事。毫无疑问,那些女人一直在这场仗里出力,而且比男人们卖力得多。"

"留在农场的女人们"让他惴惴不安。他对一位将军说:"每个农场都是情报机构和补给站,因此几乎不可能包围或捕捉敌人。"

他设计的解决方案是大规模地将布尔妇女和儿童从农场转移到所谓的集中营。他相信,将她们赶走不仅会使布尔战士失去食物补给和情报来源,而且会促使他们投降,从而加速战争的结束。一位英国情报官员回忆说:"有人认为,或许可以通过妇女对突击队员施加压力,因为他们将无法承受与家人分离的痛苦。"显然,人们期望布尔人会为了亲情而准备放弃战争。

基钦纳战略的另一个核心是建造一个防御工事网络——碉堡和铁丝网路障将连成一片,横贯草原,从而限制突击队员的行动,并困住他们。在德兰士瓦和自由邦,数千英里的碉堡防线建了起来,像蜘蛛网一样覆盖了这两个地区。

1901年1月,基钦纳开始了一系列的军事行动,以"驱除"布尔游击队。他"扫荡"农村地区,使游击队失去所有的支援方式——马、牛、羊、牲畜、庄稼、妇女和儿童。整个区域都成了一片废墟,只留下焦黑的满目疮痍的土地,惨不忍睹。数以千计的布尔难民通常只能随身携带少量物品，就会被扔进集中营。非洲土著也被卷入同样的扫荡中，被送往他们自己的集中营。

基钦纳的措施除了加深布尔人对英国人的仇恨之外，几乎是徒劳无功。他在1901年2月说："这是一个最棘手的问题，一个总是会逃脱的敌人，在一个幅员辽阔的国家，总有他们逃跑的空间，他们所需要的物资几乎到处都有。"因此，当路易斯·博塔愿意讨论一个可能的和平解决方案时，基钦纳积极响应，并利用博塔的妻子作为中间人，计划2月底在米德尔堡与他会面。

然而，他们的会谈毫无结果。当基钦纳希望妥协时，米尔纳考虑的却是对德兰士瓦和奥兰治河殖民地的整体控制，坚持要求布尔人"无条件投降"。他写信给一位朋友说："在南非，没有妥协的余地。"米尔纳说，他想要的是"把'不可一世的阿非利卡民族'打入深渊，永永远远，阿门"。

他坚决拒绝对所有布尔战斗人员，特别是来自开普殖民地的叛乱分子实行全面大赦。基钦纳指责米尔纳在特赦问题上的不妥协态度导致了他与博塔谈判的破裂。"米尔纳的观点可能是非常公正的，但在我看来，这些观点是报复性的。"基钦纳对英国新任陆军大臣圣约翰·布罗德里克（St. John Brodrick）说："我们现在一直在打仗，就是为了能够在战争结束时把两三百个荷兰人投入监狱。在我看来这是荒谬的。"

但实际上，双方之间的鸿沟要大得多，因为布尔人仍然想要独立。博塔在一开始就愿意与基钦纳会面，这激怒了斯泰恩总统和许多其他自由邦的人。1901年6月，布尔领导人在德兰士瓦东部开会，他们达成了一项联合声明，决定拒绝接受英国的条件：

> 任何和平都不得被制造，不得提出任何不能确保我们的独

立和我们作为一个国家的存在，或不能令人满意地兼顾我们殖民地兄弟利益的和平建议。

随着基钦纳的军事攻势把越来越多的"难民"赶进集中营，集中营里的情况迅速恶化。基钦纳没有为他们的保障做好充分的准备。妇女与儿童只能得到微薄的口粮和最简陋的住所，他们还往往缺少水和基本必需品。厕所设施简陋——一些在太阳底下一晒就是好几个小时的空桶。医疗援助也很少。随着疾病和营养不良的蔓延，死亡率开始攀升。

英国的大臣们很清楚情况有多糟。陆军大臣布罗德里克给基钦纳发电报说："这里收到了有关布隆方丹营地一月状况的非常糟糕的报告。"他列举了"供水不足、牛奶配给不足、伤寒流行、儿童生病、没有肥皂、没有牛饲料、医疗照顾不足"等问题。

他还要求基钦纳提供一份完整的报告，以帮助自己免受政治攻击。"我想，我会因这些事而煎熬一阵子——也许在大多数情况下，这些都是不可避免的痛苦或匮乏——战争当然是战争……"

基钦纳回答说他已经把一切都控制住了，并宣布囚犯们是"快乐"的。

直到一位英国独身妇女艾米莉·霍布豪斯（Emily Hobhouse）亲自调查集中营的丑闻，这里的情况才引起公众的注意。作为一名41岁的贵格会教徒，霍布豪斯于1901年1月代表一个救济基金会——南非妇女儿童危难基金会（The South African Women and Children Distress Fund）——前往战区，她携带了12吨的衣服和家居用品，准备分发给集中营的囚犯。她首先访问了奥兰治河殖民地最大的营地布隆方丹，在那里，她发现1800人住在光秃秃的草原上的帐篷里，"四面八方都没有树，也没有任何树荫"。使她震惊的不仅仅是这个地方的艰苦条件，还有这里极高的死亡率：

> 我开始将它与一个我比较熟悉的教区做比较，教区有2000人，葬礼通常是老人的。每天都有20—25人出殡。我突然完全意识到了自己的处境——这是一种闻所未闻的死亡率，除了大瘟疫时期，从来没有人见识过这种死亡率……所有的谈话都是关于死亡的——谁昨天已经死了，谁今天快要死了，谁明天就会死了。

在她的书《战争的冲击和它降临在哪里》（The Brunt of the War and Where It Fell）中，霍布豪斯详细描述了她在布隆方丹集中营的发现：

> 庇护所完全不够。当八个、十个或十二个人挤在一个钟形帐篷里的时候，他们不是为了躲避猛烈的太阳，就是为了躲避尘土，或是为了躲避暴雨，完全没有移动的空间，即使是从稍稍掀起帐篷的襟翼，也能看出那里难以形容的气氛。那里没有肥皂提供。供应的水周转不过来。没有木床（牛车上的床）也没有床垫。绝大多数人无法外出买东西，因此上述这些必需品都无法得到。燃料短缺……（食物）配给量被压到最低标准，然而实际数量却远远没有达到标准，于是饥饿率上升了。

她说，负责看守的士兵根本不知道如何应对。在写给家人的信中，她指责他们是"粗俗无知的男性、愚蠢、无所作为、糊涂透顶"。

霍布豪斯从布隆方丹前往其他集中营，发现情况类似。当她4月回到布隆方丹时，那里的人数已经翻了一番。

> 越来越多的人进来了。一场新的大规模运动已经开始，使

得成百上千的人陷入不幸，要么挤进已经拥挤不堪的集中营，要么被扔到另一个集中营里，而那里也没有任何地方可以收容他们。上校表示，他也无能为力。将军回复说："这样的地方原本预计容纳 500 到 1000 人。"

他没有任何东西可以送去那里供养囚犯……因此疾病泛滥也就毫不奇怪了。自从我 6 个星期前离开这里以来，营地里已经有 62 人死亡，医生自己也感染了伤寒。我们训练了两个布尔女孩，她们的医护工作都做得很好，但是她们都死了。

艾米莉·霍布豪斯对自己的所见所闻感到震惊，她于五月返回英国，决心揭露基钦纳的焦土政策的残暴，以及集中营中发生的死亡和苦难。反对派政客本来就反对战争，于是立即采纳了她的信息。在与霍布豪斯会面后，自由党领袖亨利·坎贝尔-班纳曼爵士（Sir Henry Campbell-Bannerman）了解到英国军队正在使用的"野蛮手段"，在议会辩论中，他将城镇外的乡村描述为"野兽嚎叫的荒野"。

另一位自由派政治家戴维·劳合·乔治（David Lloyd George）指责政府推行的实际上是"灭绝妇女和儿童的政策"。他在 6 月对议会说："当孩子们被这样对待并死去时，我们只会用人类内心最深处的激情反对英国在非洲的统治。人们将永远记住，这是英国统治在那里开始的方式，也是它产生的方式。"

陆军大臣布罗德里克对所有这些批评不屑一顾。他说，军队扫荡农村的政策是无奈之举，是为了应对游击战。集中营是必要的，是为了保护那些家庭，否则他们就会在草原上挨饿。集中营的条件正在改善，死亡率正在下降。"人们敦促我们，说我们没有做足够的工作使这些营地保持卫生并保护人们的生命。对此我完全否认。"

随着基钦纳扫荡行动的持续进行，集中营里的人越来越多，8月，集中营共有10.5万名白人和3.2万名黑人。随着伤寒和麻疹疫情的蔓延，死亡率逐月上升：8月为2666人，9月为2752人，10月为3205人。直到12月，一个官方的全体妇女委员会发布了措辞严厉的报告，政府才认为应该采取补救措施。集中营中，总共约有2.6万名布尔人死于疾病和营养不良，其中大多数是16岁以下的儿童——约占原布尔政权人口的十分之一。在黑人集中营，关押的人数最终上升到11.6万，大约1.4万人死亡，其中大多数是儿童。

　　1901年9月，史末资在开普殖民地进行了发动起义的最后一次努力，他带着一支由250名精心挑选的德兰士瓦突击队员组成的突击队越过了奥兰治河边界。虽然先前的入侵没有取得什么成果，但史末资相信起义仍有可能发生。甚至英国官员也承认，殖民地的白人人口有一半"或多或少"是亲布尔的，殖民地的大部分地区是"半被压制的秘密叛乱状态"。

　　在6周的时间里，史末资的突击队在东开普省的山脉中穿行，与英国巡逻队多次发生冲突，损失了许多人员和马匹，在大雨中挣扎。"白天我们又湿又冷，夜晚则是邪恶的梦魇，"突击队员德尼斯·雷茨写道，"我们几乎弄不到干燥的燃料，经过一天的劳累之后，我们不得不在黑暗中蜷缩几个小时，在泥泞的山坡上或在同样湿透的山谷里小憩一会儿。"其中，"暴雨之夜"是最糟糕的一夜。

　　　　我们的向导迷了路，我们在齐脚踝深的泥水中挣扎，我们可怜又虚弱的马每转一圈就跌跌撞撞，大雨猛烈地打在我们身上，冷得要命。快到午夜时，下起了雨夹雪。我身上裹着的一只粮食口袋，冻得像一副皮甲一样，我相信，要是不继续动起来的话，我们都会死掉。我们已经经历了两年的战争，但那晚是我记忆当中离绝望最近的一次。

10月，史末资进一步向西进军，进入卡鲁平原，在纳马夸兰（Namaqualand）招募新兵。纳马夸兰是西开普省的一个偏僻地区，英国军队在此并无利益关系。他可以漫无目的地在此随意游荡。他一边行军，一边读沿途找到的书，如康德的《纯粹理性批判》和弗雷德里希·宇伯威格（Friedrich Überweg）的《哲学史概论》。①

史末资写道："总的来说，我们对于文学作品的渴望受到了很大的限制，因为很多布尔人都受过高等教育。打下英军车队的乐趣之一，就是从军官的行李中缴获了不少英语书籍。"

其他布尔指挥官的命运——自由州的德·韦特、德兰士瓦东部的博塔、德兰士瓦西部的德·拉瑞——也同时变得更糟了。面对压倒性的英军人数，以及越来越多的碉堡，他们被限制在因基钦纳的焦土计划而沦为荒地的地区。在向伦敦发送的电报中，米尔纳描述道：自由邦"实际上是一片沙漠"。牛羊被大规模地宰杀或运走，以至于自由邦的布尔人失去了一半的牛群，而德兰士瓦则失去了四分之三的牛群。约有3万个农场被摧毁，整个村庄被夷为平地。战争结束后不久，冉冉升起的工党新星拉姆齐·麦克唐纳描述了他在林德利的所见所闻，林德利是一个奥兰治自由邦的村庄，曾定期充当斯泰恩总统的总部：

> 我就好像睡在沙漠里的古代废墟中。每座房子，无一例外都被烧毁了；广场上的教堂也被烧毁了……尽管多次被占领和

---

① 弗雷德里希·宇伯威格（1826—1871）是德国哲学家和哲学史家。他撰写的《哲学史概论》（3卷）以其信息丰富、简洁性、准确性和公正性而著称。——译者注

夺回，这个地方几乎没有受到任何影响，直到1902年2月，一支英国军队安然进入，发现它完全荒废了，于是开始焚烧它。这些房子彼此之间隔着花园，因此必须极其仔细地把每一个房子都点着。我向我们的官员和我们的东道主（该地区的首席情报官）询问后得知，我们没有任何理由需要将林德利点燃……整个旅程，我们都是在一片充满悲伤和毁灭、哀痛和仇恨的土地上穿行。

除缺乏食物、武器、弹药和马匹外，布尔突击队还不断受到英军巡逻队的骚扰，只能挣扎求生。他们被称为"苦难行军者"，他们决心战斗到最后，但几乎没有取得什么成果，只是偶尔对敌人进行突袭。1902年3月，德·拉瑞成功地俘虏了英国将军梅图恩勋爵和600名士兵，但由于没有办法关押他们，又不得不释放他们，让他们返回最近的英国基地。几周后，当来自德兰士瓦东部的突击队员代表们来开会讨论和平倡议时，他们蓬头垢面的样子震惊了德尼斯·雷茨。他写道："没有什么能比那些饥肠辘辘、衣衫褴褛的人更清楚地证明布尔人是如何挨过这段战时岁月的了，他们披着皮毛，穿着麻袋，因为缺乏盐和食物，他们的身上布满烂疮，他们的精神是无畏的，但他们已经达到了身体忍耐的极限。"

只有在战争开始时信心十足的布尔军队仍在战斗。已有近7000名布尔战士死亡，数千人被俘虏，并被驱逐到百慕大群岛、锡兰岛、印度和圣赫勒拿岛的战俘营，以确保他们不会再次参战。还有数以千计的人，也就是所谓的"变节者"，已经投降，被动地接受了英国的统治。一些变节者成了"带路党"，他们同意作为向导和侦察兵，协助英国军队作战。在德兰士瓦，他们被组成了"国家侦察军"（National Scouts）；在自由邦，他们被称为"奥兰治河殖民地志愿者"。布尔指挥官坚持以巨大的代价继续战斗，即使毫无胜算，因此招致许多"带路党"反对。其中就有克里斯蒂安·德·韦特的兄弟皮埃特·德·韦特（Piet de Wet）将军，他加入了奥兰治河殖民地志愿军。到 1902 年 4 月，大约有 4000 名布尔人与英国军队合作。

基钦纳很快就利用了布尔人内部的这些分歧。在写给布罗德里克的信中，他写道："现在已经有两伙布尔人准备互相火并，如果给他们煽风点火，让他们憎恨对方多于憎恨英国人，那么英国人的目的就达到了。"从长远来看，这也会带来政治上的好处。"我们将在布尔人中间建立一个团体，而这一团体将完全取决于英国在这里统治的连续性。"

由于拥有强大的军事力量，基钦纳很乐意速战速决。现在，他有 25 万大军，英军已经建造了 8000 个碉堡和 3700 英里长的铁丝网路障，能够对布尔突击队发动大规模攻势。1902 年 2 月，他部署 9000 人组成 54 英里长的连续警戒线——每 12 码就有一人稳步向前推进——企图困住德·韦特和斯泰恩，另外 8000 人沿碉堡线驻扎，8 辆装甲车在铁路上巡逻。他的"包围圈"里是 300 个布尔民兵，但德·韦特还是设法逃脱了。同年 3 月，基钦纳又发起了一次类似的行动，扫荡了 800 名布尔公民，但德·韦特仍然逃脱了追捕。除了白人军队，基钦纳还越来越多地使用非洲土著作为侦察兵、间谍和武装警卫。

基钦纳也改变了对居住在农村地区的布尔平民——妇女和儿童——的策略。在继续摧毁农场的同时，他指示纵队指挥官把妇女儿童留在原地，而不是把他们打包送到集中营。照顾一贫如洗的布尔家庭的重担就这样落在了突击队员身上。据说约有 1.3 万名妇女和儿童无家可归，在草原上游荡，暴露在变幻莫测的天气和黑人袭击的危险中。他们的困境沉重地压在布尔领导人的身上，成为推动他们走向谈判的另一个因素。

# 第四十二章
# 痛苦的结局

1902年4月9日，借由英国最高统帅部批准的安全通道，来自两个布尔共和国的布尔领导人聚集在德兰士瓦西南的克莱克斯多普，审查战争局势，并决定是否开始谈判。英国军队为他们提供了一个大帐篷。在场的有奥兰治自由邦总统马提努斯·斯泰恩、德兰士瓦代理总统沙尔克·伯格以及4名布尔将军——博塔、史末资、德·韦特和德·拉瑞——英国人花了几个月的时间试图抓捕他们，但都徒劳无功。两天后，10名代表带着向基钦纳提交的和平计划，登上了开往比勒陀利亚的专列。

4月12日，双方在基钦纳位于梅尔罗斯别墅的总部开会，代表们提出了七点旨在达成"持久友好条约"的提议。其中包括：与毗邻的英国殖民地缔结商业联盟，给予侨民投票权，学校中平等的语言权利，以及相互大赦。沙尔克·伯格率先开启了议程，斯泰恩紧随其后，且明确表示不接受英国吞并布尔领土。

"你说这话的意思是，你希望保持独立，我必须这么理解吗？"基钦纳惊奇地问。斯泰恩回答说："是的。人民不能丧失自尊。"基钦纳知道布尔人的这套和平计划是绝对不会被接受的，但他急切地希望谈判继续下去，因此还是把这些提议转交给了伦敦。

4月14日，米尔纳加入谈判。和以前一样，他对与布尔人谈判的想法抱有敌意。"就我个人而言，"他告诉张伯伦，"我不相信所有的谈判。我相信南非所有的朋友都有同感。但由于国内公众情绪明显倾向于谈判，我们必须尽力而为。"米尔纳想要的是无条件投降，这样他就可以在战后的南非重建中放手指挥。他也不信任基钦纳，讨厌后者寻求妥协。他抱怨说，基钦纳"在谈判方面极为娴熟，但他并不关心付出了什么"。

在拒绝布尔人和平计划的同时，英国政府提出了自己的建议，即要求布尔人放弃独立。布尔人代表回答说，没有宪法可以授权他们在放弃独立的基础上进行谈判，因此他们要求休战，以便与突击队协商。让米尔纳反感的是，基钦纳同意了一系列的当地停战协议——用他的话说，是"慢慢来"。米尔纳在4月17日的日记中写道："我认为这是一个非常糟糕的安排……因为太累了，所以想要赶快躺上床。"

5月15日，由"苦难行军者"突击队选出的60名代表——30名来自德兰士瓦，30名来自自由邦——在瓦尔河上的一个村庄弗里尼欣（Vereeniging）集会，他们将决定各自共和国的命运，但意见分歧很大。德兰士瓦的代表们迫切希望战争结束。博塔描述了德兰士瓦农民群体的困境。他说，在弗里尼欣和埃尔默洛之间100英里的范围内，一头牛都没有，只有36头山羊和马，而它们太虚弱了，动弹不得；老弱妇孺深陷在悲惨的处境中，四处流浪。此外，非洲人开始对布尔人采取更具攻击性的行动。有一次，布尔农民在弗雷黑德（Vryheid）遭到祖鲁人的屠杀。更糟糕的是，布尔人内部也变得越来越分裂。越来越多的人加入了英国的"国家侦察军"。"如果战争继续下去，可能反对我们的阿非利卡人的数量会比我们自己人还要多。"目前存在着这样一种危险,那就是,布尔战士最终会被他们自己的人民视为强盗。要防止布尔人走向无法挽回的毁灭,和平是至关重要的。如果战争继续下去,它将以巨大的失败而告终,布尔人将不可能在谈判中挽回任何东西。"我们听到许多关于'战斗到痛苦的终点'的豪言壮语。但什么是'痛苦的终点'呢?它会在我们被放逐时到来,还是当我们已经在坟墓里时到来?还是说这意味着这个民族战斗到再也无法崛起的时刻?"

沙尔克·伯格提出了类似的论点:"我们能让人民为了我们自己的荣誉和名誉而被斩尽杀绝吗?"德·拉瑞附和博塔的话:"有句话说,'战斗到痛苦的终点'。难道我们还没有到达'痛苦的终点'吗?"他建议:

> 我认为每个人必须自己做决定。必须牢记,我们的一切——牛、货物、金钱、男人、女人和孩子——都牺牲了。在我的手下,很多人几乎是一丝不挂,甚至都没有衣服穿了。他们有男人也有女人,赤裸的身体上只有从娘胎里带来的皮肤。这不就是"痛苦的终点"吗?

然而,自由邦的代表们赞成继续进行战争。其中呼声最高的是德·韦特和斯泰恩。德·韦特拒绝放弃布尔人的独立而投降。他说,自由邦的公民现在还能像一年前那样生龙活虎地战斗。他回想起前一次在人民议会遇到危机时的光景,于是敦促与会代表:"让我们再次与上帝签订盟约。"斯泰恩的态度也同样坚决,但由于健康状况迅速恶化,他被迫退出了商议。

第二天快结束时,德兰士瓦的国务秘书弗兰克·雷茨提出了一个妥协方案。他建议,只要各共和国能够保持独立,它们就应该准备好放弃对外交关系的控制权,同意在英国的统治下实行内部自治,放弃对斯威士兰的控制权,放弃威特沃特斯兰德和这片土地所拥有的金矿。正如博塔所言:"这是我们国家的癌症,这是我们国家的毒瘤。"一个五人委员会——博塔、德·拉瑞、德·韦特、史末资和前自由邦法官巴里·赫尔佐格(Barry Hertzog)将军——带着这个计划前往比勒陀利亚,希望获得英国的批准。

5月19日,在梅尔罗斯别墅,他们向米尔纳和基钦纳提出了这项计划,却遭到了冷遇。基钦纳说:"答应吧,过完今年,我们就又要开战了"。一天又一天,英国人和布尔人就英国人要求的条件讨价还价,布尔人仍努力想保持独立的假象。米尔纳和基钦纳之间的纠纷使布尔人与英国人的交流变得更加复杂。米尔纳想要的条款将使布尔领导人蒙羞,并破坏他们的信誉;基钦纳则寻求有助于战后和解的条款。

英国做出了几项让步。与米尔纳之前的坚持相反,他们同意对开普殖民地的阿非利卡人叛军从轻发落(仅仅被剥夺选举权5年)。更重要的是,英国人在黑人的政治权利问题上让步了。而在战争前夕,张伯伦曾把布尔人虐待黑人和有色人种当作一个进行干预的借口。

1899年10月,张伯伦对议会说:"(德兰士瓦地区的)土著受到的虐待是可耻的,是残酷的,不应是文明国家所为。"张伯伦和米尔纳都曾宣布,非洲土著和有色人种对政治权利的要求将得到同情的考虑。张伯伦说:"如果让有色人种保持他们在战前所处的地位,以此来换取可耻的和平,我们不能同意。"

他也坚持认为需要某种形式的非洲代表,类似于开普殖民地的黑人精英所拥有的参政权。但为了安抚布尔人,英国人让步了。当务之急是战后两个白人团体之间的和解。

在他们最初的提案草案中,英国曾表示,在实行自治之后,黑人将获得某种形式的代表权。"在实行自治之前,特许经营权不会授予土著人。"但史末资重写了这一条款:"在实行自治之后才决定是否授予土著人选举权。"

英国接受了这项修正案。这意味着德兰士瓦和奥兰治河殖民地的白人选民将自行决定是否赋予黑人选举权。鉴于各共和国从未允许黑人投票,因此,正如双方都承认的那样,黑人将被排除在外,这是不争的结论。就像米尔纳在一封私人信件中所说的那样:"你只需要牺牲'黑鬼',游戏就变得容易了。"

一个更有争议的问题涉及战争债务。布尔领导人希望得到资金,以补偿被他们征用财产用于战争目的的市民,否则,他们发给追随者的期票将不会兑现。博塔认为,偿还这些债务将"增强我们的实力,使我们能体面地结束这件事"。

英国政府最初提供了一笔 100 万英镑的款项,但博塔要求提供 300 万英镑,以便全额赔偿。基钦纳公开支持博塔的要求,并认为"每个官员的名誉都会受到这些文件的影响"。他告诉布罗德里克,这是一件"对和平至关重要"的事。

然而,米尔纳执拗地拒绝考虑支付"两国军队每一位军官为与我们作战而产生的债务",并请求张伯伦支持他。他形容布尔人的要求是"可憎的""荒谬的"和"大胆的尝试",并声称基钦纳正在破坏他的立场。他说,基钦纳"即使在布尔人面前也并不总是支持我"。他还表明了他对整个谈判过程的厌恶。

> 我个人的看法是,布尔人完了,如果弗里尼欣的会议未能达成和平而结束,他们就会左顾右盼地投降。这里的人不是急于破坏谈判,就是仗着我们的弱点虚张声势,现在来看,很可能是后者。

张伯伦对此不以为然。"我不认为仅仅是钱的问题就能阻止战争的结束,因为战争的每周花费就超过 100 万美元……应该有一些比金钱成本更有说服力的论点来证明在这一点上失败所要承担的风险。你能提供吗?在这个阶段,你是否愿意破坏这一协议?"

1902 年 5 月 27 日,英国内阁开会以决定向布尔人提出的最终条件。从今以后,布尔人将被要求承认英国国王爱德华七世为"他们的合法君主"①。德兰士瓦和奥兰治河殖民地将首先由英国军方管理,然后交由行政管理当局管理,然后"在情况允许时"由自治政府管理。这些条款于 5 月 28 日被提交给比勒陀利亚的 10 位布尔领导人。5 月 28 日,这些领导人被告知不会再有进一步的讨论,并被给予三天时间给出一个简单的"是"或"否"的答复。

回到弗里尼欣后,代表们首先向斯泰恩展示了和平条件。斯泰恩谴责他们对布尔人事业的公然背叛。他告诉他们:"你们已经用 300 万英镑的价钱把人民出卖了。"在这 60 名代表中,争论又一次激烈起来。说服他们投降的任务主要落在博塔身上。其他德兰士瓦人都支持他。德·拉瑞告诉代表们,如果继续战斗能拯救这个民族,他会义无反顾地去战斗,如果这个民族已经被挖好了坟墓,他也会毫不犹豫地跳进坟墓。但是,这个国家很有可能被迫全体投降,使战争在耻辱和毫无怜悯中结束。

史末资把话说得更重了。他说,那些苦难行军者们曾英勇地战斗到底,甘愿为阿非利卡人民的独立而牺牲一切,但现在已经没有任何胜利的机会了:

---

① 布尔战争打响时,英国国家元首是维多利亚女王,她于 1901 年 1 月 22 日去世后,她的长子继位成为爱德华七世。双方谈判时,英国国家元首是爱德华七世。——译者注

> 我们已经开始坚定地走向痛苦的终点，但让我们做个男人，老老实实地承认现在一切已经结束了，虽然它比我们想象的更痛苦。死亡本身比我们现在必须踏出的一步要更爽快畅意……任何人都不能说服我，我坚信（阿非利卡）民族为自由所作出的无与伦比的牺牲绝不会是徒劳的……

然而，他继续说，独立并不是为生存而斗争的最高价值。"我们决不能把阿非利卡人民放在独立的祭坛上当作牺牲品。"一旦失去了保持独立的机会，就有义务停止战斗。"我们不能冒着牺牲我们国家和国家未来的危险，仅仅为了一个再也不可能实现的想法。"

自由邦的人仍然态度坚决。斯泰恩宣布："我决不会把手放在牺牲我人民的独立的一纸文件上。"但是，他因为病重而不能参加会议。经过第一天的商议，他辞去了总统职务，把公务交给了德·韦特，并提出了一些忠告：

> 如果德兰士瓦人决定讲和，如果你觉得再抵抗也无济于事，那就投降吧。我们不能让一小股自由邦的人孤军奋战。所以，我们不应受到指责。我们履行了与姊妹共和国达成的协议。没有德兰士瓦，我们自己继续进行斗争将会是愚蠢的。

为了避免发生灾难性的分裂，德·韦特决定和德兰士瓦一起投降。5月31日星期六下午2点刚过，他们就进行了表决：54名代表同意投降，6名代表投了反对票。

"这种情绪是多么令人感慨啊！"布尔突击队的随军牧师，尊敬的凯斯特尔神父写道。"我看到那些从未在敌人面前颤抖过的勇士的嘴唇在颤抖。那在看到最亲爱的人被埋葬时已经干涸的泪水，如今又再次溢满他们的双眼。"

当史末资向下属的突击队员解释和平条约时,一个战士喊道:"扬·史末资,你背叛了我们!"

用吉卜林的话说,这场战争给了英国"一顿学不完的教训"。它是由英国挑起的——由一小撮政治家和官员——假定在军事上可以轻松战胜一群落后的农民——这是一场"茶时"战争,原本预计将"在圣诞节前结束"。但它最终变成了一场具有羞辱性的充满退却和挫折的战役,通过部署45万帝国军队和使用焦土战术才取得了胜利。英国军队为此付出的代价是2.2万人的死亡,其中三分之二死于疾病。英国财政部的开支——原先估计为1000万英镑——实际上却是2.17亿英镑。当它最终结束时——两年半之后——英国得到的与其说是一种胜利感,不如说是一种解脱感。正如吉卜林所写:

> 我和我的老朋友都经历了,
> 正如你说的,一场战争,
> 但看看在任何一方被击败前
> 双方都做了什么,我并不为赢得胜利感到多骄傲,
> 反而要感谢皮埃特。

1902年5月31日,在基钦纳位于比勒陀利亚梅尔罗斯别墅的总部,布尔领导人聚集在此签署了和平协议,基钦纳与他们握手,宣布:"现在我们是好朋友了。"

然而,对米尔纳来说,战争是未竟的事业。后来,他告诉记者斯宾塞·威尔金森(Spenser Wilkinson):"这场战争已经变味儿了,它不再是用子弹的战争,但它仍然是战争。我们确实持有获胜的牌,但我们并没有赢得这场比赛,而且我们不能再输一次了。"

# 第四十三章
## 和平使者

塞西尔·罗德斯没有活到战争结束的时候。在1902年的头几个月里，他的健康迅速恶化。他只有48岁，但看起来更像一个60多岁的人。他那患了病的心脏使他喘不过气来，而且经常疼痛难忍。在他的幕僚看来，罗德斯似乎已经油尽灯枯。

戈登·勒·苏尔写道："他满脸浮肿，几乎像吹气球一样胀起来，脸色乌青，带着紫色的印记。"1902年1月，罗德斯从埃及旅行回来后不久，戈登在伦敦与他相遇。"我意识到他确实病得很重。"

罗德斯人生最后的几个月不仅被恶化的健康状况折磨，他还与拉济维乌大公夫人发生了一场令人厌烦的纠葛。他们的友谊早已变质。罗德斯对她感到愤怒，因为她不断企图干涉开普殖民地的政治，还对所有人含沙射影地暗示自己与她情缘匪浅。她住在纳尔逊山酒店时结识了不少熟人，其中有一位是《泰晤士报》的通讯员利奥·埃默里。

埃默里回忆道："拉济维乌大公夫人，对罗德斯产生了迷恋，并希望把他变成结婚对象，但没有成功。"

拉济维乌后来承认，罗德斯讨厌她不断缠着自己。

"你到底想要怎么样呢，罗德斯先生？"有一次她生气地问。

"让我一个人待着！"他恼怒地回答。当拉济维乌向罗德斯请求贷款，以帮助她偿还日渐增加的债务时——她在纳尔逊山酒店的账单共计 1000 多英镑——罗德斯索性付清了账单，希望她能永远离开开普敦，返回伦敦。

然而，拉济维乌还是缠着他。1901 年 1 月 22 日，他们在"大谷仓"别墅共进午餐后发生了争执，拉济维乌后来称之为"一场激烈的争吵"。在她的自述中，她写道："有一些文件，出于某些原因，它们是非常见不得人的，而我拥有其中最重要的几份，这些文件在从它们的合法主人那里被偷走后，落入了我的手中……我和罗德斯在这个问题上发生了一场悲剧性的争吵。他坚持要我把我所拥有的信件和文件交给他。我强烈地拒绝了。"

拉济维乌很有可能在拜访"大谷仓"别墅时潜入罗德斯的私人办公室偷了一些文件——这些文件可能与"詹森远征"有关——打算勒索罗德斯。他们的罗曼史就这样戛然而止了。

尽管经济拮据，拉济维乌还是决定在开普敦创办自己的报纸——一份她称之为《更伟大的不列颠》（Greater Britain）的廉价周报。她租了几间办公室，还雇了一位名叫弗雷德里克·洛夫格罗夫的编辑，告诉他自己有足够的钱支付 6 个月的出版费用，并打算"从罗德斯那里骗取资金"来维持该报的运营。但她很快就深陷债务的泥潭。1901 年 6 月，她从一家书店买了一张罗德斯的签名照，开始在期票和账单上伪造他的签名。当一张期票到期时，她伪造了另一张金额高达 6000 英镑的期票，试图稳住她的债主，她估计罗德斯也不敢对她轻举妄动。

凭借一生敏锐的商业经验，罗德斯设下了陷阱。在隐藏自己的同时，他开始抨击她，揭露她是伪造者，以防她决定披露她拥有的任何犯罪文件。罗德斯秘密安排他的朋友汤姆·卢文（Tom Louw）为拉济维乌最近伪造的期票预支2000英镑。同时，他还发布了新闻公告，警告说，某些声称由他签署的期票实际上是伪造的，从而阻止了拉济维乌获得更多的钱。

当卢文的期票于1901年9月到期时，拉济维乌无力偿还。10月，卢文就2000英镑的期票对拉济维乌和罗德斯提起了法律诉讼。罗德斯当时还在伦敦，他签署了一份宣誓书，否认他曾签署过任何期票。他通过各种中间人接触拉济维乌，试图向她提供金钱，如果她同意归还她所持有的任何有罪文件，但拉济维乌拒绝了，她相信罗德斯会解决她的债务，而不是"对簿公堂"。

但罗德斯选择继续进行法律程序。1902年2月6日，他和拉济维乌一起被正式传唤到开普敦的最高法院。尽管他可以在英国作证，但他坚持要回到开普敦。他在伦敦的医生警告他，他的心脏将承受不了这种压力。朋友们也劝他不要为这种小事冒险。他回答："不是钱的问题。没有什么风险能吓退我，我一定要洗清我人格中与那个女人有关的所有污点。"

他说，他决心捍卫自己的荣誉，一把揭下拉济维乌的"画皮"。然而，事实上，罗德斯担心的并不是他的声誉受损，而是拉济维乌可能会在法庭上出示她的"文件"。他想用他个人的全部威望来说服法庭给这位贵妇打上伪造者的烙印。

在詹森医生的陪同下，罗德斯启程前往开普敦。远洋航行使他的健康状况更加恶化。他在海上得了重感冒，一天夜里，他睡在船舱的写字桌上，想吹吹凉风，结果从桌子上摔了下来。他于2月4日抵达开普敦，立刻满脸浮肿，变得异常憔悴。那个夏天热得令人难以忍受，白天，他留在"大谷仓"别墅，然后在每天晚上退到梅

森堡海滨的一个小农舍,从福尔斯湾吹来的微风中获得解脱。他的助手之一戈登·勒·苏尔回忆说:

> 罗德斯会像笼中的野兽一样在房子里四处游荡,他把衣服全敞开,他的手总是伸进裤子里,喘着气的时候,他额头上的汗珠在他那蓬乱的头发下闪闪发光。
>
> 他会走进昏暗的客厅,一头扑倒在长沙发上,接着他会站起来,再缩成一团蜷在椅子上……然后痛苦地爬上楼,回到卧室,来回踱步,不时停在能看到桌山美景的窗口前。

2月6日,最高法院开庭审理此案,拉济维乌因健康不佳而未出庭。在作证时,罗德斯否认对期票知情。"它们都是赝品,"他说,"都是伪造的。"他解释说,他支付了拉济维乌在纳尔逊山酒店旅馆的账单,条件是她必须离开该国。

"我付了她的账单,她离开了这个国家,但她又回来了。"首席大法官亨利·德·维利尔斯爵士做出判决,正式宣布本票是伪造的,但他拒绝对拉济维乌提起刑事诉讼,理由是罗德斯一方没有提交指控她犯罪的证词。

罗德斯以为这件事到此为止了。但令他惊讶的是,拉济维乌决定反击。她因被贴上伪造者的标签而愤怒,于是起诉了罗德斯,要求他支付2000英镑的账单,声称这就是罗德斯签署的。

当秘书把传票递给他时,罗德斯喊道:"那个该死的女人!她就不能放过我吗?"在别无选择的情况下,他起草了一份陈述书,指控拉济维乌伪造文件。

2月28日,拉济维乌被正式指控使用伪造文件。罗德斯由于病重而不能出席法庭预审,他在"大谷仓"别墅把证据交给了地方法官。拉济维乌和她的律师一起坐在治安官办公桌前一小圈人的后面。罗德斯穿着灰色上衣、白色法兰绒裤子和黑色靴子走进房间,在沙发上坐了下来,咳嗽得厉害。诉讼只持续了几分钟。罗德斯在一份事先准备好的声明上签了字,否认了支票,然后摇摇晃晃地站起身离开了,没有看拉济维乌一眼。随后,她被判犯有24项欺诈和伪造罪,并被判处两年监禁。

在梅森堡的小屋里,在朋友和助手的陪伴下,罗德斯度过了生命中的最后几周,他的呼吸变得越来越困难。乔丹写道:"这是最令人伤心的,看到他坐在床边,一只胳膊放在地板上,另一只叉腰放在他前面的床上,他有时喘着粗气,有时深深地低下头,以至于下巴几乎碰到胸部。有时在清晨和傍晚,天气会变得很冷,但是他毫不理会。他无法呼吸到足够的新鲜空气,甚至当周围的人都穿着大衣时,他也只能穿着薄薄的睡衣坐在敞开的窗户前。他总是要求得到更多的新鲜空气。"

詹森医生让人在天花板上放置了几层冰;在墙上打了一扇额外的窗户,以保证持续的通风;印度式的潘卡风扇①日夜不停地转动。但罗德斯的痛苦并没有减轻。

1902年3月26日,他生命的最后一天,他的朋友、银行家和传记作家刘易斯·米歇尔听到他喃喃地说道:"做得这么少,要做的事情这么多。"米歇尔说,沉默了许久后,罗德斯开始哼唱小曲,"也许是他曾经在母亲膝前唱过的几小节歌曲"。晚上,就在临死前,他醒了过来,对他最喜欢的助手杰克·格里默(Jack Grimmer)说:"给

---

① 一种手动风扇,由仆人手动转动,在电风扇普及之前,它在南亚次大陆十分盛行。——译者注

我翻一下身，杰克。"然后又沉默了。

许多人围在街上，詹森向他们正式宣布了罗德斯的死讯。詹森站在阳台上庄严地宣读了事先准备好的声明。当被问及罗德斯的临终遗言时，他回答说："做得这么少，要做的事情这么多。"这是报纸记录下来的版本。罗德斯会很高兴自己的故事有这么传奇的收场。

他的尸体被带到了"大谷仓"别墅。在复活节的周末，约有3万人穿过橡木镶板的大厅，访问了罗德斯的灵堂。随后，他的灵柩被运往开普敦，安放在国会大厦内，成千上万的人前来悼念。在国会大厦，灵柩被抬上一辆挂着英国国旗和不列颠南非特许公司旗帜的运炮车，前往大教堂举行葬礼。

在葬礼上，开普敦大主教发表讲话，敦促听众以罗德斯为榜样，将他们的一生奉献给大英帝国，为它开疆拓土，巩固根基，为英国商品开拓新市场，为英国殖民者建立新的王道乐土。然后，棺材在另一个游行队伍的前呼后拥下被带到火车站，去北方巡游展览。

在遗嘱中，罗德斯提出他要葬在马塔贝莱兰的马托博群山之中。1896年，他曾和汉斯·索尔骑马来到这里，偶然发现了马林迪祖马的花岗岩圆顶——这是一个北恩德莱尔词，意思是"灵魂的栖身之所"。罗德斯对这个地方的宏伟和孤独印象深刻，称其为"一道世界的风景线"。

去往布拉瓦约的旅行花了五天。送葬列车经过金伯利和梅富根，绕过战区，在那里，一名英国将军刚刚向考斯·德·拉瑞投降。灵柩途经城镇时，都会有仪仗队欢迎，还有军乐队演奏葬礼进行曲。

从布拉瓦约出发，一队开普马车和骑兵伴随着棺木前往马托博山区。当灵柩被拖上马林迪祖马的花岗岩斜坡时，簇拥在此的恩德贝莱人以皇家礼炮向罗德斯致以问候。在葬礼仪式上，马绍纳兰主教宣读了鲁德亚德·吉卜林为这一场合创作的一首关于罗德斯的诗：

> 伟大而忧郁的精神永存，
> 将加快征服和统治的节奏；
> 活着，他就是这片土地，
> 死了，他的灵魂依旧！

伦敦编辑斯特德在向罗德斯致敬时，称罗德斯是"新的金钱王朝的第一代王，在后来的岁月里，这一王朝的诸王逐渐成为现代世界真正的统治者"。罗德斯去世时是个富人，但他400万英镑的遗产远远少于他的老金伯利合伙人拜特和沃尔德赫。他们一心想着赚钱发财，而罗德斯的注意力则一直集中在权力上。

保罗·克鲁格在欧洲度过了他流亡的最后几年，他只身孤影，耳朵越来越聋，老眼昏花，因英国的战争暴行深感痛苦。1900年11月抵达马赛时，他说道，"南非的战争已经超过了野蛮主义的范畴"。

> 在我的一生中，我曾与许多野蛮的卡菲尔部落作战，但即使是他们也不像英国人那么野蛮。英国人烧毁了我们的农场，把我们的妇女和儿童逼入赤贫的境地，饥寒交迫，没有片瓦遮头。

他寻求欧洲各国政府的支持，但毫无结果，没有人愿意得罪英国，德皇也拒绝与他会面。

他向记者爱米莉·鲁登（Emil Luden）请求道："没有一个仲裁吗？难道没有人愿意给我们一个公平的听证机会，一个为自己辩护的机会吗？我们可能做错了什么，我们有我们的错误，我们的弱点；我们是宣战了，但我们是被迫动手的——我们可以证明！让别人在英国和我们之间做出审判。让别人来审判吧。"

鲁登在《帕尔默尔报》发表的一篇文章中描述了她在海牙与克

鲁格的相遇：

乍一看，他给人的印象并不讨喜：一张又大又阴沉的脸，两只大手放在一大堆深色衣服上。除非有绝对的必要，否则他不会从他那呆板的椅子上站起来。不难看出，对这位勇敢的昔日老兵来说，身体上的动作是多么令人厌烦。当一个陌生人走进房间时，他猛地抬起头来，然后他的头又沉到了胸前。他从来没有学习过"客套的礼节"，虽然他的思想很吸引人。他的手一动不动，手指尖抵着他松垮的身体……

他的思想慢慢地形成，最后在突然的阵痛中诞生，他那苦涩的语言和痛苦的手势都充满了激情。当他沉默时，他的手也保持静止不动。当他开始说话时，他把手指头掰开，就像把假想的重物甩到身后，他敲打着椅子的扶手，然后把双手重重地放在膝盖上。当他坚定地提出自己的想法时，他的指尖又像是再次寻找着什么，他闭上眼睛，脸上好像又覆上了一张抽象的面具。

克鲁格在欧洲流亡时，各国政府对他比较冷淡，但他受到了公众的热烈欢迎。他被广泛认为是英国欺凌行为的受害者，是对抗世界上最大帝国的小共和国的英勇捍卫者。人群挥舞着德兰士瓦的旗帜迎接他，为他举行晚宴和招待会。商店里克鲁格的纪念品在市场上生意兴隆：明信片、半身像、纪念章、马克杯和印有他肖像的盘子。但是克鲁格并不特别喜欢公众的赞扬，他也不喜欢闲聊。

但在英国，他仍然声名狼藉，被认为是一个举止粗俗的农民，戴着烟囱帽，长着牡蛎眼，穿着寒酸的衣服，这种形象在卡通画里屡见不鲜。他顽固地拒绝给予英国人应有的权利，并把他的人民拖进一场对抗英国的战争，而不愿退让。眼看着要失败，他又带着"数百万"黄金一走了之，以逃避后果。这种讽刺漫画在他死后还流行了很长一段时间。

1902年5月31日，布尔将军们签署了和平条约，克鲁格听到这个消息后崩溃了，但他并没有责怪他们。"我将《圣经·哥林多后书》第8章第3节中的经文应用于将军们：'我可以证明他们是按着力量，而且也过了力量，他们自己甘心乐意地捐助。'"

"就我个人而言，"他又说，"我也不会失去勇气，因为和平并不像公民们所希望的那样。因为，除了两个共和国的人民的流血和可怕的苦难现在已经结束之外，我相信上帝并没有抛弃他的人民，即使看起来如此。"

几周后，克鲁格的妻子盖济娜在比勒陀利亚去世，这又给他一击重击。他又苟延残喘了两年，但他的健康每况愈下，还把大部分时间花在读《圣经》上，常常陷入长时间的沉默。在77岁生日那天，他参加了在乌得勒支举行的一个特别的礼拜仪式，坐在博塔、德·韦特和德·拉瑞的前排。仪式快结束的时候，在助手的帮助下，他登上讲坛做了一次简短的讲道。"单词艰难地从他那颤抖的嘴唇上飘落下来。"第二年冬天，艾米莉·霍布豪斯在法国蔚蓝海岸的芒通拜访了他。

她写道："我们的谈话没有持续多长时间，我发现他的思想已经游离了，世界对他来说已经结束了……他很想知道我是否见到了他的妻子，但我告诉他，在她去世前，我没有被允许访问比勒陀利亚，这时，他显得失望至极，甚至不想再做进一步谈话。"

1904年5月，克鲁格在日内瓦湖畔克拉伦斯的一栋别墅里安顿下来。当史末资和博塔催促他回到开普殖民地时，他拒绝了。在最

后一封信中,他给博塔写道:

> 我出生在英国的国旗下,但我不想死在这面国旗下。我已经学会接受关于死亡的痛苦,作为一个孤独的流亡者,在异国他乡,远离我的亲人和朋友,我将再不可能见到他们的面孔,远离非洲的土地,远离这个我为之奉献了一生的国家,我很可能不会再次踏足,我曾努力为了文明而将它开放,我曾目睹它生根发芽,茁壮成长。

几周后,他感染了肺炎,最终于7月14日去世。

在写给艾米莉·霍布豪斯的信中,史末资这样评价克鲁格:"他毫无疑问是布尔人性格中光明和黑暗两个方面的典型,无论是在道德上还是智力上,他都是布尔种族中迄今为止最伟大的人。在他钢铁般的意志和不屈中,在他对命运'永不言败'的态度中,在他对彼岸世界的神秘信仰中,他代表了我们所有人最好的特质。产生这样一个人的种族,永远不会被打败,承蒙上帝庇佑,这个种族永远不会失败。"

1904年11月,克鲁格的遗体从欧洲被带回南非安葬。在从开普敦出发的火车上,司机接到命令,只要一有灯光,火车就要停下来。因此,在整个晚上,火车总是停下来,好让一群群农民献上花圈。12月16日,他被安葬在比勒陀利亚,他妻子的身边。

# 第十部分

# 第四十四章
## 阳光边疆战略

作为德兰士瓦和奥兰治河殖民地的新主宰,米尔纳爵士打算大展宏图,强行实施自己的战后政策。他把总部从开普敦搬到了约翰内斯堡,而不是比勒陀利亚。

他说:"我越看越觉得比勒陀利亚不适合做首都。"他说,那是他见过的"最没劲的地方"。但张伯伦裁定,比勒陀利亚必须保留为首都。他也对米尔纳在约翰内斯堡定居有所顾虑,因为那里的金矿业具有举足轻重的影响力。

"我的反对意见是,它(约翰内斯堡)缺乏那种其他大城市的多样性,而这种特质能使公众舆论保持健康和公正。"但米尔纳我行我素,在该城北郊一座名叫"阳光边疆"的红瓦别墅里安顿了下来,这座别墅原是为一位兰德金矿主建造的。为了协助自己管理新领地,他招募了一群年轻的牛津大学毕业生,这些人起初被嘲笑为"米尔纳幼儿园"。其中就有约翰·布坎(John Buchan),在南非的经历后来成了他小说的素材,特别是《祭司王约翰》(*Prester John*)一书,就大量取材于此段经历。

布坎担任了米尔纳的私人助理秘书,他首先着手处理妇女和儿童集中营的事务,然后遣返布尔人俘虏,再是土地安置和农业计划。他写道:"在某种程度上,我必须是个无所不包的人——交通骑手、种子商、股票经纪人、马夫、商人、律师,更不用说外交官了。"

米尔纳抵达约翰内斯堡时,目标明确,志在必得,决心大权独揽,去完成这些目标。最重要的是,他决心将德兰士瓦变成一个"完全英国式"的领地,在那里,"英国的利益、英国的思想、英国的教育"将占上风。

为实现这一目标,他设想了两个主要方法。第一个是大规模的英国移民。他对殖民地部说:"我认为英国人口的增长最为重要。10年后,如果有3个英国人和2个荷兰人竞争,这个国家就会安全繁荣。如果有3个荷兰人和2个英国人竞争,我们将会有源源不断的麻烦……我们不仅希望英国人占多数,我们还希望有一个公平的范围,因为英国有一大群怪人,他们特别喜欢与自己的人民作对。"

米尔纳认为,英国在城镇中建立统治地位不会有什么困难。大部分移民将成为城镇产业工人,战争结束后,他们会被"矿业和其他工业企业的迅速扩张"吸引到德兰士瓦。但他对农村地区的未来表示担忧。

大部分农业人口将永远是荷兰人。但这并不重要,只要在大多数地区有足够多的英国人支持自己的选区就行。只有一丁点儿英国人是没有用的,因为他们只会被同化,变得比他们的邻居更荷兰化。实现这一目标的唯一途径是政府大量购买土地,以期转售给合适的定居者。定居者的首选应该是愿意承担资本风险的男性,他们应该被安排在大型或中型农场……我们最大的希望是……成千上万的高素质的定居者……这样即使他们在人数上不占优势,他们也将和荷兰人相处得很好。在一个健康的社会和政治环境里,白人人口应该是这样的:假设白人人口的60％是工商业人口，40％是农业人口，我希望60％的人口中有45％是英国人，40％中15％是英国人，25％是荷兰人。前者的比例会自动实现……但要让英国人口占到农业人口的五分之二，英国就需要下一番工夫了。只有通过政府机构将大批英国定居者带到南非才能做到这一点。

米尔纳估计，经过5年和平而有益的英国统治，德兰士瓦的英国人口将从10万上升到25万，而阿非利卡人的数量也将略有增加，从14万增加到15万。只有在确保大多数人的忠诚时，德兰士瓦才有希望获得一定程度的自治。

米尔纳打算在他的行动中使用的另一个主要方法是使德兰士瓦的教育体系"英语化"。"除了人口构成之外，最重要的是教育。"关键是要让英语成为公立学校的主要教学语言。米尔纳告诉殖民地部，英语应该是所有高等教育的通用语言。"荷兰语应该只被用来教英语，而英语应该用来教其他任何东西。"他特别强调了招聘高效教师的必要性。"语言固然重要，但其中传达的教学语气和精神更重要。对学校里阅读的重视还是不够。把这些做好已经是我们可以想象到的最大政治成就。我对学校里的历史书尤其重视。"

为了将这些思想付诸实践，米尔纳聘请了充满激情的帝国主义者埃德蒙·萨甘特担任教育主任。教师是经过精心挑选的，他们必须对这一事业无限忠诚。在教育委员会安排的面试中，候选人们会被问道：

你是否赞同政府将奥兰治河和德兰士瓦殖民地永久纳入英国自治领？

你会尽你最大的努力……让布尔民族的男人、女人和孩子……接受他们的新身份，成为大英帝国的公民吗？

学校里大部分课程都是关于帝国历史的。英语被正式确立为教学语言。当局唯一的让步是允许父母每天可以用荷兰语对子女进行15分钟的宗教教育，每周再给子女3小时的时间学习荷兰语版的《圣经》，直到学会为止，此后每周给子女3小时的时间学习荷兰语文学。

除了移民和教育方面的倡议，米尔纳还有其他两个目标：建立一个现代化的专业官僚机构，以及促进经济发展。米尔纳认为，现代化和经济繁荣不仅会刺激英国人大规模移民，还会摧毁阿非利卡民族主义的基础。一旦德兰士瓦获得了足够的英国特征，它就可以率先在南部非洲建立英国联邦的统治。虽然奥兰治河殖民地注定会保持以阿非利卡人为主的状态，但它别无选择，只能成为联邦统治的一部分。米尔纳认为："一个完全属于英国的德兰士瓦已经来到了，整个南非还会远吗？"他的最终目标是将整个南部非洲变成"一个自治领"，在一面旗帜下，由一个共同的政府推行海关、铁路、国防和土著方面的政策——"一个自治的白人团体，从开普敦到赞比西河的那些被善待和公正管理的黑人劳工都将拥护它"。

米尔纳精力充沛地投身于他的伟大计划之中。不久，一项大规模计划就展开了，目的是让布尔人重返这片土地。战争结束时，大部分布尔人已背井离乡：11.7万名平民百姓生活在集中营；3.1万名反抗英国的男性公民沦为战俘，其中大多数被关押在海外营地，远至锡兰和百慕大群岛。当局向返回家乡的农民提供了种子、牲畜、工具和建筑材料。当局还首次设立了农业部，下设兽医学、土壤化学、林业、园艺和病虫害防治科，实施了各种计划，以改善作物栽培条件，促进农牧业发展。从警局到法院再到地方政府，一切部门都重新组织起来了；更多的铁路被修建，一系列精心设计的公立学校也建了起来。米尔纳说,发展是"我们的王牌"。"每一条新铁路,每一所新学校,每一个新的定居点,都是钉到布尔民族主义棺材上的一颗钉子。"

至于政治方面的未来,他决心在英国统治固若金汤之前不让阿非利卡人染指政治权力。他成立了两个"立法委员会"——一个代表德兰士瓦,一个代表奥兰治河殖民地。但他们是由官员和选定的候选人组成的。在被米尔纳任命为德兰士瓦立法委员会的提名人中,有两位是矿业巨头:战后矿业商会的第一任主席珀西·菲茨帕特里克爵士,战后矿业商会的第二任主席乔治·法拉爵士(Sir George Farrar)。两人都参与了罗德斯推翻克鲁格政权的阴谋,且都在不久之前被封为爵士。

但米尔纳的宏伟计划很快就遇到了困难。他对经济扩张的希望在很大程度上取决于黄金开采业的命运。他希望矿山能够创造一个"溢出"——一份可以"提振"德兰士瓦经济的收入盈余,为此,他与矿业商会建立了密切的关系,给予其"半官方地位"。但事实证明,战后采矿业的扩张速度远远低于预期。一个主要原因是因为缺乏熟练的非洲劳工。1899年,这些矿场雇用了9.6万名非洲工人,而在1903年,它们只招收到了6.3万人。1903年,德兰士瓦的一个劳工委员会估计,矿场里还缺13万名劳工。劳动力短缺的主要原因是矿业公会决定将工资从1899年的每月50先令减至35先令。矿业公司坚持认为,它们必须削减劳动力成本,才能在深层采矿中有利可图。

为了帮助解决这一问题,米尔纳与葡属莫桑比克政府匆忙达成了一项协议,后者以提供劳动力为条件,德兰士瓦则允诺其一半进出口运输将通过劳伦索·马克斯港口进行。但是,从莫桑比克招募的人员仍然只是杯水车薪。随后,米尔纳向张伯伦建议通过短期合同从亚洲引进契约劳工。自 19 世纪 70 年代以来，来自印度的契约劳工就一直在纳塔尔的糖业种植园工作，许多人在合同到期后留了下来，这加剧了南非的种族问题。白人对输入的亚洲劳工有着强烈的地方偏见。对此张伯伦也很清楚。1903 年 1 月，他在日记中写道：

> 米尔纳爵士倾向于尝试从中国输入劳动力……我认为，这样的行动会极不受欢迎，还会在国内（英国）掀起风暴。

但米尔纳和矿业商会都继续要求使用中国劳工。在张伯伦于 1903 年 9 月辞职后，米尔纳发现他的继任者——殖民地大臣阿尔弗雷德·利特尔顿（Alfred Lyttelton）——更能接受这个想法。1904 年，英国政府正式批准了《德兰士瓦劳工引进条例》（*Transvaal Labour Importation Ordinance*）。为了安抚白人矿工，该法令禁止 50 多个特定的技术岗位输入劳工，从而在法规中设置了一个比对肤色的工业色卡，而在以前，肤色划分几乎完全按惯例强制执行。后来，这一肤色色卡也应用到非洲工人身上。第一批中国工人于 1904 年 6 月抵达兰德金矿，签订了为期 3 年的合同；在接下来的 4 年中，6 万多人接踵而至，达到矿山劳动力总数的近三分之一。黄金产值急剧上升，从 1903 年的 1260 万英镑上升到 1907 年的 2740 万英镑。

尽管中国劳动力的引入帮助缓解了兰德的劳动力短缺问题，但也加剧了当地人对米尔纳政权的不满。陆续返回南非的英国侨民，对米尔纳的独裁统治十分反感。在和平条约签订后的几个星期内，他们就开始鼓动建立代议制政府。批评人士抨击南非政府花钱大手大脚，监管过度，并指责英国派来的官员态度冷漠、缺乏经验，对南非的情况一无所知。他们也不喜欢米尔纳与采矿公司利益如此紧密地结合在一起。

米尔纳很清楚自己不受欢迎。他写道："在这样的一个社会里，政府不受欢迎是不可避免的，而这些累积的不满最终必将导致一场变革。问题在于，不受欢迎的人数正在以怎样的速度累积？"他希望，在自治到来之前的三四年内，能够巩固"一个管理有效、富有威望的政府"。这样，当自治到来时，也无法撼动它分毫。

但是，侨民对代表权的要求越来越强烈。1904年11月，两个争取政治权利的政治组织成立。其中之一是由菲茨帕特里克、法拉以及黄金开采公司和金融公司的其他董事领导的德兰士瓦进步协会（Transvaal Advanced Association），他们主张实行一种有限的自治，允许英国官员保留相当大的行政权力，直到确保英国人在未来的德兰士瓦议会中占到多数，协会成员对阿非利卡民族主义十分恐惧。另一个是德兰士瓦责任政府协会（The Transvaal Responsible Government Association），该协会由一些体面而熟稔政治的绅士领导，他们对米尔纳的许多政策持批评态度，包括他引入中国劳工的决定，并希望立即实行自治。

米尔纳不仅面临着侨民反对派的威胁，布尔人的抵抗运动也开始活跃起来。

在战争痛苦的余波中，布尔社会似乎注定要衰落和被遗忘。战争在许多地方造成了无法修复的破坏。无数的布尔人被连根拔起。大约有1万人又在集中营待了几个月，因为他们无处可去。1903年，出现了创纪录的干旱，这使布尔人的处境更加糟糕。这一年也标志着持续6年的农业萧条的开始。越来越多的人一路流浪来到城镇，希望找到工作，但城镇没有为他们提供庇护。这些城镇是英国商业和文化的堡垒,在那里,来自乡下的布尔人既没有一技之长,也没什么文化,因为穷困潦倒、乡巴佬的生活方式和土气的语言而受到蔑视和白眼。

更糟糕的是,战争给布尔人群体留下了深刻的分歧。战斗到最后一刻的苦难行军者们鄙视投降的"变节者",更鄙视和英国军队合作的"带路党"。1902 年 10 月,荷兰语报纸《土地与人民》的编辑欧根·马雷(Eugène Marais)写道:"仇恨之情……深如海洋,广如上帝所造之地。我们从心底里恨这些人,因为他们玷污了我们荣耀的名字。我们不可能宽恕,更不可能忘记。"1903 年 1 月,作为"带路党"的领袖之一,皮埃特·德·韦特抱怨说:"我们被打上烙印,被怀疑,被憎恨。"

米尔纳的英语化政策,旨在把布尔人同化到大英帝国里,却引发了一次反对它的群众运动。德兰士瓦和奥兰治河殖民地的阿非利卡领导人没有屈服于米尔纳的淫威之下,他们拒不接受新的学校体系,拒绝他强加的英语教育,而是建立了自己的私立学校,实行所谓的基督教国民教育,这种教育既使用荷兰语又使用英语作为教学语言,严格遵守加尔文主义的传统,并在学生中培育阿非利卡民族意识。荷兰归正教会站在学校运动的最前沿,作为从战争中幸存下来的最强大的阿非利卡人机构,它决心捍卫阿非利卡人的文化和宗教,不仅是为了自己的利益,也是为了更广泛的民族主义。

阿非利卡作家们也加入到语言运动中来,争论荷兰语和阿非利卡语的优劣。阿非利卡语仍然没有标准的书写形式,也几乎没有文学作品。在某些地方,它被视为一种"厨房语言"。开普殖民地的斯泰伦博施是阿非利卡人最重要的高等教育中心,这里的学生在辩论、阅读新闻报道和读写私人信件时使用的语言通常是英语。但现在,对自己的语言和文学的需要被认为是阿非利卡人生存的首要条件。

第二次阿非利卡语运动很快就轰轰烈烈地开始了。在德兰士瓦、奥兰治河殖民地和开普殖民地，阿非利卡人成立了一些组织，以促进阿非利卡语的书写，说服同胞将它作为书面语言和口头语言使用，并开展运动，争取官方承认。一些作家，如欧根·马雷、路易·莱波尔特（Louis Leipoldt）和扬·塞利尔斯（Jan Celliers）开始发表诗歌，证明阿非利卡语具有很大的文学潜力。他们的大部分诗歌都是描写第二次布尔战争中英勇牺牲的故事，以及在大英帝国统治下阿非利卡人所遭受的苦难。

扬·塞利尔斯写道："每一个阿非利卡人都清楚，只有我们自己的文学，才浸润着阿非利卡人的精神，才会在语言和内容上完全为阿非利卡人所理解，只有这样的语言才是真正有意义的。谁愿意帮助我们为我们的人民建立这样的文学呢？我们要为人民服务，我们要教育国家，我们不能再等下去了。"

荷兰归正教会在格拉夫·雷内特的牧师，后来成为著名民族主义领袖的丹尼尔·马兰博士（Dr. Daniel Malan），也加入了这场运动：

> 如果你给年轻的阿非利卡人一种他们很容易掌握的书面语言，你就建立了一个保卫我们人民免于英语化的壁垒……将阿非利卡语提升成一种书面语，让它成为我们文化、历史和民族理想的载体，也会提高讲阿非利卡语的人的整体素质。

布尔人的主要将领，特别是德兰士瓦的路易斯·博塔和扬·史末资，以及奥兰治河殖民地的巴里·赫尔佐格，成了强烈抨击米尔纳政权的一群异议者。他们震惊于米尔纳想要引进中国劳工的意图，因而组织了一系列抗议集会，并向殖民地高级专员利特尔顿发去电报，谴责该计划为"最严重的公共灾难"。当利特尔顿拒绝接受他们声称的"代表绝大多数布尔人"的发言时，博塔和他的同事们决心发起一场政治运动来证明支持他们的力量有多强大。最重要的是，他们决心克服困扰着阿非利卡人的激烈分歧。

1905年1月，博塔宣布成立人民党（Het Volk），其成员包括4名布尔将军。他要求德兰士瓦和奥兰治河殖民地实现完全自治，停止对公众使用荷兰语的限制，并且终止引进中国劳工的制度。它还希望对成千上万被战争摧残的阿非利卡人进行更多的救济。人民党迅速赢得了德兰士瓦绝大多数阿非利卡人的支持。在奥兰治河殖民地，一个类似的政治组织，奥兰治联合党（Orangia Unie）于1905年7月由巴里·赫尔佐格和亚伯拉罕·菲舍尔（Abraham Fischer）领导建立。米尔纳的措施非但没有消除阿非利卡的民族主义，反而成功地使其死灰复燃。阿非利卡人中的一位杰出人士在1906年说："米尔纳让我们成为了一个民族。"

米尔纳按照他的宏伟计划重塑南部非洲的野心不仅影响了德兰士瓦和奥兰治河殖民地，还影响了开普殖民地。这场战争把开普殖民地的英国人和阿非利卡人分裂成了两个敌对的阵营。米尔纳特别不信任阿非利卡人帮，认为它是一个不忠于英国事业的"叛乱党"。不少阿非利卡人帮成员加入了开普殖民地的叛军，其他人则直言不讳地谴责英国的战争暴行，如焚烧农场。1900年，开普议会暂停工作，但在和平解决方案通过后，议会将会重新组建。米尔纳担心，阿非利卡人帮在战后可能会获得控制权，使进步党等忠诚的政党成为在野党。他认为，无论如何，开普殖民地的政治体制都需要重组，以使得殖民地更容易加入由英国管理的联邦，将其与德兰士瓦、奥兰治河殖民地和纳塔尔连接起来。因此,他试图发动一场实际上是反对开普宪法的政变。

在幕后,他安排了一份由进步党议员起草并签署的请愿书,要求英国政府暂停推行开普宪法。他知道张伯伦反对任何暂停宪法的主意,但仍打算迫使他就范。米尔纳在向开普殖民地总督沃尔特·赫利-哈钦森爵士(Sir Walter Hely-Hutchinson)解释自己的计划时说,他"绝对相信……有必要从内部进行干预,让开普殖民地回归正轨,防止它拖累南非所有的进步大业"。

他说,该倡议必须来自忠诚的殖民者,"如果需要的话,还要得到民众的支持"。1902年5月,在《弗里尼欣条约》签署后不久,一份由42名议员签署的请愿书正式提交给了赫利-哈钦森,后者又将请愿书递交给了米尔纳。

米尔纳的正式答复是,作为高级专员,他无法对请愿书发表评论。但他附上了一封以私人身份写给请愿者的非正式信件,并授权该信在开普殖民地的报纸上发表。

> 作为对老朋友的非正式发言,我可以说,我完全赞同这样一种愿望,即在战争引起的激烈情绪尚未平息之前,避免使殖民地受到因议会和政党重新爆发冲突可能造成的灾难性后果的影响……开普殖民地无党派政府的过渡期,暂缓实行宪政制度反而可能会推进其正常运作。我认为这样的制度更有可能实现真正的自由,促进工业和商业的发展,缓和种族仇恨,而不是立即恢复到旧的状况。

但米尔纳的计划失败了。他对终止宪法的支持在开普敦引起了一阵骚动。在伦敦,张伯伦因米尔纳没有事先征求他的意见而大发雷霆，他告诉米尔纳，他感到"沮丧""非常尴尬"，以及"深受伤害"。米尔纳试图以直白的语言为自己辩护：

> 我认为这是很不幸的，在英国为南非霸权而进行的斗争结束的短短6个月之后，英国的公众舆论竟然会认为那些在开普殖民地为这一霸权而战的人应当心甘情愿地落在凶恶和奸诈的敌人的控制之下……我不仅应当，而且也有责任告诉他们，除非他们能够通过正常渠道把他们的恐惧和他们的需要告诉英国政府和人民，否则审判可能会对他们不利。

米尔纳对政变努力的失败深感失望，但1904年2月的开普选举结果却给了他些许安慰。先前，在开普殖民地有1万名阿非利卡人选民被剥夺公民权，以惩罚他们参与叛乱，借由这个优势，进步党战胜了南非党，后者是阿非利卡人帮和其他组织组成的联盟。

进步党的胜利也标志着罗德斯的老朋友詹森的命运迎来了新的曙光。在罗德斯生命的最后几年里，詹森一直在努力为自己洗刷恶名。他被罗德斯任命为戴比尔斯集团的董事，1900年，他作为进步党人在金伯利选区参加议会竞选，结果无一人支持他。根据《开普时报》的报道，7月詹森第一次在议会露面时，面临了"死一般的沉默"。詹森的传记作者、记者伊恩·科尔文记录了此次事件如何演变成人身攻击：

> 在一次可怕的会议中，詹森坐在后排的一条长椅上，一副孤苦伶仃的样子，没有人招呼他，也没有人注意他，就在这时，（阿非利卡人）帮派从会议室的另一边向他投去毒箭般的言语和笑声。他在这里感到浑身不自在，无法施展抱负。

尽管如此，詹森还是坚持了下来。罗德斯死后，他想继承罗德斯的衣钵，他认为完成罗德斯中断的工作是他的"职责"，他还搬进了"大谷仓"别墅。1903 年，他成为进步党的领袖，一年后成为总理。

鲁德亚德·吉卜林在创作著名诗歌《如果》（If）时想到的就是詹森：

> 如果你能赌出你赢得的一切
> 冒着孤注一掷的风险，
> 即使失败，也要东山再起。
> 如果你能面对胜利和灾难
> 对这两个骗子一视同仁。

米尔纳爵士于 1905 年离开南非，除了在这片土地上安插了几千名英国移民，以及使得阿非利卡人的敌意超过了战前的任何时候之外，他对阿非利卡人进行英国化的努力毫无成果。1904 年的一次人口普查显示，德兰士瓦的白人总人口为 30 万；约翰内斯堡的人口仅从战前的 7.65 万增加到 8.3 万；威特沃特斯兰德现在的人口为 11.7 万；但是，在农村人口中阿非利卡人占了绝大多数。在比勒陀利亚的最后一次演讲中，米尔纳抱怨了对手对他进行的阻挠，这种阻挠不是来自阿非利卡人，而是来自英国公民。他说，德兰士瓦的"那些最大的利益"已经受到了"严重的损害"，而这种损害是在"持续不断的指责、没完没了的挖苦中逐渐产生，并在偶尔爆发的歇斯底里的谩骂中变得多样"。

米尔纳的努力很快就失败了。在英国，随着金戈主义浪潮的消退，盎格鲁-布尔战争更多地被看作是一次代价高昂又不光彩的事件，而不是帝国的胜利。在议会中，自由党反对派批评在金矿使用低薪中国劳工的行为，声称这无异于"对中国人搞奴隶制"。更糟糕的是，米尔纳授权在一系列暴力和暴虐案件中鞭打中国劳工，置地方法官的权威于不顾。

米尔纳告诉他的继任者塞尔本勋爵："当时，这种事在我看来并无大碍，我真的很少去考虑它。"

1906年1月，亨利·坎贝尔·班纳曼爵士领导的自由党政府上台，他们倾向于让德兰士瓦和奥兰治河殖民地实行自治。史末资将军赶赴伦敦，与新首相见面。史末资写道："我在唐宁街10号向他提出了一个简单的事实。那就是：'你想要朋友还是敌人？'"

在英国征服布尔共和国5年后，德兰士瓦和奥兰治河殖民地又被归还给阿非利卡的领导人，而他们为此付出了巨大的生命代价。1907年2月，人民党以明显多数击败了菲茨帕特里克领导的进步党，并在路易斯·博塔的领导下组建了政府，博塔出任总理。1907年11月，除8个未能获得的席位外，奥兰治联合党在议会中赢得了剩余所有席位，亚伯拉罕·菲舍尔成为首相。

对史末资来说，这是"信任和宽宏大量的奇迹"，但对米尔纳来说，这是"巨大的背叛"。

# 第四十五章
## "起来,班图人!"

当白人热火朝天地忙着政治活动时,黑人却被排挤到一边。黑人希望英国的统治会为他们带来政治权利和地位的改善,但这种希望很快就破灭了。1900年,当英国军队到达威特沃特斯兰德时,成群的黑人工人兴高采烈地烧掉他们的通行证,因为他们以为开明的英国政府不需要这些。但事实是,通行证法的实施力度变得更大了。非洲土著领导人,如佩迪人的酋长塞库库尼二世和卡特拉酋长伦特什韦,在战争期间为英国军队提供了宝贵的帮助,他们帮助英军将布尔突击队赶出他们的周边地区,却没有得到什么回报。德兰士瓦的非洲土著搬到了荒废的布尔农场,希望这些在19世纪被殖民的土地能够重新回到他们手中,但却很快被英国军队和警察驱逐了。一位非洲撰稿人在《南非展望》(*South African Outlook*)杂志中表达了对农村地区的幻灭感:

> 战争后期,促使新殖民地的原住民听从国王陛下的军队调遣的一个强有力的原因是,英国政府将在众所周知的正义感和公平感的驱使下,将在全面解决问题的行动中,充分考虑黑人在这片土地上的地位,并且在战争结束时,把整片土地归还给他们,他们认为,这时正是英国人对他们这些被剥夺土地和自

由的人表示同情的时候。唉！但事实并非如此。今天，这些殖民地的黑人觉得走了一条狼又来了一只虎。

黑人精英中弥漫着一种深深的震惊情绪，因为英国政府同意在引入自治政府之前，推迟考虑黑人的政治权利，这实际上是把决定权交给了白人选民。德兰士瓦土著代表大会向伦敦下议院抱怨说，"与国王和英国原则为敌"的阿非利卡人受到优待，但以"心灵和行为"表示忠诚的非洲人的利益却受到忽视。奥兰治河殖民地原住民大会（Orange River Colony Native Congress）向爱德华七世递交的请愿书也提出了类似的抗议。"（在我们这些请愿者）看来，令人痛惜的是，在流血事件停止之前，战争所标榜的正义、自由和平等权利竟会如此轻易地被放弃。请愿者们认为，如果不能在这个殖民地的立法机构中有一些代表为他们发声，他们的利益将永远处于危险之中。"在之后的岁月里，非洲所有四个殖民地的土著发言人都谴责《弗里尼欣条约》是对他们最大的不公。

米尔纳爵士对非洲土著的抗议不予理会。他说："白人和黑人之间的政治平等是不可能的。白人必须统治，因为他的级别比黑人高出许多，黑人需要几个世纪才能克服这其中的差距，而且很有可能大多数黑人永远也无法提升至这样的高度。"米尔纳关心的主要问题是实现一个统一的"土著政策"，以促进四个殖民地整合成一个联邦。他认为，每个殖民地所维持的仍影响着非洲人民的不同传统和法律是一个严重的障碍。

自议会建立以来，开普殖民地坚持无种族特权的传统已经持续了50年。尽管罗德斯政府提高了选民门槛，目的是使非白人更难进入选民名册，但任何人都可以投票，不论种族，只要他至少认识字，每年能挣50英镑，或者在非洲保留地的公有土地之外拥有价值75

英镑的房子和土地。这导致非洲人和有色人种在选民中占据了很大比例：大约10％的登记选民是有色人种，大约5％的登记选民是非洲人。1903年，根据官方报告，登记在册的8117名非洲人选民影响了46个开普选区中7个选区的选举结果，且足以决定选举结果。此外，虽然没有任何有色人种或非洲男子曾在开普议会中任职，但他们有资格参加竞选。有色人种和非洲人也有权以个人名义拥有土地，从事任何职业或工作。

北方的三块领土遵循了一种更为严酷的传统。虽然1856年英国在与开普殖民地相同的基础上，允许纳塔尔建立代议制政府，但纳塔尔的议会对寻求投票权的非洲人设置了重重障碍，以至于在1903年的一次官方调查中，登记在册的选民只有两名非洲人，而且据信他们都已去世。

在德兰士瓦和奥兰治自由邦，只有白人拥有政治权利。白人与黑人之间唯一可以被接受的关系是主人与仆人的关系。当局不时通过决议案来强调这一点。直到1899年，德兰士瓦人民大会还禁止非洲人在人行道上行走。非洲人不被允许经商，不被允许从事所有技术工作，他们也不能单独拥有土地。在德兰士瓦和奥兰治自由邦，只有一小部分土地被划作土著保留地。大部分非洲人口"蹲"在白人拥有的土地上，成为佃户或长工，以换取一个居住、种植作物和放牧牲畜的地方。

为了形成一个统一的土著政策，米尔纳于1903年指派了一个南非土著事务委员会（South African Native Affairs Commission），让他们规划一个关于土著政策的蓝图。委员会主席戈弗雷·拉格登爵士（Sir Godfrey Lagden）是一位殖民地的英国官员，几乎所有其他成员也都讲英语。大多数人被认为是对土著问题有"进步"看法的人，更有几个人被描述为"土著支持者"。他们在南部非洲各地广泛旅行，收集证据。他们在1905年发表的报告对南非的种族关系思想产生了深远的影响。

该报告的主要建议是，白人和黑人应在政治和土地占有以及永久所有权方面保持分离。尽管政治权力当然会一直掌握在白人手中，但为了避免将来黑人选民的人数可能超过白人选民这种"不可容忍的情况"出现，应该为黑人人口建立一套单独的代表制度。土地也应该被划分成白人区和黑人区，正如报告所说，这是"一个最终解决方案"。在城市地区，应该为黑人城市居民建立独立的"保留地"。

这些关于白人和黑人之间需要隔离的观点，在当时被社会广泛接受，无论是敌视黑人还是对黑人友好的人都认可这一观点。著名传教士、牧师查尔斯·布尔金（Charles Bourguin）于1902年在比勒陀利亚起草了一份文件，对种族隔离给予支持。在提到白人与黑人之间日益紧张的关系时，他说："我和其他许多人一样，认为如果想避免灾难，对黑人和白人来说最好的事情就是让土著们尽可能地自己过自己的生活，管理自己的事务，在富有同情心的白人管理者的指导下建立自己独立的机构。"

拉格登委员会的意义在于，它将19世纪整个南部非洲普遍采用的隔离做法提升到了政治理论的高度。种族隔离被每一位白人政治家利用，被当作一个值得尊重的口号，并在一部又一部的法律中占据一席之地。

面对强大的白人势力，弱小的黑人精英们不甘就此认输，他们努力调动政治力量来维护自身利益。他们来自坚定信奉基督教理想的教会学校，穿着维多利亚时代的服装，坚持英国的文化价值观，非常相信自己被灌输的"白人的公平竞争意识"。他们最喜欢的运动之一是板球。他们已经脱离了非洲传统社会，被雇佣为教师、教会牧师、办事员、翻译和记者，渴望展示非洲人是如何轻松地适应"白人文明"。他们的共同愿景是建立一个不分种族的"文明"社会，在这个社会中，一个人的价值比他的肤色更重要。

在一个接一个有礼有节的请愿中，精英组织表达了他们对种种歧视政策的不满，这些政策涉及土地、法律与其他影响非洲人"教养、性格和能力"的歧视性措施，他们还要求获得政治代表权。但是，他们每每被拒绝。面对着由至少46名酋长和2.57万名非洲人签署的德兰士瓦请愿书时，拉格登驳回了这一请求，称这不过是"由与当地报纸有联系的一些受过半桶水教育的土著草草策划的，不能认为土著们能够理解这些请愿，这些请愿也不能代表土著的意愿"。有时，土著们还会听到更为刺耳的声音。1906年，纳塔尔的一家非洲报纸敦促非洲人采取政治行动，呼吁"起来，班图人！"（Vukani Bantu）这是一个在祖鲁语和科萨语里都存在的短语，意思是"起义吧，同胞们！"该报纸的编辑约翰·杜博（John Dube）因此被传唤到总督面前，受到了严厉谴责，并被勒令发表道歉声明。

在纳塔尔，当地的不满情绪爆发并演变成公开的反抗。土地因被侵占而短缺，一系列自然灾害——干旱、蝗虫和使牛群大批死亡的牛瘟暴发——导致土著百姓困厄不堪。白人对土地的大肆圈占，进一步激起了不满。在祖鲁兰于1897年被并入纳塔尔后，纳塔尔的白人统治者将大片土地分配给白人作为定居点。一个祖鲁兰土地划界委员会于1904年为祖鲁人预留了380万英亩的土地，其中大部分是"遍布乱石、干旱缺水和疟疾横行"的荒地，却给白人保留了260万英亩适合搞商业化农业的土地。政府还下达指令，禁止生活在"白人"地区的非洲人购买或租用土地，这实际上是要求他们成为佃户或卷铺盖走人。在纳塔尔，一半的黑人居住在拥挤不堪的保留区，进行着艰苦的劳作，另一半黑人则居住在从白人地主那里租来的土地上，不得不支付高昂的租金，许多人因此债务缠身。苛捐杂税又进一步增加了他们的负担。1905年9月，在财政困难的情况下，纳塔尔政府颁布了一项新的人头税，并定于1906年1月开始实行。

尽管在纳塔尔经常传出土著暴动的谣言，但当局认为，在南部非洲，他们的"土著管理"体系是迄今为止最好的体系。政府部长弗雷德里克·摩尔（Frederick Moor）对南非土著事务委员会说："我们相当庆幸自己的好运，我们的土著是南非最有礼貌、最守规矩、最遵纪守法的人。"于是，当麻烦开始出现时，当局大惊失色。

叛乱是由一件小事引起的。1906年2月7日，在纳塔尔米德兰的拜尔内敦，一群住在附近农场的27名非洲人拒绝支付人头税。当一支警察分遣队被派去逮捕他们时，一场混战爆发了，两名白人警察被刺死。闻听此事，英国当局大为震惊。2月9日，他们宣布对整个殖民地实施戒严，并派邓肯·麦肯齐（Duncan McKenzie）上校带领一支纳塔尔民兵前往米德兰。麦肯齐是一位出生于纳塔尔的农场主和交通骑手，曾在恩德贝莱人和绍纳人起义期间服务于罗得西亚，他坚信，必须让土著居民畏惧才能统治他们。他说，使用戒严令提供了一个"千载难逢的机会"，可以对所有犯有叛国罪的土著人施以最严厉的惩罚，并向他们灌输"尊重白人"的观念。《纳塔尔时报》后来称他为"狂热分子……他的唯一想法是'保持白人领先'，他对大多数土著问题采取简单粗暴的解决方法，那就是系统性和大规模地'打击黑鬼'"。

麦肯齐的下属将两名首犯捉拿归案，在军事法庭对这两个人进行了简单的审判，然后把他们交给行刑队处决。3月，被俘的另外

12人被军事法庭判处死刑，然后英国当局将许多酋长和部落成员召集起来，当着他们的面将这些叛乱分子枪决。其他叛乱分子也被判处长期监禁。在处置拜尔内敦叛乱分子的同时，麦肯齐还花了6周的时间亲自在米德兰的酋长领地上追踪据说是"逆贼"的部落成员，他带领下属焚烧村庄和农作物，没收牲畜，罢免酋长，确信他正在把一个庞大的反对白人统治的阴谋"扼杀在萌芽中"。

但是，就在税收叛乱被成功镇压的时候，祖鲁兰南部边境恩坎德拉的山区和林区发生了更严重的事件。纳塔尔维嫩地区一个名叫班巴塔（Bambatha）的小酋长与当局发生冲突，逃到了那里。在1890年被任命为酋长时，班巴塔与白人地主发生了一系列关于拖欠租金的纠纷。为逃避缴纳新征收的人头税，负债累累的他去到祖鲁兰暂避风头。他不在的时候，当局任命了一位新的首领。1906年4月，班巴塔回到家中，绑架了新的首领，向派去调查的警察支队开火，然后带着几百名追随者前往恩坎德拉山区，意图煽动叛乱。他自称是祖鲁国王塞奇瓦约的儿子兼继承人迪尼祖鲁（Dinuzulu），与许多杰出的酋长会合，集结了1000人的军队，还采用了祖鲁先王的战争口号和战争徽章。在将近一个月的时间里，他与麦肯齐上校指挥的白人军队进行游击战，直到6月被困在莫梅峡谷，兵败被杀。土著的抵抗运动似乎又一次成功地被压制了。6月18日，纳塔尔总督亨利·麦卡勒姆爵士（Sir Henry McCallum）向殖民地部通报："任何叛乱都不可能蔓延到纳塔尔。"

同一天，英军的一支运输车队在马普穆洛遭到袭击，这里是纳塔尔一个人口稠密的地区，与祖鲁兰接壤。这次袭击标志着又一次起义的开始，此次起义有数千名武装起来的部落成员参加。由于英国当局征收人头税和对欠税者任意惩罚，土著酋长们感到不满。起义被不分青红皂白地残暴镇压了。总共有3000多人被杀害；7000人被监禁；大约700人被处以酷刑，后背"被鞭打得皮开肉绽"；村庄被夷为平地，庄稼被毁。相反，白人伤亡很少：6名白人平民死亡，18名白人士兵在战斗中丧生。

当时的英国殖民地部副部长温斯顿·丘吉尔形容纳塔尔人是"大英帝国的小流氓"。南部非洲的白人政客也同样对此持批评态度。史末资将军形容1906年的纳塔尔战役"仅仅是一连串烧杀抢掠的记录"。英国高级专员塞尔本勋爵私下评论说："纳塔尔在政治和财政上业已双重破产。"

尽管叛乱——也就是众所周知的班巴塔叛乱——被镇压，但纳塔尔和祖鲁兰的紧张动荡局势仍未得到缓和。据说土著们正在酝酿着又一次的叛乱。迪尼祖鲁的名字也经常被提到。真正的迪尼祖鲁在国外被流放8年后，于1897年获准返回祖鲁兰。① 官方认为，他不过是祖鲁兰83个小酋长中的一个，他的权力也只限于他自己的乌苏图部族。但是，祖鲁人认为他是祖鲁王室的代表，是他们民族自豪感的化身，并渴望他的领导。当局知道他一直与包括班巴塔在内的叛乱领导人有联系，但不确定他发挥了什么作用。他的名字，他的战争口号"乌苏图"和他的战争徽记都在起义期间被使用，但是迪尼祖鲁本人申明了他对政府的忠诚，并提出要亲自出马，帮助政府军征收赋税，来证明自己对英国忠心耿耿。但他的提议被拒绝了。

1907年，英军谋杀了几名效忠派酋长，他们还发现迪尼祖鲁将

---

① 迪尼祖鲁·卡塞奇瓦约（Dinuzulu kaCetshwayo），塞奇瓦约·卡姆潘德之子，也是指定的继承人，曾于1890年被英军俘虏并流放圣赫勒拿岛，7年后被释放，次年回到故乡。1906年，他因卷入班巴塔叛乱而被判处四年监禁，两年后被释放，于1913年逝世。——译者注

班巴塔的妻子和两个孩子安置于他位于农戈马的总部，收留了17个月之久。自此，政府官员开始确信他不仅是1906年叛乱的幕后策划者，而且还在谋划进行另一次起义。虽然伦敦的英国殖民地部认为关于迪尼祖鲁叛乱的证据站不住脚，但纳塔尔政府再次宣布对祖鲁兰实行戒严，并且动员军队备战。迪尼祖鲁被逮捕，被控犯有叛国罪、煽动谋杀罪、煽动叛乱罪和叛乱罪、杀人同谋罪、包庇叛乱分子罪，另外还有一堆鸡毛蒜皮的罪名。

1908年11月，迪尼祖鲁在格雷敦（Greytown）受审，他被指控犯下了23项叛国罪。迪尼祖鲁在给他的辩护律师、开普殖民地前总理威廉·施莱纳的信中写道："我唯一的罪状就是我是塞奇瓦约的儿子。我要被人恶意杀害了，而我什么坏事也没做。"

首席法官，即德兰士瓦法官威廉·史密斯爵士（Sir William Smith）于1909年做出了判决。关于迪尼祖鲁煽动叛乱的指控，史密斯说："我认为此案非常有悖常理，因为按照它的逻辑，犯罪嫌疑人煽动班巴塔进行叛乱，在我看来，这似乎是令人难以置信的……在我发现的这种情况下，如果他确实煽动别人冒名顶替自己来造反，我倾向于认为他应该以精神错乱为由被宣告无罪。事实上，我认为他有权根据事实被无罪释放。"

关于1907年迪尼祖鲁密谋发动另一场叛乱的指控，史密斯直言不讳地说："我找不到任何证据可以证明有任何进一步的叛乱或叛乱正在酝酿之中。"对迪尼祖鲁提出的23项指控中，有20项被驳回。然而，由于叛乱期间和叛乱之后窝藏反叛分子的指控被坐实，迪尼祖鲁被判有罪，并被判处四年监禁。

班巴塔叛乱是南非最后一次反对白人统治的部落起义。在寻找叛乱的根本原因时，纳塔尔的白人群体将大部分责任归咎于受过基督教宣教教育的非洲土著，指责他们为了一己私利而挑起事端，而不是由税收、罚款和抢占土地所种下的恶果。大多数白人并不信任非洲基督徒——他们被称为霍瓦——认为这些人不是"传统的"非洲人，他们认为"传统"非洲人更加尊重白人的统治。纳塔尔的一位警察局长将非洲人的不满和1906年的叛乱归因于教育与传教士的影响，他声称，这种影响"倾向于向黑人灌输与白人平等的观念，这在纳塔尔是一种危险的信条，必然导致主体种族的不满"。纳塔尔总督亨利·麦卡勒姆爵士对此也表示赞同："很显然，许多半文明的当地人都是传教活动的产物……不幸的是，他们成了传播反抗宪法权威思想的代理人。"他特别指责了那些独立的非洲教会成员——他们被称为"埃塞俄比亚人"——脱离了主流黑人。

事实上，参与叛乱的非洲土著基督徒是很少的。但是，黑人基督徒必定心怀不轨的观念却深深地扎根于白人群体。约翰·布坎在1910年出版的小说《祭司王约翰》中就对这一观点大书特书，该小说是根据纳塔尔起义改编的。他讲述了一个狂热的黑人教会牧师煽动叛乱，以复兴埃塞俄比亚传说中的基督教统治者约翰王的帝国，而这一惊天阴谋，被一个英勇的苏格兰小店主挫败的故事。

# 第四十六章
## "黑人法令"

与此同时,在德兰士瓦,莫罕达斯·甘地领导人群针对种族秩序提出了不同的挑战。1893年,24岁的甘地因受雇于一家位于德班的印度商业公司而来到南部非洲,双方签订了一年的合同,甘地需要协助该公司对德兰士瓦的一名印度商人提起法律诉讼。自那时起,甘地就以为印度人争取权利为己任。他迅速融入了该地区的种族环境。

他坐头等舱从德班前往比勒陀利亚,车开到彼得马里茨堡时,一名白人列车员告诉他,他需要把头等舱车厢腾出来,搬到行李车厢去。当他拒绝离开时,列车员叫来一名警察,这名警察将他赶下了火车。在寒冷刺骨的冬夜,甘地被留在彼得马里茨堡的候车室里,在严寒中冻得瑟瑟发抖。他后来写道:"我开始考虑我的职责。我应该为我的权利而斗争,还是回到印度,或者我应该无视侮辱,继续前往比勒陀利亚,并在办完案子之后返回印度?不履行我的义务就跑回印度是懦弱的。"

第二天,在乘坐马车前往约翰内斯堡的途中,他又与一位白人售票员就座位安排的问题发生了口角。他一到达约翰内斯堡,就被一家旅馆拒绝入内。然后,在从约翰内斯堡到比勒陀利亚的火车上,他又坐了头等舱,但是一个白人售票员告诉他,让他坐到三等舱去。最后一位英国乘客出面阻拦了这件事。

在比勒陀利亚度过的那一年,甘地磨炼了自己的律师技能,他形容这是一段"最宝贵的经历"。但他不断被提醒,自己是印度人,势必处于低人一等的地位。印度人受到夜间宵禁的约束,还被禁止在公共人行道上行走。有一天,他习惯性地散步到了克鲁格的旧宅附近,一个警察上前推搡他,还把他踢到了大街上。

在离开比勒陀利亚之后,甘地定居德班,他于1894年协助了纳塔尔印度人大会(Natal Indian Congress)的建立,并在其为印度人争取政治权利的运动中发挥了重要作用。印度人最初来到纳塔尔是在1860年,他们作为契约劳工被招募到这里的甘蔗种植园工作。到1893年甘地来到德班时,南非的印度人群体已达7.6万人。他们大多是印度教徒,但也有少量的古吉拉特商人,这些人通常是穆斯林,因被贸易的前景吸引而来到这里。他们比劳工更富有、更自信、更有抱负,是印度人群体中的精英,在抗议歧视性政策方面走在前列。大多数印度人住在纳塔尔,也有数百人居住在德兰士瓦。

当盎格鲁-布尔战争爆发时,甘地看到了向英国当局表现印度臣民的忠诚和价值的机会。他组织的救护队相当出色,经常在猛烈的炮火中营救伤员,尤其是在斯皮恩科普战役中。纳塔尔总理约翰·罗宾逊爵士公开感谢甘地,因为他召集了1100名志愿者,做出了"及时、无私和最有用的行动"。罗宾逊说,所有参与这项服务的人都应该得到社会的感激。

然而,英国人的感激之情是有限的。像甘地这样的印度活动家,原本期望英国在德兰士瓦的统治会为印度人带来更多的权利,但他们很快发现英国当局并不像同情阿非利卡人那样同情印度人的诉求。

迄今为止，德兰士瓦的法律都正式将"亚洲人"排除在公民之外，剥夺他们在隔离地点以外居住或拥有土地的权利，限制他们的贸易活动。实际上，克鲁格政府在执行自己的规定方面一直很松懈。但是，英国官员却以相当大的热情执行这些规定。米尔纳带头支持白人更严格地控制有色人种。他在1904年说："南非本质上是一个白人的国家。""亚洲人是一群白人被迫接纳的外来人。"

甘地仍然寄希望于英国最终会兑现承诺，为英国臣民争取正义、和平，等等。他只关心印度人的福利——特别是他所说的"体面的"印度人的利益——而不关心影响非洲人和有色人种的更广泛的公民权利问题。事实上，他与白人一样强烈地反对"卡菲尔与印度人的混合"。他在1903年写道："如果有什么东西是印度人最珍视的，那就是人种的纯粹性。"

甘地活跃于纳塔尔和德兰士瓦，在德班创办了报纸《印度观点》(*Indian Opinion*)作为印度商人阶层发声的工具，他还注册成为德兰士瓦最高法院的律师，在约翰内斯堡的里西克街开设了办事处。他还资助了约翰内斯堡的一家素食餐厅，这家餐厅由一位德国妇女经营，按甘地的说法，这个德国妇女"喜欢艺术，奢侈，对账目一无所知"。这家餐馆最终破产了，但甘地在那里遇到了《德兰士瓦评论家》(*Transvaal Critic*)杂志的英文副编辑亨利·波拉克。波拉克是约翰·罗斯金（John Ruskin）[①]的崇拜者，他借给甘地一本罗斯金的《直到最后》(*Unto This Last*)，这是一篇基于简单的生活方式和自给自足生活优点的文章。甘地在去德班的火车上读了这

---

[①] 约翰·罗斯金（1819—1900）是英国维多利亚时代主要的艺术评论家之一，也是英国艺术与工艺美术运动的发起人之一，对前拉斐尔派深有影响，推崇自然的美感和生活方式。——译者注

本书。

甘地写道:"一旦开始读这本书,就不可能把它放在一边。我被它迷住了。从约翰内斯堡到德班是一段24小时的旅程。火车在晚上抵达终点。那天晚上我睡不着觉。我决心按照这本书的理想来充实我的生活。"

在离德班14英里的凤凰城,甘地在100英亩的土地上建立了一个公共定居点,打算从律师生涯退休后作为一个体力劳动者住在那里。但他只是短暂地访问过凤凰城。

当1906年班巴塔叛乱爆发时,甘地再次向英国当局提供服务。

> 我对祖鲁人没有怨恨,他们没有伤害任何印度人。我对"叛乱"本身产生了怀疑。但是我当时相信,大英帝国的存在是为了全世界的福祉。一种真正的忠诚约束了我,使我不想对帝国表现出任何敌意。

甘地被授予军士长的荣誉军衔,并被任命为印度救护队队长。

甘地对英国统治的期望并没有很高。他在给约翰内斯堡的英属印度人协会的备忘录中写道:"印度人祈求的东西非常少。他们承认英语种族应该是南非的主要种族。他们不要求政治权力。他们承认限制廉价劳动力涌入的原则。他们所要求的只是自由贸易,自由行动,拥有土地……他们还要求废除对他们加以残害的法律。"

促使甘地和德兰士瓦的印度人团体对英国当局采取行动的,是后者于1906年提出的一项立法草案,该草案要求所有8岁以上的亚裔男性进行登记和指纹采集,并规定任何未能按要求出示登记证明的亚裔都有可能在没有逮捕令的情况下被捕并被驱逐出境。甘地谴责该法案为"黑人法令",将亚洲人"降低到比卡菲尔更低的地位"。

1906 年 9 月，在约翰内斯堡帝国剧院举行的一次群众大会上，他呼吁德兰士瓦的每一个英籍印度人都要做好坐牢的准备，而不是屈服于立法中提出的令人厌恶的、残暴的和有失帝国体面的要求。他对听众说，入狱是一个独特的步骤，一个神圣的步骤。只有这样做，印度人群体才能保持它的荣誉。3000 多名群众对此报以热烈的掌声，全体起立，宣誓"不服从"该法令，并愿意承担后果。

这种新的政治手段在当时被称为"消极抵抗"。但甘地不喜欢这个词，他决心取一个更好的名字，他使用了"真理永恒"，一个古吉拉特语词汇，意思是"灵魂力量"或"真理力量"，但它更常用来表示非暴力斗争。

甘地带着他的任务，率领一个代表团到伦敦向殖民地大臣额尔金勋爵抗议。甘地对他说："我们今天的处境比布尔政权统治时期还要糟得多。"额尔金拒绝批准"黑人法令"，并不是出于对印度人权利的关心，而是为了回避这个问题，直到德兰士瓦获得自治权并能为这个决定承担责任。

1907 年，德兰士瓦人民党赢得大选后不久，路易斯·博塔政府就出台了类似的法案，要求亚洲人接受通行证制度。虽然额尔金有权干预这些歧视性措施，但他拒绝这样做。他说，英国政府认为"他们没有理由反对殖民地第一批民选代表明确表达的总体意愿"。其他立法也随之出台，限制亚洲人向德兰士瓦移民。

从英国回来后，甘地动员了印度人群体。尽管政府威胁要对违约者处以监禁或驱逐令，并扣留交易许可证，但到 1907 年 11 月底登记的最后日期截止时，在大约 7000 人中，只有 545 人提出申请。

这一挑战落到了扬·史末资头上，当时他已成为英属南非殖民地高级专员。史末资决定"只打头，不打尾"——起诉持不同政见的领导者而不是他们的追随者。第一次逮捕发生在 1907 年 12 月 28 日。甘地和其他大约 20 人被围捕，并被传唤到地方法院受审。甘地后来写道："我有一点尴尬的感觉，因为我作为被告站在法庭上，之前我经常作为律师出庭。但我清楚地记得，前一个角色比后一个角色更尊贵，在进入囚室时我没有丝毫犹豫。"他承认有罪，要求法院对他判处 6 个月的苦役和 500 英镑的罚款。令他失望的是，他得到了比大多数同伴更轻的判决——仅仅是两个月的监禁。

然而，对政府报复的恐惧很快就对抗议者造成了伤害。在监狱里，甘地收到了新进来的同伴们的"令人沮丧"的报告。"他们告诉我，人们正在失去勇气。他们告诉我，这些小贩已经停止做生意，因为他们害怕被起诉，因为他们没有执照就摆卖商品……那些进监狱的人在几天内就失去了勇气，有些人暗示再也不愿意进监狱了。"

随着民权运动面临崩溃的危险，甘地寻求妥协。1908 年 1 月 28 日，他在给史末资的信中提议，如果废除这一法案，"亚洲人"会同意自愿登记。史末资回了一封不置可否的信。两天后，两人见面了。这两个人注定会对大英帝国的命运产生深远的个人影响。虽然来自不同的背景——史末资是在西开普殖民地肥沃的农田里长大的，成长于一个坚定的加尔文主义家庭，甘地则是在印度西海岸干旱的博尔本德尔（Porbander）出生，属于吠舍种姓的印度教家庭的一员——两人都是英国培训出来的律师，对英国宪法的运作充满了深深的钦佩。

这两个人的谈话没有被记录下来，但他们似乎相谈甚欢。甘地以一个自由人的身份离开了会议，并告诉他的追随者，他已经与史末资达成了一项光荣的谅解协议，即"黑人法令"将被废除，印度人现在可以自愿登记,而不会遭受任何羞辱。然而,史末资否认他曾做出过这样的承诺。尽管他提出一项立法认可了自愿登记,但他拒绝废除"黑人法令"。于是甘地指责他背信弃义,重新开始抗争。

1908年8月,在约翰内斯堡一座清真寺内的一次群众集会上,示威者烧毁了大约2000份登记证书和贸易许可证。在斗争期间,数百人入狱,数百人被罚款。甘地本人也被判处两次监禁,在比勒陀利亚,他被戴上手铐游街。但经过几个月的风波后,民权运动摇摇欲坠。到了1909年2月,几乎所有的亚裔男性都接受了注册证书。甘地在第三次入狱期间,得知不列颠印度人协会(British Indian Association)业已破产,"劳民伤财,一事无成"。1909年5月出狱时,在约翰内斯堡,在蜂拥而至迎接他的人群面前,他崩溃了。甘地关于非暴力斗争力量的思想,最终成为20世纪的一种重要现象。但在他发展出这些理论和斗争策略的南非,它们只不过是动荡历史的一个注脚。更多的重大事件正在发生。

# 第四十七章
# 斯芬克斯之谜①

在整个1908年，南非的四个英属殖民地之间联合起来组建一个联系更紧密的联邦的势头加速了，这一势头因借了开普殖民地政府换届的东风而更加势不可挡。在执政4年后，詹森的进步党在2月的选举中被由阿非利卡人帮支持的联盟南非党推翻。开普殖民地的新任总理约翰·梅里曼是一位出生于英国的反帝国主义者，长期以来一直直言不讳地批评英国在南部非洲的政策，他认为在战后时期，殖民地政治家应该在不受英国干涉的情况下管理自己的事务。在战后长期的书信往来中，他与德兰士瓦的扬·史末资和奥兰治自由邦前总统马提努斯·斯泰恩找到了共同目标。和梅里曼一样，史末资认为建立联邦会削弱大英帝国的影响力。

在梅里曼竞选前夕，史末资向他致以最美好的祝愿。史末资写道，如果梅里曼在开普殖民地获胜，那么"将出现一个特别的机会来纠正南非的局势，这种机会在我们有生之年可能都不会再出现"。

---

① 斯芬克斯之谜（Riddle of Sphinx）出自《俄狄浦斯王》的戏剧。斯芬克斯是希腊神话中一个长着狮子躯干、女人头面的有翼怪兽。她坐在忒拜城附近的悬崖上，向过路人出一个谜语："什么东西早晨用四条腿走路，中午用两条腿走路，晚上用三条腿走路？"如果路人猜错，就会被害死。然而俄狄浦斯猜中了谜底是人，于是斯芬克斯羞惭跳崖而死。斯芬克斯后来被比喻作谜一样的人和谜语。——译者注

届时,该地区的三个政府——德兰士瓦、奥兰治河殖民地和开普殖民地——将有共同的展望。"我们将有机会消除战争的所有恶果,把南部非洲打造成一个紧密的南非国家,并消除内部的不和,因为这种不和谐总是不可避免地招致唐宁街的干涉。"

史末资设想在大英帝国内部建立一个自治王国。斯泰恩则希望更紧密的联合能把阿非利卡人聚集在一个国家,给予他们有效的控制权,加速他们完全独立的前景。

在纳塔尔,白人普遍反对与其他殖民地联合形成南非联盟的想法,因为这些殖民地可能受到阿非利卡人的控制,他们宁愿保留一个单独的英国身份。但是,1906年祖鲁人的叛乱引起了人们对维持自身安全能力的担忧,使他们第一次更愿意接受组建更紧密联盟的想法。

英国官员鼓励建立联系更紧密的联邦,希望通过增加英国移民来确保英国的影响力,并起草了一份备忘录,概述了联邦将给南非四个殖民地以及南罗得西亚带来的好处。英国高级专员塞尔本勋爵否认任何干涉殖民地内政的意图,但补充说:

> 南部非洲最需要的是稳定——政治稳定、经济稳定、工业稳定……但是,只要南部非洲有五个独立的政府,每个政府在公共生活的各个领域都发展着不同的制度,且每个政府都可能成为另一个政府的潜在对手,而没有一个大一统的政府有权协调整体,那么真正的稳定就不可能实现。

1908年5月,四个殖民地的代表在比勒陀利亚会面,试图解决关于关税和铁路线的争端。史末资指出,需要一个政治方案来解决他们的经济分歧,他提出成立一个"国民大会",以找到一个通向联邦的方式。他的建议获得一致通过。

1908年10月，大会在德班首次召开，11月移至开普敦。每个殖民地议会都有提名的代表参加，共30人：开普12人，德兰士瓦8人，奥兰治河殖民地5人，纳塔尔5人。14人是阿非利卡人，16人是英国人。其中包括4位总理——来自开普的梅里曼，来自德兰士瓦的博塔，来自奥兰治河殖民地的费舍尔，以及来自纳塔尔的弗雷德里克·摩尔——还有许多其他著名人物：来自奥兰治河殖民地的马尔蒂纳斯·斯泰恩将军、德·韦特将军和赫尔佐格将军；来自德兰士瓦的德·拉瑞将军、扬·史末资将军和珀西·菲茨帕特里克爵士；以及来自开普殖民地的斯塔尔·詹森爵士。大会主席是开普敦的首席大法官亨利·德·维利尔斯爵士。南罗得西亚的3名代表也应邀出席。但是，为数众多的黑人却没有一个代表。

会议的总设计师是史末资。他带着一个宪法计划来到大会，事实上，他已经和来自开普、德兰士瓦和奥兰治河殖民地的主要代表们一起明确了这个计划。最有争议的问题涉及政治权利。开普代表决心保留种族平等的选举原则，德兰士瓦和奥兰治河殖民地代表则坚决拒绝任何形式的黑人代表权。这个问题先前在史末资和梅里曼的通信中已经被详细讨论过。为了权宜，梅里曼主张实行一种与开普制度类似的、有限的、统一的选举权：

> 我一点都不喜欢土著，我希望南非没有黑人。但他们就在那儿，我们和他们搅在一起，完全是天意注定，唯一的问题是如何走出我们的道路，保持我们种族的优势，同时履行我们的职责。

他争辩说，开普殖民地的制度因更严格的教育测试而得到巩固，这并不意味着黑人在选举中会有很大的分量,但它会提供一个必要的"安全阀"。如果完全不允许非洲人投票,这无异于"在火山上建房子"。

史末资回答说:

> 我深切同情南非的土著,早在我们来到这里之前,他们就已经存在了,是我们强行剥夺了他们的土地。公正地对待土著,采取明智而谨慎的措施来促进他们的文明和进步,这应该是各方的政策。但我不相信政治能对他们有什么帮助。也许说到底,我根本不相信政治是达到最高目的的手段,但就当前来说,土著们对政治的涉足只会让人产生不安。因此我不会给他们选举权……
>
> 当我考虑到南非土著的政治前途时,我必须说,我看到了阴影和黑暗,我想把解决那个斯芬克斯问题的难以忍受的重担交给未来更加结实的肩膀和更强壮的大脑。

大会在激烈的辩论之后达成了妥协。代表们同意每个殖民地都应该保留自己的选举权法。他们还同意保护开普殖民地的非洲人和有色人种的政治权利,规定任何修改开普选举权法的法案都需要在一次联合会议上获得三分之二议员的支持。但同时,他们也提议,开普殖民地的非洲人和有色人种应被剥夺参加联邦议会的权利,在北方代表的坚持下,大会规定,"只有欧洲后裔"才有资格成为联邦议会成员。

1909年2月,代表们达成了足够的共识,签署了宪法草案。他们同意实行单一而非联邦政治体制,由参议院和众议院组成两院制议会,采用内阁制政府,总督为正式的行政首长。这四个殖民地将成为南非联邦的省份,每个省都有自己的省议会。荷兰语和英语将获得同等认可。宪法草案还包括促进南罗得西亚，以及3个英属领土巴苏陀兰、贝专纳兰和斯威士兰最终合并的条款。各方政治家都宣称，没有以上这些地区参与，联邦就不完整。大多数人希望它们能立即转移到联邦。

宪法草案于2月9日公布后，得到了白人的普遍赞同。在纳塔尔和开普殖民地，虽出现了一些持不同政见者，但大多数白人，不管他们对宪法草案的细节有什么疑虑，都认为联邦太宝贵了，不能失去。6月，在商定各种修正案之后，德兰士瓦和奥兰治河殖民地议会一致同意宪法草案；在开普议会，只有两名议员提出了不同意见；在纳塔尔，选民们以四分之三的多数通过了宪法草案。7月，四国政府的代表团前往伦敦寻求英国议会的批准。

与此同时，非洲人和有色人种对宪法草案充满了敌意。开普殖民地的非洲人和有色人种震惊了，议会竟然设立了一个以肤色来限制他们权利的条款，这对他们来说还是破天荒的头一次。他们还对北方3个殖民地的非洲人和其他有色人种仍然被排除在政治代表之外的做法感到不满。在南非各地，抗议集会不断，民怨沸腾。1909年3月，来自四个地区的非洲团体在布隆方丹召开会议，会议一致认为统一是"必要的、必需的和不可避免的"，同时呼吁应当坚持开普殖民地不分种族的选举权传统。他们希望英国政府能够保护他们的利益。

他们的事业由威廉·施莱纳领导，他是开普前总理，还在1908年新选举的开普议会里占有一席之地。在给开普敦报纸的信中，施莱纳将宪法草案描述为"狭隘、吝啬和短视的"。在议会辩论中，他逐条反对种族歧视条款，将其描述为宪法上的"污点"，利用一切机会提出修正案，进行了不少于64次的发言。

"我们是托管人，不应该为了欧洲人可能得到的任何利益而出卖有色人种的权利。"他表示，与其背信弃义，不如置身于联邦之外。"这一不当行为"将导致严重的后果。"没有荣誉的联邦是任何国家所能遇到的最大危险。"

施莱纳被非洲人的报纸誉为"我们南非的林肯"，但他的努力并没有奏效。开普议会中只有一位议员与他一起投票反对宪法草案，其余 96 人都投了赞成票。

施莱纳将最后的希望寄托于英国政府。他与开普敦的其他少数白人自由主义者一起，起草了一份《致大不列颠及爱尔兰政府和议会的呼吁书》（Appeal to the Parliament and Government of Great Britain and Ireland），抗议开普殖民地的种族限制。他认为，既然是英国首先赋予了开普殖民地的人民"基本权利和自由"，那么现在英国就有责任保护他们。他加入了非洲人和有色人种团体的代表们，决定亲自前往伦敦处理此事。

甘地也刚刚从他的第三次监禁中获释，他扬帆前往伦敦，明确表示亚洲人反对种族歧视的立场。

"联邦不应该仅仅是英国白人臣民的联邦，而应该是所有居住在这里的英国臣民的联邦。"他说。

另一边，南非官方代表一抵达伦敦，就受到了热烈欢迎，他们出行有汽车，有专门的办公场所，受到新闻界的赞扬。博塔将军在 1907 年访问伦敦时赢得了人们的钦佩，因为这个勇敢的敌人变成了值得信赖的盟友，所以受到了特别关注。梅里曼的妻子艾格尼丝在信中写道，博塔是一位相当受人喜爱的总理。"所有这些人现在对荷兰人的热情就像他们在战争期间对他们的憎恨一样强烈——这是一种仁慈，而博塔认为这一切都是他们应得的……我见博塔越多我就越喜欢他——但他完全不为所动，只做自己该做的事——而人们对他的狂热迷恋真的很荒唐。"博塔在 7 月 22 日的晚宴上被介绍给爱德华七世，国王两天后在白金汉宫为所有 19 位代表及其夫人举行国宴。亚伯拉罕·菲舍尔的妻子艾达发现自己坐在米尔纳爵士身边，但还是设法表达了对他的蔑视。

"我几乎同情这个家伙，"亚伯拉罕·菲舍尔在给儿子的信中写道，"他看起来是如此格格不入。"

自由党政府认为宪法草案不需要修改。殖民地大臣克鲁勋爵（Lord Crewe）认为，英国仍然受到1902年弗里尼欣和平会议时做出的关于选举权决定的约束，应将这个问题"推迟到引入自治政府之后"——实际上，这是把问题留给了白人政治家。

官方代表们也坚定地表示，他们不希望英国干涉。代表团团长亨利·德·维利尔斯爵士在他们一行人抵达伦敦之前写道："我坚信，在维系不同种族（布尔人和英国人）之间良好关系的事业上，英国议会不应该在南非土著政策问题上压制其内部几乎一致的愿望，企图诱使英国议会这么做的想法，是对种族团结最严重的打击。"

然而，南非官方代表们担心施莱纳和他的同伴们，即那些有色人种和非洲人，可能会对英国公众舆论产生影响，试图利用一切机会诋毁他们。

斯塔尔·詹森爵士是第一个到达伦敦的人，他告诉《泰晤士报》，"极端黑人主义者"的"煽动"正在"给土著居民造成巨大的伤害"。

梅里曼也说："目前的骚动只会带来最坏的结果。它将使一切倒退，破坏那些不采用开普政策的邦所表现出的非常友好的自由主义政策。我认为施莱纳先生目前的所作所为是对土著居民所做的最不友好的事情之一。"

博塔坚持认为，非白人的政治权利问题"必须在南非由南非人自己来解决"，南非人过去一直"对土著表现出正义和公平竞争的精神"，可以相信他们将来也会这样做。

7月20日，当官方代表在外交部与克鲁勋爵见面时，克鲁勋爵向他们保证，他无意修改有关选举权和代表权的规定。"这些问题必须让南非在本土解决。"不过，他坚称，英国政府将保留管理巴苏陀兰、贝专纳兰和斯威士兰的责任，他说："在看到新的政府机器如何运作之前，我们不会立即移交。"

克鲁担心一旦将领土的控制权移交给了联邦，英国的"抗议力量"就会消失。如果出了问题，"鉴于我们的义务，我们将承担可怕的责任"。除此之外，克鲁和官方代表很快就宪法草案达成了一致。

当施莱纳的代表团于7月22日早上与克鲁会面时，克鲁刚在前一天与南非的正式代表敲定诸般事项。他礼貌地接待了他们，并对他们表示同情，但除此之外，他并没有做出任何承诺。施莱纳也发现很难唤起公众对他的使命的兴趣。英国媒体几乎一致反对英国议会篡改法案草案的建议，只有《卫报》站出来支持他。

7月27日，上议院对《南非法案》进行了辩论，南非的所有代表都出席了辩论。博塔、梅里曼、摩尔和德·维利尔斯行使枢密院议员的权利，坐在议会的会议厅里，其他政府代表则在正式席位上旁听。施莱纳、甘地以及非洲有色人种的代表坐在旁听席。只有7位议员参与辩论，其中6位赞成不做任何修改地接受条例草案。坎特伯雷大主教说，对土著居民施加约束和限制是合理的，"这些限制与我们对儿童施加的限制是一致的"，并表示希望"随着时间的推移，更大、更健全、更多的基督教原则将最终在南非占上风"。

8月，在下议院的辩论中，来自不同党派的许多人士都反对种族歧视，对该法案提出了修正案，这些人包括自由党的后座议员①、爱尔兰民族主义者和工党的议员。工党领袖凯尔·哈迪援引博塔、史末资和其他白人政客的声明，认为他们可能打算摧毁开普的平等选举权。他说，由于经济竞争的结果，白人的观点越来越不自由，而不是越来越自由。他继续说，众议院的任何成员都不能证明这一种族限制是正当的。他坚持认为所谓的修改这一法案会破坏联邦的说法，纯粹是胡说八道。这一法案目前是矛盾的，它一方面要把白人联合在一起，一方面又剥夺了非白人的公民权。

"这是我们第一次被要求在大英帝国的门户上写下：'凡入此门者，弃绝希望。'"但没有一项修正案获得超过10张的支持票。

在总结时，自由党总理赫伯特·阿斯奎思（Herbert Asquith）承认，在有关黑人和有色人种权利的条款上，"意见完全一致，令人遗憾。"但他说，他相信，如果白人团结起来，他们会更明智地处理这些问题，如果他们在不同的殖民地继续搞分裂，事情会变得更棘手。

任何来自外部的控制或干涉都是对土著最不利的。我预计，作为南非联邦将要带来的附带优势之一，这将被证明是一项土著政策的先兆……这一政策比一些群体过去所追求的更加开明。

---

① 后座议员指的是英国国会里坐在议会后座的普通议员。后座议员并非执政党的内阁成员，也不是在野党的领袖、发言人或影子内阁成员（因他们已占据前座，故称前座议员），通常是新当选或委任的议员，或已从内阁中离职的议员。由于并非内阁成员或党内重要人物，后座议员在国会的地位及影响力稍低。——译者注

# 尾声

1910年5月31日，南非联邦成立，人们怀着美好的祝愿，希望布尔人和英国人能够找到弥合彼此分歧的办法，合并成一个统一的南非国家。从表面上看，成功似乎是大有希望的。南非是迄今为止非洲最富有的国家，产出了全世界三分之一的黄金和98%的钻石。以路易斯·博塔为首的新政府由杰出的英国人和布尔人组成，都致力于和解政策。其中还包括另外两位布尔将军，扬·史末资和巴里·赫尔佐格，以及一大批说英语的南非人。1910年的选举表明，绝大多数的阿非利卡人支持和解。

然而，对英国统治的恐惧和怨恨却越来越深。许多阿非利卡人从未接受加入大英帝国的想法，并为失去了自己的共和国而哀悼不已。他们在任何地方都能感受到大英帝国的权威。《天佑国王》成了官方的国歌。英国的红船旗①成了国旗，联邦纹章在旗帜下方的角落里。伦敦枢密院，而不是南非最高法院，才是司法行政的最后仲裁者。此外，在战争与和平问题上，根据1910年的宪法，

---

① 红船旗是英国的商船旗，最早起源于17世纪英国皇家海军的船旗，后被英国商船队使用。——译者注

南非不是一个主权独立的国家，而是受英政府的约束。大多数公务员讲英语，甚至是满嘴乡音的英国公务员和教师也成了举足轻重的人。城镇也是英式的。英国人控制着工业、商业和采矿业，控制着银行和金融机构。他们还几乎垄断了工业的相关技能和培训。

由于担心英国强大的影响力最终会吞噬阿非利卡人，使南非沦为大英帝国的附属，一群阿非利卡领导人开始公开否定博塔和史末资所支持的和解政策。其中就有巴里·赫尔佐格。赫尔佐格之所以接受与帝国的联系，只是因为这有助于减轻说英语的少数群体的恐惧心理，从而促进这两个群体之间维持良好的关系。但是他坚定地认为，南非在大英帝国内部应该是一个分离而独立的地位，在完全平等的基础上接纳英国人和阿非利卡人。他在1912年说：“我不是那种满嘴都是和解和忠诚的人，因为那些空话骗不了任何人。”他还明确提到博塔将军最近在伦敦出席的帝国会议，并补充说：“我宁愿和自己的人民一起躺在粪堆上，也不愿待在大英帝国的宫殿里。”1913年，赫尔佐格从内阁辞职，辗转于奥兰治自由邦一个又一个的村庄，宣传阿非利卡人的事业，成立了许多阿非利卡人警戒委员会（Afrikaner vigilance committees）。第二年，他与几位议会同僚组成了一个新党——国民党（National Party），该党的宗旨是"联邦的利益高于任何国家的利益"。

在英国的授意下，博塔和史末资将南非带入了第一次世界大战，这时赫尔佐格又站出来反对他们。他说："这是英国和德国之间的战争，不是南非的战争。"他在布尔战争中的几位老战友，包括克里斯蒂安·德·维特和考斯·德·拉瑞，都认为叛乱的时机已经成熟，于是发出了战斗的号召。阿非利卡人叛军与政府军进行了3个月的零星战斗。这段插曲留下了更多痛苦的回忆。在1915年的大选中，国民党赢得了17个自由邦席位中的16个，以及开普的7个席位和德兰士瓦的4个席位。

使阿非利卡民族主义者更加痛苦的，是一场影响整个阿非利卡人群体的巨大的社会动荡。农村地区的经济发生了深刻的变化，部分由战争引起，部分是由于现代农业的发展，数十万阿非利卡人陷入贫困的深渊，大批人涌向城市——"向着城市跋涉"。然而，正如阿非利卡人发现的那样，这些城镇是一个陌生而充满敌意的世界。工业、商业和公务员的语言绝大多数是英语，阿非利卡语被嘲笑为"厨房语言"，受尽白眼。由于缺乏技能、教育和资金，许多人不得不与廉价的黑人劳动力竞争工作机会，生活在城市边缘的贫民窟里。城市贫困变得与农村贫困一样普遍。

这个所谓的"白人贫困问题"，经常被归咎于"英国帝国主义"和"盎格鲁-犹太资本主义"的邪恶企图。作为回应，阿非利卡领导人建立了自己的社会组织，试图在大萧条的漩涡中团结人民，捍卫自己的传统。1918年成立的阿非利卡人兄弟会（Afrikaner Broederbond）就是这样一个组织。它最初只是一个小组织，主要是为了促进阿非利卡文化和语言。但它将成长为南非历史上最强大的组织之一，并成为决定南非命运的主要因素。

与此同时，黑人人口受制于一系列旨在将其严格限定于从属地位并压榨其劳动潜力的立法。1911年，《矿业与工程法》（Mines and Works Act）禁止黑人从事技术性工业工作。1913年，《原住民土地法》（Natives' Land Act）规定了与拉格登委员会所主张的原则相类似的土地隔离原则。非洲人被禁止在白人地区购买或租赁土地，今后，他们唯一可以合法获得土地的地区是土著保留地，这些土地当时约占全国土地面积的 8%。开普殖民地的非洲土著被排除在立法之外，因为那里的非洲人的土地权利影响了投票权。

《原住民土地法》赶走了成千上万租用白人土地的黑人佃户——他们通常被称为"擅自占地者"。一些人在保护区寻求庇护，尽管那里已经人满为患，为人注目。其他人在把牲畜和农具卖光后，被迫为白人农场主当长工。整个富裕农民阶级最终被摧毁。这种影响在奥兰治自由邦尤为严重，那里的许多白人农民心急火燎地驱逐了所谓的"擅自占地者"。非洲作家索尔·普拉特杰（Sol Plaatje）在他的《南非土著的生活》（Native Life in South Africa）一书中描述了这些穷困的家庭被赶出土地的困境。他写道："1913 年 6 月 20 日星期五早晨醒来，南非原住民发现自己实际上已经算不上是奴隶，而是在自己出生的土地上的贱民。"普拉特杰记录了他在 1913 年冬天穿越奥兰治自由邦的经历，他发现一群非洲农民从一个地方跋涉到下一个地方，只为了寻找一个愿意收留他们的农场主，他们的妇女和孩子在冬夜冻得瑟瑟发抖，牲畜又瘦又饿。"看起来，这些人像是逃离战争的逃亡者。"

尽管为非洲人保留的土地在 1936 年从该国总面积的 8% 增加到 13%，但这仍旧是杯水车薪，人口过度拥挤造成了破坏性的状况。官方报告不断对土地退化、水土流失、不良的耕作方法、疾病和营养不良发出警告。由于无法在保留地养家糊口，又需要钱交税，越来越多的男子前往城镇寻找工作。

同样的隔离程序也适用于城镇。1923 年的《原住民城市地区法》（The Natives Urban Areas Act）确立了这样一个原则，即城镇是白人的地盘，只有满足白人需求的非洲人才被允许居住在隔离"地点"。该法规定，通过更多地使用通行证制度对非洲人进入城市地区实行

"流入控制"。自 19 世纪以来，通行法被广泛用于各种目的，已然成为土著政策不可或缺的一个组成部分。非洲男性被要求携带通行证，才能在特定的白人区工作和居住。他们需要通行证，以便旅行、交税、宵禁，而且随时都要接受警察的检查。而被视为"过剩"劳动力的非洲人将会被驱逐到保留地。

1936 年，在开普省，非洲选民从普通选民的登记册上被删除，他们失去了 80 多年来一直拥有的权利。但《土著代表法》（the Representation of Natives Act）的实际效果是有限的。当时非洲选民只有大约 1 万人，不超过省级选民的 2.5％和联邦选民的 1％。但政治意义至关重要。正如历史学家科内利斯·德·基维埃特所说："摧毁开普殖民地土著的选举权，就是摧毁了两个种族世界之间最重要的桥梁。"

到 20 世纪 30 年代，阿非利卡人兄弟会已经发展成为一个纪律严明、高度保密的团体，其精英成员通过宣誓团结在一起。它的影响遍及全国。它已渗透到公务员和教师行业，其成员也开始渗透到所有主要机构的"关键职位"。它的最终目标是在南非建立阿非利卡人的统治——白人至上。

在阿非利卡学者的构建下，一种新的、强硬的阿非利卡意识形态形成了。正如它的名称"基督教民族主义"显示的那样，它基本上是一个混合旧约和现代政治，部分受到新崛起的欧洲法西斯主义影响的意识形态。其核心是保罗·克鲁格曾经阐述的概念，即阿非利卡人是一群独一无二的人民，由上帝之手创造，为了在南非完成一项特殊使命而生。他们的历史，他们的语言，他们的文化，都是由上帝赋予的，是独一无二的。他们是一个有机的统一体，其中的"外国元素"，如讲英语的人，是要被排除在外的。

阿非利卡人的历史被描绘成一场对抗英国和黑人这两个强大敌人的史诗般的斗争,这两个强大的敌人都想消灭他们,只是由于上帝的干预才未能得逞。前荷兰归正教会牧师丹尼尔·马兰博士说:"过去一百年,人们见证了一个奇迹,奇迹的背后必然蕴藏着一个神圣的计划。"

在20世纪30年代的背景下,阿非利卡民族主义者面临的最大威胁来自英帝国主义及其盟友中讲英语的人口。然而,在20世纪40年代,民族主义知识分子变得越来越痴迷于"黑祸论"(swart gevaar)——阿非利卡人的统治地位所面临的黑人威胁——并将他们的政治机器转向对抗这种新的威胁。

第二次世界大战期间出现的经济繁荣,吸引了大批非洲人进入威特沃特斯兰德和其他城市地区的工业中心。到1946年,居住在城市地区的非洲人几乎和白人一样多,他们中的大多数都挤在贫民窟和棚户区。1946年的人口普查数据提醒白人,他们在人口中的比例正在下降。自1910年以来,白人人口只增加了不到100万,达到了240万人,而非白人人口则增加了近450万,达到了900万人。此外,非洲土著变得越来越不安分,越来越好战。

作为总理,扬·史末资努力寻找一个有效的政策来处理"黑祸论"。然而,在越来越忧心忡忡的白人选民看来,他的政府已经开始失去对黑人人口的控制,更糟糕的是,史末资还缺乏恢复控制的意愿。

与此同时,马兰博士所在的国民党提出了一项计划,声称该计划能为所谓的"黑祸论"问题提供一劳永逸的解决方案:种族隔离。该党辩称,只有彻底的种族隔离才能确保白人的生存。在1948年的选举中,国民党以微弱优势险胜。马兰在就任总理时宣布:"自联邦成立以来，这是南非首次成为我们自己的国家，愿上帝保佑它永远如此。"

当时，欧洲殖民统治下的非洲其他地区也采用了种种歧视性做法，南非的种族政策与它们只是在细节上有所差别，本质上仍然是一样的。一旦掌权，阿非利卡民族主义者就开始建造世界上最复杂的种族大厦——一个由法律和层层关卡组成的庞大机器，来实施白人至上主义。在种族隔离制度下，非洲人生活的各个方面——居住、就业、教育、公共设施和政治——都受到管制，以确保他们处于从属地位。

在争取政治权利的过程中，黑人反对派尝试公开抗议、请愿、消极抵抗、抵制，并最终采取了破坏、游击战和城市起义等方式。在20世纪的大部分时间里，他们的斗争一直在持续。直到1994年，经历了多年的内乱，南非才进行了第一次民主选举，纳尔逊·曼德拉（Nelson Mandela）成为一个民主政府的总统。

# 注释

本书的材料是基于回忆录和自述，传记和自传，政府报告和信件，以及几代历史学家的工作。这些章节的注释，包括对我发现的特别有趣的和有价值的书籍的引用。更完整的列表包含在参考文献中。

### 序言

最近的通史包括这些人的作品：威廉·贝纳特（William Beinart），罗德尼·达文波特（Rodney Davenport）和克里斯托弗·桑德斯（Christopher Saunders），罗伯特·罗斯（Robert Ross），伦纳德·汤普森（Leonard Thompson），弗兰克·威尔士（Frank Welsh）和奈杰尔·沃登（Nigel Worden）。马丁·霍尔（Martin Hall）书写了早年的开普历史，理查德·埃尔菲克（Richard Elphick）和赫尔曼·吉利奥米（Hermann Giliomee）编辑了开普历史。关于开普奴隶制社会的文章很多，包括罗伯特·罗斯，罗伯特·谢尔（Robert Shell）和奈杰尔·沃登都有撰写此方面文章，另有由奈杰尔·沃登和克利夫顿·克雷里斯（Clifton Crais）整理和编辑的论文集。

关于货币价值，有必要说明一下：19世纪末的1英镑是2007年的1英镑价值的86倍。

### 第一部分

挖掘者和钻石矿区的其他居民对那里的早年生活有各种各样的回忆。有些是在他们描述的事件发生多年之后记录的，且并不总是可靠。最早出版的是这些人的回忆录：查尔斯·佩顿（Charles Payton）（1872）；弗雷德里克·博伊尔（Frederick Boyle）（1873）；约西亚·马修斯（Josiah Matthews）（1887）；路易斯·科恩的有趣的回忆录于1911年出版；威廉·斯卡利的回忆录随后于1913年出版，乔治·比特（George Beet）的作品则于1931年出版。玛丽安·罗伯逊（Marian Robertson）揭示了在格里夸兰发现第一批钻石的场景。布赖恩·罗伯茨（Brian Roberts）写了两本书，介绍了金伯利的整个历史，还介绍了钻石巨头们的职业生涯。罗伯·特雷尔（Rob Turrell）和威廉·沃尔格尔（William Worger）的研究提供了关于钻石开采业发展的大量细节。

与塞西尔·罗德斯相关的传记和传记小品已经出版了30多本。在他于1902年去世前，已有3本出版。朋友和熟人都对他的成就赞不绝口。他的金融合作伙伴刘易斯·米歇尔于1910年写了一本官方传记。1911年，他忠实的秘书菲利普·乔丹又写了一本。1913年，另一位助手戈登·勒·苏尔也写了一本。罗德斯的建筑师赫伯特·贝克在1934年出版的回忆录中对他进行了细腻的描写。第一位出版传记的历史学家是牛津大学的拜特①帝国史教授巴兹尔·威廉斯。他深陷于罗德斯的魔咒，对其十分着迷。在关于罗德斯的著作（1921）的导言里，他写道：" 坦白说……我认为（罗德斯）毫无疑问是一个伟大的人，尽管他有那么多严重的缺点，但他的帝国主义的根源还是为了造福人类。他的性格是在一个伟大的模子里铸出来的，与他杰出的美德相对应的是巨大的缺陷。"1933年和1974年，威廉·普洛默（William Plomer）与约翰·弗林特（John Flint）分别提出了一个更具批判性的观点。关于罗德斯一生，最全面的记述来自罗伯特·罗特伯格（Robert Rotberg）的《缔造者》（*The Founder*）（1988）。而布莱恩·罗伯茨则记述了罗德斯与拉济维乌大公夫人的纠葛。

### 第二部分

关于英国在南部非洲的"推进"政策，科内利斯·德·基维耶特在《帝国的因素》中有所论述，古德费罗（C. F. Goodfellow）、罗纳德·罗宾逊（Ronald Robinson）和约翰·加拉格尔（John Gallagher）、德雷克·施罗德（Deryck Schreuder）也有论及。

76岁的克鲁格流亡欧洲的时候，曾以零散的笔记写下了回忆录，并交给了他的下属。这些笔记随后到了一位被称为肖瓦尔特博士（Dr. A.

---

① 拜特教授是牛津大学高级教授职位之一。——译者注

Schowalter）的编辑手上，他发现这些笔记远不够清晰，并列出了一长串问题让克鲁格回答。随后，肖瓦尔特将克鲁格的回答与对官方文件的引用拼凑在一起成了最终的回忆录。最初回忆录用的是荷兰语，后来被翻译成德语，然后又被翻译成英语。之后写作传记的有曼弗雷德·内森（Manfred Nathan）、丹尼尔·威廉姆斯·克鲁格（D. W. Kruger）、约翰尼斯·明特杰斯（Johannes Meintjes）和约翰·菲舍尔（John Fisher）。

赫尔曼·吉利奥米全面介绍了阿非利卡人的历史。伦纳德·汤普森讲述了围绕阿非利卡人历史衍生的神话。

莱德·哈葛德的小说《她》——"必须服从的她"——取材于德兰士瓦北部的"雨之女王"莫迪亚吉（Modjadji）的传说，据说她掌握了造雨的秘密，因此掌握着所有人的生死大权。莫迪亚吉的头衔从 16 世纪以来通过一系列女性统治者代代流传下来。

彼得·德里乌斯（Peter Delius）考察了塞库库尼领导的佩迪人的命运。唐纳德·莫里斯（Donald Morris）、约翰·奥默-库珀（John Omer-Cooper）、约翰拉班德（John Laband）和斯蒂芬·泰勒（Stephen Taylor）则揭示了祖鲁人的历史。约翰·科普（John Cope）探讨了盎格鲁-祖鲁战争的起因，索尔·大卫（Saul David）出色地描绘了战争过程，杰夫·盖伊（Jeff Guy）讨论了战争后果。

本书关于第一次盎格鲁-布尔战争的资料来自约翰·拉班德和约瑟夫·莱曼（Joseph Lehmann）的著作。

### 第三部分

1877 年 6 月 2 日，罗德斯写下了他的《信仰告白》，当时他似乎正在寻找"一伙兄弟"加入。同一天，他被选为共济会牛津大学阿波罗分会（the Oxford University Apollo Chapter of the Masonic Order）的成员。他并没有对共济会抱有任何庄严或敬畏的态度，他加入其中的原因，与他加入其他高级俱乐部的原因大致相同。在入会典礼的那天，他质问道："一大批人怎么能全身心投入有时看来似乎是最荒唐、最荒谬的仪式中，却没有目标，没有终点？"

传教士约翰·莫法特是一个坚定的福音传道者，尽管他在库鲁曼进行了多年努力，却从来没有获得超过 70 个信徒。他的女婿戴维·利文斯通更失败。利文斯通的继任者,约翰·麦肯齐,自认为是茨瓦纳的精神和政治向导,还写了两本有关他在贝专纳兰经历的书,安东尼·西勒里(Anthony Sillery)记述了他的职业生涯。凯文·希灵顿(Kevin Shillington)描述了茨瓦纳南部的命运。丹·雅各布森(Dan Jacobson)沿着传教之路进行了一次现代之旅,他在1995年出版了《电子象》(*The Electronic Elephant*)一书,记录了自己的旅程。

### 第四部分

在第一次德兰士瓦东部淘金热期间,数百名探矿者从离此地最近的港口德拉戈亚湾出发,穿过山脉,然后穿过非洲环境最恶劣、疫病流行的灌木丛到达金矿。开普敦年轻的银行职员珀西·菲茨帕特里克是1884年的新移民之一。他先是在赫拉斯科普当店主,但在厌倦了单调乏味的生活之后,他乘坐交通工具在通往德拉戈亚湾的"狂热"路线上走了两年。几年后,菲茨帕特里克向年幼的孩子们讲述了他的冒险经历,讲述了他的狗乔克(Jock)的故事,它是一只小猎犬,后来成了一个勇敢而忠诚的伙伴。在鲁德亚德·吉卜林的鼓励下,菲茨帕特里克把这些故事写成了一本畅销的儿童读物——《丛林中的乔克》(*Jock of the Bushveld*)。

关于到底是谁在约翰内斯堡发现了金矿主矿脉的争论持续了多年。对此有三个说法:乔治·哈里森、乔治·沃克、乔治·霍尼鲍尔(George Honeybal)。霍尼鲍尔是一个来自澳大利亚金矿的英国人。历史遗迹委员会(Historical Monuments Commission)在1941年给出的一份报告支持了哈里森是最早发现者的说法,但未能结束这场争论。埃瑞克·罗森塔尔(Eric Rosenthal)在他关于金矿的历史书中对相关证据进行了探究。

关于威特沃特斯兰德的黄金起源也有一些争议。正统的理论认为,威特沃特斯兰德盆地长约210英里,宽约120英里,是距今约27.5亿年前的一片古海的遗迹。河流流经含金的山丘,将金子连同沙子和砾石的沉淀物冲刷到海底,逐渐形成了4英里厚的含金矿砾岩层。然而,2002年,亚利桑那大学(University of Arizona)的研究人员认为,大约30亿年前,这些金子就已经从地核中涌出,比威特沃特斯兰德的岩石更古老。他们的论点是,黄金在其他地方流出地表,并逐渐被古老的河流冲刷到威特沃特斯兰德盆地。

威特沃特斯兰德已开采出 4 万多吨黄金，但正如矿业商会解释的那样，开采难度相当大："想象一大块倾斜的岩石……就像一本 1200 页厚的字典倾斜着。含金的矿脉比一页纸还要薄，其中所含的黄金量还比不上整本书中的几个逗号。矿工的工作就是拿出那一页——但是他的工作变得越发的困难，因为'页'已经被大自然的力量扭曲和撕裂，它的碎片可能被插入书的其他页之间。据估计，地下仍有约 4 万吨黄金。"

据说约翰内斯堡是以某个重要人物的名字命名的，这方面有三个主要的说法：约翰内斯·迈耶（Johannes Meyer），第一个为该地区带来秩序的政府官员；约翰·里西克，测量办公室的负责人；克里斯蒂安·约翰内斯·朱伯特，矿业部长。

杰弗里·惠特克罗夫特（Geoffrey Wheatcroft）描述了"兰德金矿的老爷们"的职业生涯，艾伦·卡特赖特（Alan Cartwright）专门描述了拜特的"街角之屋"和罗德斯的金矿。汉斯·索尔的《前非洲》（*Ex Africa*）在当时的回忆录中脱颖而出。吉姆·泰勒（Jim Taylor）对拜特和沃尔德赫的合作评论道："拜特和沃尔德赫的合作非常成功，因为拜特拥有所有的主动性和创造性能力，而沃尔德赫则确保他们的所有企业都有健全的财政基础和充足的财政储备。每一次危机来临前，沃尔德赫早已未雨绸缪。"

罗德尼·达文波特讲述了关于阿非利卡人帮的通史，莫迪凯·塔玛金（Mordechai Tamarkin）研究了罗德斯和阿非利卡人帮之间的关系。关于开普其他杰出人物的传记也提供了有益的参考：菲利斯·卢森（Phyllis Lewsen）写的《约翰·梅里曼传记》；扬·亨德里克·霍夫迈耶和雷茨写的《扬·亨德里克·霍夫迈耶传记》，埃瑞克·沃克写的《约翰·德·维利尔斯德传记》和詹姆斯·罗斯·因内斯的自传。

### 第五部分

关于洛本古拉和他的首都布拉瓦约，当时最有趣的两个叙述来自弗兰克·汤普森和约翰·库珀-查德威克（John Cooper-Chadwick）。查德威克是一个年轻的爱尔兰人，他是当时在南部非洲寻求财富的冒险家的典型代表。他曾与沃伦一起在贝专纳兰服役，退役后，他以探矿者、矿工、建筑投机者和测量员的身份尝试在威特沃特斯兰德讨生活，后来又加入了前往布拉瓦约的特许权搜寻队。尽管他只是个小人物，但洛本古拉很喜欢他，管他叫"查理"。弗雷德·塞卢斯和弗兰克·约翰逊提供了其他有价值的描述。在《皇冠和特许权》(*Crown and Charter*) 中，约翰·加尔布雷斯（John Galbraith）描述了不列颠南非特许公司早期的发展过程。而菲利普·邦纳（Philip Bonner）则描绘了斯威士兰的衰落。

### 第六部分

奥利芙·施莱纳于1873年在钻石场开始创作她的小说《水女神》，当时她17岁，但这部小说直到她死后才出版。施莱纳一家在关于罗德斯的问题上意见分歧很大。奥利芙·施莱尔最初对罗德斯产生迷恋，但这种情绪后来被愤怒的蔑视所取代。她的丈夫塞缪尔·克隆赖特·施莱纳（Samuel Cronwright Schreiner）的传记中显示奥利芙在给她母亲和姐姐的信中追溯了她与罗德斯的关系。威廉·施莱纳成为罗德斯内阁的成员，一直忠于他，直到证据显示罗德斯参与了詹森远征的阴谋，遂与他闹翻。埃里克·沃克描述了威廉·施莱纳的职业生涯。他们的母亲直到最后都是罗德斯的热情支持者。而亚瑟·凯佩尔-琼斯（Arthur Keppel-Jones）则叙述了罗得西亚早期的详细历史。

### 第七部分

薇薇安·艾伦（Vivien Allen）描述了克鲁格治下的比勒陀利亚，查尔斯·范·昂塞伦（Charles van Onselen）的散文提供了关于约翰内斯堡早期历史的大量细节。戈登（C. T. Gordon）研究了越来越多的布尔人对克鲁格政权的反对。

关于罗德斯的阴谋和张伯伦参与其中的大部分证据直到1951年让·范·德尔·波尔（Jean van der Poel）的开创性著作出版才公之于众。而张伯伦传记（1934）的作者詹姆斯·加文（James Garvin）则声称张伯伦"没有一丝与詹森共谋的影子"。1961年，马雷（J. S. Marais）跟随范·德尔·波尔对克鲁格政权的垮台进行了权威研究。伊丽莎白·朗福德（Elizabeth Longford）在1982年的叙述中增加了更多的细节。还有一些关于当时的宝贵描述，这些描述来自弗朗西斯·多默、约翰·海斯·哈蒙德、卡尔·吉普（Carl Jeppe）、詹姆斯·布莱斯（James Bryce）和弗朗西斯·荣赫鹏。《开普时报》的编辑埃德蒙·加勒特与派驻约翰内斯堡的记者爱德华兹合作，在 1897 年完成了一份生动的新闻报道。珀西·菲茨帕特里克的书主要是一部宣传作品，但其中也有详细的记载（1899）。格雷厄姆·鲍尔写了几份私人文章，但直到 1946 年他的文章才向研究人员公开。他的记述最终于 2002 年出版。由简·卡拉瑟斯（Jane Carruthers）编辑的一本重要的论文集于 1996 年为百年纪念回顾展而出版。

特伦斯·朗格（Terence Ranger）研究了 1896—1897 年的恩德贝莱和绍纳叛乱。1897 年 1 月，奥利芙·施莱纳把她的《马绍纳兰的骑警彼得·哈克特》手稿带到了伦敦。她和塞西尔·罗德斯登上了同一艘船，当时罗德斯正准备去参加调查詹森远征事件的特别委员会。他们互不理睬。施莱纳担心罗德斯和不列颠南非公司会以诽谤罪起诉她。原版封面上的照片是一排非洲人挂在树上，旁边站着全副武装、面带微笑的白人。施莱纳后来告诉一位朋友，她唯一想在自己墓上刻的墓志铭是："她写了《骑警彼得·哈克特》。"

### 第八部分

关于盎格鲁-布尔战争起因的争论持续了 20 世纪的大部分时间。1900 年，约翰·霍布森（John Hobson）的著作《南非战争：原因与影响》（*The War in South Africa: Its Causes and Effects*）出版，他在书中声称，战争根本上是由英国发动的，是为了"在比勒陀利亚建立一个由矿主和投机者组成的小寡头政权"。他说，这场战争的实质是黄金百万富翁和犹太金融家的阴谋，该阴谋得到了英国政客的帮助和怂恿，其目的是使采矿活动更有利可图。霍布森在他 1902 年出版的《帝国主义：一种研究》（*Imperialism: A Study*）一书中，将这个主题进一步阐述为对资本主义与帝国主义关系的一般分析。霍布森的著作对列宁产生了深远的影响，列宁在自己的著作《帝国主义是资本主义的最高阶段》（*Imperialism: The Highest Stage of Capitalism*）中承认了这一点，这本书于 1917 年出版。后来几代的马克思主义者和左翼作家也都以此来说明资本主义的邪恶阴谋。

然而，霍布森对战争的看法是有限的。例如，他对米尔纳所扮演的角色一无所知。1899 年中期，他作为《卫报》的记者来到德兰士瓦，当时支持克鲁格的报纸，例如《标准报》（*The Standard*）和《挖掘新闻报》

(*Diggers News*)，充斥着对采矿业和资本家大加挞伐的长篇大论。鉴于詹森远征的后果，克鲁格和他的同事们有充分的理由认为，在沸反盈天的侨民运动背后，矿业巨头与英国政治家正在策划着一个推翻他的阴谋。史末茨认为詹森远征是"伟大的盎格鲁-布尔战争真正的宣战书"。随后的"四年停战"只是一个过渡阶段，以便让"侵略者同盟"有时间找到新的战略。史末资在题为《布尔战争回忆录》(*Memoirs of the Boer War*) 的手稿中写道："这是布尔人普遍的根深蒂固的信念，我认为他们负责任的领导人也都认同这种信念。"战争本质上是一场矿主的战争，它起源于詹森远征——因为矿主们决心通过正当或不正当的手段，篡夺德兰士瓦的政治控制权，按照他们的利益诉求来左右国家的立法和行政，摧毁对他们的威逼利诱不为所动的布尔政府。史末资认为，英国政客和矿主互相勾结来达到自己的目的。索尔兹伯里勋爵非常清楚这种观点，他告诉他的同事们："有一个对我们的政策很危险的反对意见，那就是，我们在为资本家干脏活。"

但是，当历史学家后来搜索政府档案以及政治家和巨头们的私人文件，以寻找有关阴谋论的证据时，却几乎一无所获。矿业公司不仅没有与英国政客合谋，利用他们发动战争，而且持有截然不同的观点。大多数人担心战争会破坏他们的采矿作业，并可能造成严重损失，甚至可能因积水和蓄意捣乱造成长期的破坏。他们想要的不是战争，而是改革。

档案证据还显示，英国大臣们在1899年做出有关德兰士瓦的决定时，并不是出于对矿业公司利润或控制黄金贸易野心的考虑，而是出于加强英国对德兰士瓦的政治控制以巩固英国在该地区霸权的需要。米尔纳本人声称对发动战争负责。他在1900年6月对罗伯茨勋爵说："在为时未晚之时，我促成了这场不可避免的危机。在许多人看来，在促成一场大战的过程中发挥了很大的作用，这并不是一件令人愉快的事情。"

历史学家伊恩·史密斯在他的著作《南非战争的起源》(*The Origins of the South African War*) 中对这个问题进行了阐释。安德鲁·波特 (Andrew Porter) 给出了另一种有价值的描述。汉考克 (W. K. Hancock) 叙述了史末资的职业生涯。20世纪30年代出版了两卷《米尔纳文集》，由塞西尔·海德拉姆 (Cecil Headlam) 主编。

## 第九部分

了解盎格鲁-布尔战争最好的专著来自托马斯·帕肯汉姆（Thomas Pakenham）。比尔·纳森（Bill Nasson）的报告，彼得·沃里克编辑的散文集也很有价值。沃里克还探讨了黑人在其中的作用。当时的一些报告也富有价值，特别是德尼斯·雷茨的《突击队》和马奇·菲利普斯的《与里明顿》。

1901年10月，当艾米莉·霍布豪斯试图返回战区时，基钦纳下令将她驱逐回英国。在与助手的交谈中，他称她为"那个挨千刀的女人"。1926年，艾米莉去世，她的骨灰被埋在布隆方丹一座纪念碑的脚下，该纪念碑建于1913年，是为了纪念在集中营中死去的数千名布尔妇女和儿童。在葬礼上，扬·史末资向一大群哀悼者发表了讲话："我们孤立无援地站在世界上，在全人类中举目无亲，我们是最弱小的民族，却对抗着世界上最强大的帝国。在最黑暗的时刻，当我们的种族几乎注定要灭绝的时候，她像一个天使一样出现，仿佛是一个天堂派来的信使。最奇怪的是，她是个英国女人。"

## 第十部分

G. H. L. 勒梅（G. H. L. Le May）和唐纳德·德农（Donald Denoon）描述了战后重建时期。约翰·布坎的回忆录中有一些关于德兰士瓦北部的著名描述。他书中的角色彼得·皮纳尔（Peter Pienaar）是根据他与阿非利卡猎人的相遇改编的。"我想我一定是遇到了最后一群伟大的布尔猎人，他们的生命远远超越了文明的桎梏，他们将战争视若等闲……在彼得·皮纳尔这个角色中，我试图描绘出其中一位英雄的形象。"

从1900年到1907年，鲁德亚德·吉卜林每年年底都要去开普敦，随行的有"浩浩荡荡的一群家庭教师、女仆和孩子"。在他的回忆录《我自己的一些事》（Something of Myself）中，他讲述了一次坐船回英国的经历，那时候，詹森经常和他一起坐在餐厅的餐桌旁吃饭。"我们第一天出门的时候，一位体面的英国女士带着两个漂亮的女儿坐到了我们对面，当她对食物的质量提出异议并称之为监狱伙食时，詹森说：'作为犯罪团伙的一员，我向你保证，这里的食物比监狱的情况更糟。'到了下一顿饭时，就没有人敢跟我们同桌吃饭了。"后来，詹森被封为骑士。

舒拉·马克斯（Shula Marks）考察了祖鲁人的叛乱。关于甘地在南非生活的描述来自罗伯特·哈登贝克（Robert Huttenback）和莫林·斯旺（Maureen Swan）的资料。甘地于1914年离开南非。

**尾声**

1910年，南非联邦进行了第一次人口普查，总人数是587.8万，其中非洲人39.56万，白人125.7万，白人中约70万为阿非利卡人，还有其他有色人种51.7万，亚洲人14.8万。

# 参考文献

Agar-Hamilton, J. A. I. *The Road to the North: South Africa, 1852 - 1886.* London: 1937

Algar, Frederic. *The Diamond Fields, with Notes on the Cape Colony and Natal.* London: 1872

Allen, Vivien. *Kruger's Pretoria: Buildings and Personalities of the City in the Nineteenth Century.* Cape Town: 1971

Ally, Russell. *Gold and Empire: The Bank of England and South Africa's Gold Producers, 1886 - 1926.* Johannesburg: 1994

Amery, L. S. (gen. ed. ). *The Times History of the War in South Africa, 1899 - 1902,* 7 vols. London: (1900 - 1909)

Amery, L. S. *Days of Fresh Air.* London: 1939

Angove, John. *In the Early Days: The Reminiscences of Pioneer Life on the South African Diamond Fields.* Kimberley: 1910

Atkins, James Black. *The Relief of Ladysmith.* London: 1900

Babe, Jerome L. *South African Diamond Fields.* New York: 1872

Baker, Herbert. *Cecil Rhodes, by his Architect.* London: 1934

Beet, George. *The Grand Old Days of the Diamond Fields: Memories of Past Times with the Diggers of Diamondia.* Cape Town: 1931

Beinart, William. *The Political Economy of Pondoland, 1860 - 1930.* Cambridge: 1982

Beinart, William. *Twentieth Century South Africa.* Oxford: 2001

Beinart, William and Colin Bundy (eds. ). *Hidden Struggles in Rural South Africa: Politics and Popular Movements in the Transvaal & Eastern Cape.* Johannesburg: 1987

Beinart, William, Peter Delius and Stanley Trapido (eds. ). *Putting a Plough to the Ground: Accumulation and Dispossession in Rural South Africa, 1850 - 1930.* Johannesburg: 1986

Beinart, William and Saul Dubow (eds. ). *Segregation and Apartheid in Twentieth Century South Africa.* London: 1995

Bell, E. Moberly. *Flora Shaw-Lady Lugard DBE*. London: 1947

Bennett, Will. *Absent-Minded Beggars: Volunteers in The Boer War*. London: 1999

Bickford-Smith, Vivian. *Ethnic Pride and Racial Prejudice in Victorian Cape Town*. Cambridge: 1995

Bickford-Smith, Vivian, Elizabeth van Heyningen and Nigel Worden. *Cape Town in the Twentieth Century: an Illustrated Social History*. Cape Town: 1999

Blake, Robert. *A History of Rhodesia*. London: 1977

Bonner, Philip. *Kings, Commoners and Concessionaires: The Evolution and the Dissolution of the Nineteenth-Century Swazi State*. Cambridge: 1983

Bower, Sir Graham. *Sir Graham Bower's Secret History of the Jameson Raid and the South African Crisis, 1895 – 1902; Edited with an Introduction by Deryck Schreuder and Jeffrey Butler*. Cape Town: 2002

Boyce, D. George (ed.). *The Crisis of British Power: The Imperial and Naval Papers of the Second Earl of Selborne, 1895 – 1910*. London: 1990

Boyle, Frederick. *To the Cape for Diamonds: A Story of Digging Experiences in South Africa*. London: 1873

Buchan, John. *Memory Hold-the-Door*. London: 1940

Bundy, Colin. *The Rise and Fall of the South African Peasantry*. Berkeley and Los Angeles: 1979

Burke, E. E. (ed.). *The Journals of Carl Mauch, 1869 – 1872*. Salisbury: 1969

Butler, Jeffrey. *The Liberal Party and the Jameson Raid*. Oxford: 1968

Butler, W. F. *Sir William Francis Butler: An Autobiography*. London: 1911

Bryce, James. *Impressions of South Africa*. London: 1898

Cammack, Diana. *The Rand at War, 1899 – 1902: The Witwatersrand and the Anglo-Boer War*. London: 1990

Cartwright, A. P. *The Dynamite Company: The Story of African Explosives and Chemical Industries Limited, 1896 – 1958*. Cape Town: 1964

Cartwright, A. P. *The Corner House: The Early History of Johannesburg*. Cape Town: 1965

Cartwright, A. P. *Gold Paved the Way: The Story of the Gold Fields Group of Companies*. London: 1967

Carruthers, Jane (ed.). *The Jameson Raid: A Centennial Perspective*.

Johannesburg: 1996

Chapman, Charles. *A Voyage from Southampton to Cape Town ... and Illustrations of the Diamond Fields.* London: 1876

Chapman, James. *Travels in the Interior of South Africa, 1849 - 1863,* London: 1868

Chilvers, Hedley A. *The Story of De Beers: With Some Notes on the Company's Financial, Farming, Railway and Industrial Activities in Africa, and Some Introductory Chapters on the River Diggings and Early Kimberley.* London: 1939

Churchill, Randolph. *Men, Mines and Animals in South Africa.* London: 1892

Churchill, Winston. S. *My Early Life: A Roving Commission, 1874 -1908.* London: 1930

Clemens, Samuel Langhorne (Mark Twain). *More Tramps Abroad.* London: 1897

Cohen, Louis. *Reminiscences of Kimberley.* London: 1911

Colvin, Ian. *The Life of Jameson,* 2 vols. London: 1922

Comoroff, John L. (ed.). *The Boer War Diary of Sol T. Plaatje: An African at Mafeking.* London: 1973

Cook, E. T. *Edmund Garrett: A Memoir.* London: 1908

Cooper-Chadwick, John. *Three Years with Lobengula, and Experiences in South Africa.* London: 1894

Cope, Richard. *The Ploughshare of War: The Origins of the Anglo-Zulu War of* 1879. Pietermaritzburg: 1999

Crais, Clifton C. *The Making of the Colonial Order: White Supremacy and Black Resistance in the Eastern Cape, 1770 -1865.* Johannesburg: 1992

Cronwright-Schreiner, S. C. *The Life of Olive Schreiner.* London: 1923

Cronwright-Schreiner, S. C. (ed.). *The Letters of Olive Schreiner, 1876 - 1920.* London: 1924

Currey, Ronald. *Rhodes: A Biographical Footnote,* Cape Town, 1964

Curtis, Lionel. *With Milner in South Africa.* London: 1951

Davenport, T. R. H. *The Afrikaner Bond: The History of a South African Political Party, 1880 -1911.* Cape Town: 1966

Davenport, T. R. H. and Christopher Saunders. *South Africa: A Modern History.* 5th edition, London: 2000

Davey, Arthur. *The British Pro-Boers*. London: 1978

Davey, Arthur. (ed.). *Breaker Morant and the Bushveldt Carbineers*. Cape Town: 1987

David, Saul. *Zulu: The Heroism and Tragedy of the Zulu War of 1879*. London: 2004

Davidson, Appollon and Irina Filatova. *The Russians and the Anglo-Boer War*. Cape Town: 1998

Decle, Lionel. *Three Years in Savage Africa*. London: 1898

Delius, Peter. *The Land Belongs to Us: The Pedi Polity, the Boers and the British in the Nineteenth Century Transvaal*. London: 1983

Denoon, Donald. *A Grand Illusion: The Failure of Imperial Policy in the Transvaal Colony During the Period of Reconstruction, 1900 – 1905*. London: 1973

de Kiewiet, C. W. *British Colonial Policy and the South African Republics, 1848 – 1872*. London: 1929

de Kiewiet, C. W. *The Imperial Factor in South Africa*. Cambridge: 1937

de Kiewiet, C. W. *A History of South Africa, Social and Economic*. Oxford: 1941

Se Waal, D. C. *With Rhodes in Mashonaland*. Cape Town: 1896

De Wet, Christiaan R. *Three Years War*. London: 1902

Dormer, Frances, J. *Vengeance as a Policy in Afrikanderland: A Plea for a New Departure*. London: 1901

Doughty, Oswald. *Early Diamond Days*. London: 1963

Duminy, A. H. and W. R. Guest (eds.). *FitzPatrick: South African Politician: Selected Papers, 1888 – 1906*. Johannesburg: 1976

Duminy, Andrew, and Bill Guest. *Interfering in Politics: A Biography of Sir Percy FitzPatrick*. Johannesburg: 1987

Eldredge, E. A. and F. Morton (eds.). *Slavery in South Africa: Captive Labour on the Dutch Frontier*. Pietermaritzburg: 1995

Elphick, Richard. *Kraal and Castle: Khoikhoi and the Founding of White South Africa*. New Haven: 1977

Elphick, Richard and Hermann Giliomee (eds.). *The Shaping of South African Society, 1652 – 1840*. Cape Town: 1979

Emden, Paul H. *Randlords*. London: 1935

Etherington, Norman. *Preachers, Peasants, and Politics in Southeast*

*Africa, 1835-1880 ; African Christian Communities in Natal, Pondoland and Zululand*. London: 1978

First, Ruth and Ann Scott. *Olive Schreiner*. London: 1980

Fisher, John. *That Miss Hobhouse: The Life of a Great Feminist*. London: 1971

Fisher, John. *Paul Kruger, His Life and Times*. London: 1974

FitzPatrick, J. Percy. *The Transvaal from Within; A Private Record of Public Affairs*. London: 1899

FitzPatrick, J. Percy. *South African Memories*. London: 1932

Flint, John. *Cecil Rhodes*. London: 1974

Fort, G. Seymour. *Alfred Beit: A Study of the Man and His Work*. London: 1932

Fraser, Maryna, and Alan Jeeves (eds.). *All that Glittered: The Selected Correspondence of Lionel Phillips, 1890-1924*. Cape Town: 1977

Fraser, Peter. *Joseph Chamberlain: Radicalism and the Empire, 1868-1914*. London: 1966

Fripp, Constance E. and V. W. Hiller (eds.). *Gold and Gospel in Mashonaland, 1888*. London: 1949

Froude, J. A. *Two Lectures on South Africa*. London: 1880

Fry, A. Ruth. *Emily Hobhouse*. London: 1929

Fuller, Thomas E. *The Right Hon. Cecil John Rhodes: A Monograph and a Reminiscence*. London: 1910

Galbraith, John S. *Reluctant Empire: British Policy on the South African Frontier, 1834-1854*. Berkeley and Los Angeles: 1963

Galbraith, John S. *Crown and Charter: The Early Years of the British South Africa Company*. Berkeley and Los Angeles: 1974

Gandhi, M. K. *An Autobiography*. London: 1982

Gann, L. H. *A History of Southern Rhodesia*. London: 1965

Gardner, Brian. *Mafeking: a Victorian Legend*. London: 1966

Gardner, Brian. *The Lion's Cage: The Siege of Kimberley*. London: 1969

Garrett, F. Edmund and E. J. Edwards. *The Story of an African Crisis: Being the Truth about the Jameson Raid and Johannesburg Revolt of 1896 Told with the Assistance of the Leading Actors in the Drama*. London: 1897

Garson, Noel. *The Swaziland Question and the Road to the Sea, 1887-1895*. Pretoria: 1957

Garvin, J. L. *The Life of Joseph Chamberlain: Empire and World Policy*, 3 vols. London: 1934

Giliomee, Hermann. *The Afrikaners: Biography of a People*. London: 2003

Gollin, A. M. *Proconsul in Politics: A Study of Lord Milner in Opposition and in Power*. London: 1964

Goodfellow, C. F. *Great Britain and the South African Confederation, 1870-1881*. Cape Town: 1966

Gordon, C. T. *The Growth of Boer Opposition to Kruger, 1890-1895*, Cape Town: 1970

Green, George A. L. *An Editor Looks Back: South African and Other Memories, 1883-1946*. Cape Town: 1947

Griffiths, Kenneth. *Thank God We Kept the Flag Flying: The Siege and Relief of Mafeking, 1899-1900*. London: 1974

Gross, Felix. *Rhodes of Africa*. London: 1956

Guy, Jeff. *The Destruction of the Zulu Kingdom: The Civil War in Zululand, 1879-1884*. London: 1979

Haggard, H. Rider. *Cetywayo and His White Neighbours; or, Remarks on Recent Events in Zululand, Natal and the Transvaal*. London: 1882

Haggard, H. Rider. *King Solomon's Mines*. London: 1885

Haggard, H. Rider. *The Days of My Life: An Autobiography*. London: 1926

Hall, Martin. *The Changing Past: Farmers, Kings and Traders in Southern Africa, 200-1860*. Cape Town: 1987

Hammond, John Hays. *The Autobiography of John Hays Hammond*, 2 vols. New York: 1935

Hancock, W. K. *Smuts: Vol. 1, The Sanguine Years, 1870-1919*. Cambridge: 1962

Hancock, W. K. and J. van der Poel (eds.). *Selections from the Smuts Papers*, 7 vols. Cambridge: 1966-1973

Harris, David. *Pioneer, Soldier and Politician: Summarised Memoirs of Col. Sir David Harris*. London: 1931

Harris, Frank. *My Life and Loves*, 5 vols. New York: 1925

Headlam, Cecil. (ed.). *The Milner Papers: South Africa, 1899-1905*, 2 vols. London: 1931, 1933

Hensman, Howard. *Cecil Rhodes, A Study of a Career*. Edinburgh: 1941

Hillegas, Howard. *With the Boer Forces*. London: 1900
Hobhouse, Emily. *Report of a Visit to the Camps of Women and Children in the Cape and Orange River Colonies*. London: 1901
Hobhouse, Emily. *The Brunt of the War and Where It Fell*. London: 1902
Hobson, J. A. *The War in South Africa: Its Causes and Effects*. London: 1900
Hobhouse, J. A. *Imperialism, A Study*. London: 1902
Hofmeyr, J. H. and F. W. Reitz. *The Life of Jan Hendrik Hofmeyr (Onze Jan)*. Cape Town: 1913
Hole, Hugh Marshall. *The Making of Rhodesia*. London: 1926
Hole, Hugh Marshall. *Lobengula*. London: 1929
Huttenback, Robert A. *Gandhi in South Africa: British Imperialism and the Indian Question, 1860-1914*. Ithaca: 1971
J. R. Maguire. *Cecil Rhodes, A Biography and Appreciation, with Personal Reminiscences by Dr. Jameson*. London: 1897
Ingham, Kenneth. Jan Christian Smuts, *The Conscience of a South African*. London: 1986
Innes, James Rose. *Autobiography*. edited by B. A. Tindall, London: 1937
Jackson, Stanley. *The Great Barnato*. London: 1970
Jeal, Tim. *Baden-Powell*. London: 1989
Jeppe, Carl. *The Kaleidoscope Transvaal*. London: 1906
Johnson, Frank. *Great Days: The Autobiography of an Empire Pioneer*. London: 1940
Johnson, R. W. *South Africa: The First Man, The Last Nation*. London: 2004
Johnston, Harry H. *The Story of My Life*. London: 1923
Jourdan, Philip. *Cecil Rhodes: His Private Life by His Private Secretary*. London: 1911
Judd, Denis. *Radical Joe: A life of Joseph Chamberlain*. London: 1977
Judd, Denis and Keith Surridge. *The Boer War*. London: 2002
Kaye, Helga. *The Tycoon and the President: The Life and Times of Alois Hugo Nellmapius, 1847-1893*. Johannesburg: 1978
Keegan, Timothy J. *Rural Transformations in Industrializing South Africa, The Southern Highveld to* 1914. London: 1987
Keegan, Timothy J. *Colonial South Africa and the Origins of the Racial Order*. London: 1996

Keppel-Jones, Arthur, *Rhodes and Rhodesia: the White Conquest of Zimbabwe, 1884 - 1902*. Pietermarizburg: 1983

Kestell, J. D. *Through Shot and Flame*. London: 1903

Kestell, J. D. and D. E. Van Velden. *The Peace Negotiations Between Boer and Briton in South Africa*. London: 1912

Kipling, Rudyard. *Something of Myself*, London: 1936

Kipling, Rudyard. *The Definitive Edition of Rudyard Kipling's Verse*. London: 1943

Knight-Bruce, G. W. T. *Memoirs of Mashonaland*. London: 1895

Kochanski, Halik. *Sir Garnet Wolseley: Victorian Hero*. London: 1999

Koss, Stephen (ed.). *The Pro-Boers: The Anatomy of an Antiwar Movement*. Chicago: 1973

Kotzé, Sir John. *Memoirs and Reminiscences*, 2 vols. Cape Town: 1934, 1949

Krikler, Jeremy. *Revolution from Above, Rebellion from Below: The Agrarian Transvaal at the Turn of the Century*. Oxford: 1993

Kruger, D. W. *Paul Kruger*, 2 vols. Johannesburg: 1961

Kruger, S. J. P. *The Memoirs of Paul Kruger, Four Times President of the South African Republic, Told by Himself*, 2 vols. London: 1902

Kruger, Rayne. *Good-bye Dolly Gray: The Story of the Boer War*. London: 1959

Kubicek, Robert V. *Economic Imperialism in Theory and Practice: The Case of South African Gold-Mining Finance 1886 - 1914*, Durham, DC: 1979

Laband, John. *Rope of Sand: The Rise and Fall of the Zulu Kingdom in the Nineteenth Century*. Johannesburg: 1995

Laband, John. *The Transvaal Rebellion: The First Boer War, 1880 - 1881*. London: 2005

Le May, G. H. L. *British Supremacy in South Africa, 1899 - 1907*. Oxford: 1965

Le May, G. H. L. *The Afrikaners: An Historical Interpretation*. Oxford: 1995

Leasor, James. *Rhodes and Barnato; The Premier and the Prancer*. London: 1997

Lee, Emanoel. *To the Bitter End: A Photographic History of the Boer War, 1899 - 1902*. London: 1985

Lehmann, Joseph H. *All Sir Garnet: A Life of Field-Marshal Lord*

*Wolseley*. London: 1964

Lehmann, Joseph H. *The First Boer War*. London: 1972

Le Sueur, Gordon. *Cecil Rhodes: The Man and His Work*. London: 1913

Lewsen, Phyllis (ed.). *Selections from the Correspondence of J. X. Merriman, 1870-1924*, 4 vols. Cape Town: 1960-1969

Lewsen, Phyllis. *John X. Merriman, Paradoxical South African Statesman*. New Haven: 1982

Livingstone, David. *Missionary Travels and Researches in South Africa*. London: 1857

Lockhart, J. G. and C. M. Woodhouse. *Cecil Rhodes: The Colossus of Southern Africa*. London: 1963

Longford, Elizabeth. *Jameson's Raid: The Prelude to the Boer War*. London: 1982

Lowry, Donal (ed.). *The South African War Reappraised*. Manchester: 2000

MacDonald, J. Ramsay. *What I Saw in South Africa*. London: 1902

Macnab, Roy. *The French Colonel: Villebois-Mareuil and the Boers, 1899-1900*. Cape Town: 1975

Mackenzie, John. *Ten Years North of the Orange River*. Edinburgh: 1871

Mackenzie, John. *Austral Africa: Losing It or Ruling It*, 2 vols. London: 1887

Mackenzie, W. D. *John Mackenzie. South African Missionary and Statesman*. London: 1902

Maclennan, Donald. *A Proper Degree of Terror*. Johannesburg: 1986

Macmillan, Mona. *Sir Henry Barkly: Mediator and Moderator*. Cape Town: 1978

Marais, J. S. *The Fall of Kruger's Republic*. Oxford: 1961

Marks, Shula. *Reluctant Rebellion: The 1906-1908 Disturbances in Natal*. Oxford: 1970

Marks, Shula and Anthony Atmore (eds.). *Economy and Society in Pre-industrial South Africa*. London: 1980

Marks, Shula and Richard Rathbone (eds.). *Industrialisation and Social Change in South Africa: African Class Formation, Culture and Consciousness, 1870-1930*. London: 1982

Marks, Shula and Stanley Trapido (eds.). *The Politics of Race, Class and Nationalism in Twentieth Century South Africa*. London: 1987

Marlowe, John. *Cecil Rhodes: The Anatomy of Empire*. London: 1972

Marlowe, John. *Milner: Apostle of Empire*. London: 1976

Marsh, Peter. *Joseph Chamberlain: Entrepreneur in Politics*. New Haven and London: 1994

Martineau, John. *The Life and Correspondence of Sir Bartle Frere*, 2 vols. London: 1895

Mathers, E. P. *Golden South Africa, or the Gold Fields Revisited*. London: 1888

Mathers, E. P. *South Africa and How to Reach It*. London: 1889

Mathers, E. P. *Zambesia, England's Eldorado*. London: 1891

Matsebula, J. S. M. *A History of Swaziland*. Cape Town: 1972

Matthews, Josiah Wright. *Incwadi Yami; Or Twenty Years' Personal Experience in South Africa*. New York: 1887

Maylam, Paul. *Rhodes, The Tswana, and the British: Colonialism, Collaboration and Conflict in the Bechuanaland Protectorate, 1885-1899*. Westport, Connecticut: 1980

Maylam, Paul. *A History of the African People of South Africa from the Early Iron Age to the 1970s*. London: 1995

McCracken, Donal P. *The Irish Pro-Boers, 1877-1902*. Cape Town: 1976

Maylam, Paul. *MacBride's Brigade: Irish Commandos in the Anglo-Boer War*. Dublin: 1989

McDonald, J. G. *Rhodes: A Life*. London: 1927

Mendelsohn, Richard. *Sammy Marks: The Uncrowned King of the Transvaal*. Cape Town: 1991

Meintjes, Johannes. *De la Rey: Lion of the West*. Johannesburg: 1966

Meintjes, Johannes. *President Steyn: A Biography*. Cape Town: 1969

Meintjes, Johannes. *General Louis Botha: A Biography*. London: 1970

Meintjes, Johannes. *The Commandant-General: The Life and Times of Petrus Jacobus Joubert of the South African Republic, 1831-1900*. Cape Town: 1971

Meintjes, Johannes. *President Paul Kruger*. London: 1974

Menpes, Mortimer. *War Impressions: Being a Record in Colour*. London: 1901

Michell, Lewis. *The Life of the Rt. Hon. Cecil John Rhodes, 1852-1902*, 2 vols. London: 1910

Millin, Sarah Gertrude. *Rhodes.* London: 1933

Moffat, Robert Unwin. *John Smith Moffat, C. M. G., Missionary: A Memoir.* London: 1921

Morris, Donald R. *The Washing of the Spears: A History of the Rise of the Zulu Nation under Shaka and Its Fall in the Zulu War of 1879.* London: 1966

Nasson, Bill. *The South African War.* London: 1999

Nathan, Manfred. *Paul Kruger: His Life and Times.* Durban: 1944

Nimrocks, Walter, *Milner's Young Men: The 'Kindergarten' in Edwardian Imperial Affairs.* London: 1970

O'Brien, Terence H. *Milner: Viscount Milner of St James's and Cape Town, 1854–1925.* London: 1979

O'Connor, Damian. *The Life of Sir Bartle Frere*, London: 2002

Odendaal, André. *Vukani Bantu! The Beginnings of Black Protest Politics in South Africa to 1912.* Cape Town: 1984

Oliver, Roland. *Sir Harry Johnston and the Scramble for Africa.* London: 1957

Omer-Cooper, John D. *The Zulu Aftermath: A Nineteenth-Century Revolution in Bantu Africa.* London: 1966

Orpen, Joseph Millerd. *Reminiscences of Life in South Africa from 1846 to the Present Day.* Cape Town: 1964

Pakenham, Thomas. *The Boer War.* London: 1979

Palmer, Robin. *Land and Racial Domination in Rhodesia.* London: 1977

Palmer, Robin and Neil Parsons (eds.). *The Roots of Rural Poverty in Central and Southern Africa.* London: 1977

Payton, Charles Alfred. *The Diamond Diggings of South Africa: A Personal and Practical Account.* London: 1872

Peires, J. B. *The House of Phalo: History of the Xhosa People in the Days of their Independence.* Johannesburg: 1981

Phillips, Florence. *Some South African Recollections.* London: 1899

Phillips, Lionel. *Some Reminiscences.* London: 1924

Phillipps, L. March. *With Rimington.* London: 1901

Plaatje, Sol T. *The Boer War Diary of Sol T. Plaatje*, edited by John L. Comaroff, Johannesburg: 1973

Plaatje, Sol T. *Native Life in South Africa.* London: 1916

Plomer, William. *Cecil Rhodes.* Edinburgh: 1933

Porter, A. N. *The Origins of the South African War: Joseph Chamberlain and the Diplomacy of Imperialism, 1895–1899.* Manchester: 1980

Porter, Bernard. *Critics of Empire: British Radical Attitudes to Colonialism in Africa, 1895–1914.* London: 1968

Preston, A (ed.). *Sir Garnet Wolseley's South African Journal, 1879–80.* Cape Town: 1973

Ranger, Terence O. *Revolt in Southern Rhodesia, 1896–97: A Study in African Resistance,* London: 1967

Reitz, Deneys. *Commando: A Boer Journal of the Boer War.* London:1929

Reunert, Theodore. *Diamonds and Gold in South Africa.* Cape Town: 1893

Rive, Richard (ed.). *Olive Schreiner, Letters 1871–1899.* Cape Town: 1987

Roberts, Andrew. *Salisbury: Victorian Titan.* London: 1999

Roberts, Brian. *Cecil Rhodes and the Princess.* London: 1969

Roberts, Brian. *The Diamond Magnates,* London: 1972

Roberts, Brian. *Kimberley: Turbulent City.* Cape Town: 1976

Roberts, Brian. *Cecil Rhodes: Flawed Colossus.* London: 1987

Roberts, Brian. *Those Bloody Women: Three Heroines of the Boer War.* London: 1991

Robertson, Marian. *Diamond Fever: South African Diamond History, 1866–1869.* Cape Town: 1974

Robinson, John (ed.). *Notes on Natal: An Old Colonist's Book for New Settlers.* Durban: 1872

Robinson, Ronald and John Gallagher. *Africa and the Victorians: The Official Mind of Imperialism.* London: 1961

Rosenthal, Eric. *Gold! Gold! Gold! The Johannesburg Gold Rush.* New York: 1970

Ross, Andrew. *John Philip (1775–1851): Missions, Race, and Politics in South Africa.* Aberdeen: 1986

Ross, Robert. *Cape of Torments: Slavery and Resistance in South Africa.* London: 1983

Ross, Robert. *A Concise History of South Africa,* Cambridge: 1999

Rotberg, Robert I. *The Founder: Cecil Rhodes and the Pursuit of Power.* Johannesburg: 1988

Rouillard, Nancy (ed.). *Matabele Thompson: An Autobiography.* London: 1936

Sauer, Hans. *Ex Africa*. London: 1937
Saunders, Christopher and Robin Derricourt (eds.). *Beyond the Cape Frontier: Studies in the History of the Transkei and the Ciskei.* London: 1974
Schreiner, Olive. *The Story of an African Farm.* London: 1883
Schreiner, Olive. *Trooper Peter Halket of Mashonaland.* London: 1897
Schreiner, Oive. *Thoughts on South Africa.* London: 1923
Schreiner, Oive. *Undine.* London: 1929
Schreuder, Deryck M. *Gladstone and Kruger: Liberal Government and Colonial 'Home Rule' 1880-85.* London: 1969
Schreuder, Deryck M. *The Scramble for Southern Africa, 1877-1895: The Politics of Partition Reappraised.* Cambridge: 1980
Scully, William Charles. *Reminiscences of a South African Pioneer.* London: 1913
Scully, William Charles. *Further Reminiscences of a South African Pioneer.* London: 1913
Selous, Frederick Courteney. *A Hunter's Wanderings in Africa,* London: 1881
Scully, William Charles. *Travel and Adventure in South Central Africa.* London: 1893
Scully, William Charles. *Sunshine & Storm in Rhodesia.* London: 1896
Shell, Robert C-H. *Children of Bondage: A Social History of the Slave Society at the Cape of Good Hope, 1652-1838.* Johannesburg: 1994
Sillery, Anthony. *The Bechuanaland Protectorate.* Cape Town: 1952
Sillery, Anthony. *John Mackenzie of Bechuanaland, 1835-1899: A Study in Humanitarian Imperialism.* Cape Town: 1971
Simons, Jack and Ray. *Class and Colour in South Africa, 1850-1950.* London: 1983
Shillington, Kevin. *The Colonisation of the Southern Tswana, 1870-1900.* Johannesburg: 1985
Smith, Iain R. *The Origins of the South African War, 1899-1902.* London: 1996
Smith, Iain R(ed.). *The Siege of Mafeking.* Johannesburg: 2001
Smuts, J. C. *A Century of Wrong.* London: 1900
Smith, Iain R. *Memoirs of the Boer War.* Johannesburg: 1994
Smuts, J. C. *Jan Christian Smuts.* London: 1952

Spies, S. B. *The Origins of the Anglo-Boer War*. London: 1972
Spies, S. B. *Methods of Barbarism? Roberts and Kitchener and Civilians in the Boer Republics*, January 1900 – May 1902. Cape Town: 1977
Stead, W. T. *The Last Will and Testament of Cecil John Rhodes*. London: 1902
Stent, Vere. *A Personal Record of Some Incidents in the Life of Cecil Rhodes*. Cape Town: 1924
Stevenson, Edmond Sinclair. *The Adventures of a Medical Man*. Cape Town: 1925
Swan, Maureen. *Gandhi: The South African Experience*. Johannesburg: 1985
Tamarkin, Mordechai. *Cecil Rhodes and the Cape Afrikaners: the Imperial Colossus and the Colonial Parish Pump*. London: 1996
Tatz, C. M. *Shadow and Substance: A Study in Land and Franchise Policies Affecting Africans*. Pietermaritzburg: 1962
Taylor, James B. *A Pioneer Looks Back*. London: 1939
Taylor, Stephen. *The Mighty Nimrod: A Life of Frederick Courteney Selous, African Hunter and Adventurer, 1851 – 1917*. London: 1989
Taylor, Stephen. *Shaka's Children: A History of the Zulu People*. London: 1994
Templin, J. Alton. *Ideology on a Frontier: The Theological Foundation of Afrikaner Nationalism, 1652 – 1910*. Westport: 1984
Thomas, Antony. *Rhodes, The Race for Africa*. London: 1998
Thompson, Leonard. *The Unification of South Africa, 1902 – 1910*. Oxford: 1960
Thompson, Leonard. *Survival in Two Worlds: Moshoeshoe of Lesotho, 1786 – 1870*. Oxford: 1975
Thompson, Leonard. *The Political Mythology of Apartheid*. New Haven: 1985
Thompson, Leonard. *A History of South Africa*. 3rd edition, New Haven: 2001
Trollope, Anthony. *South Africa*, 2 vols. London: 1878
Turrell, Rob. *Capital and Labour on the Kimberley Diamond Fields, 1871 – 1890*. Cambridge: 1987
Van der Poel, Jean. *The Jameson Raid*. Cape Town: 1951
Van Jaarsveld, F. A. *The Awakening of Afrikaner Nationalism, 1868 – 81*. Cape Town: 1961
Van Jaarsveld, F. A. *The Afrikaner's Interpretation of South African*

*History*. Cape Town: 1964

van Onselen, Charles. *Studies in the Social and Economic History of the Witwatersrand, 1886-1914*. 2 vols. Johannesburg: 1982

'Vindex' (pseud. John Vershoyle). *Cecil Rhodes: His Political Life and Speeches, 1881-1900*. London: 1900

Walker, Eric A. *Lord De Villiers and His Times, South Africa, 1892-1914*. London: 1925

Walker, Eric A. *W. P. Schreiner: A South African*. London: 1937

Walshe, Peter. *The Rise of African Nationalism in South Africa: The African National Congress, 1912-1952*. London: 1970

Warwick, Peter. *Black People and the South African War, 1899-1902*. Cambridge: 1983

Warwick, Peter and S. B. Spies (eds.). *The South African War: The Anglo-Boer War, 1899-1902*. Harlow: 1980

Weinthal, Leo (ed.). *The Story of the Cape to Cairo Railway and River Route from 1887 to 1922*, 5 vols. London: 1922-1926

Weinthal, Leo. *Memories, Mines and Millions: Being the Life of Sir Joseph B. Robinson*. London: 1929

Welsh, David. *The Roots of Segregation: Native Policy in Colonial Natal, 1845-1910*. Oxford: 1971

Welsh, Frank. *A History of South Africa*. London: 2000

Wheatcroft. Geoffrey. *The Randlords: The Men Who Made South Africa*, London: 1985

Willan, Brian. *Sol Plaatje, South African Nationalist, 1876-1932*. London: 1984

Williams, Basil. *Cecil Rhodes*. London: 1921

Williams, Gardner F. *The Diamond Mines of South Africa: Some Account of their Rise and Development*, 2 vols. London: 1902

Williams, Ralph. *How I Became a Governor*. London: 1913

Williams, Watkin W. *The Life of General Sir Charles Warren*. Oxford: 1941

Wilmot, Alex. *The Life and Times of Sir Richard Southey*. London: 1904

Wilson, Monica and Leonard Thompson (eds.). *The Oxford History of South Africa*, 2 vols. New York, Oxford: 1969, 1971

Wilson, Sarah. *South African Memories: Social, Warlike & Sporting, from Diaries Written at the Time*. London: 1909

Wolseley, Garnet. *The South African Journal of Sir Garnet Wolseley, 1879-1880*, *Edited with an introduction by Adrian Preston*. Cape Town: 1973

Worden, Nigel. *Slavery in Dutch South Africa*. Cambridge: 1985

Worden, Nigel. *The Making of Modern South Africa: Conquest, Segregation and Apartheid*. Oxford: 2000

Worden, Nigel and Clifton Crais (eds.). *Slavery and its Legacy: Breaking the Chains in the Nineteenth Century Cape Colony.* Johannesburg: 1994

Worden, Nigel, Elizabeth van Heyningen and Vivian Bickford-Smith. *Cape Town: The Making of a City*. Cape Town: 1998

Worger, William H. *South Africa's City of Diamonds: Mine Workers and Monopoly Capitalism in Kimberley, 1867-1895*. New Haven: 1987

Worsfold, Basil. *Sir Bartle Frere*. London: 1923

Wrench, Evelyn. *Alfred Lord Milner: The Man of No Illusions, 1854-1925*. London: 1968

Wright, Harrison (ed.). *Sir James Rose Innes: Selected Correspondence (1884-1902)*. Cape Town: 1972

Younghusband, Francis. *South Africa of Today*. London: 1898